谨以此书献给德波尔（Debora）和洛尔（Lore），

并纪念柯睿格（E. A. Kracke）教授

本书及其成果的会议，由美国学术团体理事会和社会科学研究理事会中国研究联合委员会（the Joint Committee on Chinese Studies, of the American Council of Learned Societies and the Social Science Research Council）赞助，国家人文基金会（the National Endowment for the Humanities）和福特基金会提供了资金。

海外中国专题研究丛书

刘 东 主编 ————————

Ordering the World

Approaches to State and
Society in
Sung Dynasty China

为世界排序

宋代的
国家与社会

〔美〕韩明士
〔美〕谢康伦 —— 编
Robert P. Hymes and Conrad Schirokauer

刘云军 —— 译

九 州 出 版 社
JIUZHOUPRESS ｜全国百佳图书出版单位

图书在版编目（CIP）数据

为世界排序：宋代的国家与社会 / 刘东主编；
（美）韩明士，（美）谢康伦编；刘云军译. -- 北京：
九州出版社，2021.11
（海外中国专题研究丛书）
书名原文：Ordering the World: Approaches to
State and Society in Sung Dynasty China
ISBN 978-7-5225-0579-4

Ⅰ. ①为… Ⅱ. ①刘… ②韩… ③谢… ④刘… Ⅲ.
①政治思想史—研究—中国—宋代 Ⅳ. ①D092.44

中国版本图书馆CIP数据核字(2021)第229930号

著作权合同登记号：图字01-2021-2282

为世界排序：宋代的国家与社会

作　　者	［美］韩明士、［美］谢康伦 编　刘云军 译　刘东 主编
责任编辑	邹婧
出版发行	九州出版社
地　　址	北京市西城区阜外大街甲 35 号（100037）
发行电话	(010)68992190/3/5/6
网　　址	www.jiuzhoupress.com
印　　刷	北京捷迅佳彩印刷有限公司
开　　本	710 毫米 ×1000 毫米　16 开
印　　张	29.75
字　　数	345 千字
版　　次	2022 年 1 月第 1 版
印　　次	2022 年 1 月第 1 次印刷
书　　号	ISBN 978-7-5225-0579-4
定　　价	128.00 元（精装）

序"海外中国专题研究丛书"

刘　东

　　尽管总会遇到阻抗与逆流，尤其在当下这段艰难岁月，可只要举目观望自己的周遭，还是到处都留有"全球化"的影响。当然在这中间，也包含了从八十年代便已启动的，如今已经林立在四壁书架上、足以把我们簇拥起来的各种学术丛书，尽管人们当年更淳朴的习惯说法，是把这一切都称作"改革开放"。——可不管用什么辞令，到了几十年后再不经意地回望，我们总是会不无"陌生感"地发现，居然连自己毕生从事的学术研究，也已经大规模地、完全不可逆地"全球化"了。而且，这还不光是指那些号称"无国界"的现代学问，比如理科的理论物理、或工科的机械工程等，也同样是指这些"有文化"的传统学问，甚至还包含了对于这种传统本身的人文研究。

　　正因为介身于"全球化"的潮流之中，如果早在1988年，当我动笔为"海外中国研究丛书"作序时，曾经并非故作自谦、而乃老老实实地写道，"我们的译介毕竟还只是初步的尝试，而我们所努力去做的，毕竟也只是和读者一起去反复思索这些奉献给大家的东西"，那么再到2001年，当我又为"阅读中国"丛书做序时，就已可面对着当时的进展、而带有相当信心地写道，

"如果在上次作序的时候，我们对于西方同行的工作还只知一鳞半爪，那么今番再来作序，简直就像在介绍老朋友的一些新作了"——的确，以往只有极少数社科院里的精英，才得以略窥一二的汉学著作，如今已成了随便哪个学生的必读书，甚至更成了一般知识大众的枕边书，以至于只要是一打开哪本后进的著作，尤其是那些非要装出点"学究气"的学位论文，就能在参考书目中看到大批丛书的选题。

可话说回来，一方面固然也可以觉得，只有到了这种回头"复盘"的时候，才有可能于蓦然回首中发现，我们如今竟已走出了"那么远"；但另一方面，自己仍然心有戚戚地觉得，我们终究还是走得"不够远"。实际上，在编辑那套"海外中国研究丛书"之余，在自己心底一直都潜藏着另一批书，而且以往趁着开会时也曾经多方呼吁过，这就是目前终于可以循序推出的、规模相对要小的"海外中国专题研究丛书"。——再来顾名思义：收进这套丛书中的每一种，都是由一组或一批来自海外的学者，围绕共同关注的某个话题或环节，来进行各施所长的交流与切磋、启迪与补充。

之所以总在心里惦记这个，是因为在"国学"与"汉学"的对话中，至少是在我们自己的这一侧，对于别人的"成本论著"关注得较多，而对别人的"单篇论文"关注得太少。而诸如此类的偏向，以及由此生出的拖拉与被动，又不能只是归结于此前的译介——包括"海外中国研究丛书"的坚持与成功——更要同国内知识生产的独特现状相连。但无论如何，越是更多地读到了别人的专著，这种偏又不读别人论文的缺陷，也才会更加突出和集中地暴露出来，从而也就更应得到相应的补救与矫正。说白了，唯有论文才属于成果的即时反映，缘此才反映了学术创新的前沿状态，而一旦连相应的专著都印刷出来了，在时效上往往便已相对滞后了。正因为这样，如果仅限于去阅读别人的专著——更何况还只是转成了中文的译著——那样的学术报告就已经没多少情报价值了。

不可讳言，也正是因为这种知识生产的现状，以及与此互为因果的、普遍不读别人论文的缺失，也就拖累了我们自家的论文质量。这也就意味着，实则中国的文科学术，至少在"论文撰写"这个方面，还远远没能够匹配"全球化"的步伐。也正因为这样，就使得真正在坚持国际标准的学刊，比如一直由哈佛燕京学社支持、商务印书馆出版的《中国学术》杂志，很难从国内学界汲取到充沛的稿源。事实上，国内的评价机制更在意论文的数量或篇数，而不是它们的创新度与论证量，这自然使人们养成了这样的惯习，写出的东西都篇幅偏短、分量偏轻、味道偏淡。——在这样的现状中，恐怕人们也很难去想象或理解了：有些声望和影响都很大的国际学者，比如芝加哥大学的科斯、加州大学的施坚雅，终其一生都并未出版过什么"专著"，而他们享有的那种"大师级"的声誉，主要就靠少数几篇作为"代表作"的论文。

正是在上面这样的检思中，我才在心里一直默默念想着，一定要集中推出一批"论文集"。虽则说，即使有了这种翻译过来的"论文集"，也并不能代替"阅读论文"的研究习惯，可它们终究还是有个好处，那就是能够促使国内学界认识到，什么才是别人知识生产的"原生态"？事实上，每当打开这样的"论文集"时，我们就总能听到众声的喧哗、别异的观点，也总能看到对立的视角、不同的手法。就此而言，这种七嘴八舌、不一而足的"论文集"，往往也正是催化知识生产的温床。到了后来，有些作者也正是从这里出发，才大大发展了研究的兴趣，写出了后来译出的"专著"；只不过，如果就国内的特有语境来看，人们是把阅读的次序给颠倒了过来。但无论如何，这种学术史中的"发展性"，却不应就这么简单地忽略掉，否则我们对于别人的研究，就会只是"知其然"，而不能"知其所以然"了。——也就是说，在这样的领域与话题中，到底还保留了怎样的潜力，留下了怎样的余地，闪出了怎样的缝隙，露出了怎么样的破绽，存在着怎样的争议，我们就会统统对此不得而知了。

毫无疑问，要是这套丛书能从刚开始，就去自行动手编选这类论文集，那无疑会有更多的选择余地，也更应当能贴合国内的阅读要求。只不过，由此所带来的具体技术问题，尤其是由此涉及的单篇版权，会使相应的工作难上很多倍。既然如此，作为一种"投石问路"的尝试，就决定先到加州大学出版社那里，去联系这套素被称道的"论文集"。读者们可以顺藤摸瓜地发现，它们往往都属于某次会议的"结集"。——而这样一来，就又带来了一个附加的好处，那就是让大家顺便也能看到，一次真正堪称严肃认真的、可以有预期成果的学术会议，究竟应当怎么去筹备、怎么去落实，怎么去主持，和怎么去总结。也是唯其如此，纳税人的宝贵钱财，或者捐资人的热心贡献，才不致被白白抛撒在"楼堂馆所"中，甚至干脆把"胡乱召集开会"，当成了"快速用掉经费"的唯一手段。

事实上，正因为那些会议的组织者，对于某个尚且未知的话题、或者稍显陌生的领域，已经具备了相当的敏感性、和相应的前瞻性，而又能按捺住自己的性子，把它酝酿得较为长久、准备得较为充足，才能有足够的把握去开好这次会。由此可知，某次学术会议之"大获成功"的标志，就不仅要同时反映在会议主题、参会阵容、讲演质量、交流程度中，还理应更进一步地反映在：一旦这样的会议圆满结束了，那么，研究的风气与话题能否随之一变，而流行的话语与范式能否吐故纳新？——在这样的意义上，虽说还不是引入了一个活生生的学术界，然而我们通过这样的会议"论文集"，总算是看到了它某次精心活动的剪影。而大家如果善于深层地阅读，还足以就此领悟得更多，比如国外的那些同行或对手，如果就某一特定领域而言，究竟具备着怎么样的研究实力，以及正在关切怎样的话题，和正在面临怎样的转向……

当然，相对于潜藏心间的计划而言，这些率先引进的会议"论文集"，还只不过是"三步走"中的"第一步"。一旦这些出版物能被认可了，我就将依托未来团队的支撑，一边去自行动手、一边也邀约国外同行，去像完成一个研究项目一般地，另外编辑和翻译出一批"论文集"。希望这样一来，就不光能更广谱地扫描国外的研究，也更能聚焦于它的某些纽结点，比如那些引发过"范式转换"的著名论文，以及围绕它们所发生的争辩。与此同时，为了能返回国外的学术现场，从而在知识生产的"原生态"中，去体会学术史中的微妙转折，我还打算再更进一步地，去联系国外的一些著名学刊，把造成某次"学术事件"某期杂志，原封不动地把版权买过来，再原原本本地端给中国读者。——比如，我们要是能想个什么办法，把1975年春季号的Daedalus杂志，给原封不动地买来版权、和翻译出版，那就会大大有助于国内学界去了解，当前占据了话语中心的"轴心突破"、乃至于"内在超越"，都是由哪次具体"学术事件"所导致的；事实上，那个导致了风气转变的专辑，正是由出身犹太的汉学家史华兹发起的，而它的名称正是"智慧、启示与怀疑：公元前一千纪的人类文明"。

也正因为这样，写到了最后就必须紧跟着补充，尽管我们借助于这样的"论文集"，也顺便介绍了一种"相对正常"的学术秩序，不过读者们与此同时也需要明鉴：这也无非就只是"相对正常"罢了。所以无论如何，又不能把这一切都给"理想化"了，而只要用心研读过就总能发现，可供质疑和论辩之处还俯拾皆是。由此又不免想起了伏尔泰的那句名言："我可以不同意你的观点，但是我誓死捍卫你说话的权利！"而我在最早的那篇《总序》中，也曾本着"改革开放"的精神写道："不能只从各家学说中筛选那些我们可以或者乐于接受的东西，否则我们的'筛子'本身就可能使读者失去选择、挑剔和批判的广阔天地。"——甚至于，到了"全球化"的进程业已如此深入、而风险社会也已同步加剧的今天，就连只是这么"宽容"地空泛表态，也还是显得太过消极和被动了，因为从更加积极进取的意义上说，也只有由"文明对话"带来的"文化间性"，才能帮助我们从目前的分裂泥沼中挣脱出来，将自家的心智带上更为高远的大平台。

2020 年 5 月 1 日

于三亚湾·双台阁

致 谢

    本书脱胎于 1986 年 1 月在亚利桑那州斯科茨代尔（Scottsdale）举行的"宋朝经世思想与行动学术研讨会"（Sung Dynasty Statecraft in Thought and Action）。该会议由美国学术团体理事会资助。理事会执行助理贾森·帕克不仅协助办会，为会议规划建言献策，还积极参会，我们感谢他对本次会议做出的贡献。我们还要感谢魏斐德（Frederic Wakeman，Jr）和杜维明（Tu Wei-ming），他们作为美国学术团体理事会和社会科学研究理事会中国研究联合委员会的继任主席，对理事会日后的工作规划给予了重要的指导，并对我们的建议给出了反馈意见。

    狄培理（Theodore de Bary）对本次会议的贡献见于书中，他与没有出席本次会议的蓝德彰（John Langlois），都大力推动举办一系列关于中国"经世"的会议。1981 年 10 月，同样是在美国学术团体理事会的赞助下，在哥伦比亚大学举行的计划会上，与会学者们进一步阐述了召开关于中国"经世"会议的这一想法。迄今为止，我们这次会议是脱胎于这一计划的唯一关于中国

"经世"的会议，我们希望以后还会有这方面的会议。许多没有参加此次会议的人，尤其是陈学霖（Hok-lam Chan）、傅海波（Herbert Franke）、克劳斯·弗莱塞尔（Klaus Flessel）、米拉·米赫里奇（Mira Mihelich）和查尔斯·彼得森（Charles Peterson）都帮助了我们，为这次会议出谋划策。

本次会议的规模很大，会上提交了许多优秀论文，很明显并非所有都能被收录在本书中。对于那些我们原本希望收录其论文但最终未能如愿以偿的与会者——张灏（Hao Chang）、葛平德（Peter Golas）、黄俊杰（Chün-chieh Huang）、李弘祺（Thomas Lee）、罗文（Winston Lo）、迈克尔·麦格拉斯（Michael McGrath）、田浩（Hoyt Tillman）、余蓓荷（Monika Übelhör）和艾伦·伍德（Allan Wood），我们深表谢意。所有人都通过他们在会上及会后的贡献，深深地影响了本书的内容。作为研究明清知识分子的学者代表，艾维泗（William Atwell）为我们提供了至关重要的帮助，并给出了真知灼见。艾维泗与来自西点军校的大使约翰·波考克（John Pocock）都是才华横溢的讨论者，他们让我们每时每刻都在思考我们的思想与主张的基础和含义。如果没有玛丽·瓜里诺，会议不可能进行得如此顺利，她以其一贯的聪明才智、高效率和饱满的精神，履行了唯一报告员这一艰巨且极耗精力的任务。在编辑本书的过程中，哥伦比亚大学计算活动中心的系统分析师兼程序员弗朗辛·奥维斯提供了远远超出其职责范围的服务，毫无报酬且任劳任怨，我们对她深表感谢。我们要感谢伊沛霞（Patricia Ebrey）和另一位匿名审读人，感谢她们审读了成书前的手稿。此外，在导论中，郝若贝（Robert Hartwell）显然做出了极大的贡献。

最后，我们要感谢位于阿姆斯特丹大街 1030 号的匈牙利糕饼店的管理层和员工们，他们的殷勤接待和出色的热巧克力（我们受到了特殊的照顾），使我们在会议期间（每时每刻、每月每日），经历了富有成效的演讲、令人激动的争论，以及非常和谐的编辑与写作。

谢康伦（Conrad Schirokauer）

韩明士（Robert P. Hymes）

目　录

导　论

谢康伦（Conrad Schirokauer）　韩明士（Robert P. Hymes）

　　惟义惟公，故经世……儒者虽至于无声、无臭、无方、无体，皆主于经
世。

——陆九渊 [①]

　　宋朝（960—1279）面临着前所未有的复杂而艰巨的挑战。在内部，不断
增多的人口和迅速发展的私营商业经济，都有超过（从长远来看，将会超过）
既有机构和新成立机构管理与吸收能力的极大可能性。在外部，宋的北部和
西部边境崛起了一系列新的少数民族政权，它们兵强马壮，给宋带来了战争

---

　　① 出自陆九渊写给王顺伯的第一封信。《陆九渊集》卷2《与王顺伯》，北京：中华书局，点
校本，1980，第17页。我们采用了 Wing-tsit Chan 对这段文字的英文翻译，*A Sourcebook in Chinese
Philosophy* (Princeton: Princeton University Press, 1963), p. 567。陆九渊在这里对儒士和僧侣做了鲜明的
区分，他认为僧侣是受利益和自私的驱使而遁世。引文的第二句话暗指《诗经》第235篇和《易经》
中的注。（《诗经·大雅·文王》："上天之载，无声无臭。"——译者注）

威胁并造成了宋政权领土的丧失。从建立伊始直到被蒙元（这一系列少数民族政权中的最后一个）最终征服，这些问题一直困扰着宋。这种战争和领土丧失的威胁，以及维持数量庞大的常备军来应对这种威胁的需要，极大加剧了宋对财政收入的需求，而这种需求使得适应内部的变化变得至关重要。这些变化在暴露出宋自身问题的同时，也带来了机遇——提供了新的收入来源。新的财富和更容易获得的教育机会，造就了更多自信的精英。知识分子的生活呈现出新的活力，新的政治理念成为现实。

不仅宋政权自身面临着问题和机遇，那些试图在思想、写作或行动中处理国家和政治问题以及它们与社会的关系的受过教育的精英人士，同样面临着问题和机遇。他们试图理解"何为国家""国家应该对周围的世界做些什么或者可以做些什么"等问题，并试图对这些问题施加影响。本书的主题是，在变化显著且危机重重的时代，宋朝的政治家和思想家们如何看待国家和社会的关系，或者更宽泛地说，他们如何看待有组织的政治活动和机构在社会中的地位，即使这些活动并非国家行为。本书中每篇文章的方法和主题各异，但都涉及这个中心问题。我们认为，本书与该领域最近的研究成果一起，表明宋人对国家及其恰当地位的看法随着时间的推移发生了巨大的变化。我们还将进一步讨论，在数百年后的清朝，政治家和政治思想家们面临的问题——介于国家和私人或家庭领域之间的独特的"公共空间"——或许首次在中国政治话语中的明确表达是在南宋。本书的计划，始于寻求宋人的 statecraft 思想，这个单词被用来英译中文的"经世"一词时，便在中国后来的政治思想史上具有独特的意义。根据下文给出的理由，我们已经不再使用这个词，但我们确实认为，宋朝的话语与后世话语有相关性或存在相似之处。

我们关注的是政治史或制度史与思想史的交汇之处。尽管我们及本书其他文章的作者是不同的思想文化史学者、制度史学者或社会史学者，在这种情况下，我们强调的是至少在广义上我们都是知识分子。尽管有些研究确实针对机构，但这些研究的目的并非针对机构本身，甚至不针对社会和政治的变化（尽管几乎所有的研究者都考虑了这些因素）。这些研究的目的是着眼于人们如何看待机构、想象机构或者偶尔发明机构，如何解读社会和政治变革，如何指责、欢迎、反对，有时候甚至规划社会和政治变革。国家与社会之间的关系问题，对我们来说至关重要，因为我们相信，对宋人来说，无论这种或者那种关系，都是重要的。宋人在用词和观点上与我们有较大差异，而且有时候他们彼此之间的用词和观点也有很大不同，他们自己也在思考并争论这个问题。

我们首先提出了社会变化和政治变化的方向与类型，在这些方向和变化中，宋政权及其支持者或批评者必须找到他们自己的路径，这些问题是所有后续工作的重要背景，值得更全面地处理。对中国社会史和经济史的研究表明，中国古代王朝的国家和政治行动者将不得不面对三个主要的变化过程（迄今为止，并非所有的变化都具有同样的确定性）。在这三个变化过程中，持续时间最长的是国家权力明显的长期衰落，持续时间长达千年。几年前，施坚雅（G. William Skinner）提出，大约从唐（618—907）到清（1616—1911），中国传统王朝（不一定是稳定的）逐渐在衰弱。施坚雅指出，在这段时间里，虽然人口增长了十倍左右，但国家直接管辖的行政中心数量和官僚机构本身的规模几乎没有增长，甚至根本没有增长；同样的国家机构曾经控制过五千万人，但无法控制四亿人。这似乎是一个不能忽视的结论。这个论点并非毫无争议，但从表面上看似乎合情合理，而且不乏实证支持。施坚雅在《中华帝国晚期的城市》导论中的"大事记"让人们认识到，宋可能是中国古代王朝衰落弧线上的重要一环。尽管至少在一定程度上与施坚雅的理由有所不同，但我们认为这是真实的：国家发展的失败，在一定程度上反映了一种社会决定或社会契约——这项决定或契约最早是在宋朝协商达成的。[①]

第二个变化过程是被称为"唐宋变革"的中国经济和社会转型，我们必须将其看作（甚至更富戏剧性地）延伸到了宋朝。"唐宋变革"的轮廓是清晰的：开发新的粮食作物和经济作物，如大米和茶叶；人口大量增加（特别是在种植水稻的南方），扭转了过去北方在人口和经济上的主导地位，并推动了城市的发展；在快速增长的贸易的重压下，旧的唐朝官市体系崩溃，在城市和农村产生了新的市场，并将商业经济和货币经济以及契约关系拓展到农民的日常生活中；人们使用的货币数量大大增加，货币的供应也出现了惊人的增长，这包括了在世界历史上最早由政府发行的纸币——所有这些内容都是几年前由日本学者特别指出来的。技术进步催生了冶铁、陶瓷生产等众多新兴产业，也催生了从那个时代起就闻名于世、具有世界历史意义的三大发明：在宋朝中期广泛用于战争的火药，水手使用的指南针（有助于支持当时广阔的南海贸易），印刷术（为教育提供了新的机会）。人们通过贸易或农作物商品化更容易致富，这扩大了受教育者和谋求入仕者的人数——这些人很大一部分来自富有的精英阶层，他们找到了通过科举（在隋唐还很新颖，在宋代得到大力推广）入仕的路径。在这个群体中，随着时间的推移，南方人以一种中国历史上前所未有的方式占据了主导地位。中国人日常生活的节奏和内容均已发生了改变。

最后，近期的学术研究提出了第三个变化过程，这个过程时间更短，但对宋人来说更具体。史学工作者们把宋朝分为两个时期，它们分别处于重大政治变化和领土变化的两极。从 10 世纪晚期到 12 世纪 20 年代，即我们现在所说的北宋时期，宋政权统治着几乎整个中国，契丹人的辽政权只控制着传

---

① G. William Skinner, *The City in Late Imperial China* (Stanford: Stanford University Press, 1977), pp. 23-26.

统上属于中国疆域北部边缘的 16 个州的狭长地带 ①。北宋都城是位于华北平原上的开封。但是在 1126 年，接替辽的金政权（由后来属于满族的女真人建立），从北方赶走了北宋并占领其都城。在接下来的几年内，金巩固了对北方地区的控制，而宋被迫偏安南方，都城设在杭州，领土面积只有以前的三分之二。历史学家称这一疆域收缩时期为南宋。这种情况一直持续到 1278 年 ②，第三个北方少数民族——蒙古族征服了南宋，并在元朝重新统一了中国。

疆域的变动，似乎也意味着社会的转变。郝若贝与我们的一位作者（详细阐述了郝若贝的引领性观点）认为，南宋精英认为自己无论在行为上还是观点上，都与北宋精英截然不同。在婚姻、居住方式以及其他方面，北宋精英尽可能占据政治舞台，官居高位，扮演着国家精英的角色。相比之下，南宋的精英阶层似乎自我收缩在其家乡，与当地人通婚，在本地生活，并在思想和行动的很多方面（虽然不是全部），都是地方性的。仕宦（尤其是在朝廷担任高官或在都城任职）在北宋精英的战略和自我构想中占据着中心位置，但在南宋却并非如此。正如施坚雅关于中国古代王朝国家的主张一样，这幅宋代精英转型的图画需要进一步论证和阐述。尤其是，郝若贝认为，这种变化是永久性的——其影响可以从明清两朝精英的本质中得到印证——这一点尚待人们进一步探讨。但是，在此基础上，我们可以继续探索宋朝的政治和社会思想。③ 反过来，我们的探索可能有助于完善社会转型的图画。

在宋人对国家和社会的态度中，我们可以找到与这三个主要的社会和政

---

① "16 个州"指燕云十六州。辽朝实际还控制着我国北方和东北的广大地区。——译者注

② 国内一般将南宋灭亡时间定于 1276 年或 1279 年。——译者注

③ Robert Hartwell, "Demographic, Political, and Social Transformations of China, 750-1550," *Harvard Journal of Asiatic Studies* 42 (1982): 365-442. Robert Hymes, *Statesmen and Gentlemen: The Elite of Fu-chou, Chiang-hsi, in Northern and Southern Sung* (Cambridge: Cambridge University Press, 1986).

治变化过程的联系和冲突。尤其值得一提的是，关于南宋与北宋之间"不连续性"的观点，以及迄今为止社会史研究中对于这种不连续性的具体描述，在政治思想史上也是卓有成效的。我们可以说，北宋人和南宋人关于国家地位的观念差异极大。我们也会为主要的连续性而争论不休：跨越了南宋、北宋，并在新的语境和语言中重复出现的如何定义政治行动目标问题上的某些根本性分歧。辨析这些观点将是本篇导论的主要内容。

接下来我们将通过构建自己的一套论点，来介绍本书中的文章。我们的论点不仅受到这些文章的影响，而且还受到与作者们长期讨论和辩论的影响。在某些方面，对某些作者，我们可能会采用他们不会使用的方式来剖析其作品，读者在接下来的阅读中将会看到这一点。我们认为，本书的所有作者都认同他们的研究在许多方面是相互关联的，每篇文章的谋篇布局至少在一定程度上与导论的分析有所不同。我们认为这种潜在的多样性，已经清楚地体现在作者自己的论点中，反映了该研究领域的丰富多彩，并增加了本书的丰富性。在行使编辑（和导论作者）特权时，我们试图以自己的方式对待作者的文章，这并非是要压制或盖过他们的声音，而是提供一个"共鸣器"，让作者的声音在其自己的作品中更响亮。

话语和语言

在讨论上述实质性问题之前，需要先阐明我们的态度。在试图找出那些在时间上和空间上与我们相距甚远的人的假设时，我们需要认识到自己的假设。在讨论与我们相距甚远的人的语言时，我们不应该忽视自己的语言。用英文写作时，我们面临着距离和翻译的问题。实际上，与我们正在学习的一

种或多种语言明显不同,"阐释性语言"① (这一术语是波考克提出的) 的使用
也是一种优势。我们认为,阐释性语言的首要准则是解释力,而不是其术语
是否具有天然的对应词。我们不能仅仅因为古代汉语中没有与"哲学"相对
应的词,就不撰写关于中国哲学的文章。我们自己的语言已经发生了很大的
变化,并且还在不断变化中,记住这一点很有帮助。毕竟,在 17 世纪的英
语中,也没有与我们现在的"哲学"相对应的词,因为当时英国人对"哲学"
的理解,远远超出了我们现在的理解。然而,史学工作者们并没有因此而
放弃对 17 世纪英国哲学的写作。我们其他大多数"关键词"[雷蒙·威廉斯
(Raymond Williams) 提出的]——"社会""文化""国家"显然都是现代语
言。因此,使用 20 世纪的英语写作时,我们的词语是否能在宋代作者的语言
中找到直接的对应词?对于这个问题,我们不需要格外煞费苦心(尽管我们
确实需要知道)。我们确实需要担心相反的情况,因为我们必须用自己可以找
到的英语对应词来讨论宋代的术语和思想。事实上,寻找可能的对应词甚至
也可以带来重要的洞察力(尤其是无法找到对应词的时候)。② 当有大致的对
应词时,我们需要意识到其含义的范围和深浅的差别,并记住在所有的语言
中,词的含义即使不完全由语境决定,也是有条件限制的。毕竟,大多数词,
尤其是那些饱含文化或极富情感色彩的词,都有着广泛的含义,这使作者可
以自由地强调词汇的某些含义而忽视它的其他含义,或者使用具有显性含义

---

① See "The Concept of Language and the *métier d'historien*: Some Considerations on Practice, " in *The Languages of Political Theory in Early Modern Europe*, ed. Anthony Pagden (Cambridge: Cambridge University Press, 1987), p. 27.

② 最近的研究表明,汉语和英语的不匹配,给比较学家提供了非常丰富的研究机遇。See, for example,Chad Hansen, "Chinese Language, Chinese Philosophy, and 'Truth', " *Journal of Asian Studies* 44, no. 3 (May 1985): 491-519. But see also A. C. Graham, *Disputers of the Tao: Philosophical Argument in Ancient China* (La Salle: Open Court, 1989), pp. 395-396.

的词汇的隐性含义来展开自己的讨论。①这也许特别适用于描述古汉语的使用情况，因为它以丰富的词汇联系和内涵而著称。

这些都是广泛考虑的因素，并且在很大程度上是显而易见的。本书的导论和大部分内容都围绕着 state（国家）和 society（社会）这两个词展开。关于这两个词，我们应该多说一些。我们当然不能断言，宋人的用语在意义和用法上与这两个英文单词完全或大部分重叠，但这也不妨碍我们以有意义的方式讨论"宋人的国家与社会关系观"。因为，当宋人主张政府权力应该下放——其中有人试图将乡村组织成受官方监督的保甲单位，而另有人提议建立自愿的、植根于地方的乡约；或者当有人提议官员应该强迫富人出售粮食来救荒，而其他人则认为通过商业自主活动或通过巧妙引导，可以更好地完成同样的工作时，我们完全可以看到（并且可以说），他们提出的安排，（**在我们看来** ②）涉及国家和社会之间不同的（有时候是相反的）对立与冲突。当用这种合理方式重新描述的争论反复出现，同时被赋予了巨大的政治和情感力量，并成为政治话语始终的核心时，我们可以很公正地说，"国家与社会的关系"，是宋人深为关注的问题。

我们认为可以更进一步。因为尽管在英语中，state 和 society 均有相当多的可能意义和内涵，有人说 state and society 时，将其当作一对名词，表示一种对比或富有张力的关系，这种成对词语本身就缩小了其中每个词的内涵范围，突显其更特殊的含义。我们认为寻找宋人用语的对应词效果更佳。也就是说，虽然宋人可能没有说过与 state 和 society 含义相当的话，但他们确实

---

① 雷蒙·威廉斯无疑指出了一般化的倾向，他发现人们写信给编辑时，使用典型的修辞和说服方法，与我们在此借鉴的某些词语类型一样，倾向于诉诸词典，"以使其符合适当的含义，并排除那些不合适的含义（那些愚昧无知的人却愚蠢地使用它们）"。Raymond Williams, *Keywords: A Vocabulary of Culture and Society* (New York: Oxford University Press, 1976), p. 14.

② 黑体为原书着重表示的内容。——译者注

有一些传统**成对**的词语。我们认为，在某种程度上，宋人选择的词与英语中 state and society 这对词所指出的关系、张力、对比或互补性相同。我们认为，这些成对的词语，有"国家""天下"，这两个词传统上分别被英译为 state 和 world，在本书第 3 篇文章中，包弼德（Peter Bol）讨论了这个问题；还有"官"（official 或 authorities）"民"（people）；甚至还有备受争议的"公"（public）与"私"（private）。我们对这些词语的看法将会更加清晰。就目前而言，在我们**无法**宣称已掌握宋人的思想、思维和说话方式之前，我们需要做的远远超过理解单个词语的明显含义。这一点似乎再明显不过，但人们经常视而不见。

也就是说，语言是由词语构成的，因此不能脱离它们所形成的和形成它们的话语。这就产生了一个问题，即把我们所认为的宋代思想家和行动者，放在一个单一的公共话语中来考虑是否合理和有用？或者，把问题翻转过来，文化学者、福柯主义史学家（Foucauldian historians）和其他西方学者现在所使用的（各种）"话语"概念，对于我们想要实现的目标来说，是否富有成效？我们认为它可能富有成效，但这在很大程度上取决于人们如何看待"话语"。我们并不想像米歇尔·福柯（Michel Foucault）那样试图揭示定义话语的认知规则——在他看来，这些规则从根本上切断了一种话语与另一种话语的联系。我们不否认这种尝试的潜在益处或有效性。如果我们避免使用明显不连续的语言，当然不是否认重大的变化，而是在暗示我们所看到的变化中仍然存在连续性。如果有人称我们材料中的任何"话语"，与其前后文毫无关联，那么它的普遍性（或实际上是模糊性）必然远高于我们正在处理的假设、表达和交流的主体（接下来我们有时候称之为"话语"）。因为这些"话语"明显**没有**被分隔开。相反，随着时间的推移，它们会逐渐分化，彼此交融，以不支持、相互不可理解或没有可比性的主张（或假设）的方式对彼此做出反应。我们处理的似乎是一系列的"话语"，这些话语既有历时上的重叠，也有共时上的重叠，对话受到语境的限制和部分引导，受到之前发生事情的显著影响。

出于类似的考虑，我们不能像大多数话语理论家（discourse theorists）那样，因为"话语"禁锢了一切，就认为我们的"话语"是决定一切、包罗万象的。在我们使用的材料中，在相同及不同的时间内，都存在着真正的差异和冲突、令人恼火的争论，更准确地说，差异、冲突、争论在我们的分析层面是真实存在的。我们不否认先验（尽管我们不知道，也不认为材料可以先验地得到肯定），即它们可以被分解成更大范围的、无疑问和无意识的共识，从而束缚了论述者，即使他们认为自己一直在争论。但要表明这一点，就意味着要达到比我们所选择操作的层面更高的普遍性层面。我们怀疑这一层面的模式不可能特定于宋朝，它必然在更长的时间跨度内运行。问题是，在这一层面上达成一致和概念上的束缚，并不会消除我们在较低层面上所发现的分歧、差异、争论甚至是自由。在我们选择的较低层面上的分歧，也不能抹杀在更高层面上的一致。从更高层面的共识出发，认为中国人的文化、思想、政治"基本上"是不变的或"最终"发生了变化，没有任何意义，因为"基本"或"最终"本身取决于个人选择的分析水平——毕竟，在足够高的普遍性水平上，人们甚至可能有理由认为，所有人类文化从根本上都是相似的，但没有人会认为研究文化差异是在浪费时间。当人们态度冷漠、自甘堕落，或者偶尔有意识地互相残杀时（尽管宋朝的频率远低于明朝），这种无意识的共识尤其无法令人信服。换句话说，与大多数话语理论家相比，我们更乐于使用较低的层面进行分析，我们同样乐于使用"话语"一词，并以一种粗浅而现成的方式，将其用于更低层面、较小规模、基本上更有意识的共同假设、问题，以及通常不同的答案中，这些都是我们的研究对象用来说话和思考的。

导 论 ｜ 011

如果我们和宋朝的思想者一样，对历史和话语都有一种连续性和变革性的认识，那么我们看待他们的角度就完全不同了。田浩在分析朱熹与陈亮之间的辩论时指出，宋儒的话语是多层次的，应用于形而上学、文化和社会政治层面上，但其争论的焦点仍然集中在一个共同的词——"道"（Way）上。[①]一方面，这可能有助于解释为什么像李心传这样的人，对道德形而上学没有多少兴趣，却认同"道学"（Learning of the Way），以及为什么一部晚宋的资料汇编[②]，把陈亮放在"道学"标题下——道学是应用于文化或社会政治层面的，而不是形而上层面的。另一方面，它让我们发现居于不同层面的人们彼此对话的情况。

人们可以在不同的层面上对话，当然还有许多其他的共同点。朱熹与陈亮的共同之处，在于他们掌握并依赖共同的"文"的传统（literary tradition）——他们阅读的文本大致相同，并且有一套共同的文本和历史参照点。从共享的文本以及正在进行的讨论出发，可能会产生通用的词汇。在社会政治话语领域内，重建这些的工作才刚刚开始。虽然这一领域已经产生了大量对诸如"理"（principle 或 pattern）、"气"（material force）等关键的形而上学术语的剖析，但我们对社会和政治思维的研究还不够。宋人并没有在这个领域对他们的语言进行如此广泛的反思。我们在英文中找不到与陈淳《北溪字义》[③]相对应的术语。也许当宋人书写国家和社会的时候，他们认为自己的词汇已经足够清楚，不需要再做解释。尽管如此，本书中虽然只有韩明士

---

① Hoyt C. Tillman, *Utilitarian Confucianism: Ch'en Liang's Challenge to Chu Hsi* (Cambridge: Harvard University Press, 1982), pp. 153-154.

② 李幼武《(皇朝)名臣言行录》。见吴德明（Yves Hervouet）编《宋代书录》，香港：中文大学出版社，1978，第 127 页。

③ Wing-tsit Chan, trans., *Neo-Confucian Terms Explained (The Pei-hsi tzu-i by Ch'en Ch'un, 1159-1223)* (New York: Columbia University Press, 1986).

在第 7 篇文章里把"词汇"作为一个特别关注的重点，但对"语言"的考虑，永远值得我们关注。

事实上，正如波考克所说，政治话语史可以被理解为"语言"的历史，其习语和修辞手法不断变化。① 正如我们对波考兄的理解，"语言"是一组词汇、意义和用法，它们在历史上作为一种谈论特定话题的方式，在某种程度上已经具体化了。关于何种主题可以有效地应用于这个概念，可能会反过来发生历史性的变化，而波考克"话语"概念的目的之一，就是关注这一点。从这个意义上说，"语言"是"话语"中使用的工具，单个"话语"的参与者可以调动并应用多个工具。他们可以使用一种"语言"来定义自己在"话语"中的位置，以与使用另一种"语言"的参与者的位置区分开；或者，他们可能会采用对方的"语言"或其中的一部分，以表明这种"语言"可以用于他们自己的目的。一种"语言"可能有价值，一方面是因为它确实为谈论某事提供了有用的手段，另一方面是因为它通过更早的关联和使用获得了声望和说服力。波考克极少运用"语言"这个概念。这个概念尤其有用，因为它具有灵活性，能够处理变化的情况，能够关注话语参与者的策略，能够理解修辞和语言的外延。特别重要的是，一个群体的"语言"在被占有或被征用的过程中，传播给社群中的其他成员。在我们的材料中，一个引人注目的例子就是自称"道学"运动的术语和修辞的胜利。在 12 世纪，使用这种"语言"

---

① 我们在"语言"一词的使用上保留了引号，是因为这样的"语言"实际上是一种更大的"语言"在字面意义或传统意义上的词汇、习语和用法的局部或其他特殊子集。在我们的语言学家或语文学家的前辈那里，我们看到了把语言以外的任何东西都称为"语言"可能出现的问题。波考克的用法是个比喻，它很有说服力。我们认为波考克的分类，无论它以何为名，都是不可或缺的。波考克本人已经表达了对这个术语的不满，并考虑了替代方案的优点。比如他在 *Politics of Discourse: The Literature and History of Seventeenth-Century England*, ed. Kevin Sharpe and Steven Zwicker (Berkeley: University of California Press, 1987) 中对其他术语的贡献。

的人仍然会因为在科举考试的策论中使用艰涩的术语而遭到他人抨击。但在13世纪，正如我们所预料的那样，我们发现，不仅真德秀对地方政治问题的关注（见本书狄培理的文章）中涉及这种"语言"，董煟（参见韩明士的文章）也以不同的方式涉及这种"语言"。

也许有一天，我们可以使用这些关键词的历史和变迁，来构建我们自己的"关键词"之书。当然，其中之一就是"道学"[①]。虽然我们的总体方针是将所有的中文术语翻译成英文，但在这里出现了例外。Tao-hsueh（道学）并不在陈淳《北溪字义》所解释的"道学"范畴之内，这是非常矛盾且遗憾的事情。和许多关键术语一样，"道学"一词也带来了棘手的问题。最常见也是最基本的，在现代用语中，"道学"指的是以朱熹（1130—1200）为中心人物和领导者的思想运动。但是，在"道学"所处的时代，我们发现其使用范围中有一个基础，就是把它的范围精确限制于《宋史·道学传》（元人编纂）中的学者[②]，或者相反地，将其扩大到包括几乎所有的"新儒家"（Neo-

---

[①] 其他两个词可能是"礼"（rites）和"权"（balance, equilibrium, weighing, prudence）。"礼"也经常英译作 propriety，恰当地遵守"礼"不仅有不同的方法，而且"礼"这个词对不同的人有不同的意义。李觏（1009—1059）最重视"礼"，以至于包弼德（私下交流）认为，对李觏来说，"礼"是所有价值的总和；而孙复，正如艾伦·伍德告诉我们的那样，认为礼是"统治人类和宇宙秩序的基本原则"。对《春秋》评注者来说，相比苏洵定义的"风俗"（见本书第 1 篇文章），"礼"代表了一系列坚定的、甚至是僵化的指导方针；然而在其他情况下，当"礼"与"心"（mind）并置时，强调的是其作为外部表现的性质，这与儒家的倾向相一致，即将"礼"与"势"联系起来，从而保持灵活性。同样值得注意的是，本书中几乎没有体现"礼"和"法"（law）之间的区别，可能是因为没有研究者准备完全依靠"礼"来进行研究。至于"权"，在本书中意义的转变是显而易见的。苏洵的"权宜之计"或"审慎"，成为朱熹的"德应与时和"，这是狄培理论述的政治教化的突出例子。此处没有一个"权"的翻译传达出"权威"（authority）的意思，而在历史上，"权威"一直是"权"意义范围中的一个显著部分。词语用法上的差异，凸显了改变英语（我们用以解释的语言）的需求，尽管这是以模糊两种语言的共同点为代价的。

[②] 有些人甚至将其定义得更为狭隘——毕竟，元朝编者选择将邵雍纳入《宋史·道学传》。

Confucian）——我们遵循狄培理的建议，广泛地使用"新儒学 / 新儒家"来区分在宋朝发展起来的儒家思想。[①] 在这个意义上，"新儒学"不能与"道学"互换，也不能用于翻译任何中文术语，它属于我们的话语，而不是他们的任何话语。不仅没有一个英语单词具有"道"或"学"这样的广度和深度，而且宋人把这两个词组合在一起之后的含义，也随着时间的推移而发生了变化。当张载在写给弟子的信中痛惜"道学"与"政术"分离时，他所指的并非任何特定的学派或者学说，而只是简单地将父母之爱延伸到所有人身上。[②] 也许"道学"在这里没有什么特别的含义，仅与"道德之学"（moral learning）的含义差不多。我们必须警惕其他人的类似解读[③]，而且我们应该记住，"道学"这个词只是后来才专门用于描述从二程传给朱熹及其追随者一脉的思想和思想家。朱熹的一个主要目标，是要定义正统的传播路线——"道统"，这自然影响了对"道学"的理解，因此，这意味着朱熹定义的"正统"，排斥了其他思想家，甚至一些同样吸收或认同二程学说的人。

这一点很重要。正如田浩所指出的那样，对 12 世纪的"道学"，在更大范围内形成清晰的共识，对于正确分析陈亮和其他人至关重要。朱熹的著作尽管总体上包罗万象，同时也涉及对他所处时代的思想的梳理和选择——同时代的所有思想都声称起源于二程——从某种程度上来说，这是对真正的二程思想遗产的提炼和净化。在本书第 8 篇文章中，贾志扬（John W. Chaffee）对李心传的研究强有力地表明，在朱熹一生中，他并非一个人独占道学思想的舞台。在朱熹之后，甚至在那些自认为是其弟子的人当中，"道学"再次被

---

① Wm. Theodore de Bary and JaHyun Kim Haboush, eds., *The Rise of Neo-Confucianism in Korea* (New York: Columbia University Press, 1985), pp. 8-9.

② 张载《张载集·答范巽之书》，北京：中华书局，点校本，1978，第 349 页。

③ 例如，杨时在关于《论语》（1:15）的经筵讲义中称，只有那些掌握"道学"之人，才能安贫乐道。杨时《杨龟山先生全集》卷 5《撰经筵讲义·论语·贫而无谄章》，9b-10a。

视为包含了非常广泛的兴趣和关注（可以肯定的是，其中一些道学思想也可以在朱熹身上找到源头）。此外，魏了翁年轻时曾写信给叶适，请求叶适为其学斋题词，他赞扬叶适"以道学正宗倡明后进"①。叶适大概很高兴有人以此来形容他，至少在仕宦的那个阶段如此。许多人像魏了翁那样，注重将自己的思想追溯到朱熹和二程，而叶适因为拒绝这种做法而闻名。这个例子表明，"道学"这个术语的范围，有时候比我们现在所能理解的范围更广。然而，我们似乎有理由认为，在朱熹（及其直接追随者）看来，被接受为"道学"的一部分的思想和关注的范围，经过朱熹的努力正在缩小，"道学"作为学派赢得人们更广泛的接受："道学"的范围扩大了，这可以让像李心传这样的人将自己视作是"道学"中的一员以及追随者。另一方面，"道学"这个词的贬义用法，指的是一种专注于个人道德或形而上学而忽视并损害其他一切的思想，甚至16世纪小说中常见的"道学伪君子"的形象，也可以追溯到宋朝。② 正是这种含义和外延，使得我们在整本书中没有将"Tao-hsueh"这个术语翻译成英文。

这些思考，虽然不成系统，但可以帮助读者了解我们的方法倾向。我们将在下一节中确认并追溯我们已经触及的内容：在宋代，人们对国家和社会的看法发生了重大变化。

北宋人与南宋人的国家观

北宋的政治思想家和行动者们认定，或者说认为，政府，尤其是朝廷，

① 魏了翁《鹤山先生文集》卷32《上建康留守叶侍郎（适）书》，第276页。比较 Winston W. Lo, *The Life and Thought of Yeh Shih* (Gainesville: University Presses of Florida, 1974), p. 153.

② 周密《齐东野语》（丛书集成本）卷11《道学》，第139页。Andrew Plaks, *The Four Masterworks of the Ming Novel* (1987), p. 240, 将"道学气"英译为"false moralism"。

可以让天下重新变好，或者至少能让天下变得更美好。他们在朝廷能够做多少、如何做的问题上意见不一，但他们认为，改善天下的行动（政治行动），很大程度上意味着来自政治中心的行动，这是理所当然的。而南宋人对中央政治和制度的看法远没有那么乐观，也没有那么雄心勃勃，正如万志英（Richard von Glahn）和包弼德在本书中特别指出的那样。[①] 对某些人来说，以国家为中心的"实干"（activism）想法的改变，意味着从对政治和制度采取行动的努力，转变为致力于提升自我修养；也许正是因为这一点，"宋学"在后世才广为人知，并受到后人的严厉批评。但对其他人来说，"内转"（inward turn），反而在社会责任以及承担社会责任方面带来了新的哲学和道德深度。我们认为，对其中许多人来说，脱离政治中心意味着对新的、不同类型和层次的政治或社会行动的关注；而其他人，首先关注的仍然是国家的制度和行为，尽管如此，他们在处理这些问题的方法上，显示出不太重视北宋人对之持乐观态度的中央集权主义。[②]

　　我们已经谈到了"北宋"的观点，但我们必须承认，这是一种简略的说法。宋初六十年左右的政治，更不用说政治思想，在史学著作中几乎没有得到探讨。在麦大维（David McMullen）对唐朝情形分析的基础上，我们现在能够更好地研究宋朝在采用并改造初唐模式方面的成功程度，以及宋朝思想

[①] 狄培理很早就指出了其本质，in "A Reappraisal of Neo-Confucianism," in *Studies in Chinese Thought*, ed. Arthur F. Wright (Chicago: University of Chicago Press, 1953), pp. 81-111, esp. pp. 105-106。

[②] 关于"内转"（inward turn）及其对北宋政治的影响，see also James T.C. Liu, *China Turning Inward: Intellectual-Political Changes in the Early Twelfth Century* (Cambridge: Harvard University Press, 1988)。

家与其唐朝前辈在思想上的连续性和非连续性。[①] 不过，这是其他著作的研究内容，我们关注的北宋倾向和思想主要是 11 世纪以后的，特别是那些倡导以"古文"作为科举考试写作和书面政治伦理话语的改良主义文学政治运动的倾向和思想。包弼德在其学位论文中也提出了令人信服的论点，认为这场古文运动的发动，主要是为了回答士、士绅或文人在社会中的适当身份和角色的问题；到了 11 世纪中叶，这场运动上升到知识和政治领域，反映了广大精英阶层对其答案的认同。[②] 这个复杂的答案认为士绅如果深入参与了"政事"，意味着在理想状态下，他们最终将参与到中央政事中去。由于宋帝国正处于危机之中（究竟是何危机，并不是每个人都达成了一致，但是至少北方敌国的问题是共识），士绅将通过修复、恢复或重建他在中央发现的制度和做法的问题，来致力于改革国家和天下。

　　这种对中央的关注无处不在。从安史之乱以来，学者们就把《春秋》作为改造天下的指南。[③] 艾伦·伍德指出，从孙复开始，北宋的《春秋》评注者

---

　　① See David McMullen, *State and Scholars in T'ang China* (Cambridge: Cambridge University Press, 1988). 麦大维明确指出，初唐的知识分子，都是以朝廷和政府为中心的。安史之乱后，像李翱、韩愈这样的思想家，"在一定程度上，把他们的思想从以国家为中心的官方语境中剥离出来，而这种官方语境在很大程度上形成了初唐的经典思想观念，并使它们成为关于人类的普遍陈述"（第 105 页）。我们可以看到，这里预示了我们下文将要讨论的南宋趋势。但在唐朝，即使是这些人，仍然雄心勃勃地谋求高位，许多思想家继续主要关注中央。以柳宗元（773—819）为例，对他来说，"爵禄、庆赏和行政手段，都是'道之所以行'"（引自《柳河东集》卷 3《论·守道论》，上海：中华书局，1958，第 157 页）。一个显著的例子是，即使在朝廷权力衰落之后，诏书仍然保持着权威（第 238 页）。麦大维还观察到，朝廷对学术界保持一种宽松的态度，确保"一个渴望为官方服务的学术共同体的忠诚"（第 238 页）。尤其在最后一点上，昔日的唐朝与南宋看起来不太像。

　　② Peter Kees Bol, "Culture and the Way in Eleventh-Century China." Ph.D. diss, Princeton University, 1982.

　　③ See McMullen, *State and Scholars*, pp. 101-102.

们运用"春秋学"来处理中央集权。① 另一个人物，并不是本书的中心人物，但却是古文运动公认的开创者，也是由范仲淹带上政治舞台的第一个改革派成员——欧阳修。在其最重要的一篇文章中，他试图从中央向外出发，追溯如何纠正国家——这便是写于 11 世纪 40 年代初的《本论》。

《本论》如今最广为人知的是它的删节版——欧阳修在晚年将其删节，删掉了原先三部分的第一部分。删节后的《本论》，是一篇关于如何对抗佛教的社会力量和吸引力的文章，它强调了国家可以通过"礼"和"学校"发挥教育和文化创造功能。但是被删节的第一部分传达的信息，或者说至少是第一部分的重点，却明显不同，我们必须把它看作是欧阳修在 11 世纪 40 年代思想的体现，其中没有提到佛教："制"非常重要，首先必须解决的问题是集中财力以及控制军队和募兵；"礼"及其带来的文化变革，只有在奠定制度基础之后才能发挥作用。

> 三王之为治也，以理数均天下，以爵地等邦国，以井田域民，以职事任官。天下有定数，邦国有定制，民有定业，官有定职。使下之共上勤而不困，上之治下简而不劳。财足于用而可以备天灾也，兵足以御患而不至于为患也。**凡此具矣，然后饰礼乐、兴仁义以教道之。**② （粗体强调乃我们自己所加）

在欧阳修的设想中，国家为正常的社会生活提供了前进的基础——不仅提供了抵御外部威胁的安全环境，还确保人民拥有土地（通过井田制），从而

---

① Allan Wood, "Views on Authority in Northern Sung Commentaries on the *Spring and Autumn Annals*." Unpublished paper, 1986.

② 欧阳修《欧阳修全集》卷 3《本论》，香港：广智书局，第 8—10 页。所引用段落文字在卷 3，第 8 页。（欧阳修《本论》分上中下三部分，"上"作于庆历二年，收录于《居士外集》卷 10，"中""下"作于庆历三年，收录于《居士集》卷 17。——译者注）

拥有"定业"。欧阳修描述的上古圣王之治，不是指其特定的制度，而是其对"优先"和"目的"的理解，应该成为他自己所处时代君主行事的榜样。这显然是欧阳修设想的一种国家实干主义。然而，这种国家实干主义的能动性，不仅仅在于君主本身，还有其所任用之人：

> 所以节财、用兵者，莫先乎立制。制已具备，兵已可使，财已足用，所以共守之者，莫先乎任人。

"任人"的重要性，使得选任制度变得至关重要。变法人士关注士绅如何为国家效力并为公益事业出力，反过来，"士绅""贤"如何为中央服务，以便维护对君主而言最为重要的机构？欧阳修直言不讳的答案是人必须要"尚名"，也就是说，人必须崇尚名声（欧阳修认为，在他所处的那个时代，名声没有得到人们应有的崇尚——"特以时方恶人之好名"），有才能的人需要"名"，然后国家可以通过高级官职来招揽他们。

国家通过制度来塑造或重塑社会的视野，以及如何吸引合适的人来为其服务的问题，都会在北宋后来的讨论中重复出现。但在国家问题上，重要的是不要夸大事实。欧阳修确实认为所有的影响都是从政治中心向外蔓延的，他对上古圣王统治形象的描述表明，国家可以也应该通过制度来决定它将统治什么样的社会。然而，正如史乐民（Paul J. Smith）在本书第 2 篇文章和包弼德在第 3 篇文章中所讨论的那样，欧阳修远没有我们在王安石身上看到的那种全面的、包容一切的状态。

实际上，税收机构的一个主要目的是确保没有聚敛，"然而财不足用于上而下已弊"，因此欧阳修提到"节财"。他描述的上古圣王，"上之治下，简而不劳"。我们也有理由认为，欧阳修后来把这一部分从《本论》中删除，正是因为他认为这一部分过于强调制度；也可以理解为晚年支持王安石所进行的通过制度手段改造社会的巨大努力，带给欧阳修无尽的痛苦。《本论》剩下的两部分，再次强调以"礼"和"学校"（字面意思是"教"）作为文化转型的手段，并提出，如果"礼"要产生这种效果，首先必须符合"欲"，以及正如司马光所指出的那样，王安石的变法并不符合"欲"（还要注意的是，这与后来一些新儒家对"欲"的评价形成了强烈的对比）。然后，人们可能会把《本论》剩下两部分的"教"（更好的说法也许是"濡化"）理解为与第一部分着力强调的"政"形成对比或者互补，并认为欧阳修认识到了生活的一部分和天下的一方面，而"政"本身并没有或不应该触及这些方面。^① 在这些方面的改善，必须通过文化手段来实现，而文化手段必须在一定程度上与人们已经采取的或看待事情的方式相协调。我们可以先睹为快地体验一下司马光的观点。在包弼德的描述中，司马光承认并接受这样的划分：国家是公共利益的守护者，而私人利益和关切在社会中能得到一定程度的自由发挥。欧阳修和司马光二人之间有相似之处，但情况更加复杂。因为很明显，欧阳修希望**由国家和中央**在地方社会中行"礼"并进行教育：文化转型不仅要靠道德榜样的力量（正如一些南宋新儒家所做的那样），还要通过完全制度化的渠道。没有任何迹象表明，社会生活的任何方面可以独立进行。欧阳修要求中央对周围的世界采取系统而积极的行动，他认为中央可以做到，而且中央的行为可以产生巨大的影响。这是欧阳修对 11 世纪中国的假设。

持同样假设的绝佳典范当然是王安石，他通过国家行动来寻求社会与国家的真正同化、私与公的融合。史乐民和包弼德分别从制度和学术的角度展现了这一点。更引人注目的是，这种倾向以一种微妙的方式贯穿于那些似乎与北宋变法派和中央集权论主流相去甚远之人的论点中。从不同角度来看，苏洵和司马光都是绝佳的例子。虽然苏洵历来被认为是主要的古文家之一，

---

① 这个想法是包弼德提出的。

但贺巧治（George Hatch）在本书第 1 篇文章中指出，苏洵的思想在许多方面，与发展中的治国之道思想不同。与王安石及其变法前辈范仲淹不同，苏洵认为自己不是伟大的新政治结构的建设者（即使在想象中也不是）。当然，在这一点上，他也不同于欧阳修，主要是他对这样的制度本身并不感兴趣。根据贺巧治的说法，对于苏洵来说，"制度是历史赋予的。制度的权威要么在于开国圣君的创造性行为，要么在于惯例在时间上的延续。苏洵认为，为了实现社会秩序而改变制度形式既不可取，也没有必要。这一任务是通过政治来完成的，在政治中，人类的行为受到操纵，生存和自身利益得到保障，个人无法控制的事情以某种方式设法满足它自己的目的"。

如果我们询问苏洵国家在社会中的地位，我们会发现国家的自由受到极大的限制，部分是由于纯粹人为的因素，但更重要的是由于风俗，甚至可能只是当地的风俗，这种风俗背后是历史悠久的沉淀。与北宋其他任何观点相比，在苏洵看来，国家与社会是彻底而完全分离的——毫无疑问，一方正在再造另一方：国家远不能塑造社会，社会可能更容易影响国家。正如贺巧治所指出的那样，苏洵认为，"然而狱讼常病多，盗贼常病众，则亦有由矣"。更值得注意的是，在这一点上，国家唯一可能的回应，对于苏洵来说，就是"重赎"。这并不意味着对社会的再造毫无希望且在任何情况下都是错误的，但它仍然是一种有力的回应，以防止整个社会的腐败倾向。像欧阳修和其他几乎所有在谈论政治的北宋人一样，苏洵站在了中央人物的角度。对于一个一生大部分时间都远离朝廷的人来说，这一点尤其令人吃惊。如果看一下苏洵处理当时问题的具体建议，我们就会发现，在他的观点中，似乎有着令人惊讶的制度上的大胆和对中央行动效果的乐观态度。

正如贺巧治告诉我们的那样，为了解决土地分配问题，苏洵建议**未来**公布法定的土地占有份额。对苏洵来说，这种做法吸引人的地方在于，它没有一个宏大的行政计划，取而代之的是利用了已经在发挥作用的自然或自动的做事方法。根据长时间形成的"自然"风俗，通过平分遗产来减持财产的长期过程将会持续下去；与之相反的，富人集聚新的巨额财产或扩大现有财产的趋势，也会因对未来禁令的认识而中断，因为出于个人利益，人们宁愿现在出售他们拥有的土地，以免以后毫无收获。然而，就北宋而言，这一提议最引人注目之处在于，它坚信政府有能力在未来维持这一秩序，并在当前严肃对待这一秩序。同样，苏洵提出的修补王朝军事缺陷的建议，构想了一个显然是由中央管理的全新的制度结构。在我们看来，苏洵在这里似乎只是违背了他更普遍的观念和认同。但最有意思的恰恰正是这些矛盾之处，因为它展现了一个想要与众不同的人，其思想中潜藏着更大话语的各个方面。即便是不想建立任何制度的苏洵，当他必须将自己的建议加入当时众口一词的提议中时，他也成了一名制度建设者。

司马光更有趣，因为他的影响力更大，对我们更具重要意义。我们从包弼德的文章中可以看出，无论是在"古文"本身，还是在从 11 世纪 40 年代以来反复出现在政治舞台上的变法问题上，司马光都是一个被卷入了一场他几乎不会希望发生的"对话"中的人。在其他显著的方面（但很难说是独特的），当王安石质问国家如何改变，才能更好地改变社会时，司马光认为这两者都不是重点：在任何情况下，本质上都不需要新的东西；相反，必须恢复国家内部存在的、由宋朝缔造者传承下来的恰当的权力关系和官僚惯例的常规程序，这样做将使国家履行其一贯的特殊职能——不是改变社会，而是独特地体现公共利益——从而使始终存在于社会的相互竞争的利益达到稳定的平衡。司马光关于官僚体制变革的想法，比我们在这里所说的更具体、更深刻、更实际，也更具潜在的影响力，但它们与任何通常意义上的制度创新都相去甚远。

在给予"私人利益"合法性，或者至少是承认不可改变的现实时，司马光与王安石的看法截然不同。更重要的是，司马光对中央政府的改革计划明显缺乏雄心壮志，这似乎使他与北宋当时的许多言论和行为拉开了距离。然而，在某些方面（至少有这样一个假设，尤其是基调），司马光与当时的主流话语是一致的。首先，尽管作为既定权力关系的维护者和修复者，司马光并不是一个咄咄逼人的集权论者，但他的观点仍然是政令应出自中央。[①] 只要皇帝、宰相、朝廷这样做，事情就会好起来，情况会变得更好。正如包弼德所指出的那样，司马光已经准备好论证中央正当的官僚作风可以一劳永逸地结束王朝兴衰更替的循环。王安石认为，在极端情况下，宋政权可以消除国家与社会之间的分别；司马光认为，宋朝可以永远存在下去，这与中国以前传统王朝所有的政治辩论和史学假设相左。很难知道他们二人之中谁更有信心——是王安石对新制度，抑或是司马光对出官员的道德良知重新激发的官僚关系和例行的公事程序。这就是一种以国家为中心的乐观主义。

争论的一方可能会说，司马光的主张是他迫于时代的要求，尤其是官僚竞争的压力而被迫提出的——当其他角逐主宰朝廷之人承诺要取得震动世人的成就时，他也必须这样做。这也许有些道理。但争论的另一方，会提到司马光在其一生中最重要时期所从事的工作——编写伟大的史学著作《资治通鉴》。这部书首先致力于解释中国传统王朝的兴衰（司马光是这样告诉我们的），但在实践中，尤其注重王朝的衰亡。如果这对他来说是核心的历史问题，而不是像他所处的那个时代的其他历史学家那样，认为是制度的各种累积、发展，王朝的自然更迭，或者个人可能从历史中吸取道德教训，那么我们必

[①] 例如，史乐民对茶叶政策的研究表明，与王安石对社会的改造相比，以司马光为首的反变法派似乎不太愿意尝试将茶业禁榷的权力下放。更普遍的是，当司马光取得权力后，对新法制度的逆转与新法被引进时一样全面而彻底，很少考虑当地的特点或变化，很少咨询当地人的观点，而当地人同样认为中央有权力和能力为整个宋帝国立法。

须认真对待他在其他地方声称能够在政治上解决同样的问题。取而代之的是，前一种观点的意义在于，司马光参与了一场"对话"，认定中央政府能够解决重大问题——尽管没有完全接受这个假设的全部，他还是相当真诚地接受了其中的一部分——并在"交谈"中融入他自己的方法来解决当时的问题。如果不这样做，司马光是否能够成为 11 世纪后期党争中一个主要党派的领导人，似乎是极其令人怀疑的。

南宋时，人们的观念发生了改变。在本书第 5 篇文章中，万志英着力强调了这一情况："南宋政治思想的特点，是对国家实干主义失去了信心……对权力滥用的批评，通常伴随着对立法创新可取性的相应怀疑。自 11 世纪 70 年代王安石大刀阔斧的改革计划引发保守派的强烈反对以来，被定义为'厌恶激进的制度改革'的保守主义，已经成为主流政治思想的一个标志。"

在现代史学家看来，南宋政府的集权化程度明显逊色于北宋。一些机构很明显地体现了权力下放，比如管辖北方沿边庞大地区军队的总领所，通过它们，该地区大部分州县和地方收入曾经直接上交给中央政府。[1] 通过赋予县级行政官员比北宋时期更大的灵活性和行动自由，并通过明显削弱农村地区的国家权力，权力下放也在非正式地发展着。然而，正如万志英所指出的那样，这是一个关于南宋政治争论的老生常谈，即政府过于集权，太多的决策是由高层做出的。在某种程度上，这可能是对南宋政府所作所为的回应——这个政府在攫取财政收入方面实际上比北宋政府更加明目张胆，甚至粗暴。当史乐民告诉我们，南宋的中央管理人员"以一种弱化了的形式延续了北宋的基本中央集权政策"时，他所指的，主要是对财政收入的渴求，坦率地说，是对地方和商业事务采取了榨取的方式。但这种方法本身就是一种软弱的表

---

① See Hartwell, "*Demographic, Political, and Social Transformations of China, 750-1550*," pp. 397-398.

现。一个无法从南方各路征收巨额且可靠的土地税（北宋视之为理所当然）的国家，却受到有时咄咄逼人的邻国和北方边境上总是饥肠辘辘的士兵的施压，试图尽其所能地收税。即使南宋人没有一直看到（或选择避而不谈）这种方法的弱点，他们也看到了它的尽头。但无论如何，这种情况应该持续多久，更重要的是，国家，尤其是中央政府，应该在多大程度上采取积极的行动，对这些问题的常见假设都已经发生了根本性的变化。

和以前一样，当观察那些在其他方面与正在形成的新共识格格不入的人时，我们清楚地看到了"假设"的变化。许多南宋政治思想家（有时被称为一群"制度主义者"或"功利主义者"——后者的名字特别适合他们中的一些人）对中央机构及其运作的特殊兴趣，使他们在某种程度上有别于发展中的"话语"，越来越受到所谓的"道学"的支配。关于某些人的研究还太少，我们对他们的了解还不多：吕祖谦（1137－1181），一个脚踏两个阵营（如果他们有阵营的话）的人，陈傅良（1137—1203），一个对军事史特别感兴趣的有趣的制度思想家——应该对他们进行系统的研究；另外两人，陈亮（1143—1194）和叶适（1150—1223），我们有幸拥有对其的研究著作。

正如田浩在许多重要著作中明确指出的那样，陈亮在早期曾致力于道学运动，在道学运动影响力越来越大之后，陈亮开始与之分道扬镳。他不再强调个人的道德修养是提高社会和政治地位的手段，对皇帝的道德地位问题尤其毫不关心；他公开表示对实务感兴趣，并愿意根据行动的结果而不是手段来评判一个行动的方针。这些都与他对法律和中央机构的兴趣一样清晰可见。然而，正如田浩令人信服的论证那样，陈亮与北宋中央集权者相距甚远。在对制度的具体讨论中，陈亮总是以"权力下放者"的形象出现。在一篇没有收录在本书的文章中，田浩指出，陈亮在讨论法律时，准备争辩说宋朝已经有太多的法律了。① 可能叶适对这种情况谈得更明确。罗文已经指出，叶适关于改革南宋制度的建议——要求大幅削减政府开支和权力下放——将会促成一个不受干扰的更加健康的社会。② 当然，在陈亮和叶适身上都有司马光的影子。但是，司马光对强大的中央政府的运作充满信心，同时也了解其权力极限，而叶适则对强大的中央政府充满了负面看法。

如果南宋的政治思想失去了（再次引用万志英的话）"对国家实干主义的信仰"，那么是什么东西取代了它？在政治领域之外，当然是转向个人的道德和精神修养。在一篇30多年前发表的开创性文章中，狄培理率先指出，正是对北宋政治改革特色的背离，导致了朱熹和其他南宋新儒家"回到……关于人性、个人修养，以及人在宇宙中的位置的问题"③。张灏在本次会议上提交的论文（并未收入本书）中，对这一时期的"内转"概念进行了卓有成效的阐述。迈克尔·弗里曼（Michael Freeman）在一篇重要论文中指出，南宋新儒家思想中形而上学的一面起源于北宋，正是在王安石的反变法对手流亡于洛阳的时期——当时的司马光、程颐和其他人，在缺乏有意义的政治行动的情况下，开始对邵雍、张载的推测表现出兴趣（他们之前对此并没有兴趣）。④

尽管有一部分是真实的，但"内转"远远不是故事的全部。重新思考弗里曼追溯的新儒家起源过程的一个关键结果，是高度强调在《大学》中发现的"内"和"外"之间的联系，在这个过程中，格物、修身、平天下，被看

---

① "Ch'en Liang on the Public Interest and Its Relation to Laws." Unpublished manuscript，1990。

② Winston Wan Lo, *The Life and Thought of Yeh Shih*, pp. 59-68.

③ de Bary, "A Reappraisal," p. 105.

④ Michael Freeman, "Lo-yang and the Opposition to Wang An-shih: The Rise of Confucian Conservatism," Ph.D. diss., Yale University, 1974. 这篇导论是在我们能够参考包安乐（Anne D. Birdwhistell）关于邵雍的重要的新研究成果之前写的；see *Transition to Neo-Confucianism: Shao Yung on Knowledge and Symbols of Reality* (Stanford: Stanford University Press, 1989)。

作是单一过程的一部分。如果这意味着改造世界是从改造自我开始的，那么认真对待这个问题，也就意味着自我修身养性永远不会结束。对许多人来说，自我修身养性从未排除对制度的兴趣。恰恰相反，正如狄培理所指出的那样，南宋道学运动有很强的制度化的一面，特别是以其主要人物朱熹为代表。[①] 万志英对"社仓"的研究，是对这一方面的重要贡献。万志英富有挑战性地提出，朱熹和貌似与其对立的王安石一样，都信奉"经典类比主义"，即"将经典的道德修养精神内在化（而不一定是复制经典制度的特定形式），将为政治行动提供灵感"。正如万志英所指出的那样，这种观点将政治行为和制度行动从近代历史的实际经验中解放出来，并"设想**建立**以《周礼》为代表的充满上古精神的**新制度**"（粗体强调是我们所加）。

这里对制度创新的强调是恰如其分的。正如韩明士在其他地方[②] 所指出的那样，"社仓"只是南宋新兴的三种制度之一，另外两种制度是"书院"和"乡约"，这三种制度在当时和后来都与朱熹的名字和影响密切相关。这三种制度没有一个完全是朱熹的发明，但他致力于推广这三种制度。它们都有重要的共同点。首先，每一种制度都是具有地方性质和自愿性质的替代品（或替换），实际上是为了取代北宋变法期间，特别是王安石变法期间，中央创设的主要国家制度。因此，书院（与礼仪相关的私立学校）经常是县学和州府官学直接且明确的替代品。范仲淹首先创设县学和州府官学，王安石将其

① Wm. Theodore de Bary, *The Liberal Tradition in China* (New York: Columbia University Press, 1983), pp. 32-33.

② Robert Hymes, "Lu Chiu-yuan, Academies, and the Problem of the Local Community," in *Neo-Confucian Education: The Formative Stage*, ed. Wm. Theodore de Bary and John W. Chaffee (Berkeley: University of California Press, 1989), pp. 432-456.see also Hymes, *Statesmen and Gentlemen: The Elite of Fu-chou, Chiang-hsi, in Northern and Southern Sung* (Cambridge: Cambridge University Press, 1986), pp. 132-135. 我们目前的讨论，部分概括了这两篇文章对同一问题的讨论。

发扬光大，在北宋最后数十年间，即变法派掌权的鼎盛时期，它们成为选任官员的重要渠道。正如万志英在文中所展示的，社仓从本质上复制了王安石庞大的国家青苗法的方法，但这建立在自愿和严格的地方基础上，并在（朱熹希望）私人领导和有慈善倾向的当地绅士的指导下。而乡约，在我们看来，是对王安石从中央强加给地方的相互监督和维持治安的"保甲"体系的一种转变，这种体系在朱熹时代仍以各种形式存在着。

最后一点值得我们做更多的讨论。事实上，在朱熹所处的那个时代，甚至整个宋代，乡约（如果有的话）都没有广泛地付诸实践。然而，朱熹对于乡约的计划，作为他所设想的一个更大的乡曲改革的一部分，必须被认真对待。乡约是一个在现有的乡曲成员之间自愿签订的合约["约"可以被英译为contract（契约），也很容易翻译成compact（约定）。如果欧洲契约经济关系的发展可以作为 social contract（社会契约）概念的背景，我们可能应该将宋代中国的这种乡约，同样看作是当时商业化和商业关系不断扩大的背景]。通过系统、定期的相互劝诫和观察，共同的仪式，以及有组织的慈善活动，并辅以成文的成员登记和善恶行为记录，就可以建立起一种在朱熹那个时代缺失的道德和社会秩序。

余蓓荷对乡约进行了广泛的研究 ①，她向本次会议（本书就是本次会议的论文结集）提交了一篇文章（但没有收入本书中）。我们之所以能对乡约有这样的理解，就是因为我们阅读了她的文章。对于余蓓荷，乡约在一定程度上是（也许尤其是）对朱熹所处时代的世俗佛教社团和慈善组织所提出的挑战的回应——朱熹以吕大钧（1029—1080）首创的模式为基础，着手提供一种特别的儒家形式的乡曲组织。我们同意这可能是乡约的动机之一。尤其考虑

---

① See Monika Übelhör, "The Community Compact of the Sung," in *Neo-Confucian Education*, ed. de Bary and Chaffee, part 4.

到罗梅如（Miriam Levering）对南宋初诸如大慧宗杲等佛教徒与二程弟子之间的社会交往和知识交流的研究（朱熹父亲的朋友，实际上就是这些圈子的参与者），朱熹对佛教的认识——认为佛教是新兴的"道学"的一种持久而富有挑战性的替代——当然不应被低估。① 然而，朱熹所采用的模型（吕大钧的最初计划）的起源时间，大约是在 11 世纪 70 年代，这强有力地暗示了乡约的另一个动机，因为王安石的保甲制就是在这个时候刚刚建立起来的，而吕大钧是王安石的政敌。当然，吕大钧打算制定一个自愿的、契约性的、可以说是自下而上的方案，以便形成乡曲秩序和自然社会群体内部的相互监督，来提供一个替代王安石所主张的彻底的自上而下的计划——由国家定义的、人为的、十进制的自我监督单位。这样的保甲单位，在朱熹所处的那个时代仍然存在。它们及其代表的国家强制秩序的概念，一定比佛教团体组织更为显著地构建了朱熹本人修改吕大钧计划的背景。

在另一点上，余蓓荷提供了关键的数据。朱熹接受了吕大钧的计划，但对其加以改变。最值得注意的是，正如余蓓荷所指出的那样，朱熹比吕大钧更加注意区分乡约内的身份和地位，特别是界定士大夫们相对于其他社会成员的身份和地位，并在某种程度上对士大夫加以赞美。吕大钧对此几乎漠不关心。我们自然而然地将此解读为吕大钧没有想到这些人会成为乡约的成员，或者没想到至少他们会经常出席乡约的聚会。相比之下，在朱熹生活的时代，

① See Miriam L. Levering, "Ta Hui and Lay Buddhists: Chan Sermons on Death," in *Buddhist and Taoist Practices in Medieval Chinese Society: Buddhist and Taoist Studies II*, ed. David W. Chappell (Honolulu: University of Hawaii Press, 1987), pp. 181-207; Miriam L. Levering, *"Ch'an Enlightenment for Laymen: Ta-Hui and the New Religious Culture of the Sung,"* Ph.D. diss., Harvard University, 1978. 哥伦比亚大学的研究生阿里·博雷尔（Ari Borrell）目前正在撰写他的学位论文，研究南宋初期新儒家的圈子：新儒家们与大慧宗杲和其他人的接触，显示了他们对禅宗的兴趣。与博雷尔的交谈和对他之前著作的阅读，增强了我们对佛教在道学运动早期阶段重要性的认识。

精英阶层实际上越来越多地在地方乡曲内部行动，或作为当地乡曲成员行动。朱熹旨在明确鼓励他们参与乡约，并且实际上将他们定义为乡约运作的核心。正是因为他们会在乡曲活动，而且**应该**在乡曲活动，他们的地位必须得到明确的界定；并且就像朱熹所做的那样，将其定义为地位超然，使其成为重振乡曲道德的合适领导者和改革者。

朱熹在谋求推广这些新制度时，不但提供了王安石及其同党的制度改革的自愿的、地方性的等价物，也为地方社会内和政府之外的士大夫们提供了一个角色和行动空间。朱熹开始为社会和政治活动定义一个"中间阶层"，一个介于家庭和国家之间的阶层。① 他还开始定义有教养的和友好的地方士大夫们：他们可能是（也可能不是）官员，当然是正当合法的领导人；可以肯定的是，他们经常与当地行政官员合作，不过仍然与任何中央官员不同——那些中央官员可能像昔日的王安石一样，试图将自己或君主的意志强加于地方乡曲。

---

① 朱熹的社会观中的"中间阶层"观念，也得到了朱熹在其《仪礼经传通解》中对经学礼的系统化的支持。《仪礼》的 17 个部分，显然是根据士大夫生活的各个阶段依次排列的。在其著作中，朱熹保留了这种传统的秩序，但通过把作品划分为更大的部分——这些部分不是对应于人生的各个阶段，而是对应于社会群体的等级——重新诠释了这种秩序的基础：等级最底层的是"家礼"（family ritual），最高层的是"邦国礼"，两者之间的是"乡礼"（community ritual）。

朱熹所倡导的制度有着不同的命运。[①]但是很明显，朱熹及其追随者们并不是在封闭的状态中行动的。事实上，他们的行为是使其周围的社会中充满活力的冲动系统化、形塑化，甚至被教化。南宋是一个地方新机构大量涌现的时代，这些机构有些是自愿形成的，有些是国家资助形成的，有些是混合而成的。万安玲（Linda Walton）所述只涉及一种类型：为慈善目的而建立的义庄——无论是为了族群（descent groups）或"族"（lineages），还是为更大规模或更模糊的共同体而建立的。正如她所展示的那样，在记录它们创建的文献中，两者之间的区别并没有人们想象的那么明显。族产（或义庄）的创始人，在将慈善或"义"（duty）拓展到他们"家"之外时的无私精神值得人们赞扬。

有人可能会怀疑，这是一种辞令策略。当然，献身于宗族组织，与代表非亲属团体或参加志愿性联合体的行动相比，往往的确是基于不同的利益。但即便如此，这种辞令本身也表明了某种态度。如果为了亲属而采取的制度行动，在言辞上被等同于为地方乡曲而采取的制度行动——如果私人恩惠被

---

① 万志英展现了社仓的兴衰变迁及其与朱熹意图的迅速背离。然而，不可否认的是，在宋代，各地都建立了许多这样的社仓，尽管它们忠于最初的计划的程度不同；同名的明清社仓，在某种意义上，是宋代社仓的延续，不过后世王朝采取了截然不同的方式。乡约计划，显然从来没有适用于宋朝。地方书院"运动"，在朱熹给予大力支持之前，就已经开始了，并在整个南宋蓬勃发展。元代书院与明清时期的义仓和乡约一样，很大程度上成为一种国家制度，尽管明清时期又出现了一波又一波的私人创办书院的浪潮。关于宋元书院的情况，see John Chaffee, *The Thorny Gates of Learning*, pp. 76-99; Thomas H. C. Lee, *Government Education and Examinations in Sung China*, pp. 26-28, and "Chu Hsi, Academies, and the Tradition of Private *Chiang-hsueh*," in *Chinese Studies* 2, no. 1 (1984): 301-329; Linda Walton, "Education, Social Change, and Neo-Confucianism in Sung-Yuan China: Academies and the Local Elite in Ming Prefecture (Ningpo)" (Ph.D. diss., University of Pennsylvania, 1978); and Terada Go, *Sodai kyoikushi kaisetsu* (Tokyo: Hakubunsha, 1965), pp. 6-14, 31-33, 265-271, 306-310, 313-317, and 322-323。关于明代书院，see John Meskill, *Academies in Ming China: An Historical Essay* (Tucson: University of Arizona Press, 1982)。

等同于公共慈善——那么在我们看来，这一定是因为为地方乡曲采取制度行动的理念，对言辞的听众来说，至少在公开和明确的话语中，比为亲属采取行动的理念更富力量和意义。在万安玲的全部材料中，最值得注意的是她对经典类比的使用，特别是与井田制的类比，为义庄奠定了基础并为其辩护——无论是对宗族还是对更大的共同体而言。有人认为，井田制为人民做了一些事情，当然，现在也不能恢复其原状，因为时代已经发生了改变（在大多数这样的争论中，井田制已经衰落了）；但是一种新的制度可以在当下扮演同样的角色，当然，是在更小的范围内。在本书第9篇文章中，刘子健（James Liu）论述的魏了翁，也提出了类似的论点。一方面，这样的争论总是在一定程度上承认了时人与昔日先贤相比的失败。另一方面，尽管如此，仍然有人提出一些重大而引人注目的观点：或许新制度确实可以适应其时代（就像井田制一样）；也许还会再次出现圣人，然而时代允许其行动的范围有限。更广泛地说，万安玲的记录声称，建立一处义庄，对自己的宗族或乡曲施以援手，是一种类似于**治理**的行为：即使不是"经世"，至少也是（经典的）"经世"的（当代）类比。

同样，这种说法在很大程度上可能是夸大其词，但它作为修辞学的明显吸引力，显示了一种大致类似于朱熹的"经典类比推理"（classical analogism）思路的同时代力量，或者更广泛地说，一种君子应该治国、平天下观念的持续力量——事实上，至少应该做一些**类似于**治理的事情。这种类似于治理的管理，可以也应该像朱熹和其他人所做的那样，部分通过地方乡曲新的志愿机构来实现。在这一节的大部分内容里，我们试图表明，政治行动的概念、国家与社会关系的概念，从北宋到南宋发生了深刻的变化。但我们刚才勾勒出来的论点，表明了重要的连续性。万志英将朱熹与王安石联系在一起的"经典类比推理"概念，在一定程度上抓住了这种连续性。尽管人们对国家行为持悲观态度，对任何行动能否迅速或大规模地带来变革实际上也持悲观态度，但制度创新不仅能改善社会，还能改造社会，使其道德化，恢复与上古社会相当的整体性。这种观点在南宋时期非常活跃。朱熹及其追随者是制度创新的倡导者。

在其他方面，人们也可以找到连续性或"循环"的痕迹。首先，把朱熹的倡导简单地看作是对王安石变法在地方层面和自愿层面的简单下移，是过于简单化的认知。对朱熹而言，他所推动的制度，是建立更大秩序的基石。"中间阶层"（这是我们的术语，不是朱熹的说法）仅仅是**介于家庭和国家之间的一个层次**，这两个层次都不会因为增加第三个层次而失去合法性。虽然朱熹的地方乡曲机构似乎是为了清理出一个空间，使其免受家庭的私人利益或自负的中央的侵犯，但有时我们会从中看到似乎相互矛盾的冲动。因此，正如万志英所表明的那样，朱熹最初通过皇帝的法令，让社仓纳入国家制定的统一的法律中。这样的例子提出了一个问题，即朱熹在地方层面的计划，是否是由于缺乏接触中央权力的机会而形成的？如果朱熹在朝中地位很高，他是否会像王安石那样行事？以乡曲为基础的制度创新，是否仅仅是由时代和朱熹的地位决定的对更大目标的不那么高明的替代品？

有一种观点认为，就南宋的实际情况而言，无论是作为行政官员还是地方士大夫，地方层面的行动，都是像朱熹这样的人长期职业生涯的首选。正如我们刚才看到的那样，这也是一个竞争激烈的"竞技场"：在某种程度上，朱熹和其他人是在对独立于他们的事态发展做出反应，使之尽可能的系统化或富有开创性的驯化。然而，我们很难想象朱熹像王安石一样，从中央起草并实施一个庞大的变法体系，即使他的运气有所不同。人们不能忘记朱熹自己明确宣称宋朝政府过于集权（见本书第 4 篇文章），事实上宋朝从建国伊始就是如此：宋朝皇帝吸取唐朝瓦解于地方分权的所谓教训有些过头了。在反中央集权的阐述中，朱熹甚至超过了陈亮，当然更远远超过了司马光——对司马光来说，宋朝开国皇帝已经达到了恰到好处的平衡，只需要恢复这种平衡就行了。

如果这一切都是真的，那么很明显，朱熹及其一些最有影响力的追随者，一直关注皇帝及其行为的核心重要性。[1]然而，皇帝的重要性，不在于其在制度结构中的地位，而在于他们作为道德领袖的影响力。尽管朱熹的奏议直接向皇帝献言进策，确实以有意义的方式处理了人事和官员选任的问题，以及打开了官方的沟通渠道（与下文的魏了翁相比较），但它们最强烈的信息，仍然是皇帝需要正己和砥行，并通过这样做来改造其周围人和下属的能力。[2]修身养性的语言，很容易运用于"如何对待皇帝"和"皇帝应该做什么"的问题。这里缺少的是与中央**制度**或中央政治问题的长期对抗，而不是对个人与个体的道德问题的重点关注。[3]这种疏忽没有任何逻辑上的必要性：个人和个体的道德修养，是朱熹关于在地方乡曲"发生了什么"以及"应该发生什么"观念的核心，但在这个层面上，自我修养可以成为制度上采取行动甚至创造制度的自然基础（在朱熹看来）；或者就像在乡约中一样，制度可以成为道德修养本身的手段。如果我们不能指望南宋人对中央的制度创新产生强烈的推动力——事实上，在当时的政治气候下，无论朱熹的倾向如何，这样的观念

---

① 例如，真德秀继承并创立了北宋的"帝学"。See Wm. Theodore de Bary, *Neo-Confucian Orthodoxy and the Learning of the Mind-and-Heart* (New York: Columbia University Press, 1981), pp. 91-98.

② 关于这些奏议，see Conrad Schirokauer, "Chu Hsi's Political Career: A Study in Ambivalence," in *Confucian Personalities*, ed. Arthur F. Wright and Denis Twitchett (Stanford: Stanford University Press, 1962), pp. 162-188; Schirokauer, "Chu Hsi's Political Thought," *Journal of Chinese Philosophy* 5 (1978): 127-148; and David S. Nivison, "Introduction," in *Confucianism in Action*, ed. Nivison and Arthur F. Wright (Stanford: Stanford University Press, 1959). 陆九渊甚至比朱熹更进一步，他要求皇帝完全置身事外，专注于修身养性和做道德模范。

③ 或许一个例外是朱熹对党争问题的有趣评论。我们下文将回到这些问题。

都不会"飞跃"出来，人们可能还是会期望对中央制度采取一些更为间接的方法。如果晚明和清（以及现代！）对"宋学"的刻板印象，是指它在君子之道中以道德理想主义取代了士绅式的政治计划，因此实际上只是逃离了政治舞台，那么这种刻板印象明显产生于此并有一定的基础。[①]

但是，如果朱熹的社会思想及其众多追随者的思想中都缺少对中央问题的关注，我们会认为，这不是受阻于新儒家思想和话语本身。事实上，我们在本书的各篇文章中找到了证据，表明那些自认为是道学运动忠实成员的人，在南宋后期的数十年间，已经开始严肃地回到了对中央制度和政治问题的关注上。不论他们所处的层次如何，这种回归可能是更普遍地将注意力转向实际管理事务的一部分，这一点可以从真德秀《政经》所附的关于地方行政的详细材料中得到证明，这些材料可能来自真德秀的学生一代。在本书第10篇文章中，狄培理对《政经》进行了论述。[②]狄培理表明，真德秀对法律问题有着浓厚的兴趣。像朱熹一样，真德秀也把他的注意力转向了中央，主要从更具体和系统的方面关注皇帝在个人和道德方面的责任，正如狄培理所展现的那样。如果要特别关注中央政治问题，我们可以特别留意李心传（本书中由贾志扬做了研究）以及魏了翁（刘子健撰写的本书第9篇文章的主人公）。

李心传之所以引人注目，首先是因为他对制度的迷恋，但他又确信这种迷恋与对道学的投入，无论是知识上的还是政治上的，都是完全不相容的。他关注的这些制度（基本上是近期的，这本身就很引人注意），主要关于中央和州府机构，极少与地方机构有关，且几乎从来不涉及私人机构（正如贾志扬所指出的那样）。这种专注的政治意义（如果有的话），在李心传普遍的历

---

① 我们的看法是，它在地方一级建立新的政治"舞台"方面发挥了一定作用。

② See also Ron-guey Chu, "Chen Te-hsiu and the Classic on Governance: The Coming of Age of Neo-Confucian Statecraft," Ph.D. diss., Columbia University, 1988.

史著作中，由于缺少（充其量很少）明确阐述，令他对中央制度的政治意义的立场有些隐晦。不过，从贾志扬那里，我们仍然可以了解到李心传对文件如何通过官僚机构转移到中央的强烈兴趣，以及他对在都城的所有官员必须轮流觐见的旧体制的认可，这预告了下文魏了翁的提议。正如贾志扬所展示的那样，李心传的道学史著作，除了有对特定制度的论述，还明确肯定了控制政治中心对政治—知识运动命运的重要性，并指出官僚政治是新儒家努力的一个关键领域。

但是事情具体如何去做，却是魏了翁提出来的。刘子健概述了在长期掌权的宰相史弥远去世后，大约在1233年，魏了翁公开表示要对朝廷程序和官僚关系进行一系列改革。魏了翁敦促恢复中书、学士院和台谏分别作为法令提案人、起草人和审查人的独立且相互协调的作用；恢复枢密院单独奏事；恢复以往起草诏令和法令不受宰相监督的做法；恢复都城所有官员每日觐见和定期轮流觐见皇帝的权利；恢复官员向皇帝进呈奏议的权利，并让尽可能多的官员甚至太学生参与进来。

关于这份"如何做"的计划书，有两个引人注意之处。首先，我们必须承认，这份计划书看起来并非原创。魏了翁的设想与远在北宋的司马光的想法非常相似。但是对一个了解宋朝政治史的人来说，这份计划书的实用性非常引人注意。魏了翁关心的是在南宋防止像史弥远这样的强势宰相对官僚权威的扼杀，并急于确保自己的派系在王朝议政时拥有发言权。与皇帝交流的路线和程序，赢得了他的特别关注。现代人可能倾向用怀疑的眼光来审视增加奏议的频率和奏议定期化的安排——这和真正的政治有什么关系？但是卡尔·奥尔森（Carl F. Olsson）在他关于宋初统治的重要论文中已经精辟地指出，在宋真宗朝，高官们以牺牲皇帝和其他党派的利益为代价，抢先掌握

政权——减少奏议参与者和缩小奏议的渠道是多么重要。[1] 同样的，吴秀良
（Silas Wu）、白彬菊（Beatrice Bartlett）和其他人也指出奏议制度在清朝对皇
权的重要性。[2] 因为同道之人经常饱受宰相专权之苦，魏了翁主张皇权**相对**扩
张——扩张到史弥远大权独揽的 25 年前。皇权被认为是对相权的一种平衡，
支持皇权同时也是为了捍卫官僚机构的权威，以及让广大受教育阶层就公共
事务表达意见并被倾听。魏了翁的建议并非空话，而是直指宋朝皇权和官僚
权力问题的核心。魏了翁建议的老生常谈性被其显著性所平衡。在魏了翁所
处的那个时代，这些建议直接挑战了当时的制度。

　　魏了翁的建议结合李心传撰写的道学运动史表明，在 13 世纪，道学派人
士有意识地再次准备应对中央权力问题和中央政治制度的形式问题。可以肯
定的是，在这样做的过程中，魏了翁回到了像司马光那样的担忧和争论中，
这些争论是在人们思考如何运用中央权力**才是**问题的时候提出的。关键是，
至少在魏了翁看来，道学并不能阻止他这么做。事实上，魏了翁的奏议涉及
的问题虽然更详细，但与朱熹在奏议中提出的沟通渠道的问题是一样的。放
弃北宋的中央集权，把个人修养放在显要位置（正如魏了翁而非李心传的做
法），并不意味着失去思考和谈论中央政治和制度的能力。

　　如果 13 世纪的人们对中央政府的态度可以追溯到司马光，并且如万志英
所提出的"经典类比推理"那样，可以将朱熹的社会思想与王安石的社会思
想联系起来，那这些就是跨越南宋和北宋之间界限的连续性（我们认为这个
界限在其他方面是分水岭）。我们不会逃避"界限"这个观点。我们所说的一

[1]　Carl F. Olsson, "The Structure of Power under the Third Emperor of Sung China: The Shifting Balance after the Peace of Shan-yuan" (Ph.D. diss., University of Chicago, 1974).

[2]　Silas Wu, *Communication and Imperial Control in China: Evolution of the Palace Memorial System, 1693-1735* (Cambridge: Harvard University Press, 1970); Beatrice Bartlett, *Monarchs and Ministers: The Grand Council in Mid-Ch'ing China, 1723-1820* (Berkeley: University of California Press, 1991).

切都无损于这样一个论点，即对国家与更大范围的社会之间适当关系的观念，已经发生了根本性的改变。似乎也可以肯定〔正如包弼德和艾朗诺（Ronald Egan）在本书中，以及韩明士在其他地方所说的那样〕，政治和社会观念的变化，与郝若贝和韩明士追踪到的实用主义精英策略的变化有关：对于已经从追求达官显宦转向追求地方身份的精英来说，拒绝中央集权主义者的实干主义是富有意义的；新儒家对新的地方机构的兴趣，在一定程度上是对这种精英地方主义的回应，是试图将它引向道德上可接受的方向。要追踪这种关系及其变化的方向和时机，我们还有很多工作要做。不过，在接下来的内容中，我们将再次讨论"连续性"。我们认为，不是一种单独的观点，而是对国家与社会富有战略意义的一系列争论，跨越了北宋和南宋的界限，在南宋的社会政治论争中以新的语境和新的面貌反复出现。我们认为，王安石和司马光之间的争论，并没有随着华北的沦陷而结束。

宋朝政争中持久的对立

我们先打个比方：司马光之于王安石，就像陈亮之于朱熹，董煟之于黄震一样。① 这是什么意思？总的来说，宋朝的政治争论反复围绕着两极之间的对立展开，以不同形式出现：一方面是旨在改造整个社会的道德改良主义，并设想可以把重大的制度创新作为这样做的一种手段；另一方面是官僚精英主义，其主要目的是在国家内部重新建立适当的关系和行为方式，它认为国家的任务是在整个社会中平衡各方利益，有时可以为了公共利益的目的而利用各方利益，但它在很大程度上是愿意接受社会现状的。

我们认为，这个说法（见于包弼德撰写的本书第 3 篇文章）符合王安石

---

① 我们非常感谢包弼德的这个提法，这是他在（形成本书的）会议上提出的。关于董煟和黄震，请参阅本书第 7 篇文章。

和司马光之间的对立。王安石希望通过拓展公共领域——将所有的社会生活都纳入其中——来消解国家与社会之间的界限，从而将所有的社会关系转化为体现公共利益的关系，将所有的人类行为转化为代表公共利益的行为。然而，司马光认为，公共领域与私人领域的划分是自然的、必要的，其出发点只是为了使国家本身更完美地体现公共利益。要做到这一点，必须同时回归恰当的官僚程序和恢复官场的道德活力。后者很重要：司马光对皇帝和公卿大臣们应秉持高尚的行为道德的坚持无人能及，但他并**不**要求对整个社会进行道德再造。王安石和司马光是两个典型的例子。

以万志英的研究为例，我们已经介绍了王安石和朱熹之间的基本相似之处。不难看出，朱熹积极在新的或更新过的道德基础上再造社会。正如万志英所说，当朱熹研究南宋及其存在的问题时，他首先看到的是社会基本关系中的道德沦丧。这影响了他的社仓和乡约计划、他的救荒方法（参见本书中万志英和韩明士的文章）、他在地方官署发布的公告[①]、他为书院制定的规则、他对皇帝角色的诠释和对皇帝的影响力的态度（正如我们所看到的）。所有的社会和政治关系不仅在人们的思想中，还在他们的行动中得到重新评估和复原。虽然我们已经说过，与王安石的方法不同，朱熹的方法不仅仅关注制度创新（其方案中这方面是重要的），还更广泛地关注道德教育和士大夫的**自我**改造与**自我**修养；然而，朱熹目标的广度、其基本的道德品质，尤其是他对社会层面严重弊病的认识（其他人可能只在国家层面看到这些弊病），使其与王安石具有共性。在朱熹对美好社会或美好国家的设想中，有一种明显而强烈的动力。这种动力也许只有在他的"礼"的体系中——他精心划分的等级

[①] Ron-guey Chu, "Chu Hsi and Public Instruction," in *Neo-Confucian Education*, ed. de Bary and Chaffee, pp. 252-273.

涵盖了整个社会，从家庭到朝廷中的皇帝 ① ——才能得到全面的体现，但其印记存在于他所有的社会和政治思想中。我们发现，王安石倡导的社会的重新道德化，被朱熹移植到一个政治话语基本上已经摒弃了通过国家行动进行大规模改革的世界中。

相比朱熹，陈亮显得不受人关注，就像司马光之于王安石一样。陈亮希望重新调整国家与社会的关系，使国家能够完成其应完成的任务——在陈亮所处的那个时代，尤其是恢复中原的任务。为了再次做到这一点，国家实际上必须变得更"小"，必须不再在社会中过于扩张，有时必须把它的部分权力让渡给国家之外的力量或机构（对陈亮而言，北方的丢失，实际上是因为国家太"大"，太过集权）。② 我们可以想象，朱熹对此会表示赞同。正如我们所看到的那样，朱熹不赞成中央集权，他的社会变革将以其他方式进行。但重点是，对于陈亮来说，这就是全部情况。就像朱熹一样，陈亮认为，除非是医治过度集权的弊病，医治整个社会是没有意义的。田浩告诉我们，陈亮希望"让贫富之间的差距顺其自然发展"③，而朱熹则希望在贫富关系中恢复本应该存在的保护、支持和相互依赖的道德（他相信曾经存在过）；陈亮建议在地方层面进行改革（也就是那些可能会直接影响到人们组织生活方式的改革），只是为了实现特定的国家目标——武力收复北方——而采取的一种短期手段。

诚然，在田浩发现并详细讨论的一份科举试卷中④，陈亮曾经声称"法"（他对此特别感兴趣）可以使天生利己的人类具有公德心，将人类思想和生活中的"私"转变为"公"。这个说法令人惊讶，因为它似乎表明，和朱熹一样，陈亮把他的事业看作是把普通人变成正人君子。然而，田浩让我们相信，对

---

① See de Bary, *The Liberal Tradition in China*, pp. 32-33.

② Tillman, "Ch'en Liang on the Public Interest," p. 37.

③ Tillman, "Ch'en Liang on the Public Interest," p. 32; and see also p.34.

④ Tillman, "Ch'en Liang on the Public Interest," passim.

于陈亮而言，这种说法是非典型的，他更多的是依靠"法"来**平衡**社会中各种私人的冲动，从而在他们中间建立一个公共利益领域——这本质上是司马光的立场。陈亮应该提出更大、更雄心勃勃的主张，这本身就很有意思。这可能只是陈亮立场上一时的前后不一致，也许是他年轻时作为坚定的道学追随者而留下的痕迹。

陈亮的举动可能比这更有意思。就像早先的司马光一样，陈亮表明，人的生活和思考被一个他并没有完全（或恰当地）参与的"对话"所包围。对陈亮来说，这是一场关于人类和世界如何改变道德的"对话"，是关于道学的问题。陈亮并不完全接受这种"对话"的前提条件，然而他觉得有必要（或许至少要宣称）解决它所带来的问题。陈亮说："法亦可为之也！"提议通过国家法律和制度来解决这个问题，是在暗示迄今为止大多数参与者在所进行的"对话"中还没有提到的一些方法。从某种意义上来说，陈亮的回答相当于改变了话题，不过他通过特别巧妙的策略来改变了话题。他在后来的讨论中，并不倾向于追求（或者支持）这种主张。在陈亮所处的那个时代，它仍然是道学话语力量的象征。

将我们的类比延伸到第三对，董煟和黄震，他们提供了一个特别清晰的例子。在第 7 篇文章中，韩明士展现了黄震作为一个有意识的学术继承者，注重道德关系，正是这种关系，激活了他所选择的知识分子原型朱熹。对黄震（如同对朱熹）来说，救荒，意味着让富人扮演他们应该扮演的角色——让富人保护那些比他们更为贫弱的人、那些依赖他们的人，而富人反过来又依靠那些他们保护之人的劳动，在其他危机中得到援助（哪怕仅仅为了邻里友好）。（即使在这种情况下，"保护"穷人也意味着**出售**粮食，而不是简单地给予，表明了同一时期商业思维模式的力量。）富人必须改变其行为方式、思维方式，必须认识到和履行自己的道德义务。穷人也一样，在受到苛待时，必须克服自己仇富的冲动。

另一方面，对于董煟来说，富人的想法和行为方式都是与生俱来的，几乎不能也不应该直接改变。相反，相关官员必须运用他对人类利益如何运作的知识——他知道富人**会**根据他们自己的经济利益行事，知道商业经济如何运作，价格如何上涨和下跌——以确保粮食最终通过自然而然的经济交换过程，从有粮食的人手中转移到没有粮食的人手中。私人利益的合法性和不可避免性（如果有什么区别的话），在董煟这里比在司马光那里更强烈。事实上，董煟认为，官员之所以能够实现公共利益，不是简单地不顾私人利益，或将其作为一种平衡，而是因为私人利益本身。但是在这个概念中，国家（此处的地方行政官员）必须刻意阻止那些可能维护整个社会公共利益的行动，而这些行动实际上是不正当的干预——正如董煟所看到的那样，会产生与所希望的结果相反的结果。这与司马光的相似之处显而易见。

然而，正如韩明士所说，董煟的"话语"也有道学的成分。董煟师从程迥，程迥的知识渊源可以直接追溯到二程。董煟在地方任职期间教授"四书"。他用来描述官员角色和职责的术语，呼应了道学关于责任和道德自我修养的词汇。同样的，黄震在描述自己的计划时，似乎至少把道学术语和假设作为劝说的工具，这让人想起董煟的准自由放任行政"技术"体系。我们没必要在本书第7篇文章的基础上做进一步的阐述。我们可以说，对比我们刚才提到的陈亮，以及之前提到的司马光，这两个论争者并不完全相同，他们虽然本质上是对立的，但却借用了对方论点的术语。

波考克的"语言"概念在这里似乎特别贴切。"语言"远不是那种决定性的、包罗万象的思想世界通常所指的"话语"，而是一套简单易用的词汇和命题的组合，它们可以作为多样化文化信仰的一部分，随手可得，不管思想家和谈话者的目的是什么，都可以供他们使用。在董煟和黄震的时代，已经形成两种"语言",用来谈论救荒,或者更广泛地谈论我们现在所说的"经济"问题:一种是道学运动特别宣扬的道德社交"语言";另一种是行政技术和自然经济过程的"语言",有其自身悠久的历史渊源,包含在董煟作品的核心部分中。每种"语言"都有一定说服力,这是至关重要的(即使仅仅出于具有一定说服力的某种原因)。到了南宋晚期,这两种"语言",至少都可能成为共同的知识财富。从逻辑上看,或者说作为一个整体的思想体系,这两者或许是相互矛盾的。但作为"语言",这两种"语言"中的任何一种都可以(而且为了获得更好的说服力需要)被倡导者利用,倡导者的思想作为一个整体似乎更自然地与另一种"语言"联系在一起。尽管在这种情况下,通过分配给不同的行动者和不同的社会生活领域,两种说话方式在董煟身上似乎比在黄震身上更能巧妙地适应对方,不过这并不意味着黄震和董煟在部分程度上借用了对方的"语言"。在任何情况下,这种现象肯定不仅限于这两位倡导者,也不限于在宋代政治和社会讨论中的这两种"语言"。

我们认为,从这三对组合来看,在北宋到南宋的转型时期,以及道学主宰知识领域的时期,思想上的对立是单一的。我们还需要做更多的工作,来证明我们提出的这种两极分化确实组织了许多有关宋朝社会政治的争论。我们乐观地认为,这可以被证明,这个框架甚至可能对研究后来王朝的思想史有用。对宋朝来说,肯定会产生一批不同于其他标准(例如知识和学术上的准则会产生或已经产生了)的思想家和支持者群体。正是这种交叉效果,使得这种截然对立对我们来说如此有趣。

假设我们的观点适用于宋朝,那么有一点尤其引人注意:在与经世思想相对的道德理想主义那一方面(也就是我们认为的南宋新儒学与朱熹有关的方面),出现了重大的制度创新。在这方面,既有王安石大规模的以国家为中心的改革,也有朱熹及其同道中人零星的地方制度建设。当然更令人吃惊的是，只有在道德主义这一方，至少在宋代，我们看到了人们会对地方改革产生重大而持续的兴趣和对乡曲和政府之间的联系应该做些什么的兴趣，而这在后来的晚清"经世"计划中是至关重要的。中国晚明和清朝的学者（然后是同一时期的近代学生），可能有一种倾向，认为"宋学"的真正含义是从朱熹传承下来的道德理想主义，这与从制度上治理天下的推动力不相符，与"经世"的推动力不一致。我们认为恰恰相反，在南宋，正是"宋学"这种学问形式，而不是同一时期的其他学问形式，催生了地方层面的制度创新。在正视地方问题的同时，它甚至在改造推动王安石改革的动力时，也继承了这种动力。我们相信，这对于后世学生来说是一件重要的事情。艾朗诺、达第斯（John Dardess）研究的元代儒户 ①，致力于地方政府的制度框架问题，声称他们与陈亮和朱熹有着相同的渊源——这些研究者似乎有意识地融合了这两种思想。如果我们是正确的，朱熹一脉对知识分子在地方政府的兴趣，肯定发挥了重要作用。我们不打算在这里进一步探讨这些问题。

权威的问题：理想的来源与政治定位

在宋人关于"经世"或国家与社会关系的讨论中，一个共同（含蓄而晦涩）的主题是权威的性质和来源。如果我们把"权威"广义上看作是与做决定的权力或合法性有关的问题——这些决定往往对他人具有约束力——比如决定是对还是错，或者决定应该做什么、必须做什么，那么我们可以立即把

---

① See John D. Langlois, Jr., "Political Thought in Ghin-hua under Mongol Rule," in Langlois, ed., *China under Mongol Rule* (Princeton: Princeton University Press, 1981), pp. 137-185; John W. Dardess, "Confucianism, Local Reform, and Centralization in Late Yuan Chekiang, 1342-1359," in Hok-lam Chan and Wm. Theodore de Bary, eds., *Yuan Thought: Chinese Thought and Religion under the Mongols* (New York: Columbia University Press, 1982), pp. 327-374, and *Confucianism and Autocracy: Professional Elites in the Founding of the Ming Dynasty* (Berkeley: University of California Press, 1983).

它分成两个更具体的问题：一个是做正确决定的知识和道德能力从何而来——权威的**来源**或**根据**是什么？另一个是，哪些人或机构可以被视作拥有这些知识和能力？这两个问题当然是有联系的，在极端的情况下，它们的答案甚至可能完全一致：某个人，例如皇帝，可以被看作是权威的最终来源——皇帝一言九鼎。但通常这两个问题的答案是分开的，而且这两个问题本身在逻辑上也是截然不同的。

我们首先回答第一个问题。很明显，对许多在政治上进行思考、讨论或采取行动的宋人来说，"权威"首先存在于某些著作中。艾伦·伍德在关于宋朝《春秋》评注者们的文章（本次会议上提交，但并未收入本书）中指出，将所有评注者汇集在一起的，是对《春秋》作为权威文本的含蓄而毫无疑问的接受——对个人道德问题和就我们的目的而言，更重要的一点是政治行动的正确方式都具有权威性。[①] 纵观宋朝及以后的王朝，经学家们不断试图重新理解权威文本，他们仍继续依赖权威文本作为道德、社会和政治真理的宝库。儒家经典的权威性取决于它们的来源——通过孔子和其他圣贤传递；而当学者们在儒家经典之外找到其他依据，证明儒家经典教授的东西是必不可少的真理时，这种权威就得到了证实。

当然，构成儒家经典深层含义的真理的准确特征和最终来源，可以有不同解释。我们可以在孙复、程颐和其他《春秋》学者努力的背后，发现一种寻找"试金石"的行为，这种"试金石"可以满足其时代的需要，尤其是作为政治权威基础的终极原则。如此多学者对一部儒家经典，甚至许多同时代人都承认是枯燥无味的著作的执着研究，为他们的信念提供了最清晰的证据，证明这部著作蕴含着真知灼见。正如伍德所表明的那样，所有以这种方式使用《春秋》的人都同意，《春秋》把政治权威建立在高于人类、高于皇帝的东

---

① Allan Wood, "Views on Authority."

西之上：神圣不可侵犯的"礼""理"或者"天"（最明显的是在王安石的例子中）。这一点很重要，它涉及我们的第二个问题（我们之后会讨论）。然而，并不是所有人都认同《春秋》的地位。很明显，有一部分人认同王安石谴责《春秋》的做法，就像有人对《春秋》不满一样。王安石试图由政府来定义儒家经典，但他否定《春秋》，无意中给此书增添了新的光彩。显然，在努力证明自己的想法和政策拥有权威的证据方面，无人能出其右——但王安石只是在《周礼》而不是在《春秋》中去寻找证据。在王安石之后，没有人再试图完全压制一部儒家经典著作。虽然道学运动最终成功地将知识和教学的焦点从作为整体的儒家经典转向了"四书"，但在伍德关于《春秋》的分析讨论中，或者在其他类似的讨论中，都没有指明或者至少是暗示，应该由谁来定义儒家经典，解释儒家经典的真正含义，或者确定"礼""理"或"天"的要求。至少在局外人看来，所有这些都为分歧留下了足够的空间。《春秋》评注者心目中似乎就有与其类似的学者，而更古老的儒家传统对这样的说法并不排斥。[1]无论如何，宋代对儒家经典广泛的重新审视和阐释清楚地表明，学者们有必要确定儒家经典的文本意义，同时他们也拥有解释的权威。

像评注《春秋》那样的考证学问，是宋朝的一个标志。另一个至少同样重要的标志是前文已经提到的"内转"，这有助于解释道学强调《大学》的原因：《大学》把士大夫的个人修养与治理天下联系起来了。正如狄培理所指出的那样，包括程颐思想在内的"心学"，从一开始就是道学的核心[2]，"内转"意味着修身养性，可以正确地阅读儒家经典，从而将经典中的一些"权威"

---

[1] 郝大维（David Hall）和安乐哲（Roger Ames）最近认为，无论其政治地位如何，孔子本人可以被理解为"全知之人"，在"礼"上拥有权威。See *Thinking Through Confucius* (Albany: State University of New York Press, 1987), pp. 100 and 110-125.

[2] Wm. Theodore de Bary, *The Message of the Mind in Neo-Confucianism* (New York: Columbia University Press, 1989).

转移到心灵修养的过程中去（可能还有更多含义）。包弼德最近提出，所有的知识、道德和（来自道德的）政治权威，都来自人类大脑直接接触"天地"的能力和存在于其中的真理（中文"理"，包弼德将其英译成 patterns，更常见的是翻译成 principles）。[①] 在这种方法中，包括儒家经典在内的文化传统的真理和权威，成了一个从属的而不是独立的变量。朱熹的立场就不那么明确了。孟旦（Donald Munro）最近指出，一方面，朱熹认为"心即理"；另一方面，孟旦总结说，"关于个人何时服从内在的权威，何时服从外在的权威，朱熹的作品中没有一致或明确的答案——如果答案是外在的权威，那他并未指示应该服从哪些权威"[②]。包括胡宏和陆九渊在内的其他许多有影响力的思想家，都得出这样的结论：可以肯定的是，"心"自身具有某种原始的、真实的形式，因此必须得到恢复，这才是最重要的。

强调"心"，同样可能标志着从鲜活世界中退缩，但它也认可甚至要求人们遵循自己的思想和内心。只要人们的思想中存在着道德权威和"理"（或"模式"），就意味着被赋予了采取行动和判断行动的权利，至少对那些受过教育的士绅而言是这样的。魏了翁坚持"圣意"的中心地位——这是一个悠久的传统——但他从来没有放弃运用自己的思想去理解原则（"理"），并批判圣意的实际运作方式。

对于那些在儒家经典文本中寻找真理的人，以及那些在自身或天地中寻找"理"的人来说，他们发现的都是永恒的。这是《春秋》评注者们的核心论点，也是道学理论家的道德形而上学理论的核心，并为经筵或者告诫皇帝古代贤明政府的模式仍然有意义的奏议提供了基础。我们已经引用过的欧阳

[①] Peter Bol, "Ch'eng I and Cultural Tradition," paper delivered at the Regional Seminar on Neo-Confucianism, Columbia University, February 5, 1988.

[②] Donald J. Munro, *Images of Human Nature: A Sung Portrait* (Princeton: Princeton University Press, 1988), p. 191. 关于朱熹把心灵看作光源（"心即理"）的思想，参见第 81—93 页。

修的《本论》，是宋朝相对较早的一个绝佳的例子。甚至有些历史学家——其中最著名的是司马光——认为历史上的真理是永恒的，并呼吁支持历史的权威，就像王安石支持《周礼》一样。正如我们所看到的那样，司马光宣称，作为真实而世俗的实体，宋朝将万世长存。[①] 伟大的历史学家和著名的经筵官范祖禹（1041—1098）进一步提出，宋朝已经摆脱了衰落的趋势，因为它的开国皇帝奠定了卓越的基础。[②] 经学家和道德人士并非一枝独秀，还有其他的声音和观点——苏洵和陈亮对历史的看法便截然不同。陈亮和苏洵一样，剥离了上古时代历史悠久的规范性，使其历史化和相对化：上古已经成为历史；"权威"随着历史的变化而变化，并受制于历史，因此历史本身具有相当大的权威性。陈亮明确否认上古代表了唯一真正的"道"，因为适合一个时代的东西，可能不适合下一个时代，任何时代都没有特权。这种观点似乎为大胆的新政治实验打开了大门，但事实上，两人都没有参与任何引人注目的新举措。确实，正如田浩富有说服力的论证，陈亮提出了儒家功利主义，但他并没有集中精力来证明自己学说的具体实际用途。

这表明，与权威的来源同样重要的，至少还有其倡导者寻求使用权威的方式。即使对不受时间影响的儒家经典来说，包罗万象的原则，而非其具体细节，是永恒的存在。最笃信的宋代经学家非常清楚，上古时代已经是明日黄花，至少不可否认其已随着时间发展而衰落。在孟子的观点盛行之前，在我们所研究的争论中，关于人性的争论就不如关于历史及其教训的争论那么突出，这可能是宋人历史意识强大的表现。尽管像苏洵（见本书第 1 篇文章）

---

① 这并不是说司马光从历史或史学研究中**获得**了真理。黄俊杰在本次会上提交的论文（并未收入本书）中，令人信服地指出，司马光是在别处寻找自己的价值，然后将其置于历史之中。这似乎与本书中包弼德的观点相一致。包弼德认为司马光把历史作为一种证明其想法正确的方式，而不是作为一种从中可以归纳出真理的材料来源。

② Freeman, "Lo-yang and the Opposition to Wang An-shih," p. 75.

和王安石（见下文）这样的人物可能会把上古时代当作救命稻草，但宋朝即使有激进的复古主义者，也不多见。事实上，宋朝的将领，不会像唐朝的房琯那样驱使牛车出战[①]，而且我们也没见过纸上谈兵的军师提议过这样做。因此，如上所述，虽然陈亮比一些人更深刻，他的观点，"适合一个时代的东西，可能不适合下一个时代"，实际上在宋朝也并不新鲜。王安石说过（贺巧治引用）："今之人誾誾然求合于其迹，而不知权时之变。"相比之下，朱熹也认为，上古的历史现实及其特定的制度框架，"早已逝去"，不可能恢复。有些人（张载、胡宏）说要恢复井田制，但没有认真尝试过，甚至没有具体的建议。相反，正如我们所看到的，以及万安玲所展示的那样，古老的制度（经济平等、包罗万象的完美国家的强有力象征），在甚至没有任何讽刺意味的情况下被用于南宋的传统家族地产——这些有利他行为的机构是专门为特定的亲属群体设立的——证明了它的合理性并为它增光添彩。北宋时期，奏议中对土地情况的标准型叙说方式，是先对井田制的优点进行论述，然后宣布井田不适宜或不可行，最后提出任何新的方案或其他解决方法，例如财产普查，或上奏者从一开始就打算提出来的方案。

这类叙说方式的表达的是，**这对我们这个时代来说，就像井田制对于宋人所处的那个时代一样**。也就是说，经学家们并不寻求重建规范性的过去，而是寻求通过将当前情况与上古时期的情况进行**类比**而得出原则，就像司马光试图寻求用"历史类比"方式来证实其建议一样。理解这一点至关重要，否则许多宋朝的政治话语就会变得令人难以置信，且令其参与者看起来很愚蠢。毕竟，说 A 之于过去，就像 B 之于现在一样（或可能一样），并不是说 A 等于或应该等于 B，甚至也不是说 A 和 B 有诸多相似之处。在这方面，我

---

① Edwin G. Pulleyblank, "Neo-Confucianism and Neo-Legalism in T'ang Intellectual Life, 755-805," in *The Confucian Persuasion*, ed. Arthur F. Wright (Stanford: Stanford University Press, 1960), p. 99.

们认为，万志英的"经典类比推理"概念具有说服力。

万志英和韩明士等人的文章表明，除了朱熹和董煟之外，人们自然而然地（几乎是理所当然地）借鉴过去的记载来处理当下的紧迫问题。事实上，很可能人们关心的问题越实际，就越有可能认真地注意前辈们的政策，包括不久前的那些政策。在本书的第 4 篇文章中，谢康伦指出，虽然历史对朱熹的影响，不及对董煟或者司马光的影响大，但朱熹对历史也很重视。儒家传统的修身养性和对道德的定位，帮助他平衡了历史与原则之间那些看似不可调和的矛盾。在朱熹之后（如果不是在朱熹之前），传统上强调"理"的道学被一些成员看作是接纳历史的，就像其接纳道德哲学一样。正如贾志扬所说，李心传，一个拥有无可挑剔的政治和家庭背景，但对自我修养的形而上学毫无兴趣的道学人士，认为没有必要为自己专注于历史而辩护。在他一生的作品中，隐含的信念是这同样构成了"道的学问"的一部分。李心传写的历史，就像董煟写的历史一样，都是近代史，而且并不是一系列的道德警世故事，他的兴趣在于制度是如何形成的；其道学运动史中，李心传的兴趣在于道德和哲学运动是如何掌握并保持政治权力的。

正如我们已经讨论过的，李心传对道学的叙述也提醒了我们中央以及皇帝"居中而立"的重要性（或者说皇帝应该居中而立）。我们接下来讨论的第二个问题是：哪些人或机构被赋予了权威？[①] 宋朝之所以获得"君主专制日益强化的时期"这样的名声，部分归因于内藤湖南（Naito Torajiro）的开创性工作。至少有两个问题值得我们关注。其中一个问题是，相对于公卿大臣和其他官员，宋朝皇帝所拥有的权力是否比唐朝皇帝更大？关于这一点，我们

---

① 关于与权威密切相关的问题（王朝合法性）的激烈辩论，参见饶宗颐《中国史学上之正统论》第 8 章，香港：龙门书局，1977。

在这里不会过多着墨。^① 另一个问题是，宋代的皇权**观念**是否已经发生改变：宋人是否赋予了皇帝一种在唐朝所没有的、合法的、至高无上的权力？ 这个问题与我们目前的关注有着深刻的联系。

这个问题也得到了《春秋》评注者们的关注，并引起了许多后续的讨论。谁（或谁们）被授权成为社会的决策者（们）？ 谁有权力和责任正确地执行规则？ 如何分配权力？《春秋》评注者们在这些问题上的主要目的是为了加强皇帝的权威，这一目的因宋朝在与敌对邻国打交道时对领导才能的需要而得到强化。伍德的文章中，《春秋》评注者们（伍德文章中的主人公）都是北宋人，他们需要强化国家的作用。或许因为宋朝的第三位皇帝真宗（997—1022 年在位）和第四位皇帝仁宗（1022—1063 年在位）的不自信和优柔寡断，从而强化了这种看法，或者加剧了这种需要。许多学者认为，这种强调是对君主专制主义的潜在支持，而它可能只有在后来的朝代才能完全实现。然而，伍德文章中重要的一点，是表明《春秋》评注者们一贯将尊君原则和皇权建立在更高的层面上，比如"礼"或"理"，他们认为这一基础限制了皇权的行使。也就是说，他们一方面开始提升皇权，但同时又限制它。然而，《春秋》评注者们并没有把在实际操作中解释权威含义的权力，明确归属于任何特定的机构或阶层。

仍然存在的可能性是，有朝一日，皇帝会声称自己是权威的解释者，并坚持被当作圣人对待。^② 但宋朝直言不讳的官员们对待皇帝的态度并非如此。事

---

① 关于宋朝皇帝的权力，有两种不同意见，我们在此只想提请大家注意，宰相的长任期和独裁专断，是南宋尤其突出的特征。其中一些宰相也参与了皇帝的撤换，这并不能很好地说明宋朝是"君主专制"的。我们可以将宋朝极少由国家批准杀害官员（岳飞是例外，他后来成为永垂不朽的名人），与明朝几乎例行公事地处决官员相对比，显然，皇帝（或政治中心）与官员之间的关系发生了一场有利于皇帝的翻天覆地的变化，但这种变化是在宋朝之后发生的。

② See Nivison, "Introduction," pp. 14ff.,esp.p.22.

实上，在这个问题上，如果有任何一条贯穿宋代学者和官员们观点和话语的始终一致的线索——他们从大约北宋中期[1]开始就在这个问题上发表自己的观点和言论——能解释并阐明真理，评判皇帝（以及其他人）的行为，甚至是决定行动的权威，它都掌握在学者、士大夫或官员手中。伍德在关于《春秋》评注者们的研究中，充其量也只是暗示了这一点，但这一点在其他地方却是明确的。敬畏并不一定意味着对实际行政权威的屈服。例如，正如萨利蒂（Sariti）所展现的那样，司马光将皇帝提升到看似绝对权力的高度时，实际上让皇帝只能做出最笼统的决定（在司马光看来）。按照这种观点，皇权授予代理应该是"完全且不容置疑的"[2]。在决定政策时，皇帝实际上被排挤出去，萨利蒂把这种可预期结果称为"官僚专制主义"（bureaucratic absolutism），意思是官僚系统是绝对的，因为这是有效决策的权威所在。当然，宋朝的皇帝实际上并非总被排挤[3]，但如果问题出在思想上面，那么官僚系统便不支持君主独裁。

欧阳修也在《本论》一文中，把"任人"作为管理制度妥善运行的最重要因素。正如刘子健所指出的那样，范仲淹在四篇进呈给皇帝的奏疏中提出：皇帝的成功取决于其公卿大臣们的素质；学者有道德权力来评判皇帝的行为；权力既不应该集中在皇帝一身，甚至也不应该集中在其宰相身上，而应该在更大范围的官员圈子中进行分配。在我们讨论的这些人物中，王安石可能是最相信权威应该集中在皇帝身上的人，然而，他主张将权力长期且彻底地下

---

① 这一限定很重要，因为那些能言善辩的人（我们现在因此能读到他们的观点），可能正是那些对当时的做事方式和看待事物的方式持批评态度的人。

② A. W. Sariti, "The Political Thought of Ssu-ma Kuang: Bureaucratic Absolutism" (Ph.D. diss., Georgetown University, 1970), p. 189.see also pp.131.

③ 相关例子，see Lao Nap-yin, "The Absolutist Reign of Sung Hsiao-tsung (r. 1163-1189)" (Ph.D. diss., Princeton University, 1986). 柳立言（Lao Nap-yin）把宋孝宗描绘成一个高度自信的皇帝，但他也得出结论，宋孝宗的专制主义未能压倒朱熹。

放给史乐民所说的"官僚创业者"（bureaucratic entrepreneurs）。正如倪德卫（David S. Nivison）多年前指出的那样，程颐的立场——后来成为道学倡导者的标准立场——是为了维护教导皇帝的学者的权威，所以反对让经筵官立讲（像王安石和吕公著反对的那样）而不是与皇帝坐而论道的习惯。程颐甚至声称"天下重任，唯宰相与经筵。**天下治乱系宰相，君德成就责经筵**"①（粗体强调为我们所加）。这份出自新儒学创始人之手的文献中对皇帝自身重要性的含蓄贬低，正如倪德卫所展示的那样，激起了六个半世纪后乾隆帝的愤怒驳斥。

这里讨论的人，在某种程度上都是"北宋模式"的中央集权派。而南宋人在其所处的时代发现权力过于集中在都城和朝廷，更不愿意将权力完全交付皇帝一人。当然，道学之士可能偏离了程颐"宰相是重中之重"的假设。我们看到魏了翁提议改革朝廷程序，以利于皇权，但这也是为了对抗在魏了翁时代**相权**的巨大膨胀。通过让皇帝坚持既定形式和程序，而不是肆意妄为，使皇帝成为整个受教育阶层的捍卫者。同样，道学对自我修养的看法，以及推动地方志愿机构的努力，也包含了这样一种假设：即使皇帝被其周围的人所蒙蔽，或者沉迷于放纵无度的生活，修养良好的人也可以为了社会和国家的利益而采取行动，不需要等待皇帝的指示。

权力（如果不是权威的话），可能会因为党争的发展而被分割或者集中在少数官僚手中。传统上，这被认为是缺乏理想统治和谐特征的明确标志。宋朝的朋党可以而且确实以侵犯皇权的罪名指控对方（但这并非全部）。欧阳修为"君子有党"的辩护是众所周知的，然而，欧阳修的努力是孤立的，人们对朋党的刻板印象一直存在。20多年前，刘子健已经指出，范仲淹在欧阳修

① David Nivison, "Ho-shen and His Accusers," in *Confucianism in Action*, ed. Nivison and Arthur F. Wright (Stanford: Stanford University Press), pp. 230-231. ［所引程颐原文，出自《二程文集》（四库全书本）卷7《论经筵第三札子·贴黄》。——译者注］

文章发表的 15 年前，就已经表明过这个立场。刘子健在论述司马光、秦观、苏轼等人时，还探讨了他们的思考方式。在本书第 3 篇文章中，包弼德提到了司马光为自己的党派辩护。所有这些，当然都是北宋的例子，但是欧阳修的著作继续为南宋讨论朋党提供了标准化的词汇。在本书第 9 篇文章中，刘子健提到魏了翁向宰相史弥远表达了欧阳修的立场——君子和小人自然而然地分成不同的朋党——就好像它是广为接受的看法一样，接着又加上一句带有讽刺意味的补充："不知谁认作小人？"言下之意似乎是，除了道德问题之外，朋党是很自然的。李心传关于道学历史的著作也反映了同样的假设，即使只是隐晦的。正如我们已经看到的，李心传的著作坦率地讲述了道学作为一个政治实体、朋党的历史，而不是作为一个知识分子学派的历史。实际上，他竭力主张道学成员通过关注进入中央并保持在中央地位的方法，更像朋党一样采取行动。田浩已经证明，事实上，道学的追随者，通常称他们自己为"党"。朱熹接受了欧阳修的立场，他建议皇帝任用优秀的人，不管其是否有党。更引人注目的是，朱熹写信给宰相："毋以君子有党而不悦，亦无惧己之有党；己既已有党，亦不惧率君子而成党也。"[1]

所有这些关于朋党的讨论，都隐含着一种限制皇权的冲动，因为人们不仅被允许选择立场或推行政策，而且还被允许结成朋党，彼此支持。我们的观点，并不是说这是宋朝谈论朋党的唯一方式——这显然不是。故有的原则性的反朋党语言仍然存在并被使用，例如，史弥远与魏了翁谈话时所使用的语言。在明清时期，至少是在皇帝或公卿大臣严肃回应的情况下，反朋党语言可能会再次成为唯一可用的语言；但在宋朝，它与支持朋党的语言共存。在任何情况下，认为它们必然是对立的，都想得太过简单了。倪德卫在另一个语境中指出，朱熹在 1180 年进呈孝宗皇帝的奏疏中使用了反朋党的语言，

---

[1]　关于朱熹的书信，see Schirokauer, "Chu Hsi's Political Career," p. 181。

攻击皇帝身边的一群官员，并批评皇帝。但正如倪德卫所指出的那样，这恰恰是问题的关键：朱熹使用这种语言不是为了提升皇权（尽管他说这些官员侵犯了皇帝的权力），而是为了挑战皇帝选择依赖这几个人的权力。朱熹接着告诉皇帝，皇帝分不清是非。[①]"君子党"的概念和"朋党行为不当"的概念，虽然在逻辑上是对立的，但都可以用来指向相同目的，即主张除皇帝以外，其他人也有权评判行动并采取行动。

既然从范仲淹到魏了翁，官员及其奏议都呼吁皇帝解决朋党纷争，支持"君子"，并且既然实际上诉诸皇权是最终的手段，可能有人提出，我们仍然在处理一个最终强化了皇权专制的现象。然而，很明显，对于那些提出诉求的人来说，定义"君子"的不是皇权的认可，相反，皇帝被要求认可其他人的判断。朱熹并不是唯一一个对皇帝庸碌无为表示遗憾的人，因此，他们质疑皇帝的判断力，以及皇帝在判断力如此不完善的情况下行使判断力的权威。朱熹和其他人更进一步谴责皇帝本人，对皇帝的私人生活和公事进行评判，并声称他们的职责是规箴皇帝。

限制皇权并为其他人留出权威的空间，我们讨论过的两种持对立观点的人都同意这一点。对于那些希望改造社会的道德家们来说也是如此，因为他们并不把皇帝视作根本，甚至，也不把皇帝看作是所有价值观的来源，除非皇帝的性格有所改变。对于那些想要限制国家权力范围并允许私人决策运作的人来说，这一点更为明显。无论宋朝权力分配的事实如何，乾纲独断都不是宋朝最清晰的政治理想，更遑论专制了。

结　语

在导论中做出"结论"或许并不恰当，但它的意义在于为接下来的内容

---

① Nivison, "Introduction," p. 21.

做好铺垫。我们试图以某些方式说明，不同文章都涉及共同的主题，当然，书中还有其他主题和观点。但是，为了结束对这些材料的审读，让我们回到最初。一开始的时候，我们就规划出三个广泛而重叠的历史进程，作为政治思想史研究的框架：第一个是古代中国国家权力的长期衰退，尤其是在与当地乡曲的关系方面，这是施坚雅提出的观点；第二个是社会、人口、经济、文化和知识分子的变化过程，通常被称为"唐宋变革"；第三个是从北宋到南宋的政治转型，随之而来的是精英们在行为、关注点和自我认知方面的复杂变化——从最初的研究者郝若贝到后来的韩明士都认为这些变化跨越了北宋与南宋的界限。

在这三个变化过程中，第三个显然一直是我们讨论的中心；另外两个指向不同的方向，一个在时间上向后，另一个在时间上向前。至于这里与唐宋变革之间的关系，还有许多研究要做。从晚唐到五代，再到宋朝，知识分子的变化过程尚未被完全描述出来。麦大维最近关于唐朝的著作，提供了一个强有力的基础，需要加以巩固。[1] 本书的各篇文章，都没有提到宋朝之前的任何思维方式或者争论方式，然而，我们可以在本文中开始提出一些合理的建议。如果说"唐宋变革"有任何意义的话，除了用于描述知识变革或思想谱系的进程，也可以用来阐释商业、商业导向的农业，以及私人财富巨大扩张的过程。正如杜希德（Denis Twitchett）很久以前所展示的那样，唐朝中后期建立起财政机构，利用不断扩大的商业来支撑公共财政，又由于唐朝大部分

---

[1] McMullen, *State and Scholars*. 包弼德承诺要在他尚未发表的著作中通过大量工作来澄清这种转变。我们在能够全面研究包弼德最近的书稿之前已经撰写了这篇导论。Bol, "This Culture of Ours," forthcoming 1992 from Stanford University Press.（此书的中译本《斯文：唐宋思想的转型》，刘宁译，2001 年由江苏人民出版社出版。——译者注）

地区的征税权被节度使和其他道的当局剥夺而枯竭。^①宋朝继承了许多这样的制度。所有这些，都是宋人对公共利益与私人利益之间关系共同关注的基础，某些人对此甚至近乎痴迷——参见本书中史乐民、包弼德、万志英和韩明士的文章。王安石所关心的"兼并"，即私人经济力量的建立者，并不仅仅为王安石所关心，变法时期成为王安石对手的张方平在早些时候也同样急切地描写过这些人——这个问题似乎是北宋中期"话语"中的一个常见话题。^②关于"公""私"问题，我们将在下面进行详细的讨论。如何看待商业及其带来的影响，显然是宋朝争论的一个主要问题。但宋朝的"话语"不仅反映了对私人财富及其交换的焦虑，而且也反映了对私人财富的熟悉。我们已经指出，南宋救荒计划中，强调粮食买卖而不是捐献，这反映出即使是像朱熹这样想要改善乡曲生活的人，也普遍接受商业思维方式，而这种商业思维方式直接源于那个时代的实际变化。而朱熹提出的"乡约"中的一个重要术语"约"（contract），也同样反映了商业惯性的影响。在谈到经济的时候，人们可以说宋朝出现了一些非同寻常的事情，这些事情似乎不见于宋朝之前的讨论，而且据我们所知，也不见于宋朝之后的讨论。北宋殿中侍御史孙升在为城市居民现有的财政特权辩护时写道：

差役之法，行于乡村而不及于城郭，非不知城郭之人优逸而乡村之民劳苦也。夫平居无事之时，使城郭之人日夜经营不息，流通财货，以售百物，

---

① Denis Twitchett, *Financial Administration under the T'ang Dynasty* (Cambridge: Cambridge University Press, 1970),especially pp.49-65.

② 来自与包弼德对其正在进行的工作的私人交流。关于张方平,see Liang Zhihong, "Conceptions of and Practices in the Eleventh-Century Chinese Government: Based on the Case Study of Chang Fang-p'ing" (M.A. thesis, University of Hawaii, 1988),passim。

以养乡村。[①]

还有什么比中国人宣称城市通过其商业"**以养乡村**"更令人意想不到的呢？这颠覆了关于古代中国贸易与农业、城市与乡村关系的所有观点。这段材料所表达的对城市和商业生活一定程度上的接受——不仅仅是接受，还是真正的认可——甚至超出了本书文章中讨论的任何内容（董煟的态度当然与之非常接近）。当然，这种说法只适用于城市快速发展、城市和乡村实际关系正在发生转变的时候。

关于施坚雅的假说，我们还可以说得更多。如果国家权力的长期衰落植根于人口的增长，那么宋朝应该在这一衰落过程的早期占据重要的位置，因为帝制中国第二个千年的第一次大规模人口扩张始于唐宋，并延续到南宋的前一百年。正如我们已经看到的那样，确实有理由认为宋政权中的南宋比北宋弱得多，但情况很复杂。首先，很难纯粹从人口统计学的角度来解释南宋政权的衰弱，因为一个政府规模仍与北宋相当的国家，由于失去了华北，最初的人口比北宋减少了三分之一。但事实上，正如施坚雅所指出的那样，南宋政权还略微增加了其领土上"县"的数量，从理论上说，这种做法改进了国家的控制机制，这是古代中国分裂时期的特征。如果从技术角度来解释南宋政府的糟糕表现，那么来自北方的军事威胁，以及资源因此的流失，才是我们应该关注的。

但是，我们认为，这个故事还有更多的意义。毕竟，在施坚雅的观点中，

---

① 李焘《续资治通鉴长编》卷 394，17a-b，台北：1961。（"卷 394"，英文原书误作"卷 196"。——译者注）我们从葛平德尚未发表的论文 "Financial Statecraft in Sung: The Case of the Government Monopolies" 中节选了这段话。葛平德的论文是从他在本次会议上提交的一篇论文衍生而来的，但该文没有收录在本书中，该文为宋代中国官员从事商业活动的合法性（有时是有条件的）提供了富有说服力的大量论据。

削弱国家权力的不仅仅是人口的增长，还在于国家权力无法通过相应地扩张，来与人口增长或者商业经济增长保持同步的趋势。在宋朝，人们更感兴趣的问题是，为什么没有这么做？因为北宋的重大政治动荡正是源于为了实现这一目标而做出的坚定而巨大的努力，这种努力虽然最终失败了，却主导了北宋政治长达60年之久。如果把这一时期的北宋君臣，与16世纪以后建设欧洲国家的君臣相比，人们肯定会发现，王安石与其11世纪晚期和12世纪初的继任者，特别是大臣蔡京与徽宗皇帝，都在执行一脉相承的路线。这种扩张包括税收手段和税收数量的增加，以及通过官僚机构把国家权力扩大到地方一级的日常生活去（保甲法、青苗法），其程度在宋朝是前所未有的，也许在19世纪末之前也是无与伦比的。其动机，至少在最直接和最实际的与强大邻国进行军事竞争方面，与欧洲国家的建设者一致。这里最重要的是致力于扩大官僚机构本身：通过消除官僚机构与其下属办事机构之间的区别，使其完全专业化，并吸引现有的非政府精英充分为国家服务。

最后这一点是毫无疑问的，这一点使王安石及其追随者们的做法与后来中国普遍流行的观点——冗官是件坏事——截然不同。韩明士引用王安石的话说："只有官多才能完成基本任务。只要完成了这些任务，宏大的（官方）行动就没有错。"[1]（与传统的收支平衡观念相反，这种观念总是意味着收支两者必须总是保持在低水平。王安石继续辩称，大规模的支出可以促进繁荣。）王安石的意思恰恰是，国家权力的发展应该跟上私营经济的步伐，并且实际上最终应该接管私营经济。事实上，在王安石当权期间，特别是在蔡京主政期间，国家权力试图做到这一点。冉枚烁（Mary Rankin）最近在她关于晚清国家扩张与公共空间成长的重要著作的导论中写道：

① 此处未能找到史料原文，为意译。——译者注

清政府长期资金不足，其统治因而流于表面。它试图控制政治、军事和财政权力的关键方面，但它并没有渗透到地区行政中心以下的层面，只是在其自身利益明显受到威胁时才进行干预。尽管会利用儒家思想来灌输效忠皇帝和服从权威，清政府对民众的要求，似乎并不像那些从欧洲和拉丁美洲部分地区发展起来的强大的干涉主义一体化的国家的有机概念所产生的要求那样广泛。[1]

在我们看来，王安石和北宋末年变法派国家建设者所提出来的思想，恰恰提供了冉枚烁认为清朝缺失的"有机概念"，他们的新法又试图实践这一概念。如果真是这样的话，那么围绕王安石变法所形成的党争，随着北宋的覆灭而在政治上失败了，以及后来在南宋受过教育的精英阶层中，关于国家权力**不应该**发展的观点的最终胜利，在回顾的时候，获得了决定性的基调。也许任何试图扩大古代中国政府规模以适应并控制其统治下不断增长的人口的企图，最终都会因为工业化之前无法超越的技术限制而注定失败。本文并非要讨论一般性的观点，但是，当人们试图想象一个前工业化时代的国家能够严格控制像晚清那样的 4 亿人口时，尽管这个论点完全站得住脚，但对于一个面对着大约上亿人口的宋朝政府来说，这个任务是否能够完成还不太清楚。换句话说，在某个时间点和某个时间段内，中国古代"国家"发展的失败，可能仅仅是一个历史事实，需要解释的除了最终的技术局限之外，还要证明唐朝已经达到了技术极限，但我们对此表示怀疑。在这种语境下，我们不妨将北宋末和南宋末所发生的事情看作是一种社会决策的过程，即在政治冲突和随后的妥协中，关于人们应该拥有什么样的国家，国家和精英之间达成了

---

[1]　Mary Rankin, *Elite Activism and Political Transformation in China: Zhejiang Province, 1865-1911* (Stanford: Stanford University Press, 1986), p. 13.

一种默契的协议：不应该是王安石类型的国家。

这个"决策"必然有一个过程，它是复杂的，由思想与事件、制度与价值、现实可能性与"可能"和"可取"的观念、历史与人们对历史的信仰的相互作用而形成。也许其中最特别的是，受北宋末年军事失败和领土丢失的影响，政府在一定程度上丧失了合法性，无疑在为国效忠的必要性方面削弱了国家对南方地区精英的吸引力。最后，我们几乎可以肯定地认为，这不是一个顺利而直接的发展过程，而是一个断断续续的发展过程。到目前为止，我们已经在南宋和北宋之间，就"国家观"和"社会观"划出了一条清晰的界线，但是在时间上，这条界线可能没有那么清晰。在南宋第一任皇帝的朝廷里，仍然有一些有权有势的人宣布在某种程度上忠诚于王安石的路线——当时王安石被供奉在孔庙里，并一直享受这样的尊崇直到 1241 年。[①]目前尚不清楚，这种忠诚主要是简单的出于朋党关系，还是延伸到王安石为国家和社会所做的计划的更大范围。包弼德在其他文章中已经表明，朱熹本人也觉得有必要将王安石留下的政治遗产视为严肃的知识竞争对手。[②]

在这一过程中，政治和思想两方面的许多细节仍有待解决。例如，人们很容易推测，贾似道在 1263 年至 1275 年间推行的公田法，即使有地域限制，也代表了中央政府大刀阔斧、孤注一掷的"入侵"地方的企图。它从一开始就注定要失败，不仅是因为政治经济现实，而且因为即使面对外部威胁，它也无法聚集足够富有说服力的论据或强大的力量来推翻当时盛行的社会决策，从而不仅在受公田法影响的地区，还在整个国家和官僚机构中，遭到地方精

---

① Kondo Kazunari, "Nan-So shoki no O Anseki hyoka ni tsuite," *Toyoshi kenkyu* 38 (1979-1980): 26-51. See pp. 2-3 for English summary.

② Peter Bol, "Chu Hsi's Redefinition of Literati Learning," in *Neo-Confucian Education: The Formative Stage*, ed. de Bary and Chaffee, pp. 151-185.

英和官僚的抵制。[1] 我们需要做更多的工作才能说清楚，我们一直在追踪的对国家权力持负面或应对其进行限制的看法，是如何以及如何快速取代了以王安石甚至范仲淹、欧阳修等先辈为代表的相反观点。显然，这个过程与南宋精英生活的地方化倾向有关。但更重要的一点是，一旦类似王安石所做的努力在相当长的一段时间内失败了，一旦精英阶层转向对生活方式的探索和定义——这直接与吸收精英进入官僚机构的努力背道而驰，一旦各种思想体系被制定出来，使得地方主义者，或更准确地说是唯意志论者和非国家主义者，所采取的治理方法合法化并受到鼓励，那后来的政权，甚至很难考虑做王安石已经开始着手做的事情。我们并不认为宋朝的转型是一劳永逸的，但我们确实认为，这里发生过（和没有发生过）的事情，对后来的朝代有重要意义。同样的社会决策可能不得不再次做出（例如，可能是在明朝初年到明中期），但它是在有社会和文化条件传承，尤其是在地方精英的习俗和信仰传承的背景下做出的，而这些风俗和信仰早已被宋朝的选择及其后果所塑造。[2]

我们也可以从另一个方向看到宋朝与以后朝代的联系。重新返回到冉枚烁的论点，即在晚清的话语中出现了一种"公"的概念（"公共空间"或"公共活动"），它介于"私"和"官"之间。晚清士大夫中积极分子的"公"活动——包括建立新的制度和机构以及促进社会改良，部分是受到明末清初学者如顾炎武等人"经世"理论的启发，同时也建立在晚清已成熟的半正式安排的基础上——由当地人为其乡曲做决定和管理、服务。冉枚烁指出，这些从地方开始的社会重建努力，与 19 世纪末中央政府的国家建设努力发生了冲

---

[1] Herbert Franke, "Die Agrarreformen des Chia Ssu-tao," *Saeculum* 9 (1958): 345-369. 英文论著的更多讨论，see Herbert Franke, "Chia Ssu-tao: A 'Bad Last Minister', " in *Confucian Personalities*, ed. Wright and Twitchett, pp. 217-234。

[2] 我们在这里所讨论的观点部分是史乐民、包弼德和万志英在他们文章中所讨论的观点，或者至少与他们文章中的观点并行不悖。

突。①

　　我们认为，一个非常像冉枚烁所提出的"公共空间"的概念，正是在南宋出现的。其部分原因是有意识且系统的以道学为基础的在制度建设上的努力（比如朱熹的努力），另一部分原因是地方精英不那么明确的倾向——他们一般都会参与到半正式、半公开的乡曲制度中。要想看到南宋与冉枚烁对清朝描述的相似之处，必须首先超越语言本身的证据，因为南宋新兴的"中间阶层"，并没有像晚清那样获得"公"这个术语作为它的特殊称谓。但是我们有必要简单介绍一下宋代"公""私"术语和概念的用法，然后我们会提出，另一个词确实在宋代获得了一些如同晚清时期"公"那样的特殊内涵。

　　人们普遍认为，中国古代王朝的社会和政治话语中几乎没有"私"这一积极概念的空间。这种认为传统完全否认自我利益的观点，大概是由于"私"可能且经常包含的不可否认的负面内涵的重压造成的，也可能是因为只考虑了某些类型的证据。毫无疑问，在中国古代的道德哲学中，"私"（英语往往用 selfish 或 selfishness，以及 private 或 privacy 来描述）通常被看作是人性的一个方面，需要抑制，或转化为它的对立面"公"（public-mindedness, the public good, the common welfare），这是道学思想家们的通行做法。田浩认为，陈亮在研究这个问题时采用了一种更细致入微的方法，他强调人欲的自然性，并坚持认为"法"必须与之相符合（我们看到这也是司马光的观点）。但即使是陈亮，似乎也没有明确区分"私"的规范意义和描述性的意义，也没有将个人的"私"作为一种积极的善。陈亮认为，人欲是自然的，法律和制度必须与之相符合——道学圈内的人有时甚至一再肯定这种观点。在这种肯定的语境中，"私"似乎仅仅意味着对个人有限的自我利益的**过度**屈服，或者在一个不合适的背景中（例如，当一个人为官或者是皇帝时）对私利的屈服。越

---

① Mary Backus Rankin, *Elite Activism and Political Transformation in China*.

是深入研究道学理论家的立论，就越不能支持绝对拒绝把私利作为动机的观点。然而，许多道学话语在这个问题上的负面倾向仍然很明显。

然而，"公"和"私"，不仅用来指人类动机和行为的各个方面，还用来指生活的各个领域，社会环境的各个部分。与讨论个人道德相比，"公""私"的情况远不是非黑即白。在社会和经济中，"私有领域"作为一种自身具有合法性的概念，在中国历史非常悠久，尽管它也不是唯一可用的观点。葛平德提醒人们注意"不与民争利"的陈词滥调。[①]这是宋朝的陈词滥调，显示了一种思考和谈论这些问题的方式的力量，而这种说法本身至少可以追溯到汉朝的"盐铁论"。它的有趣之处在于明确假设"利"是"民"的正当追求，而孟子在与梁惠王的对话中拒绝谈论"利"。对那些使用这个理念的人来说，在社会中有一个以"利"为合法目的的"竞技场"。这个观念在宋代的话语论述中，得到了人们广泛但并非普遍的认同，在诸如包弼德对司马光、田浩对陈亮、韩明士对董煟的研究中对此有所体现。

可以肯定的是，这个"竞技场"被标识为"民"而不是明确的"私"。我们认为，在宋代和其他时期，当人们试图以一种赋予其合法性的方式谈论我们现在所谓的"私人部门"时，"民"是最具影响力和说服力的词语之一。将其与"官"（officials, government, the government sphere）作为对比搭配，是常见的用法，并且一般来说，当两者搭配时，每一方都被视为拥有自身正当合法但潜在不同的利益。但"民"不是唯一一个这样的词，宋朝还有其他的陈词滥调。我们想到了欧阳修在他的《本论》中抱怨的宋朝对"盈余"的糟糕管理：尽管宋朝的农业财富在稳步增长，"然一遇水旱，如明道、景祐之间，则天下**公私乏绝**"。

此处的"公私"是作为社会领域（或方面）来理解的，当"私"的领域

---

① Golas, "Financial Statecraft in Sung."

匮乏时，显然是不好的。我们发现王安石的同僚王韶也持相同的观点：如果
开设榷场，"官私俱益"（史乐民引用王韶的话）。让"私"受益，似乎对王安
石的支持者来说也是一件好事。这样的表达方式在宋朝的奏议中是绝对标准
化的。对于任何新提议来说，如果得到实施，"公私皆益"是可以预见的。这
一点似乎显而易见，但重要的是，它表明"私"可以有积极或中性的含义，
也可能有消极的含义。正如我们看到的那样，那些把"公""私"搭配使用
的人，如果他们发现"私"的概念本质上是消极的，就会使用"民"而不是
"私"。他们认为没有这个必要，便表明"私"这个词在适当的语境中有其自
身的合法性。社会生活中有私人领域或部门，这是合法的，其利益值得考虑，
可以用"私"这个术语为其命名。同一个词也可以用来表示"自私"，但这不
应使我们忽视这样一个事实，即"私"在这里用来表示社会生活和经济生活
的合法一面。从这些角度来思考，似乎并不需要像明朝王阳明学派的某些分
支那样，重新评价甚至把个人私利当作个人动机来大肆宣扬。有人可能会说，
宋朝的"公""私"术语，一方面具有评价意义，即作为道德话语评价感受和
生活方式；另一方面具有社会描述意义，用来描述社会或经济的不同部分或
水平。在后一种用法中，"公""私"都可以被视为中性的、必要的甚至是好
的。①

　　与冉枚烁的说法相比，有意思的是，当宋人讨论社会领域或部门时，如
果使用"公"一词，总是指政府。就我们所能找到的资料而言，"公"并不能
用作"中间阶层"机构和活动的前缀或称谓。在类似的情况下使用"私"时，
似乎适用于个人和家庭的利益，以及商界。朱熹等人倡导的地方层面新机构，
没有用一个单独的术语来描述，而是有好几种术语。这些术语分为两类。有
一类术语直接指的是活动或机构的社会层面，确定了它是为何种群体而创建

---

① Wm. Theodore de Bary, *The Liberal Tradition in China*, pp. 32-33.

的，例如，"社仓"（community granary）中的"社"，或者"乡约"（community compact）中的"乡"，此处的"社"和"乡"通常都被翻译为 community。在这两种情况中，"乡"更常用。因此，我们可以在朱熹的"乡礼"[community (-level) ritual] 中发现它也是礼的社会层面之一。另一类是"义"（duty 或者 moral obligation），例如"义兵"（英文译为 duty troops），即私人志愿民兵；"义役"（duty service），即由私人捐助的共同基金支持的轮流履行国家规定的地方服务职责的安排；以及万安玲研究的慈善地产"义庄"（duty estates）等。

我们认为，在南宋，"义"一词越来越多地应用于与自愿的社会行动和介于家庭和国家之间的半正式管理有关的语境中。这个词也有模棱两可的或者其他的用法。① 有些"义仓"（duty granaries）是国家机构。很有意思的是，我们可以发现，在南宋，大多数官方的义仓，实际上并非由地方长官以官方身份主动建立的，而往往是他们用自己的个人资金建立的。我们怀疑其中很大一部分是这样的。并且这种做法可能因此在当时仍被视为属于同一个非官僚、非家族的中间层次的"义"，"义仓"这个名字可能在一定程度上就是因为这个原因而被使用的。例如，社仓通常就是这样建立起来的。万安玲研究的义庄，往往属于有血缘关系的宗族群体，这并不一定是我们所追踪的趋势的例外，因为"族群"也被看作是（而且在相当大的程度上确实是）高于"家"和低于"国家"的共同体组织。从"义"的角度来解释对族产的讨论，正是将其视作乡曲治理的机制。我们认为，"义"获得了作为一种慈善动机的特定意义，这种动机是介于个人对家的"孝"以及个人对国家的"忠"之间，属于某一社会层面——往往是理想或想象中的"社""乡"的"中间"层面。

如果我们在这一点上是正确的，那么"义"在宋代作为识别前缀，在很大程度上与冉枚烁在晚清对"公"的使用是一致的。在宋朝，人们没有这样

---

① 就像在清末一样，"公"的一些用法仍然适用于国家，而不是冉枚烁所说的"公共领域"。

使用"公"。然而，这两个词作为紧密相连的概念在因为其他原因而闻名于世的文章中被放在一起使用，是很有意思的；而这句话之所以被我们作为本文的开头，主要因为它是为数不多的宋人对明清话语中的"经世"（statecraft）术语的显著使用。这句话就是陆九渊所称的："惟义惟公，故经世"。

"经世"这个词，将我们带到了最后一个问题。正如我们在一开始所说的，本书所出自的会议，试图提出"经世"的问题并将其作为宋代政治话语和行动的一个方面。我们在会上讨论这个问题时，在两极之间进行：一方面，以明清的话语来对待"经世"或者说"治国之道"，实质上等同于西方话语在论述明清时期时所理解的"务实的政治才能"，并寻找其在宋代的对等物或者预期；另一方面，"经世"在更广泛的字面意义上是 ordering the world，这种意义在宋朝似乎只是偶尔被提及，在元朝出现得越来越频繁并且富有影响力。例如，我们的大多数华人参会者读到这个术语时理解的都是这层含义，对他们来说，这个术语实际上很大程度上仍然是一个鲜活的想法。与此同时，波考克在我们身边有力地指出了 statecraft 这个术语的独特之处，以及它在西方政治思想史学家眼中的汉学用法。

随着我们的进展，有几点变得清晰。首先，在我们看来，宋代从来没有一个学派（如果"学派"是一种恰当的表述方式的话）与明清的经世学派相当或者是其前身。相反，明清时期典型的"经世"学者和积极分子所关注的问题，在北宋基本上只是广泛共享的普遍话语的一个侧面，而这在南宋是不可能的，南宋那些专注于这些问题的人也不会认为自己属于某个特定的学派。

其次，把 ordering the world 作为宋朝话语的中心问题，虽然就其纯粹的意思来看是正确的，但却与汉语"经世"一词在宋朝只是被偶尔使用的事实相悖。① 它既不是一个口号，也不会引起特别的争议。与此同时，我们中的许多人确信，我们正在讨论的宋代话语，与晚明和清朝的"经世"问题，有着显著的相似之处或者联系。但是这个问题也很复杂，因为从宋到明、清，"经世"的具体影响通常无法证明。艾维泗亲自告诉我们，他特别感兴趣的明末强硬派经世人物，比如陈子龙，很少引用宋代作家的著作，却更频繁地去追溯汉、唐的经典著作；他所认定的"宋学"，至少在王安石之后，是只关心个人道德或形而上学的。这可能是由于宋人极少使用"经世"这个词造成的，但这是否是全部的原因，我们表示怀疑。

这些观点都存在争议。在本书第 10 篇文章中，狄培理令人信服地论证了从朱熹到真德秀，再到明朝的丘濬（《世史正纲》《大学衍义补》的作者）之间存在一条连绵不断的发展线。② 可能是因为我们现在对待明清的经世学派与

---

① "经世"这个表达最早出现在《庄子》中，它在《庄子》中似乎意味着"历经岁月"或"过去的时光"，所以显然不是后来用法的最早出处。See A. C. Graham, *Chuang Tzu* (London: George Allen and Unwin, 1981), p. 44. 在宋朝，它首先出现在邵雍《皇极经世书》的书名中。邵雍的儿子邵伯温解释说："'经'乃万世不变之意，'世'乃变化无穷之意。"这暗示了"经世"在这里的意思是"给世俗带来稳定和秩序"，这是后来的用法。邵雍还写了一首关于"经世"的诗（《伊川击壤集》，东京，1979，第 152—153 页）。当陆九渊使用这个词的时候，他似乎已经有了类似"经世"的意思，ordering/managing the age 被建议作为替代的英文翻译（与贺巧治的私人交流）。在我们看来，age 和 world 与陆九渊用法的语境并不一致：陆九渊是在批评僧侣，不是因为僧侣不与时间打交道，而是因为他们不与社会和"世俗"（worldly）打交道。很明显，在这个用法或后来的宋朝用法中，没有排除非国家行为的可能性。我们怀疑（虽然还没有进行研究来证明），这种意义的可能性在明朝和清朝也是存在的。关于"经世"的讨论，see Otto Franke, *Studien zur Geschichte des Konfuzianischen Dogmas* (Hamburg, 1920), pp. 13-15; and Wolfgang Franke, "Die staatspolitischen Reformversuche K'an Yu-weis und seiner Schule," *Mitteilungen des Seminars fur Orientalische Sprachen an der Friedrich-Wilhelms-Universität zn Berlin* 38 (1935) no. 3, pp. 59-60.

② 朱鸿林追溯了真德秀和丘濬之间的联系，见《丘濬的〈大学衍义补〉及其在 16、17 世纪的影响》，《明研究》第 22 卷（1986），第 1—32 页。然而，朱鸿林更强调的是真德秀与丘濬两人作品之间的差异。

对待同一时期的其他学派有太大的区别，或许需要重新审视"经世学派"的概念。另一方面，有些研究宋朝的学者们愿意把陈亮、叶适与其他人物，如陈傅良（或许还有吕祖谦），放在一起来谈论南宋的"事功学派"。虽然事功学派在某些方面与道学运动有所重叠，但与之也有所区别。这一想法还需要进一步的研究来支持。就目前而言，我们的看法与此相反，并且我们在会议上讨论的结果是，作为本书的编者，我们选择不把"经世"作为我们的核心理念。我们已经清楚地看到，会议参与者都有一个共同的问题，讨论这个问题，不需要求助于明清术语。这个共同的问题，就是宋人如何看待国家和社会的关系，他们如何建立这些观点，以及这种关系对社会行为和政治行动的影响，特别是组织性或制度性的影响。这就是我们到目前为止一直在讨论的内容，本书的所有文章都在很大程度上与之相关。①

尽管如此，即使没有狄培理所展示的那种具体影响，这一切都不是要抛弃与后来的"经世"话语相似或相关的概念。我们在这里已经讨论过其中的一些观点，并特别试图唤起人们对道学运动中制度改革派的关注。我们认为，不管是 17 世纪的思想活跃分子，还是 20 世纪的历史学家，对这方面的论述，都过度忽视了这一点。更广泛地说，我们认为，冉枚烁所说的晚清中层"公共空间"的概念出现在南宋，据我们所知，这在中国社会政治话语史上尚属首次。我们希望研究这两个时期的学者，以及研究这两个时期之间的漫长岁月——元朝（我们对其所知甚少）——的学者，尤其是研究明朝前半期的学者，能够要么接受我们的观点，要么挑战这些观点，进一步解决我们尚未解决的问题。我们仍然相信，南宋在不止一个方面是一个关键时期。

---

① 然而，我们并没有任何理由将这个决定强加到本书的撰稿人身上，所以 statecraft 一词仍然出现在本书若干篇文章中。

1

苏洵的治国之道思想

贺巧治（George Hatch）

　　苏洵（1009—1066）的论著，是体现经世致用思想的文学典范。1047—1055 年，受范仲淹（989—1052）新政（1043—1045）的启发，苏洵着手写作。1056 年，在古文运动高潮时期，欧阳修（1007—1072）将其论著进呈给朝廷。苏洵这些论著的核心，是一篇关于"历史偶然性"的论述文。其"历史偶然性"的观念首先从军事战略中发展而来，然后在历史演变的背景下确立，最终对历史经验和政治行动做出判断，并批判了宋初的文化正统倾向。

　　苏洵是四川眉山人，出身当地从事丝绸贸易的小城镇地主家庭。[①]在苏洵那一代人之前，其家族中无人入仕。苏洵年轻时狂放不羁，直到 25 岁才开始认真读书学习。1047 年，苏洵去开封参加茂才试，落第之后，他声称把自己之前所写的全部作品都付之一炬，开始追求一种新的风格。这种风格最终在

---

　　① 苏洵《嘉祐集》，台北：商务印书馆重印，1967。关于苏洵家庭的传记材料，see Herbert Franke, ed., *Sung Biographies* (Wiesbaden, 1976), pp. 885-969。

11 世纪 50 年代初引发了一场文学洪流。

苏洵所作《权书》包括 5 篇军事战略方面的文章、5 篇关于杰出历史战略家的文章；接下来是一组总题为《衡论》的 10 篇文章，论述了御将、任相、广士、养才、用法、议法、田制、兵制等议题。《权书》与《衡论》的言外之意是，"权"与"衡"就像秤的秤砣和秤杆一样，即战略是治国之道的支点。在《权书》与《衡论》之后，是《审势》和《审敌》两篇辞藻华丽的文章。在这两篇文章中，君主表现出的不是创造力，而是对外部事物的反应。接下来的一组文章题为《六经论》，它们将"偶然性"的命题延伸到了圣人与风俗辩证关系中的与文明起源有关的问题。① 最后一组文章题为《史论》（包括两篇文章），重新定义了历史写作的标准功能。另外还有两篇题为《谏论》的文章，赞扬了战国时代的"游说之士"。

1055 年，苏洵完成了族谱，试图以这种方式在朝廷影响力尚未触及的地方确立起国家的纲常伦理。② 1056 年，苏洵再次动身前往京城，打算让儿子们参加 1057 年的进士考试，并为自己的一众文学作品寻找慧眼识英之人。苏洵冒昧地给欧阳修（翰林学士兼文学改革家）、富弼（宰相）、韩琦（枢密使）和田况（枢密直学士）等人写信，在信中他多次为自己的唐突进行辩解。在写给欧阳修的信中，苏洵强调了自己深刻的人生转变。③ 在写给田况的信中，他声称自己先天拥有文学才能，必然会做出一番成就。④ 南宋人朱熹将苏洵的信解读为低声下气、摇尾乞怜。⑤ 但在 11 世纪 50 年代，天纵之才与国家精英之间的这种碰撞，并不是一种不恰当的行为，而是当时正在进行的学术和文

① 《六经论》是一个单独的主题，此处不予讨论。

② 《嘉祐集》卷 13《苏氏祖谱》。

③ 《嘉祐集》卷 11《上欧阳内翰书》。

④ 《嘉祐集》卷 10《上田枢密书》。

⑤ 《朱子语类》卷 130《本朝四·自熙宁至靖康用人》，台北：正中书局翻印本，1962，13a。

学改革中的一种可用策略——苏洵找到了赏识他的人。苏洵与这些杰出人物会面，他们称赞了他的作品。1060 年，苏洵没有经过科举考试，便获得了秘书省校书郎一职。

北宋初的文学改革与科举考试制度改革一脉相承。当时的文学盛行骈文（一种用对仗语句作装饰的唯美主义），官方考试内容和国家文书甚至都采用骈文。欧阳修自幼为韩愈（768—824）和唐代古文运动所吸引，1029 年开始跟随散文大师尹洙（1001—1047）学习。就在同一年，宋仁宗积极考虑改革方案，但没有采取一成不变的做法。在范仲淹主持的庆历新政（1043—1045）期间，欧阳修被选中制定新的科举考试标准，直到庆历新政失败前不久，这些标准才获得朝廷批准。[①]

在庆历新政失败后的十年间，欧阳修在人身上和政治上都遭受了不同的攻击，经历了一段颠沛流离的贬黜生活。庆历之前，欧阳修就写过政治意识形态方面的重要文章，此时的欧阳修对激进的政治改革意兴阑珊，专注于以书信交流文学，继续进行严肃认真的历史研究以及撰写《五代史》的工作，还加强了与胡瑗（993—1059）、孙复（992—1057）等杰出经学家的联系，他们与欧阳修对儒家经典著作持不同见解。1054 年，欧阳修重返朝廷，他仍在努力拓展自己散文作家的交游圈。1056 年，欧阳修认可了苏洵及其文学作品，并评论说，苏洵让他感到无比兴奋。[②]1057 年，欧阳修获得了三年一度的科举考试的监考权，在没有事先通知的情况下，他要求考生用古文写作并回答有关儒家经典的问题，以此来证明自己适合从政——欧阳修动用国家的力量来推动通过说服无法完成的工作。苏洵的儿子苏轼（1037—1101）和苏

---

① 关于欧阳修在古文运动中所发挥的作用，see James Liu, *Ou-yang Hsiu* (Stanford: Stanford University Press, 1967), chap. 10。

② James Liu, *Ou-yang Hsiu* (Stanford: Stanford University Press, 1967),pp145-154.

辙（1039—1112）在这场科举比拼中获得了嘉誉，父子三人都成了名人。

古文运动在意识形态上是激进的。韩愈在推动这一运动时，希望人们重拾体裁自由的散文，并希望人们回归儒家经典，将儒家经典作为形成价值的指导。当儒家价值观被作为衡量价值的唯一标准，其他历史选择被回避时，社会就会倾向于正统。韩愈表现出强烈的文化一统倾向，他创造出一套颇具影响力的理论——"道统"——将佛教和道教从历史中剔除。韩愈成为宋代古文运动的"守护神"。[①]欧阳修在主持科举考试时接受了韩愈的观点，并在《本论》一文中宣称，只有回归儒家古礼，才能恢复文化的神圣性。

宋代学者在文学研究、儒家经典研究和治国之道研究上所展现出来的多样性与灵活性，是在不断变化的文化中追求经典规范的一种表现——他们寻求与经典原则相一致的当代文化形式。苏洵对其所处时代的文化做出了贡献，对于经典原则的贡献则阙如。苏洵对儒家正统思想不感兴趣，他的写作并非源自儒家经典，而是源自战国和汉初的政论文，在其同时代的儒家看来，这趋向于失范。苏洵的这些作品在《唐宋八大家文钞》中得到了保存，却并未被儒家思想所吸收。这在北宋时期的社会史上具有重要意义：在这一时期，地方意识不得不面对在中国中南部地区出现的新儒家思想，并对其加以回应。在社会变迁的过程中，我们找到了一个基准。

偶然性

苏洵在用"权"和"势"来定义政治行为时，提出了一种"偶然性"的政治观点。"权"是指权威或者权力（通常是不正规的）。在法家和王霸思想中，"权"意味着绝对的、不可调和的主权力量。汉代今文经学家使用"权"

---

① Charles Hartman, *Han Yü and the T'ang Search for Unity* (Princeton: Princeton University Press, 1986), pp. 158-166. 蔡涵墨（Charles Hartman）喜欢"文化正统"（cultural orthodoxy）这个词。

一词来表示与"经"相关的权宜之计的行为。苏洵喜欢这一观点："仲尼（孔子）之说，纯乎经者也。吾之说，参乎权而归乎经者也。"① 但他更喜欢"权"这个词最基本的意思——秤砣。"今夫衡之有刻也，于此为铢，于此为石，求之而不得，曰是非善衡焉，可也。"② 苏洵使用了"权"这个词的双重含义，"权衡"或"平衡"事件成为权威的功能。因此，皇权是有限的、相对的权宜之计（受到"势"而非"经"的限制），没有绝对的力量。

在苏洵的用法中，"势"只是简单地指"情况"。"势"是多种多样的，由不同的意愿所驱动并相互影响，以创建出一个不断变化的行动基础。文臣武将或者君主，都不能创造或控制"势"，只能在谋取个人利益时驾驭"势"一段时间。形成中的"势"既有局限性，也为行动提供了机会。应对"势"的变化需要策略，以实现人们所寻求的开放性。虽然未来似乎是开放的，但回想起来，"势"似乎不可避免，这是构成事件的不同元素不同特性的结果。苏洵的策略是要了解这些因素的动机：他声称要影响"势"之间的相互作用，从而为其恩主带来好处。

以偶然性为主题是苏洵作品的特征。在苏洵看来，"势"是变幻莫测的，因为行动是受外部条件制约的有限反应，政治是务实的而不是一成不变的。苏洵的思想始于对战略战术的纸上谈兵，然后他学会了权衡各种"势"，便转向对历史上政治家们的批评，并将自己的战略转向政治，最终开始批判当时的国家政策。此时，苏洵所说的"势"成为必要的历史趋势，他是"历史偶然性"的哲学家。

---

① 《嘉祐集》卷8《谏论》上。

② 《嘉祐集》卷4《衡论》引。

策　略

苏洵在司马迁的《史记》中发现了一些伟大的政治家，找到了他认为传奇的英雄故事。这些政治家可能经常参与战事，但对他们来说，战争只是实现更大政治目标的一个要素。苏洵早期散文的主题，取材于春秋末年、战国时期和汉初的事件，当时的政治行为受到社会高度的流动性、不稳定的政治多元化以及在追求财富和权力方面（但不受保护）的个人英雄主义的影响。

从苏洵早期文章中关于司马迁对孔子的弟子子贡捍卫鲁国看法的评论，我们可以看出他关注的策略。[①] 当时，齐国的篡位者田常企图派遣一些不肯服从他的将领出兵鲁国，以打击这些将领。此举引发了鲁国的一场危机。以能言善辩著称的孔子的弟子子贡，被推荐去做说客。子贡首先被派往齐国，他声称鲁国在战争中将是一个可怜的战利品，那些生性多疑的将领们在轻而易举的胜利中，只会变得越来越有地位并且野心膨胀。他建议田常让将领们出兵吴国，因为在那里能够获得更加丰厚的战利品，将领们甚至可能会战死沙场。接下来，子贡去到吴国，透露了敌人即将进攻的消息，并声称救助鲁国将提升吴国的霸主地位，而齐国的战败将轻而易举地威吓到吴国强大的邻国晋国。吴国同意了与鲁国一起围攻齐国，但是害怕弱小却与之有旧仇的越国在其背后报复。子贡声称这是懦夫的表现，并提出由他去说服越国加入攻打齐国的行列，从而消除吴国的任何威胁。在越国，子贡邀请越国国君跟随吴国远征，如果吴国被击败了，越国自然就报仇雪恨了；如果吴国获胜，吴国就会继续前进面对晋国，结果会被齐国和晋国所困，而越国则可以趁机在吴国的后方制造混乱。

---

① 司马迁《史记》卷67《仲尼弟子列传·子贡列传》。（"卷67"，英文原书误作"卷69"。——译者注）

　　吴国开始进攻齐国，减轻了鲁国的压力。齐国被打败了。吴国继续进攻晋国，自己也被打得落花流水。越国在战事的后方洗劫了吴国的都城，杀死了吴王及其大臣。三年后，越国东迁，成为霸主。司马迁说，正是由于子贡的功劳，鲁国得救了，齐国混乱了，吴国灭亡了，晋国强大了，越国称霸了。他指出，"子贡一使，使势相破"，这五个国家都发生了变化。

　　苏洵对这种"破势"很感兴趣，但他不喜欢这种策略。他认为这件事太复杂，对像吴国这样无辜的国家来说是不公平的灾难。智慧或许足以启动战略，但想要持久的结果，还需要更多的诚意。因此，复仇心切的国家，很快会像以前一样陷入战争。更简单地说，苏洵认为，齐国那些有反叛之心的将领们可能已经知道了针对他们的阴谋，他们会与鲁国一起以惩罚田常的背信弃义，这样一来，齐国几代人都会欠下鲁国人情并从中受益。苏洵说："彼子贡者，游说之士，苟以邀一时之功，而不以可继为事。"① 这里所得出的智慧与诚意之间的关系，表明了苏洵对战争与政治不同性质的理解。

　　苏洵认为汉高祖是才华横溢的战略家，"明于大而暗于小"②。汉高祖仿佛能预见吕氏的阴谋诡计和诸侯国的叛乱，因此在时局似乎还十分稳定的时候，便任命周勃为太尉。当叛乱发生，吕氏族人试图把刘氏宗族赶出朝廷时，周勃保住了汉室的皇位。为什么汉高祖一开始没有除掉吕后？因为"势不可也"。吕后曾经协助汉高祖平定了天下，并为大臣们所畏惧，仅凭这一点，就能压制住他们的野心，让皇嗣长大成人。知道自己无力阻止，汉高祖于是明智地事先建立好自己的阵营。这些事件为批判项羽提供了一个更清晰的命题，即项羽拥有力量、勇气和高尚的品格，但仍然注定是一种走向自我毁灭的英雄主义：

----

① 《嘉祐集》卷3《权书·子贡》。
② 《嘉祐集》卷3《权书·高祖》。

且夫不有所弃，不可以得天下之势；不有所忍，不可以尽天下之利。是故地有所不取，城有所不攻，胜有所不就，败有所不避。其来不喜，其去不怒，肆天下之所为而余制其后，乃克有济。[①]

这段话可以作为苏洵对"偶然性"早期认识的证明。苏洵的学术研究始于战略战术，然后转向外交和政治领域。时机是行动的重点：子贡为了鲁国的利益在不稳定的"势"和人类的虚荣心中，发现了挑起大范围冲突的机会；汉高祖在谋划其家族安全时，试图寻求一种既能支持其权威又不会引起敌意的"势"。政治仍然是一种应对策略，因为对权力的占据不可能是永久的，它取决于各自独立的"势"和独立意志之间不断变化的关系，这种关系在一定时间内可能会被控制，但永远不会被真正控制。用苏洵的话来说，汉高祖在战场上表现得机敏而克制，项羽则是以个人雄心壮志来对抗天意。绝对的胜利是不可能的，成功只是相对的，但人们可能希望所得多于所失。在这种情况下，"审其势而应之以权"，"势"的自我发展限制了权力的行使，并将其作用限定为仅仅是平衡。

历　史

苏洵的治国之道思想，是建立在历史进程的基础之上的。他研究历史时主要探寻的是权力的位置及其与政治社会中偶然因素的关系。在《审势》（该文辞藻华丽、策略宏大，目的是为了宋政权的长治久安）一文中，苏洵开篇提出了以下假设：

治天下者定所尚，所尚一定，至于万千年而不变，使民之耳目纯于一，

[①]《嘉祐集》卷3《权书·项藉》。

而子孙有所守，易以为治。故三代圣人其后世远者至七八百年。夫岂惟其民之不忘其功以至于是，益其子孙得其祖宗之法而为据依，可以永久。夏之尚忠，商之尚质，周之尚文，视天下之所宜尚而固执之，以此而始，以此而终，不朝文而暮质以自溃乱。故圣人者出，必先定一代之所尚。①

在这篇文章中，苏洵同意继承《书经》中所描述的历史时代——每个上古国家都是一个独立的文化片段；每个王室都被认为在严格地传承先例，直到糟糕的末代君主使其丧失了合法性。在天命的帮助下，新的王国建立，新旧王国之间的传承没有任何仪式。汉朝经学家郑玄和马融，把文化特征中"忠""质""文"的循环与上古三代的进步密切联系起来。苏洵利用这些文化特性，坚持在线性时间内，每个时代都重新定义自己。历史时期被分为两部分：一部分是"三代"，其间出现了夏、商、周的开国圣君；另一部分是漫长的"当前"，尚未出现圣人。苏洵回忆称，贾谊曾试图说服汉文帝首先要"定制"，但没有得到汉文帝的重视。从这个角度来看，即使是宋朝，也是一个开放的瞬间，在这个瞬间，通过定义圣人的行为，可能会识别出圣人：

今者天下幸方治安，子孙万世，帝王之计，不可不预定于此时。然万世帝王之计，常先定所尚，使其子孙可以安坐而守其旧。至于政弊，然后变其小节，而其大体卒不可革易。

在这篇文章的中间部分，苏洵坚信宋朝处于秦朝建立的郡县制的背景下，并在文章的最后断言，宋朝的基本结构完全不能改变。苏洵提出的这个命题现在是有疑问的：一方面，他让宋朝皇帝确立对国家自身制度的认同，并把

① 《嘉祐集》卷1《审势》。

国家的持久性建立在其自身制度的延续上面；另一方面，皇帝不能改变之前一千年的先例。问题在于，没有一个圣人来主持从分封制到郡县制的伟大转变，苏洵无法想象没有圣人的政治的合法性。

在《审势》一文中，找不到解决这种张力的办法。相反，我们发现了苏洵方案中包含的战略政治内容：

今也考之于朝野之间，以观国家之所尚者，而愚犹有惑也。何则？天下之势有强弱，圣人审其势而应之以权。势强矣，强甚而不已则折；势弱矣，弱甚而不已则屈。圣人权之，而使其甚不至于折与屈者，威与惠也。夫强甚者威竭而不振，弱甚者惠衰而下不以为德。故处弱者利用威，而处强者利用惠。乘强之威以行惠，则惠尊，乘弱之惠以养威，则威发而天下震栗。故威与惠者，所以裁节天下强弱之势也。

我们开始想象，成为圣人是多么困难。苏洵说，"威"与"惠"就像是给病人开的药，必须先知道一个人的健康状况是"阴"还是"阳"，再对症下药，若因为喜好而加药，会导致患者死亡。周朝时，王室的疆域在诸侯的领地面前显得并不起眼，但软弱的周王室并没有因此变得不安全，因为在很长一段时间里，每个诸侯都以其属国自居。后来，周王室开始失德，诸侯便分崩离析，拥兵自重，互相攻击；周天子苟延残喘，"区区守姑息之道而望其能以制服强国"。秦朝把自己的疆域划分为郡县，甚至把地方权力都集中到君主手中，形成了国家强大的局面。但日积月累的困境，让秦朝继续依靠法律手段压迫并残害平民，还试图通过高压政治来缓解紧张局势，最终却无力回天。"二者皆不审天下之势也"。

苏洵在这篇文章中构建的修辞概念结构，几乎可以通过理性的判断，只有"乘弱之惠以养威"的修辞逻辑偏离了实质。苏洵没有提供任何例子，所以我们无法想象如何去相信这样的论证。苏洵说的"借如弱周之势，必变易其诸侯，而后强可能也"，暴露了自己的诡辩。苏洵把宋置于秦朝中央集权的语境中，却发现宋由于过度仁慈而陷于软弱的境地。苏洵对这种困境的解决方案是用"威"的政治，强化宋的决策，加强法律惩罚，减少腐败，并对难以驾驭的军队强化纪律管理。这篇辞藻华丽的文章认为，时事要求的"威"，实现了历史目的，并遵循了上古三代的"忠""质"和"文"。苏洵劝诫人们要像上古圣人那样行事，每个人都"各观其势之何所宜用"。

这种治国之道模式的一个特征，是制度和政治只是不同的活动方式。这篇文章的主要模棱两可之处在于，制度是历史赋予的。制度的权威要么在于开国圣君的创造性行为，要么在于惯例在时间上的延续。苏洵认为，为了实现社会秩序而改变制度形式既不可取，也没有必要。这一任务是通过政治来完成的，在政治中，人类行为受到操纵，生存和自身利益得到保障，个人无法控制的事情以某种方式设法满足它自己的目的。但是，只要战略仍然是政治活动的模式，它的偶然性就不会真正受到历史时间意识的影响。

在《审势》中，所有的政治活动都发生在静态的当下，这要归因于圣人独一无二的作用。苏洵无法根据这篇文章的假设来构想政治秩序在时间上的延伸，而这种延伸似乎不需要暂停社会变革。

风　俗

在《审势》中，苏洵劝诫皇帝要践行上古圣人之道，然后将皇帝的行为限制在制定政治策略上，而不是发动制度改革。圣人的结论性行为使历史静止，社会本身便没有了变革的动机。在随后的《书论》中，苏洵摆脱了这个框架，他将自己的关注点从开国圣君转向了"风俗因时而变"的新视角，并获得了独创性：

风俗之变，圣人为之也。圣人因风俗之变而用其权。圣人之权用于当世，而风俗之变益甚，以至于不可复反。幸而又有圣人焉，承其后而维之，则天下可以复治；不幸其后无圣人，其变穷而无所复入，则已矣。昔者，吾尝欲观古之变而不可得也，于《诗》见商与周焉而不详。及今观《书》，然后见尧舜之时与三代之相变，如此之亟也。自尧而至于商，其变也皆得圣人而承之，故无忧。至于周，而天下之变穷矣。忠之变而入于质，质之变而入于文，其势便也。及夫文之变，而又欲反之于忠也，是犹欲移江河而行之山也。人之喜文而恶质与忠也，犹水之不肯避下而就高也。彼其始未尝文焉，故忠质而不辞；今吾日食之以太牢，而欲使之复茹其菽哉？呜呼！其后无圣人，其变穷而无所复入，则已矣。①

苏洵似乎是说，风俗是自生的、不断变化的，其本身不能统一，就像水一样，如果没有流动的渠道，便会失去形态。此处所说的圣人参与的，不是风俗的创造，而是对自发行为的回应。圣人可以根据风俗的变化来对其施加影响，并能以一种一致性来定义其所处的时代，但他不能引导非自然形式的过程，也不能逆转风俗的流动。重点是风俗的持续变化，而不是静态的持续时间。风俗与圣人的权威是一种永不停止的辩证关系，两者都不能单独产生社会秩序，其每一次接触都是在新的基础上进行的。

这就是《书论》一文的含义，尽管苏洵对难点一掠而过。我们不理解这里面所提到的风俗，它没有明显的来源。根据《书经》，苏洵得出假设："礼"包括祭祖、政治制度、社会礼仪和五种关系，这些都是由圣人创造的，并在王朝霸权时代传承，使君主家族合法化。另一方面，风俗是指人们的行为不完全（或根本没有）受到"礼"的影响。风俗因地而异，因时而变，易受情

---

① 《嘉祐集》卷6《六经论·书论》。

感满足的影响。"风俗"和"礼"是概念上的反义词，是两种不同的行为模式。"礼"是道，而"俗"是风。①

我们可以从《礼记》中读到更接近苏洵观点的记载，这可能是苏洵思想的来源：君主"行礼，不求变俗"；"修其教，不易其俗"；"一道德以同俗"②。在这些陈述中，"俗"地位的提高，表明国家可能需要通过风俗自身的形式，而不是通过改变它们来进行治理。③苏洵在前面提到的《审势》一文中，对"礼"的传播作了约定俗成的论述；而在这篇《书论》中，"俗"已成为社会延续的载体。也许这两篇文章代表了苏洵关注点的转变，从"万千年"礼的就位，发展为对社会形式的关注：在社会形式中，圣人的作用随着风俗的增长而减弱。事实上，这就是没有圣人出现的漫长的"当前"所发生的事情。苏洵认为，尽管秦制没有"礼"的权威，但对宋朝有约束力。

无论如何，这样的转变都是后来《衡论》系列文章的一个重要特征。在争论国家政策的原则时，这些文章专注于构建历史连续性的权威，以取代圣人永恒的"礼"的形式。苏洵在《用法》中指出："古之法简，今之法繁。简者不便于今，而繁者不便于古，非今之法不若古之法而今之时不若古之时也。"④以前的君主只勾画出刑法的大纲，依靠吏来决定犯罪情节的轻重和适当的惩罚，但宋朝的官员往往不懂法律，吏经常贪赃枉法，百姓则轻浮虚伪。这些都是偶然的情况，苏洵要求，"今之法若鬻履，既为其大者，又为其次者，又为其小者，以求合天下之足"。

---

① 理雅格（James Legge）《书经》，台北重印，第 203 页，第 574—575 页。

② 哈佛燕京引得系列，第 27 种《礼记引得》，第 604 页。（这些引文见于《礼记·曲礼下》《王制》。——译者注）

③ 理雅格《书经》，第 572 页。

④ 《嘉祐集》卷 5《衡论下·用法》。（正文和注释中"用法"，英文原书均误作"审法"，据《嘉祐集》改。——译者注）

苏洵在《议法》中主张："古者以仁义行法律,后世以法律行仁义。"① 这种转变的原因是三代之后的君主缺乏充分的美德。唐朝官员房玄龄和杜如晦起草"《刑统》,毫厘轻重,明辩别白,附以仁义,无所阿曲"。② 在宋朝,这些都变成了偶然的情况,"因而循之,变其节目而存其大体"。仅仅将管理体系出现腐败和公堂出现诉讼归咎于法官是不够的,问题出在社会状态上,只有严格执法才是唯一可行的回应。

苏洵对当时政坛最具说服力的贡献,是题为《田制》和《兵制》的两篇文章。在这两篇文章中,苏洵反对激进的理想主义儒家改革者以上古模式来代替社会现实。井田制为社会公正和经济平等提供了可能性,是儒家思想的一个重要组成部分,也是北宋士人写作的一个流行主题。关于井田制是否适用于宋朝,苏洵指出了周朝的历史经验对当前宋朝土地问题的意义。在《田制》一文中,苏洵接受了道德家们对经济制度不公平的指责,并试图展示一种利用历史偶发事件来缓解公众痛苦的政策。③

如何对待井田制?苏洵个人倾向于不要恢复井田制,甚至认同废除井田制,鼓励强行将田主手中的土地分给那些没有耕地的人。苏洵给出了一个令人印象深刻的井田结构划分和规模的样本:他坚持认为在不让国家贫困的情况下,变动田地,驱使宋朝百姓进入井田,在实际操作中是不可能的事情。更有意思的是,苏洵否认可以"复"井田制,因为它从来没有"成"过:

① 《嘉祐集》卷5《衡论下·议法》。

② 欧阳修编《新唐书》卷96《房玄龄传》《杜如晦传》。在这些传记中,没有显示房玄龄、杜如晦从事法律工作。(正文中这段引文出自《嘉祐集》卷5《衡论下·议法》;另外,"新唐书",英文原书误作"新唐史"。——译者注)

③ 《嘉祐集》卷5《衡论下·田制》。该文的部分英文翻译,see Wm. T. de Bary, *Sources of Chinese Tradition* (New York: Columbia University Press, 1960), pp. 408-409。

古者井田之兴，其必始于唐虞之世乎？非唐虞之世，则周之世无以成井田。唐虞启之，至于夏商，稍稍茸治，至周而大备。周公承之，因遂申定其制度，疏整其疆界，非一日而遽能如此也，其所由来者渐矣。

苏洵认为汉代的限田制欠考虑："非人情，难用"。当井田制被置于历史演变的层面上，以同样渐进的方式处理土地所有权问题就变得极富吸引力。苏洵提议未来对土地占有设限，富人不可以过度占有土地。目前的土地占有会因土地继承造成的缩水而下降，"但使后之人不敢多占田以过吾限耳。要之数世，富者之子孙，或不能保其地以至于贫，而彼尝已过吾限者，散而入于他人矣。或者子孙出而分之以无几矣"。我觉得这个建议太天真了，在同样的模式下，最好是通过严格的累进税收来降低土地作为投资方式的吸引力。但苏洵坚持遗产会在继承人之间出现四分五裂的自然趋势："夫端坐于朝廷，下令于天下，不惊民，不动众，不用井田之制，而获井田之利，虽周之井田，何以远之于此哉？"一个清晰的论点出现了：苏洵坚持在政策制定时，必须尊重制度的连续性和习惯了这种连续性的人们的感受。

苏洵关于军事组织的文章也有类似的历史思路，但却有着更为复杂和实质性的结论。[1] 在这篇文章中，苏洵提出了如何在不使国家陷入贫困的情况下，支持一个庞大的军事机构的问题。"三代之兵耕而食，蚕而衣，故劳，劳则善心生。秦、汉以来，所谓兵者，皆坐而衣食于县官，故骄，骄则无所不为。"正是由于井田制的废除，导致了这种衰退。从那以后很长一段时间内，政治家们只想出了屯田制和府兵制，让士兵在无所事事的时候，自己生产粮食。即使这样，也没有减轻人们的经济负担，很难维持庞大的军队。宋还剩下几处屯田，但是根本没有府兵，也没有空闲的土地来恢复屯田和重建府兵。

---

① 《嘉祐集》卷 5《衡论下·兵制》。

"三代井田，虽三尺童子知其不可复。虽然，依彷古制，渐而图之，则亦庶乎其可也。"苏洵指出，政府拥有两种资产：一种是"职分田"，出租给佃户，一半收益用于支持政府机关的开销；另一种是"籍没田"，需要纳税，要么被出售，要么出于公共利益而被出租。苏洵建议，不要再出售这些数量不详的籍没田，而是以每户 300 亩的额度分给佃户；之前职分田收取一半的地租，现在地租可以减少到三分之一，并上交给政府；每个佃户家庭都应该为"新军"提供一个人，在一年中的某个季节聚集起来训练、服役。这支军队的人数会随着籍没田的增多而增长，几十年后可能会达到军队人数的 90%。对有劳作经验的农民而言，习惯性劳动可以保证他们的纪律性。这种方式对各方都有好处，尤其是军队、社会和佃户之家："夫民家出一夫而得安坐以食数百亩之田，征徭科敛不及其门，然则彼亦优为之矣。"

苏洵对主题不拘一格的追求在这里趋于成熟。这些制度发展的历史脉络，与《审势》假设的静态文化片段形成了鲜明的对比：当苏洵审视井田制并将其创造历史化时，井田制的吸引力就消失了。圣人退隐，留下历史的"势"自然演变；之后，苏洵把把握这一过程，作为政策制定的条件。在提出必须由当前的"势"自然演化出解决方案时，苏洵请求君主去感知事物必须遵循的历史偶然性，以发现在当前的开放性。通过这种开放性，可以鼓励君主逐渐实现其目标。苏洵与其儒家对手一样反对强迫，不过苏洵并不是道德理想主义者，他认为国家的生存战略决定了皇权的天然有限性："审其势而应之以权。"

延续性

这是在苏洵的作品中逐渐形成的一种时间观念：他从对战略时机的迷恋，转变为认识到政治行动是在复杂的历史趋势背景下进行的。正是在这个问题上，苏洵不同寻常的思想，遇到了他那个时代的儒家正统观念。

我认为，在孔子看来，礼仪规范的权威是传统的。有人观察到儒家经典在社会中代代相传。[1] 孔子承认"俗"发生了变化，但没有中断传播。他的假设是，传统价值和历史经验是一致的，这足以证明从上古到他自己所处时代之间的连续性。9 世纪的韩愈颠覆了"传统"的权威，创造了时间可能存在的间断，而间断的时间是一段没有"道"的历史。"复古"的可能性在于历史和风俗必须让位于儒家经典价值的权威。[2]

在政治人物王安石身上，我们可以看到儒家经典权威的魅力，即便如此，王安石与"复古"路线并无太大关联。王安石认为复兴风俗是当务之急："圣人上承天之意，下为民之主，其要在安利之。而安利之要，不在于它，在乎正风俗而已。故风俗之变，迁染民志，关之盛衰。"[3] 宋朝不能整顿风俗的原因是"方今之法度，多不合乎先王之政"[4]。王安石认为《周礼》中所描写的周公和成王的统治是最完美的模式，但也警告人们不要复制过去："今之人誾誾然求合于其迹，而不知权时之变。"[5] 然而，很难让孔子成为这样一种实用主义的权威。王安石最终发现孔子不是"变革"的典范，而是"总结"的典范：

夫伏羲既发之也，而其法未成，至于尧而后成焉。尧虽能成圣人之法，

---

[1] Pocock, J. G. A., *Politics, Language, and Time* (New York: Atheneum, 1972), chap. 7, "Time, Institutions, and Action: An Essay on Traditions and Their Understanding," pp. 233-272.

[2] 《韩昌黎集》卷 11《原道》，台北，1975，第 7—11 页。

[3] James Liu, *Reform in Sung China* (Harvard University Press, 1959), p. 41.（引文见《临川文集》卷 69《风俗》。——译者注）

[4] James Liu, *Reform in Sung China* (Harvard University Press, 1959), p. 43.（引文见《临川文集》卷 39《上仁宗皇帝言事书》。——译者注）

[5] James Liu, *Reform in Sung China* (Harvard University Press, 1959), p. 43.（引文见《临川文集》卷 67《非礼之礼》。——译者注）

未若孔子之备也。夫以圣人之盛，用一人之知，足以备天下之法，而必待至于孔子者何哉？盖圣人之心，不求有为于天下，待天下之变至焉，然后吾因其变而制之法耳。至孔子之时，天下之变备矣。故圣人之法，亦自是而后备也。《易》曰："通其变，使民不倦"，此之谓也。故其所以能备者，岂特孔子一人之力哉！盖所谓圣人者，莫不预有力也。孟子曰："孔子集大成者"，盖言集诸圣人之事而大成万世之法耳，此其所以贤于尧舜也。①

我们认识到，王安石所处的两难境地，恰恰是困扰苏洵在上古"势"中根据时间推理的难题，这甚至可能是使王安石"大成"的一个潜在的进化前提，但王安石的"大成"却因为他坚持认为天下的变革在孔子时代可能已经完成，以及他在孔子身上找到了最佳的社会表达方式而受阻。令人感到遗憾的是，也许王安石同意上古时代的传统已经固化，是为了保留儒家正统并以其名义获得政治权威。

苏洵的成就，是接受了三代之后"势"连续性的结果。他并非因为对上古进行历史化的处理（在苏洵之前，柳宗元做得更好，但仍然没有成功），② 而是因为以自己的政治行动的概念来对抗经典正统的前提，才取得了这些成就。当权威被认为是一种应对自发的"势"的平衡力量时，这种行为在时间上的延伸，可能会产生一种与传统连续性相反的概念：社会规范不是在儒家经典中继承的，而是从社会经验中涌现出来的。我把这种概念称为"历史偶然性"，即儒家正统观的对立面——在儒家正统观中，社会规范是根据过去儒家经典的权威而不是当前的实践来应用的。宋朝的经学家们可能会哀叹汉、唐之间的社会堕落不应该发生，并希望圣人来挽救"道"。但根据对偶然性的理解，

---

① 王安石《王临川集》卷 67《夫子贤于尧舜》，台北：世界书局，1960，第 423 页。
② 参见《柳河东集》卷 3《封建论》，台北，1974，第 43 页。

社会经验的连续性是不可破坏的，每一种行为都受制于"势"，不是每种"势"都能被理解。事后证明，意外不可避免，然而时间中的每一个瞬间似乎都是开放的。

苏洵不喜欢用因陀罗网^①来组织每一个独立的"势"，从而混淆历史解释，他关心的不是历史的因果关系，而是政治行动的依据。偶然行为是一种权宜之计，是有条件的，但不是预先确定的，是从实用主义的角度出发，以直接利益为基础的反应。他说过王霸之道，"各观其势制何所宜用"。从历史的角度看，偶然行为揭示了社会变化是线性的、不可逆转的，制度发展是循序渐进的，当前的风俗，构成了对政治行为的唯一限制，也提供了机会。苏洵关于田制、法律、军事制度的文章，论述了时间和行动的偶然性，反驳了儒家正统观的决策前提。

---

① 《华严经》中写道，切利天王的宫殿里有一种用宝珠结成的网，其上一颗颗宝珠的光互相辉映，一重一重，无有穷尽，这种由宝珠所结成的网就叫作"因陀罗网"，也叫作"帝网"。佛教以因陀罗网揭示宇宙是无限的整体，任何一点都能和整个宇宙发生联系，都包含整个宇宙的信息。——译者注

2

茶马贸易与青苗法：1068—1085 年新法期间的国家权力和经济实干主义

史乐民（Paul J. Smith）

中国现代历史学家确定了古代中国两个长期的运动，它们的交叉有助于塑造新法的经济治国之道。一方面，正如杜希德、施坚雅和费维恺（Albert Feuerwerker）等人所观察到的那样，从大约公元 8 世纪开始，"公、私（经济部分）的差异化趋势变得愈发明显，以牺牲'公'利益为代价，实现私人经济部分的扩张"①。这种趋势一直延续到 20 世纪，并成为中国明清时期的一个典型特征，其主要表现是随着市场活动超出了前现代国家的监管能力，政府

---

　　* 致谢：感谢哈佛 – 布林莫尔（Haverford-Bryn Mawr）历史与社会理论工作坊成员对本文初稿的评论。

　　① Albert Feuerwerker, "The State and the Economy in Late Imperial China" (unpublished manuscript, 1983), p. 12. See also Denis Twitchett, "Merchant, Trade, and Government in Late T'ang," *Asia Major*, n.s. 14, no. 1 (1968): 63-95, and G. William Skinner, "Urban Development in Imperial China," in G. Wm. Skinner, ed., *The City in Late Imperial China* (Stanford: Stanford University Press, 1977), pp. 3-32.

逐渐退出对经济的直接干预。[①] 另一方面，对许多研究宋元明清的史学工作者来说，北宋，特别是北宋时期新法的中央集权改革方案，标志着国家直接介入经济和社会的高潮，也标志着同样开始于 8 世纪的长达 3 个世纪的经济实干主义周期的顶峰。

国家长期不干预经济，与 3 个世纪的经济实干主义周期有什么关系？一种解决方案，是将在新法中达到高潮的实干主义周期，视为独特的专业化官僚精英将保持蓬勃发展的经济置于国家控制之下的最后一个尝试。我试图通过对比两种措施来支持这种观点。这两种措施代表了经济动员的新法方针，并突出了国家干预市场经济的积极方式：一个是四川的茶马贸易（该贸易垄断了四川的茶叶销售，用以购买青海地区的战马），另一个是青苗法（该法试图把国家变成农村信贷的主要提供者）。茶马贸易措施和青苗法既存在相似之处又有不同，因而我建议将二者加以比较。正如我在下面将讨论的那样，这两项政策都反映了宋朝经济调控的一个典型特征：创建区域性国家控制的部门和机构，直接参与市场经济。这两项措施产生于同一份实干主义改革蓝图，该蓝图授权相关领域的代理人利用国家权力与私营经济行动者竞争，以控制商业活动的回报。根据具体任务的性质及其执行环境，类似的政策采取了不同的组织形式。在接下来的章节中，我分析了都大提举茶马司（以下简称"茶马司"）和负责管理青苗钱的提举常平司（以下简称"常平司"）的组织结构，并试图解释为什么相同的行动蓝图，在第一个例子中产生了一个基于自主的、创业者式的、权力运用高度松散的企业，而在第二个例子中却产生了一个权力高度集中的附属机构网络。最后，在结论中，我推测宋之后王朝的政府为

---

① 对于随着人口增长，国家扩张的组织性制约因素的分析，see Skinner, "Urban Development," pp. 19-24。正如施坚雅所指出的那样，规模、复杂性和控制范围的问题，限制了政府参与地方行政管理的所有领域（而不仅仅是商业）。

何逐渐放弃了国家直接参与市场经济：因为官方服务的社会基础的转变，推动了"国家可以调节但不能主导社会"的观点。

实干主义治国思想的来源

由于接下来的几页篇幅将专门讨论新法期间经济活动家治国之道思想的性质和制度形态，我将从经济实干主义的定义开始论述。所谓"经济实干主义"，首先，我指的是通过垄断和政府部门直接参与商业经济，以及通过商业税间接参与商业经济的倾向；其次，承诺使用国家权力来促进经济活动并增加政府在经济总资源中的份额。以这个定义为出发点，如果我们接受这样的假设，即从中唐以来中国经济的扩张速度超过了国家的监管能力，那么我们如何解释经济实干主义的同步周期？这个周期在大约三个世纪后的新法中达到了顶峰。许多因素汇聚在一起，形成了北宋的治国之道思想，但没有令人信服的解释，应该排除官僚精英的崛起（受益于政府活动的扩张），以及强大的边疆国家的出现，迫使北宋不断寻找新的资源来补贴边防之间的相互作用。

正如杜希德所展示的那样，尽管蓬勃发展的市场使唐朝的财政官员们相信，已经无法再压制商业或充分控制商业，但 755 年的安史之乱，使唐朝廷除了商业之外几乎丧失了其他收入来源。一旦唐朝失去了对流动的农业税收的直接控制，一个新出现的专业财政管理人员小组，就开始系统地利用快速发展的商业经济——通过对盐、茶和酒的销售实行国家禁榷——对商品的运输和销售征收从价税。正如郝若贝所展示的那样，随着 10、11 世纪北宋的崛起，唐朝财政专家的核心已经发展成为一个功能完备的财政服务部门，该部门由专业官僚精英组成；这些精英专门从事财政服务，并从中获取很大一部分收入；这种专业化服务的目的，是利用国家权力来对商业和工业加以监管并征税。[1]

通过鼓励贸易和工业，扩大货币供应，传播新知识和新技术，以及奉行可预测的经济政策，并保持经济政策始终如一，宋朝的财政管理起初有助于促进中国令人惊叹的经济转型。与此同时，宋朝的理财专家们，在其唐朝前辈们的基础上，创造了一套复杂的官僚机构，对不断扩大的商业活动进行征税并加以干预。他们在 11 世纪建立了一个由约 2000 个商业收税站和另外 3000 个场务组成的现场管理机构来征收宋帝国的贸易税，并管理其盐、酒、茶的禁榷和其他财政事务。[2]

由于财政机构覆盖面很广，北宋政府能够从经济活跃的商业部门获得更多的收入，这一收入在获得的经济总产出中所占的份额，超过整个 19 世纪末的任何时候。例如，根据三司使张方平等人的说法，11 世纪初，商业部门的收入总额达到 1500 万缗，约占政府总收入的 23%；11 世纪 40 年代末，政

---

① 杜希德的叙述，除了 "Merchant, Trade, and Government," see also "The Salt Administrators after the Rebellion of An Lu-shan," *Asia Major*, n.s. 4, no. 1 (1954): 60-89; *Financial Administration under the T'ang Dynasty* (Cambridge: Cambridge University Press, 1963), pp. 49-65, 97-123; and "The Composition of the T'ang Ruling Class: New Evidence From Tunhuang," in Denis Twitchett and Arthur Wright, eds., *Perspectives on the T'ang* (New Haven: Yale University Press, 1973), pp. 47-86。郝若贝对宋朝精英的组成及其与政策形成关系的分析，see "Demographic, Political, and Social Transformations of China, 750-1550," *Harvard Journal of Asiatic Studies* 42, no. 2 (1982): 405-426。关于北宋专业财政服务的兴起与性质，see Robert M. Hartwell, "Financial Expertise, Examinations, and the Formulation of Economic Policy in Northern Sung China," *Journal of Asian Studies* 30, no. 2 (1971): 281-314。

② 葛平德对宋朝财政组织做了清晰的描述，"The Sung Financial Administration," esp. p. 14, in *The Cambridge History of China*, vol. 5, in preparation。关于宋朝收支的来源与分布的分析，see Robert M. Hartwell, "Government Finance and the Regional Economies of China ca. 750-1200," unpublished paper prepared for the PARSS Seminar on Historical Data and Theories of Rational Choice, 1987。关于宋朝政府对经济发展的各种特征的具体贡献的相关研究不胜枚举，20 世纪 70 年代初中日研究成果的综述（特别借鉴了东京学派的成果），see Mark Elvin, *The Pattern of the Chinese Past* (Stanford: Stanford University Press, 1973)。

府总收入为 1.26 亿缗，其中，商业收入为 6560 万缗，上升到总收入的 36%。到 1076 年，商业收入总计达到 5000 万缗，大致与 5200 万缗两税总额的价值相当，即政府总收益的 50% 左右。宋朝以后，商业税在中国政府的收入中不再占到如此重要的地位，直到 20 世纪初，在外国监督下的清廷的财政中，商业税才再次成为财政收入的主要来源。与此同时，根据费维恺等人的估计，宋政权的经济总量，几乎是明清政权经济总量的两倍。①

只要国家能够利用其税收收入提供刺激投资的服务，宋朝的经济实干主义就能促进经济增长。但国家刺激经济不断增长的这个积极影响，受到宋朝政治环境的第二个关键因素的影响，即从 7 世纪以来强大而统一的草原帝国的崛起。宋朝周边的国家均统治稳定、文化水平较高，且经常充满敌意，毫无疑问，宋是中国传统王朝中唯一多面受敌的一个。1127 年，女真人建立的金政权夺走了北宋的半壁江山——宋从建国伊始就受到不断崛起的周边国家的威胁。960 年，宋朝建立之时，契丹人建立的辽国已经屹立在北方的长城边境线内，此后不久，党项人建立的西夏开始从鄂尔多斯草原向外扩张，到 1036 年，西夏控制了河西走廊的所有绿洲城市。北宋的决策者们对北方邻国的实力以及自己的弱点一直心知肚明。10 到 13 世纪之间亚洲地缘政治体系的

---

① 张方平《乐全集》（四库全书本）卷 25《论免役钱札子》，25b-26a；马端临《文献通考》（《十通》本）卷 4《田赋考》，59b。明朝和清朝初中期，土地税约占政府总收入的 75%。See Ray Huang, *Taxation and Government Finance in Sixteenth-Century Ming China* (Cambridge: Cambridge University Press, 1974), p. 46; and Yeh-chien Wang, *Land Taxation in Imperial China*, 1750-1911 (Cambridge: Harvard University East Asian Series, 1973), table 4:2, p. 72, and table 4:4, p. 80. 费维恺估计，北宋的税收约占经济总量的 13%，而明清时期（整个 19 世纪末）的税率为 6% 至 8%，并推测这种差异可能反映了在北宋相对较高的城市化比率的情况下，收税更加容易。See "The State and the Economy," table 1, p. 4, and p. 7. 正如费惟恺本人表示的那样，他的数字确实有些猜测的成分，但表示了一种数量级，巴斯蒂（Marianne Bastid）接受了这种数量级，Marianne Bastid, "The Structure of the Financial Institutions of the State in the Late Qing," in Stuart Schram, ed., *The Scope of State Power in China* (New York: St. Martin's Press, 1985), pp. 74-75。

竞争性在诸多方面有助于促进革新，而这些革新已成为宋朝经济革命的特征。宋朝在采矿、冶金、军备和航海技术方面的早熟发展，部分原因是为了抵御草原上能征善战的骑兵，而宋朝对政权间贸易异常积极的推动，则是为了提供急需的收入和诸如马匹等重要的外来商品。后来的王朝免于竞争压力，却也为这种相对自由付出了代价：随着 14 世纪中叶元朝的崩溃，草原不再对中原王朝构成可怕的威胁——正如伊懋可（Mark Elvin）对整个明清时代的看法，以及魏斐德对清政府的看法——缺乏强大的外部竞争者，古代中国最后两个王朝养成了自给自足和孤立主义的意识，导致了政治停滞和技术裹足不前。①

周伯棣认为，宋朝的财政创新，直接源于其军事上的弱点，这迫使财政官员发明新的创收方法，以支付昂贵的技术和后勤费用，来应对军事上的弱点。这指明了草原政权的崛起与宋朝经济之间的恶性关系：对实际或潜在的外部威胁长期保持防御的需要，被转化为不断增长的财政负担，使宋朝的财政变成了曾我部静雄所说的永久性的"战时经济"。例如，到 11 世纪中叶，北宋禁军人数达到了 125 万，为了满足这些人的需要，必须从东南地区输入

---

① 关于宋朝包围圈更详细的讨论，see Paul J. Smith, *Taxing Heaven's Storehouse: Horses, Bureaucrats, and the Destruction of the Sichuan Tea Industry, 1074-1224* (Cambridge: Harvard University, Council on East Asian Studies, 1991), chapter 1。See also Morris Rossabi, ed., *China Among Equals: The Middle Kingdom and Its Neighbors, 10th-14th Centuries* (Berkeley: University of California Press, 1983). William McNeill, *The Pursuit of Power: Technology, Armed Force, and Society since A.D. 1000* (Chicago: University of Chicago Press, 1982), chap. 2, 提供了关于宋代战争、市场和技术之间相互关系的西方学术研究的条理清晰的综述。关于缺乏竞争者的负面作用，see Elvin, *The Pattern of the Chinese Past*, pp. 215-225; Frederic Wake-man, "China and the Seventeenth-Century Crisis," *Late Imperial China* 7, no. 1 (June 1986): 20-23。在研究作为草原威胁的满族过程中，我的观点是明朝被其自身系统性僵化症压得喘不过气来，这使得它根本不可能解决外部引发的气候、饥荒和瘟疫、黄金流动以及满族崛起等危机。See Ray Huang, *1587: A Year of No Significance* (New Haven: Yale University Press, 1981), and William Atwell, "The Seventeenth-Century Crisis in China and *Japan,*" *Journal of Asian Studies* 45, no. 2 (Feb. 1986): 223-244.

粮食和其他给养，北宋政府为此付出了高昂的代价。截至 1065 年，仅边防开支就消耗了宋政府现钱的 83% 和年收入的 43%，超过了 1502 年整个明朝预算的 35%。不断增加的边防开支，迫使实干的北宋更加深入地挖掘蓬勃发展的经济，从而增加了过度征税可能会导致的收益递减、投资减少和经济增长停滞的危险。事实上，到 1059 年，东南地区茶业的过度开发已经导致了茶叶收入和产量的下降，迫使北宋政府不得不终止长达 80 年的榷茶。①

从唐朝末年开始，专业金融服务的崛起，与日益增长的地缘政治不安全的成本相结合，产生了一种以经济治国为导向的实干主义。11 世纪中叶，当危机感席卷了北宋领导层时，这种实干主义为国家指导的新法实验奠定了基础。新法的大致起源，可以追溯到 11 世纪 40 年代初，当时北宋在与党项的三年战争中输掉了每一场重要战役，凸显了北宋军队规模庞大但战斗力低下的问题，导致北宋经济陷入了长达 20 余年的通货膨胀。与党项人的战争引发了宋人长达 25 年的对政治的重新审视，但无论是范仲淹领导下的庆历新政，还是后来由诸如司马光、欧阳修等类似领导人在 11 世纪五六十年代发起的改革举措，都未能成功地解决国家安全和财政支付能力不足等长期存在的问题。而且 11 世纪 60 年代中期，军事和经济危机再次集中出现：党项人随时准备侵入位于青海的吐蕃缓冲区，威胁北宋唯一的马匹供应来源，并危及北宋边

---

① 周伯棣《中国财政史》，上海：上海人民出版社，1981，第 259—260 页；Sogabe Shizuo, *Sodai zaisei shi* (Tokyo, 1966), p. 3; Shiba Yoshinobu, "Sodai shiteki seido no enkaku," in *Sodai shogygoshi ronso* (Tokyo, 1974), p. 128。对明代数字的推测，来自 Ray Huang, *Taxation and Government Finance*, p. 46。关于东南茶业，see Paul J. Smith, "Interest Groups, Ideology, and Economic Policy-making: The Northern Sung Debates over the Southeastern Tea Monopoly," unpublished paper presented at the Regional Conference, Association for Asian Studies on the Pacific Coast, Eugene, Oregon, 1977.

境；北宋政府首次入不敷出。[①]1067 年，宋神宗继位，紧迫感愈发强烈，同时也提供了采取新态度的机会：新皇帝宋神宗发布了要求根本性变法的广泛呼吁。[②] 不到一年，宋神宗就在背后支持王安石。王安石主张通过将官僚国家的权力进一步推向社会和经济来应对当时的危机，以调动国家资源用于边防和民族复兴。在构思和执行上，由此产生的新法，代表了始于三个世纪前的中唐的经济实干主义趋势的高潮。

新法与经济实干主义

许多 11 世纪的政治思想家看到了公、私利益之间日益激烈的冲突，但他们提出了截然不同的解决方案。正如包弼德在比较王安石和司马光的政治愿景时所表明的那样，司马光接受私人利益集团的扩张不可逆，只寻求防止私人利益攫取公共机构和国家职能，从而确保作为社会中唯一的公共和公正的机构——国家，可以在私人利益之间进行调解，以促进社会政治稳定；另一方面，王安石几乎拒绝在政体中为私人利益提供合法的位置（并且没有放弃操纵私人利益来作为一种诱导公众意识行为的手段）——从早期的仕宦生涯开始，王安石就致力于在当下重建一种想象中的古老统一，这种统一将消除公、私领域之间的障碍，并瓦解国家和社会之间的区别。[③]

王安石致力于国家和社会重新统一的理想，提供了各种切实可行的政策建议，比如试图通过改革下级官僚机构来合并吏和官员，或者将兵、民团结

---

① 程民生声称传统上认为北宋赤字为 420 万缗是一种虚构的统计现象，反映出宋财政官员无法在 1065 年之前掌握全国财政统计情况。见氏著《论北宋财政的特点与称贫的假象》，《中国史研究》1984 年第 3 期，第 27—40 页。

② 《宋会要辑稿》职官 60，3a-4a。

③ 见本书第 3 篇，包弼德的文章。

在他的地方警察系统——保甲中。① 这一目标在王安石的政治经济学理论中得到了最清晰的阐述。王安石把公共财政置于公共事务的中心位置，甚至带着一种道德使命感来处理财政："政事所以理财，理财乃所谓义也"。公共财政可以承担王安石理想中的道德层面，是因为他承认经济的公、私部分之间没有合理的划分：家庭、公共财政和自然经济的资源是相互关联的，因此，如果经济的任何一个部分要富裕起来，它们都必须富裕起来。正如 1058 年王安石在《言事书》中所宣称的那样，"治财"是"因天下之力以生天下之财，取天下之财以供天下之费"②。

王安石关于国家和社会的规范模型，对 11 世纪中叶的财政危机做出了非传统（尽管绝非史无前例）的论断。1068 年中期，司马光受命调查赤字危机，之后他向皇帝表达了传统的观点。司马光报告说："在于用度太奢，赏赐不节，宗室繁多，官职冗滥，军旅不精。"③ 宋神宗尽职尽责地在皇室中发起了一场财政问责运动，并设立了裁减局，但到了 1069 年初，这场节俭运动似乎已经失去了动力，皇帝转而求助于王安石。

王安石一贯拒绝将过度支出或财不足视为财政预算危机的主要原因。在最广泛的层面上，国家拮据，是因为"理财未得其道"，官员们"又失所以生财之道"④。王安石所说的"生财之道"，指的是国家用来管理整个经济中商品和货币的交换价值（"轻重"）与收支（"敛散"）的制度、技术和权威。尽管

---

① 1072 年，王安石告诉宋神宗，"吏与士兵农，合为一，促王正之先务也"，见李焘《续资治通鉴长编》（世界书局本）卷 237，8a。对这一议题更深入的讨论，see Miyazaki Ichisada, "O Anseki no rishi goitsu sakuSoho o chushin to shire," in his *Ajia-shi kenkyu*, vol. 1 (Kyoto, 1957), pp. 311-364; 与 James Liu, *Rearm in Sung China* (Cambridge: Harvard University Press, 1959), p. 82 意见相左。

② 王安石《王临川全集》（世界书局本）卷 73《答曾公立书》，第 464 页；卷 75《与马运判书》，第 479 页；卷 39《上仁宗皇帝言事书》，第 222—223 页。

③ 《续资治通鉴长编拾补》卷 3 上，14b-15a；《文献通考》卷 24《国用考二》，232c。

④ 《王临川全集》卷 39《上仁宗皇帝言事书》，第 222 页；卷 75《与马运判书》，第 479 页。

今天我们可能将 11 世纪视作中国经济专业知识的高峰，但从王安石的角度来看，正是经济技能的极大削弱造成了国家的财政问题。例如，1069 年初，宋神宗征求王安石的意见，关于如何操纵陕西货币价值以改善边境的粮食供应，王安石回答道，首先必须恢复经济调节的基本技巧（周朝的"泉府"曾经实行过王安石文字中提到的"开合敛散之法"）：

> 泉府一官，先王所以摧制兼并，均计贫弱，变通天下之财，而使利出于一孔者，以此也。[1]

简而言之，对王安石来说，使国家和社会富裕起来的恰当方法是刺激经济，这意味着要抑制私人垄断，重新分配财富，并促进资源在整个北宋境内顺畅流动。但是，王安石和宋神宗都一致认为，少数精通"理财"的官员阻碍了必要监管机构的建立。正如王安石在主持制置三司条例司时所说的那样，由于经济管理不善，国家已经丧失了对私营经济行为者的财政特权：

> 而朝廷所用之物多求于不产，责于非时，富商大贾因时乘公私之急，以

---

[1] 杨仲良《续资治通鉴长编纪事本末》卷 66《神宗皇帝·三司条例司废置》，第 2095 页；《续资治通鉴长编拾补》卷 4，4b-6a。王安石经常将泉府（见《周礼》卷 4）作为模范的监管部门（特别是在关于农业贷款方面）。从历史上看，泉府似乎是实干主义者干预市场经济的理想模式。在公元 10 年，刘歆将泉府描述成周官，给王安石留下很深的印象："收不雠，与欲得"，see Nancy Swarm, *Food and Money in Ancient China* (Princeton: Princeton University Press, 1950), p. 335。（刘歆对"泉府"描述的引文，见《汉书》卷 24 下《食货志下》——译者注）

擅轻重敛散之权。①

1069 年 2 月，宋神宗授权成立制置三司条例司，以"改进经济管理技艺"来协调经济计划，并向王安石提供了一个"稍收轻重敛散之权，归之公上"的机构。这一举措不仅正式启动了新法，还发起了一场政府反对商业经济中"兼并"的运动。至少早在荀子（公元前 313—前 238 年）生活的年代，"兼并"一词就被用来指那些利用巨额财富和强权剥夺他人财产的人。至少从汉代开始，这个标签就被用来划分经济行为者的等级，比如大地主、商人和大矿业主，他们的财富和权力被国家视为不稳定因素，或者为国家所觊觎。②

王安石在其早年一首题为《兼并》的诗中，猛烈抨击了"兼并乃奸回"，

① 《续资治通鉴长编拾补》卷 4，5b；《续资治通鉴长编纪事本末》卷 66《神宗皇帝·三司条例司废置》，第 2096—2097 页。诏令都城及各地熟悉财政的官员们上奏意见，"诸色人听于本司陈述"，见《续资治通鉴长编纪事本末》卷 66《神宗皇帝·三司条例司废置》，第 2097 页。对于《宋史》的作者而言，正是制置三司条例司的创设，开启了新法。见脱脱主编《宋史》卷 14《神宗纪一》，北京：中华书局，点校本。[《宋史》卷 14《神宗纪一》："（熙宁元年二月）甲子，陈升之、王安石创置三司条例，议行新法。"——译者注]

② 《王临川全集》卷 70《乞制置三司条例》，第 445 页，奏议时间不详。漆侠将其归因于王安石亲自选出的吕惠卿来管理制置三司条例司，但他的说法说服力不强。苏辙被挑选出来与吕惠卿共同管理三司条例司，他的第一份奏疏称"冗吏、冗兵、冗官"，他站在支持"财政责任"而不是经济实干主义的立场上。见《续资治通鉴长编拾补》卷 4，7a-14b；《续资治通鉴长编纪事本末》卷 66《神宗皇帝·三司条例司废置》，第 2096 页；漆侠《王安石变法》，上海：上海人民出版社，1979，第二版，第 270 页。关于"兼并"一词的例子，见《中文大辞典》条目 1511，第 40—41 页；Daikanwa jiten，条目 1483，第 115—117 页。瞿同祖写道："'并兼'或者'兼并'，是指一个人豪富过人，可以侵夺别人，就字面的意思来说，是指蚕食鲸吞最后乃至攫取别人的财产。" See his Han Social Structure (Seattle: University of Washington Press, 1972), p. 394, n. 7. 关于汉代使用"兼并"这个词的例子，见公元前 120 年汉武帝的货币改革，这次改革的目的被认为是"为政府支出提供（金钱），并遏制未解决的、不道德的垄断者（作者对'兼并'及其追随者的翻译）"，Swann, Food and Money, p. 266, 翻译《汉书》卷 24 下《食货志》，第 1163 页。（《汉书》卷 24 下《食货志》原文："更造钱币以澹用，而摧浮淫并兼之徒。"——译者注）

指出他们破坏了公私财产之间古老的统一。在王安石的支持下，"兼并"这个词的使用方式是为了证明国家权力新用途的正当合理性，并确定国家运动的潜在或实际目标。正如我们已经看到的那样，王安石本人强调，"摧折"兼并是经济治国之道的重要组成部分。事实上，需要"摧折"兼并，为与制置三司条例司关系最密切的三项政策中的两项（市易法和青苗法）提供了明确的理由。例如，1072 年颁布的诏令感叹道："天下商旅物货至京，多为'兼并之家'所困，往往折阅失业。"于是在都城设立了市易务的分支机构。同年，王安石向皇帝描述了"兼并"的批发商和茶行大贾们的做法，前者试图压低游商带到京城的原材料价格，后者试图提高茶叶批发的价格，卖给势力弱小的行会成员。在每一种情况下，市易务都会加以干预，承担起初级批发经销商的职能，介入小商人和大都市商行之间，以中和实力强大的行商的垄断，并为自己获得批发商的利润。反对"兼并"，并不局限于都城的大行会商人，新法管理者也同样愿意安排国家代理与地区商人集团竞争（如均输法），或者与农村经济的头面人物竞争——我们将在下文看到他们与青苗法联系在一起。[①]

王安石致力于让国家机构与私人"兼并"对立，这与传统的财政智慧直接相悖，因为传统的财政智慧要求缩减政府规模，而不是扩大政府规模及其开支。王安石公开鼓励扩张官僚机构，并增加开支作为刺激经济活动和创造

[①] 包弼德将王安石的诗系于 1053 年，该诗见《王临川全集》卷 5，第 22 页。1072 年的诏令见于《宋会要辑稿》食货 37，14a。关于市易务的干预，见《续资治通鉴长编》卷 236，11b-13a。更详细的讨论，see Kato Shigeru, "On the Hang or the Associations of Merchants in China" (in English), *Memoirs of the Research Department of the Toyo Bunko* 8 (1936): 68-69。干预应该使价格平均，以获取较小的商业利益。对于梳朴市场，行旅商人自己将货物带到市易务，市易务购买了他们的商品。根据王安石的记录，"才买梳朴，兼并即欲依新法占买，嘉问乃悉俵与近下梳铺"。见《续资治通鉴长编》卷 236，11b。关于茶业的情况，王安石记录道："今立市易法，即此十余户与下户买卖均一，此十余户所以不便新法造谤议也。臣昨但见取得茶行人状如此，余行户盖皆如此。"见《续资治通鉴长编》卷 236，31a；Kato, "On the Hang," p. 68。（《兼并》诗见于《临川文集》卷 4。——译者注）

更大收入的手段。例如，在回应要求取消都水监一职时，王安石写道："官修则事举，事举则虽烦何伤？财费则利兴，利兴则虽费何害？"①宋神宗从来没有像宰相王安石那样对官僚机构扩张的明智性持乐观态度。《续资治通鉴长编》记载了王安石试图指导宋神宗任命更多的官员来管理免役钱：

令早入幕出，纳给役钱及常平，度不过置五百员。五百员不过十万贯，今岁收息至三百万贯，但费三十万贯置官，不为冗费也。②

虽然宋神宗仍然对增加额外的官僚感到担忧，但在王安石的领导下，合格（不一定是积极雇用的）官员的人数增加了 41%，从 1067 年的 24000 人增加到 1080 年的 34000 人。③

如果国家要在不断扩大的市场中成功地与私人利益竞争，那么官员们的思维和行动不仅要像官僚，而且还要像创业者那样。王安石在其 1058 年的《言事书》中，提出的正是官僚创业者改造社会的愿景。在这篇奏议中，王安石把社会的经济、军事和道德弊病归咎于国家的缺陷。北宋官员主要是由科举考试制度选拔出来的人，他们拥有超强的记忆力和卓越的文学才能，而不是拥有作为一个好政府官员所必需的实际经验。在本书的第 3 篇文章中，包弼德详细阐述了长期培养合适的道德和政治领导人所必需的四个阶段："教之""养之""取之"和"任之"。而后两个阶段，构成了王安石动员人才立即变法的核心理论。

简而言之，王安石主张必须从社会各阶层召集具备满足时代需要的技能

---

① 《王临川全集》卷 62《看详杂议》，第 391 页；James Liu, *Reform*, p. 48。

② 《续资治通鉴长编》卷 250，14a-b（1072 年 2 月）。

③ See John Chaffee, *The Thorny Gates of Learning in Sung China* (Cambridge: Cambridge University Press, 1985), p. 27, table 4.

和能力的人，在实际的政府事务中进行测试，并任命真正有能力的人长期担任适合其资格的职务：

> 故智能才力之士，则得尽其智以赴功，而不患其事之不终、其功之不就也。……至其任之也，又专焉而不一二以法束缚之，而使之得行其意。①

王安石继续说到，一旦任命某人为官，他应该被信任去"取其类，以持久试之，而考其能者以告于上，而后以爵命禄秩予之"。最重要的是，王安石强调了充分自由裁量权的必要性。他写道："在位非其人，而恃法以为治，自古及今，未有能治者也。即使在位皆得其人矣，而一二以法束缚之，不使之得行其意，亦自古及今，未有能治者也。"②

发动"官僚创业精神"包括五个关键因素：（1）从社会各阶层征聘具有必要实践和管理技能的人；（2）最有能力的人将根据其已证明的技能而不是根据其正式资格，来分配重要职位或任务；（3）只要完成指定的任务，这些注重行动的官员就应该继续留在各自的岗位上；（4）允许他们自行选择下属；（5）为了完成任务，应授予他们专权。③

王安石的行动战略，使具有改革思想的领导层能够确定关键的政治和经济任务，将这些任务分配给在这一领域富有进取心和创新精神的官员，并极

---

① 《王临川全集》卷39《上仁宗皇帝言事书》，第220页；亦见第224页"设官大抵皆当久于其任……而后可以责其有为"。

② 《王临川全集》卷39《上仁宗皇帝言事书》，第224页。

③ 我将王安石《言事书》解读为一种"官僚创业精神"，得益于 Joseph Schumpeter, *The Theory of Economic Development* (New York: Oxford University Press, 1961), especially chap. 2; and James D. Thompson, *Organizations in Action* (New York: McGraw-Hill, 1967)。尤金·路易斯（Eugene Lewis）将汤普森的组织力量分析，类似地应用于他自己的著作中，*Public Entrepreneurship: Toward a Theory of Bureaucratic Political Power* (Bloomington: University of Indiana Press, 1980)。

大地放权给那些在实现变法目标方面最成功的人。1060 年，王安石已经将自己的理论付诸实践。当时，王安石作为三司度支判官，受命考察牧马情况，他建议任命薛向为陕西转运副使、解州盐业，专领本路监牧及买马事，并授予他重组该地区财政的广泛授权。[①] 从 1069 年到 1076 年，作为皇帝任命的宰相，王安石开始了大规模的变法，让他有机会充分将其理论付诸实践。接下来的章节将集中讨论青苗法和四川茶马贸易，以评估王安石的经济实干主义理论和"官僚创业者精神"如何推动新法的制定和实施。

经济实干主义与新法形成

我将王安石的变法思想归于一种试图在市场经济中维护国家的监管权并发展主动性的财政理论，以及一种动员官僚创业者扩大国家监管能力的行动战略。在改革经济政策领域，财政理论和行动战略融合在创建新的公共机构中，这些机构被授权直接参与市场经济，由根据其创业特点选出的官员来管理。四川茶马贸易和青苗法是该财政理论和行动战略的例证。这两项政策都旨在将私营经济行动者从关键的经济部门中排挤出去，强调从最初更广泛的目标中实现收入最大化，通过新的地方一级机构（茶马司、常平司）来实施。这两个机构都是根据企业标准挑选的官员来管理的，但在实际的权力运行中，茶马司与常平司的相似之处被打破了。正如我将说明的那样，政府鼓励茶马司官员创建一个自主的"公共企业"，并高度授权，使他们可以在市场上行使不受限制的公共权力。茶马司以其最纯粹的形式，代表了王安石"分散式官僚创业"模式。另一方面，常平司管理机构在使用公共权力方面受到了更严格的限制，这成为我所说的"集中化管理机构"的例子——我将在后面的小

---

① 《续资治通鉴长编》卷 192，4a-b、7a-9b；《王临川全集》卷 42《相度牧马所举薛向札子》，第 243—244 页。

节中讨论这些差异产生的原因。

取代私人利益

四川茶马贸易和青苗法，都使用国家机构取代了主要的私营经济行为者。青苗法针对的是农村债务和无田地者的恶性循环——这种恶性循环似乎在整个 11 世纪都在加剧。正如葛平德在他对宋代乡村文献的有益考察中所指出的那样，到 11 世纪中叶，大约 80% 的农村拥有土地的家庭（"主户"），在由五个等级的平民和单独一个等级的官员组成的户等制度中，处于最低的两等（四、五等户）。在柳田节子（Yanagida Setsuko）研究的基础上，葛平德估计，看作一个等级的话，宋朝四、五等户（约 1050 万户）只拥有大约 22.5% 的耕地，平均每户只有 15 亩（约 2 英亩），比满足一个五口之家的最低食物需求少了大约 3 亩。总的来说，四、五等户的家庭生活处于经济独立的边缘，经常被迫通过出租劳动力或作为他人田地劳作的佃户来增加收入。正如葛平德所说："他们中的许多人长期负债累累，债台高筑，常常导致他们被迫出售土地或丧失土地赎回权。"[1]

中国历朝历代都面临着这样的问题：为了保证最起码的税收收入以及军事和公共工程所需的人力，必须保持贫农的偿付能力和为国家服役的可能性。六朝和初唐，国家保护农民偿付能力与独立性的主要手段是定期的土地再分配。然而，自从中唐时期均田制度崩溃以来，国家已不再直接干预土地分配，私人土地交易已成为常态。[2] 由于失去了通过命令限制土地规模的能力，国家被迫想出其他办法，至少让一些土地掌握在人数微乎其微的农民手中。随

---

[1] Peter Golas, "Rural China in the Song," *Journal of Asian Studies* 39, no. 2 (1980): 302-304. 主户包括 1050 年乡村总人口的三分之二；官方一般认为客户是移民，他们没有自己的土地。这些类别自然会引发许多描述性和分析性问题，并催生出大量文献。葛平德的考察，见第 305—309 页。

[2] Twitchett, *Financial Administration*, pp. 1-23; Golas, "Rural China," p. 299.

着土地和整个农村经济越来越商业化，农民拥有土地的能力，越来越依赖于他能否获得货币和借贷。对于新法改革者来说，农村信贷似乎成为国家权力能够最好地保护农民偿付能力的支点。在 1069 年 9 月的一份重要奏议中，制置三司条例司的官员将农民的困境归咎于"兼并之家"对农村信贷的垄断："人之困乏，常在新陈不接之际，兼并之家乘其急以邀倍息，而贷者常苦于不得。"①

条例司提出了解决方案，将由地方官员独立制定的国家提供农村信贷的模式，与常平仓系统的巨额储备结合起来。早在 11 世纪 40 年代，转运使李参便制定了一项典型的农村信贷政策，他发放了一种名为"青苗钱"的现金贷款，用于春季种植农作物，秋季收获时以谷物偿还贷款。1049 年前后，王安石在担任浙江鄞县知县期间也开始了类似的做法。② 1069 年，王安石在《青苗书》（现已不存）中重申了这个观点，但他暂时屈从于苏辙的抗议——苏辙认为钱容易借贷、百分之二十的利息以及地方政府的分配和征收，会腐蚀本来诚实的居民，并把不可抗拒的强制性权力移交给腐败的官府职员。就在这个时候，河北转运判官王广廉申请数千份度牒，以在陕西推行青苗法。王安石在区域试验的基础上，通过了王广廉的"陕西青苗法"。③

1069 年 9 月，王广廉的青苗法计划在全国范围内公布，关于王广廉青苗法计划的细节，史料记载语焉不详。贷款基金的资本化，是通过清算常平仓

---

① 《宋会要辑稿》食货 4，16a。关于青苗法立法关键的重要文本分析，see Sudo Yoshiyuki, "O Anseki no seibyoho no shiko katei," *Tokyo daigaku daigakuin kiyo* 8 (1972): 172-174.

② 周伯棣《中国财政思想史稿》，福州：福建人民出版社，1984，第 232—233 页；《宋史》卷 330《李参传》，第 10619 页；《宋史》卷 327《王安石传》，第 10541 页。王安石的新法包括利息。据记载，这两种措施都受到人们好评。

③ 《续资治通鉴长编拾补》卷 5，20b-21a；《宋会要辑稿》食货 4，16a-17b；《宋史》卷 339《苏辙传》，第 10822 页。

和广惠仓的粮食储备产生的。传统上，常平仓被授权在粮价低时收购粮食，粮价高（或自然灾害）时销售粮食，然而，宋神宗在位初年，变法者和反对变法者们一致认为，这种机制已经失效。正如条例司官员在 1069 年的奏议中所抱怨的那样，1500 万石的粮食和无数贯钱白白放在常平仓和广惠仓里，而救济援助是从省仓（储存粮食是为了应付官员的薪俸）中分发出来的。①

自然，保守派和变法者们对于常平仓失败的原因意见不一。例如，司马光认为这是人事问题而不是制度问题。在 1086 年的一次回顾性评价中，司马光同意，常平仓对粮价变化反应迟钝。他写道，在收购粮食前，收购请求必须经过州县、监司层层审批，最后到达司农寺；当购买授权返回时，所有的粮价都发生了变化，购买请求变得无关紧要。1086 年，司马光坚持认为（正如他在 1070 年所认为的那样），常平仓的问题不在于体制，而在于管理人员的选择不当。②

变法者们谴责常平仓，并试图建立一种新的机构。虽然原则上常平仓的目的是提供一种季节性调整价格的机制，但制置三司条例司声称，常平仓粮食只有在收成不好的年份才会被出售，而且只满足"城中游手之人"的利益。③然而，条例司官员们可能主要被常平仓储备所代表的资本化潜力所吸引。在 1069 年 9 月的奏议中，条例司提出了同时解决价格平衡、救灾和季节性信贷危机等问题的办法：让国家的常平仓储备变成农村投资的"青苗"基金。常

---

① 关于常平仓，见《宋史》卷 176《食货志》，第 4275—4276 页。1069 年的奏议见《宋会要辑稿》食货 4，16a、18a。

② 《续资治通鉴长编》卷 384，1b-2a。司马光《司马温公文集》（四部备要本）卷 7《乞罢条例司常平使疏》，4a。

③ 《宋史》卷 176《食货志》，第 4276 页；《宋会要辑稿》食货 4，16b。根据强烈反对新法的韩琦的说法，在旧有的常平制度下，较低等级的村民被发给关子，使他们能够在县里的粮仓中以较低的价格买到最多 3 石的粮食；允许城市贫困居民和流浪家庭购买少量日常物品，并严格控制他们接触钱财。根据韩琦的说法，高等户被排除在购买之外。见《宋会要辑稿》食货 4，28b。

平仓的控制权，从提点刑狱司转移到了条例司，几乎紧接着又转移到了新设立的常平司，它有权将常平仓储备转化为流动性贷款基金。①

贷款基金的实际管理由知县和地方乡官负责。新法在地方上通过公告广而告之。在知县的个人监督下（乡老和户长予以协助），将潜在的借款人组织成五户（后来是十户）或五户以上家庭的"保"，并允许每个家庭承担与其家庭财富成比例的货币或粮食贷款②；客户只能通过与主户一起组团，才能借贷。只要提供担保，坊郭户可以五户为一组进行借贷，但前提是所有感兴趣的村民都获得贷款。贷款将在春季发放，夏秋两季税后分两期偿还。政府制定了一系列规则，以保护借款人免受官员的暗箱操作影响。例如，可以用货币或粮食来偿还贷款，汇率的设定只是为了确保政府不损失任何本钱，并且明令禁止"抑配"。正如我们将看到的那样，青苗法的反对者们，指责官员们经常无视这些规定。

这项新措施被视为是使粮食和货币的分配与收集合理化的一种手段，目的是为了平衡商品价格，尽量减少资源的地域分配不均，并确保救济粮的充足供应。最重要的是，通过取代私人地主和放债人作为农村信贷的主要来源，国家可以"使农人有以赴时趋事，而兼并不得乘其急"。这些基本问题解决后，一个活跃的官僚阶层可以"选官劝诱，令兴水土之利，则四方田事自加修益"③。

与农村信贷政策相比，国家对四川茶叶产业的控制，更直接地与金融需求挂钩。起源于王韶榷场的茶马贸易，构成了对商业利润的直接冲击。作为同管勾秦凤路机宜文字，王韶负责执行自己收复西宁和洮河流域（这些地区

---

① 《宋会要辑稿》食货4，17b；《续资治通鉴长编拾补》卷6，13a。

② 《宋会要辑稿》食货4，19a；《续资治通鉴长编》卷252，27ab。

③ 《宋会要辑稿》食货4，16a-17a。

是新法军事战略的核心）的计划，并时刻留意新收入来支持他的战事。1070
年，王韶请求允许在秦州开设市易务，以获取边境贸易的利润：

> 蕃中物货四流，而归于我者，岁不知几百千万，而商旅之利尽归民间。
> 欲于本路置市易司，借官钱为本，稍笼商贾之利。①

王安石积极推动王韶的建议，甚至在 1072 年王韶占领熙州之后提醒他，
一旦筑城，就设立互市，"使蕃汉、官私两利"②。同年，开封也颁布了市易法。
1074 年，开封市易司扩大为都市易司，负责打破大行会商人的垄断，加速货
物流通，并以 20% 的利息借出政府货物和钱币。

王韶的市易法直接导致了茶马贸易的产生。从一开始，王韶需要在贸易
地点储存大量的四川商品，主要是丝绸和茶叶，王安石在都城则采取措施确
保充足的商品供应。1073 年末，朝廷派遣官员前往四川，为王韶买茶，并探
讨在成都设立都大提举司的可能性。但在 1074 年中期，王韶改变了事件的方
向，他上奏称："今黑城夷人颇以良马至边，乞指挥买马司速应付。"③

成都设置茶场的计划突然被取消，1074 年 11 月，两名负责"相度"的人
员李杞和四川人蒲宗闵被任命为西川和汉中的第一任提举买茶等事，负责在
四川采购茶叶，并把茶叶运到秦凤路和新开辟的熙河路的马市。④

---

① 《宋会要辑稿》食货 37，14a；Smith, *Taxing Heaven's Storehouse*, pp. 44-47。关于王韶开边的
经典论文，see Enoki Kazuo's "O Sei no Kasei keiryaku ni tsuite," *Moko gakuho* 1 (1940): 87-168。

② 《王临川全集》卷 73《与王子醇书》，第 464—465 页。

③ 见《续资治通鉴长编》卷 217，9b-10a；《续资治通鉴长编》卷 219，8b；《宋会要辑稿》食货
37，18a；《宋史》卷 186《食货志下八》，第 4549—4550 页。王韶的奏议见《宋会要辑稿》职官 43，
47b。

④ 下文的大部分讨论来自 Smith, *Taxing Heaven's Storehouse*, chap. 4。关于新法中茶马贸易的主
要记录，见《宋会要辑稿》职官 43 和《宋会要辑稿》食货 30。

马是一种战略物资，传统上由国家负责采购，在宋人看来，这是很自然的事情。茶马司的购马事务，并没有给国营贸易增加什么新东西。但在茶叶方面，出于创建自筹资金贸易的需要，茶马司将国家干预生产者和消费者市场的范围扩大到了前所未有的程度。国家与四川茶业的关系，反映了该地区对宋朝统一的动荡不安的反应。10 世纪末，宋军在四川的强取豪夺，导致了以李顺和王小波为首的破坏性暴乱，甚至在新法出台的时候，坚持经济实干主义的四川新法反对者们也援引了这次暴乱加以警示。政治动荡使在四川征税很难。从 980 年到 1059 年，朝廷通过立法，使川茶在四川境内自由流通，但禁止销售到四川以外的地方，以便为国家东南地区的榷茶保留西北地区的市场。当东南地区的茶叶经济在 1059 年崩溃时，所有的限制都被取消了，四川茶叶在几乎一个世纪以来，第一次可以自由流通。放松管制刺激了由陕西盐、四川茶、内亚动物和矿产品组成的繁荣的三角贸易——所有这些都在私营的陕西客商的控制之下。新的茶叶采购主管必须与这些商人竞争，而又不能破坏茶叶行业的稳定或引发社会动荡。

茶马司官员很快制定了一个雄心勃勃的解决方案，将四川茶叶生产的禁榷权和陕西茶叶销售的禁榷权结合起来。在茶叶购买方面，茶马司迅速占领了四川和汉中盆地的茶叶产业，介于茶叶生产商和经销商之间，成为茶叶的唯一合法买家。然而，四川茶户在不受管制的市场上向游商、店主、当地消费者以及四川—吐蕃边境的榷场出售茶叶——根据 1077 年全面实施的买方禁榷法规定，他们只能向国家经营的 47 个茶场的政府采购官员出售茶叶。虽然政府付给茶农的钱比私商少，但由于马匹贸易带来了新的需求，他们可以比以前卖更多茶叶。茶农从为宋政权的消费者小规模生产茶叶，转向为政权间互市交易大规模生产低品质茶叶。到 1085 年，四川茶业年产量达到 3800 万磅，比南宋、北宋时期整个东南工业生产的茶叶产量还要多，并且茶叶产量也为随后的任何时期所不及——直到 20 世纪，四川的茶叶产量才达到宋朝当时的水平。[①]

茶马司每年从吐蕃人手中购买的 15000 匹马，价格仅占其茶叶产值的八分之一到六分之一，茶马司便集中精力扩大市场，将剩余的茶叶出售。因为东南地区的茶叶尚未禁榷，没有任何政府机构对其拥有所有权，茶马司利用这个行政真空，获得了宋朝的整个西北（从西部地区的甘肃边境市场，到黄河以东的腹地），将其划定为四川榷茶区。此外，这种长途贸易完全是由茶马司经营的，它们管理着西北地区 332 个茶叶销售市场，从州府到边境榷场的各级行政机构中都有它们的管理机构。茶商被鼓励从茶马司那里购买茶叶，但只能在四川的区域市场销售。[②]

四川茶马贸易使商人沦为大型国营部门的次要合伙人。公共利益有时被认为是政府禁榷的正当理由，但总的来说，茶马司只是简单地引用高度商业利益和高利润的证据，作为兼并给定市场并禁止进一步私人贸易的充分理由。由于应对边防和为边防提供财政支持是压倒一切的需要，茶马司可以简单地无视私人商业利益，而不必证明自己向私人市场的扩张是正当的。[③]

虽然青苗法和四川榷茶都设置了国家代理人来对抗私人经济利益，但它

[①] Smith, *Taxing Heaven's Storehouse*, table 5, p. 218.

[②] 关于授权行为，见《续资治通鉴长编》卷 334，13a;《宋会辑稿》食货 30，18b、23a。茶马司对四川茶业的管制范围，是由 1083 年颁布的茶场司敕与通用条贯 38 条修订的前 2 条规定的。条例第一条，对四川茶业的禁榷经营进行了界定："诸成都府、利州路、金州产茶处，各就近置场等数，买园户茶，许各人于官场收买，贩入川陕四路并金州界，都民间食用，私辄买卖博易、兴贩及入陕西地分者，并许人告捕，依贩私腊茶法施行。"见《宋会辑稿》食货 30，18b。

[③] 关于名山县茶叶贸易，见《宋会辑稿》食货 30，12b；关于兴元府和汉中盆地洋州，见《宋会辑稿》职官 43，48a；关于刘佐想要将陕西、四川茶盐贸易禁榷，见《宋会辑稿》食货 30，13a。1086 年，调查人员黄廉成功地援引了边防的财务要求，保留了茶马司的禁榷地位，即使当时处于试图解散茶马司的过程中。见《续资治通鉴长编》卷 381，22b-23a。

们最初的目标却大相径庭：青苗法是作为一项经济福利措施来制定的，而榷茶则是为公开进行的互市贸易提供交换商品。但在一个以消除赤字和创造新收入为动力的政策制定环境中（大多数学者都认为宋神宗朝廷就是这样做的），这两项政策很快就转变为以创收为主的业务。

在 1069 年颁布的青苗法指令中，条例司明确否认任何将贷款资金转移到国库中的行为——"凡此皆以为民，而公家无所利"——也没有提供补贴行政费用的贷款政策，但在几个月内就制定了 20% 至 30% 的利率，以便为青苗法提供资金。这些利息收费是青苗法最具争议的特征之一。王安石声称《周礼》为征收利息提供了哲学依据，但反对者驳斥了王安石对《周礼》文本的解读，并断然否定了政府放高利贷的合理性。比如，在一篇非常有趣的反驳文章中，韩琦提出，利息费用应该由人民向国家纳税和服役代替。事实上，王安石同意批评者的观点，即向政府贷款并交纳利息绝非理想之举，但他认为，为了保持偿付能力，必须合理管理贷款基金：官员薪俸、运输成本、紧急补贴和粮食变质等都需要得到补偿。由于这个原因，王安石总结道，20% 的利率是农村信贷改革的支柱。[①]

因此，青苗法的目的旨在实现自负盈亏，而不是为了盈利。然而，贷款基金的收入潜力巨大，鉴于新法的财政目标，不可避免要被充分利用。1070 年中期，制置三司条例司将其管辖的常平仓，移交给在吕惠卿领导下重组的司农寺。不久，不断增长的贷款基金，成为司农寺项目的主要资金来源。从 1070 年到 1085 年，常平仓资金经常被用来资助抗洪救荒、兴修水利工程以及供应边境和边防开支。如上所述，到 1072 年，王安石开始赞扬这项贷款政策——至少在盈利能力和再分配公正性方面。1082 年，在宋神宗建立"元丰

---

① 《宋会要辑稿》食货 4，16b；韩琦《家传》，引文见《续资治通鉴长编拾补》卷 7，26a；《王临川全集》卷 73《答曾公立书》，第 464 页。亦见《王临川全集》卷 41《上五事札子》，第 239 页。

库"以管理司农寺日益增长的财富的两年后，从全国各地获得的农业贷款盈余中，有 800 万贯现钱被存入元丰库。[①]

当时，正如韩琦和司马光等批评人士一直预测的那样，取得财政收入很快就取代了作为农村信贷救济，成为青苗法的首要操作目标。虽然社会福利理想限制了青苗法对利润的追求，但人们评判提举常平的标准，不是司马光所推崇的救灾行动的效率，而是发放和收缴贷款的数量。总体来看，青苗法的最低限额是 1390 万缗，贷款 1100 万缗，净利润限额率为 26.5%。个别官员的升黜主要（但不完全）是根据他们能否成功实现地方贷款目标（直到 1086 年才被废除）来判断的。[②] 在一个表面上致力于农业救济的机构中，社会福利理想不能被忽视，社会目标与财政目标之间的矛盾，对常平仓制度的权力结构产生了显著的影响，我将在下文更详细地讨论这一点。但很明显，在新法实施期间，赚钱成了青苗法的主要目标，而经济福利则退居其次。

茶马司通过一种相对直接的方式，转型成为一家以创收为主的经纪公司。1074 年，李杞和蒲宗闵被任命为都大提举和副提举，他们只负责在四川买茶，然后将茶叶运到秦凤路和新开辟的熙河路的马市。朝廷含蓄地期望他们能够自负盈亏，但从未具体说明。[③] 和青苗法一样，马匹贸易不需要用到的茶叶收入的潜力是巨大的，茶马司很快就学会了如何将这一潜力转化为现实，并将利润转化为官僚权力。我在之前的研究成果中已经展示了机构利润与官僚权力循环之间的关系，在本文中我只是简单地指出，茶马司能够将净利润指标

---

① 《续资治通鉴长编》卷 211，9a-b；卷 330，12a-b。该史料包含向其他机构提供的有关农业贷款补贴的大量材料。

② 《续资治通鉴长编》卷 374，11b-13a；卷 226，6b；卷 287，5a-b；卷 330，12a-b；卷 358，2a。下文将会对来自韩琦和司马光的批评做更深入细致的讨论。

③ 本文在分析宋代市马政策历史的基础上，提出了茶马贸易应自筹资金的设想。更详细的讨论，see Smith, *Taxing Heaven's Storehouse*, pp. 38-44。

的每一次增长都转化为更大的组织权力，衡量标准是其正式地位和机构地位的提高，以及在与其他机构关系中的影响力的增加、在内部资源和人事方面自主权的提升。[①]

茶马司利润主要来自陕西的禁榷。根据反对榷茶的四川人吕陶提供的数据，茶马司在西北地区销售四川茶叶，可以实现 200% 到 300% 的净利润[②]（另一方面，私茶在四川地区内茶叶市场销售的收入只有 25% 左右的利润）。茶叶直销给西北地区政权间互市中的商人、宋朝普通市场的消费者、四川商人，茶马司不仅实现了自给自足，而且还产生了大量盈余，这些盈余可以分配给陕西的边防部门，或存入陕西和四川的封桩库。茶马司的年度盈余总额，1074 年为 40 万缗，1076 年为 60 万缗，1083 年为 100 万缗（新配额），1084 年 160 万缗，1085 年 200 万缗，占同年宋帝国现钱收入（485 万缗）的 4%。[③]当然，茶马司为马匹交易支付钱款。

与青苗法一样，茶马司的奖励机制揭示了茶马贸易向主要致力于创收的转变。没有社会福利的矛盾要求，茶马司可以全身心地投入到赚钱中去。为了将国家的财政利益转化为当地和茶马司官员的私人利益，茶马司设计了一种独特的以业绩为导向的奖励制度，对能产生盈余收入的人给予自由晋升和物质的奖励。

这一制度中最引人注目的部分，是将一部分超额利润分给监官、吏和地方政府主要官员。在向店铺和当地商人出售茶叶的四川和汉中的禁榷市场，监官与公人、幹当官和手书分享超过市场净利限额的所有收益的 5%；另外 1% 的资金流向了地方政府官员——通常是知县，他是市场名义上的监督官。

---

① Smith, *Taxing Heaven's Storehouse*, chap5.

② 吕陶《净德集》（四库全书本）卷 3《奏为缴连先知彭州日三次论奏买川茶不便并条述今来利害事状》，9a。

③ Smith, *Taxing Heaven's Storehouse*, Appendix D, pp. 332-334.

类似制度也适用于西北地区的禁榷市场。在政府市场上，茶叶被用来交换白银、纺织品、谷物和其他各种商品，如果在六个月内交易完成，官员和吏就能分享商品换成现金的全部净利润的10%。事实上，茶叶和其他商品提供的持续的现金周转有利可图，已经让茶马司为之着迷，这一点在茶马司发给市场官员的通知——"务令买卖通快，无致防滞钱本"——中得到了证明。[1]

经济实干主义的结构：创业和管理监督

从前文的讨论中，我们可以清楚地看到，由于动员了国家机构与私人经济利益集团进行竞争，并设法增加国家在经济资源总量中所占的份额，青苗法和四川榷茶，成了新法经济实干主义的例证。这两项政策还具有新法管理模式的一个基本特征：为完成经济、行政或军事区域层面的改革任务，不断增加新的路级机构。

正如罗文在他对宋朝路级和地方行政的重要分析中所表明的那样，王安石及其同僚宁愿建立新的机构来执行改革任务，也不肯使用现有的机构和根深蒂固的人事。在中央，改革者通过建立新的财政机构（如条例司）或恢复旧的财政机构（如司农寺），以及在枢密院之外发布命令，将一般决策和指挥职能集中在王安石及其追随者主导的政府行政部门手中，从而打破了财政、军事和行政三部分的分工。具体的改革措施被委托给这种新的负责一路或多路的管理机构，如市舶司、提举保甲司、榷货务，当然还有常用的常平仓、茶马司。变法派越来越多地授权路级长官绕过保守的州府行政长官对各县进

---

[1] 虽然茶马司的激励制度是在王安石致仕后制定的，但它与王安石的"官吏合一"理论之间的一致性显而易见。关于奖励机制，见陆师闵关于1083年6月新修茶场司合行通用条贯38条内删订条目，见《宋会要辑稿》食货30，18b-21a。关于加快买卖，见吕陶《净德集》卷1《奏为茶园户暗折三分价钱令客旅纳官充息乞检前奏早赐改更事状》，12a。

行行政控制，并赋予他们更大的权力来任命和提拔知县。①

于是，路级监司就成了连接改革派决策者、地区和地方指挥链的中心环节。茶马司将国家权力通过"三位一体"的执行机制，投射到四川、陕西的茶叶生产和销售市场。同样地，常平司通过都城地区的转运使和都转运使，把开封与宋帝国各地的农业生产者和借款人联系在一起——在新法推行期间，宋帝国的 23 个路中，有 22 个路曾在不同时期发生过这种情况。②

综上所述，青苗法和茶马政策体现了一种共同的政策动力，即恢复国家在商业经济中的主导地位，并将其嵌入到相应的机构（区域和次区域的国家机构或监管机构）中。但是，当我们关注茶马司和常平司的主管们被允许以何种方式完成他们被分配的任务时，即在实际的权力结构和权力行使上，很明显下放到茶马司和常平司主管手上的权力有所不同。变法决策者在关键投入（向谁征税，向谁购买，从哪里购买）、产出配置（如何分配与向谁分配商品和服务）以及内部结构（最重要的是其工作人员）方面赋予茶马司相当大的自主权。对于常平司主管来说，这些同样的决定却是由中央（主要是由司农寺）做出的。茶马司提举为自己获得了王安石所规定的创业者自主权，而常平司主管则是由中央严格控制的行政机构的管理者。

人们会记得，王安石的创业战略是不考虑正式资历，将那些已被证明具有创新能力的人分配到具有战略意义的职位上长期任职，并允许他们为自己

① Winston Lo, "Circuits and Circuit Intendants in the Territorial Administration of Sung China," *Monumenta Serica* 31 (1974-1975): 89. 关于宋朝对知县双重控制的制度模式，见罗文，第 92—95 页。1086 年，司马光回顾性地谴责了王安石为每种新法创建新的提举官、副使等按察官职，并且选择选年少资浅、轻俊之士来担任这些职务，而且这些人不过通判、知县、监官资序。见《续资治通鉴长编》卷 368，23b-24a。

② 关于最初设置提举官和同提举官，见《续资治通鉴长编纪事本末》卷 68《神宗皇帝·青苗法上》，第 2162 页。我唯一未确定提举官的路是淮南西路，但此路缺失提举官可能只是出于偶然。毫无疑问，路级监司系统是由邻近的淮南东路管理的。

的组织配备人员，在不受官僚主义繁文缛节束缚的情况下尝试完成任务。第一组特征描述了创业类型的选择，第二组特征描述了创业者权力的行使。这些被选为茶马司和常平司主管的人都具有一些共同的"创业者"特质，这些特质使得他们在就任时相对而言难以区分，但是他们一旦履任，我们会看到，他们之间的相似点就减少了。

监司特征

王安石创业战略的前两个组成部分，即选择行动导向和务实的人，而不考虑正式的资历，可以通过入职方式和正式的官阶来确定。在茶马司的例子中，1074 年至 1085 年间，七位茶马司提举中，有六人被任命为三位一体监司中的一员，他们不仅是财政专家，而且是在以前的新法岗位或任务中表现出了进取心、聪明才智和对新法事业忠心耿耿的财政专家。在这里举三个例子，第一位茶马司提举李杞，在被派往成都之前，曾因管理陕西的货币和丝绸储备而备受称赞。他的继任者四川人李稷，在担任茶马司提举之前，曾在吕惠卿手下工作，并作为河北转运判官为变法事业服务。而最富开拓精神的茶马司提举陆师闵，在 1080 年被委任为同提举茶马司公事之前，是李稷的幹当公事；1083 年被委任为都转运使。在此期间，他拓展并巩固了茶马司在两大区域（长江上游和西北地区）和三个产业（茶叶、盐和本地商品贸易）中的主导地位。[1]

王安石的批评者斥责他这种使用卑鄙小人的做法。根据王安石的规定，赋权的依据是业绩而不是官阶——早期任命的提举官的官阶几乎都很低，在从八品和从七品之间，只有一个从六品（刘佐）例外。更重要的是，朝廷承认提举官处于文官等级的最底层，并采取措施来平衡他们的低下地位。例如，

---

[1] 关于茶马司的史料，see Smith, *Taxing Heaven's Storehouse*, Appendix C, pp. 327-331。

1080 年，朝廷批准同主管茶场视转运判官，这样尽管其职位很低，同主管茶场仍然可以"宜令与转运使叙官"。1083 年，皇帝亲自下令"所以改置司名，其将事之人资任虽浅，不可不随宜假借事权"①。

提举常平同样由类似情况的人来担任，确实有两人（阎令和程之邵）继续担任后市场时代的茶马司提举。我已经确定了从 1069 年到 1086 年初，有 71 个人在 22 个路或都城中任提举或同提举。很明显，人数相对较大的这个样本比前述 7 位茶马司提举表现出更大的差异，但对这 71 个事例的初步分析显示，技术技能、新法从属关系和低级别的模式大致相同。例如，1069 年 9 月 4 日，第一批被派去执行青苗法的 12 个人中就有王广廉，他被任命为河北路提举官，正是他的建议使青苗法的想法得以实现。同月，王广廉被任命为提举河北常平等事，一年后又兼任本路同提点刑狱。②1070 年，陈世修乘驿马，协同京西、淮南水利农田水利司官考察水利；1072 年，升任提举京西常平等事，继续"相度"水利。③1075 年，司农寺主簿王古被派往两浙调查自然灾害，后被任为同提举两浙路常平等事，次年调至提举开封府界常平等事。④

如果说有什么区别的话，那就是在行政等级制度中所达到的地位，提举常平比茶马司提举更进一步：至少有 4 人从知县晋升为提举，其中包括判司农寺吕惠卿的弟弟吕文卿；此外，至少有 3 人从文官的选人阶被任命为提举官。然而，几乎在每一个事例中，那些从县或地方政府职位上蹿升上来的人，

---

① 《宋会要辑稿》职官 43，65a；《续资治通鉴长编》卷 341，2a。

② 《宋会要辑稿》食货 4，17b；《续资治通鉴长编》卷 214，7a。至少其他另外四个人同时拥有两种差遣。

③ 《续资治通鉴长编》卷 215，12a；《续资治通鉴长编》卷 233，18a。除了常平仓之外，提举常平的全部职责还包括"免役、市易、坊场、河渡、水利之法，视岁之丰歉而为之敛散，以惠农民"。见《宋史》卷 167《职官志七》，第 3968 页。

④ 1081 年，王古因为批评常平法不便，被免去提举京东西路常平等事。《续资治通鉴长编》卷 269，22a；卷 275，10b；卷 313，7b-8a。

都在与常平仓或青苗法有关的事业上表现突出。最后，有数据可查的 41 名被任命者的俸禄等级甚至比他们茶马司的同僚还要低：1 人为正九品，10 人为从八品，12 人为正八品，9 人为从七品，6 人为正七品，还有 3 人仍在待阙。①

因此，被任命为提举常平和茶马司提举的人在任官时几乎没有区别，差异更明显地体现在他们被任用的方式上。差异始于任职的时间长度。因为在王安石看来，任职是一项实验性任务，所以他提出了"长任期"政策，让在任者有充分的机会来完成他们的任务。茶马司提举充分证明了王安石的理论：在反变法者于 1086 年将茶马司提举的任期限定在最长 30 个月之前，其任期没有法定限制。早期的茶马司提举只要不断创新，他们的雄心壮志就会随着宋帝国的奖励、更高的权威和官阶的提升而不断膨胀。因此，新法施行期间茶马司提举的平均任期是 49 个月，这是一个值得注意的数字，这个数字仅仅因为蒲宗闵在成都待了完整 11 年的存在而略有偏差。而且，茶马司提举很少调任到其他岗位。前 7 位茶马司提举官，一人被正常调离，另一人因为其新的盐业禁榷失败而遭到弹劾被罢免，其他人在提举官任上身故、因病辞职或是由于保守派的得势介入而被罢免，而在这些人当中，唯一一位在后变法时代重返岗位的是陆师闵，他在最初担任茶马司提举的 66 个月的基础上，又增加了 65 个月的任期——1094 年宋哲宗大权在握，重启了整个茶马司机构。

长任期推动了与权力下放的官僚创业者精神密不可分的地方和机构内部网络的发展，但也带来了权力可能被滥用的风险，或者长期任职的专家可能会垄断关键任务的执行。我提供的关于 71 名提举常平任期的资料不够精确，

---

① 《续资治通鉴长编》卷 246，1b；卷 267，13a；卷 271，13a；卷 305，6b；卷 307，4a；卷 347，1a。显然，家庭关系在某些提举官的任命中发挥了一定作用，至少有 14 名提举官与更显赫的党派成员有家族关系，尽管在韩正彦的事例中，其叔父韩琦是最激进的反变法者之一。早期的 7 个茶马司提举中，有 3 个也与著名的政治党派有关系，其中两个（陆师闵和范纯粹）也与反变法派有关系。

不能得出具有代表性的平均数，不过他们的任期似乎并不长。但也有例外，吕惠卿的至亲方泽在江西待了 60 个月，赵咸曾在河东待了 49 个月，刘谊在江南的任期与赵咸相同。大多数提举常平可确认的任期在 15 到 25 个月之间。与那些权力很大但没有前途的茶马司提举相比，"提举常平"一词通常预示着一个典型的金融专业职业生涯的开始。提举常平被排在路级职务的末位，之后依次晋升为转运判官（12 例）、转运副使（4 例）、提点刑狱（4 例）、转运使（1 例），或变法时期新设的路级官职（4 例）。①

王安石本人曾在 1071 年建议对长任期进行重大修改，当时他将其定义为在同一路分内晋升到更高的提举之职。王安石特别提到陈知俭的例子：陈知俭任提举京西路常平等事、转运判官多年，并在 11 世纪 70 年代初任转运副使。1078 年，判司农寺蔡确赞同王安石的计划，建议将这位富有成效的提举常平擢升为同一路内的监司。除了陈知俭之外，相对于职能专业化，至少还有 4 名提举常平符合这种新的区域任职模式。这种职能专业化，后来成为南宋时期茶马司提举的典型特征，当时刚刚建立的南宋无力强化中央集权，茶叶产量下降，导致茶马司提举自主权的严重削弱。在这两种情况下，这种变种的长任期，可以通过防止其利用某个特定官职来达到个人目的，同时又不影响其对指定地区的问题和资源的熟悉程度，让朝廷受益于个人对一个地区

---

① 《续资治通鉴长编》卷 267，9b-10a；卷 285，5b；卷 286，6b；卷 307，4b；卷 329，22b；卷 324，1a-6b；卷 372，15a-b。See Hartwell, "Financial Expertise," pp. 286-289.

的了解，又保持中央对其的控制。[①]

人事选拔权

当我们从提举官的特性转到他们被容许的权力时，茶马司和常平司之间的差别就更明显了。王安石在他的《言事书》中反复强调，对于任何官僚机构来说，最重要的特权之一就是任命自己的办事人员。为了让茶马司在茶马贸易以及前文提到的所有收入最重要的方面取得更大的成功，茶马司提举被授予选官特权，这为茶马司赢得了"官属许自辟置"的独特地位。由于茶马司的收入不断增加，即使在1081年几乎所有其他政府机构的人事特权被取消之后，茶马司提举仍然保留对大约45名外地行政人员和100至200名下级官员的选择权。[②]

凭借特别享有的"不依常制举辟"，以及与转运使共同选举茶叶生产和运输重点县知县的特权，茶马司对其人事选择的自主权得到增强。不定期任人的权力，使茶马司行政长官有权将具有特殊技能和富有经验但缺乏一定文官品级的人安排到相应职位上，填补重要空缺，或无须等待朝廷批准就调动人员。当政府其他部门从1077年起禁止使用特权时，茶马司提举成功地提出，任期不固定对保持茶马贸易的盈利能力至关重要，这种特权成为茶马司的标

---

① 《续资治通鉴长编》卷212，5b；卷229，7a；卷236，6b。正如郝若贝所表明的那样，南宋仕宦的总体特征是在区域内从事多种职业的专业化。See Hartwell "Transformations of China," p. 400. 如果政府试图对路级官员进行严密监视，则可以通过一种制衡机制，将一名官员与另一名官员对调，这便是罗文所说的功能互换性和管辖权重叠，See Lo, "Circuits and Circuit Intendants," pp. 86-91。同时，通过使各个官员在每个地区的路级职位上轮流任职，政府可以利用每个人对当地情况的熟悉程度，在区域决策过程中提供各种各样的见解。进一步的讨论，see Smith, *Taxing Heaven's Storehouse*, pp. 212-216。

② 《宋史》卷167《职官志七》，第3969页。关于任命的去中央化，见《文献通考》卷38《选举考一》，361b-c。

配。① 茶马司有权在最初四个，随着时间推移，最多十个主要的茶叶生产和运输县共同挑选知县，使茶叶采购和运输成为地方政府的中心事务，扩大了茶马司提举的有效权力。最后，王安石的"远官就移之法"加强了茶马司的官员选拔权，允许四川人在离家近的地方要求多个任期，并为雄心勃勃但仍然不安定的四川人以为家庭服务和官僚晋升为条件，换取代表国家在自己所在的地区征税。② 虽然前七个茶马司提举中只有两人是四川人，但其中至少有一人一直在位，确保了四川人在成都的持续存在。在员工层面，尽管后来有人抱怨说，茶马司提举只任命四川人担任下属，但对他们施加的唯一正式限制，是在双职位的情况下（例如，单一市场有两个提举官时），只能任命一个四川人。③

茶马司发展成为一个自治的、人员配备齐全的部门。与其不同，提举常平作为一个新的管理层级，设置在中央和地方之间，以协调由常规政府工作人员实际执行的程序。在州府层面，州府内一名官员（通常是副职）或两名官员（包括一名文职通判）在 10 多个县监督整个常平仓和青苗钱的运作。在属县，知县或主簿指导分配和收集程序。县是这一制度的关键环节，知县可以叫停这一制度。1070 年，山阳县（淮南）知县陈舜俞就是这样做的，当时他阻止发放青苗钱，然后又自我弹劾以抗议这一政策。州县官负责管理专门分配到常平仓的办事人员，每个州府不超过三名，每个县不超过两名。④

为了帮助他们激励下属，提举常平被赋予了相对宽松的荐举权：从 1077

---

① 关于决定的样例，见《宋会要辑稿》选举 28，10b-12a。

② 《续资治通鉴长编》卷 214，21a-22b；《宋史》卷 159《选举志》，第 3721—3724 页；Lo, "Circuits," pp. 77-79; Smith, *Taxing*, pp. 105-107。

③ 《宋会要辑稿》职官 43，102b-103a。

④ 《宋会要辑稿》食货 4，16b。《续资治通鉴长编》卷 250，4b；卷 289，15a；卷 212，7a-b；卷 249，6b。再次为农田水利法部署了相同数量的文官。

年起，每位提举常平每年可以推荐 9 个人从待阙到授官。但他们的直接任命权相当有限。总的来说，提举常平只被允许连同转运使一起，推荐已经在州县一级工作的人去执行与常平仓有关的任务。[①] 与此形成鲜明对比的是，茶马司提举被赋予很大的任免权，他们通常会设立新的职位，可以推荐目前不在职的人。

当提举常平甚至是司农寺的长官被允许做出新的任命时，中央政府一直保持着密切的关注。因为青苗法授权官员以贷款的形式发放了大量国有资产，政府一直关心如何收回自己的资产。保持追踪并不容易：1075 年，开封县的官员疏于记录价值 6 万缗的粳米贷款，并忽视了催收另外 4 万缗常平钱，这一切都是因为县衙官员不知道如何保存这些青苗法的簿籍。[②] 在这种紧急情况下，司农寺派出自己的官员来教授县衙官员登记程序。但是，对于新司农寺丞和提举常平的任命，朝廷会命令转运使和路级提举常平首先挑选合格之人，尤其是那些已经担任过知县、考课优等的官员；或者，在没有这种优秀人物的情况下，治状尤异或资任已高之人才会被考虑担任这两类工作。[③] 很明显，在分配国家资金储备的问题上，政府主要决策者想要的是冷静、正直的管理者，而不是创业者。

操作自主性

王安石行动战略的核心设计，是让"官僚创业者"自由地运用权力，为新法的任务制定创新的解决方案。出于对榷茶收入的渴望，施行新法的朝廷

---

① 《宋会要辑稿》食货 4，16b。《续资治通鉴长编》卷 250，4b；卷 282，2a。

② 《续资治通鉴长编》卷 267，13b-14a；卷 269，2b。司农寺接到命令，负责管理青苗钱散发的钱数、应收粮食数、已收粮食数、未收粮食数、每斗粮食价格、收取利息的钱数、赈贷的钱数，以及青苗钱所获总利息等。见《续资治通鉴长编》卷 214，28b。

③ 《续资治通鉴长编》卷 280，21b；卷 283，13b。

授予茶马司提举罕见的权力，压制其竞争对手，保护茶马司茶叶产量和资金不被其他机构任意征用去从事无关紧要的业务，最重要的是保护扩大其茶叶营销区域。

在新法推行期间，至少有 6 名显赫的四川人、9 名地方财政官员和 4 名中央政府官员因质疑茶马司的做法而受到罚俸、降职或革职的处分；1078 年，朝廷颁布了一项总括性命令，禁止其他政府机构干涉茶马司。由于批评者被压制，茶马司可以自由地巩固并扩大其业务。为了保护其盈利能力，并确保其利润全部用于推动茶马司发展的促销激励措施和现金奖励，领取茶马司现金或茶叶的组织，必须遵守提举官制定的严格的会计和回收法规，将所有额外的配额补助金登记为净销售额。① 为了最有效地利用茶马司盈余资金，提举官被允许参与各种副业。在西北地区，茶马司提举买卖内亚的贵重物品，从事谷物交易，出口四川丝绸；在四川地区，他们出售陕西盐，销售当地出产的纺织品、纸张和药材，并以 20% 的利息贷款给茶户和酒家经营者。在这两个地区，茶马司提举将这些业务置于自己的保护伞下，而在其他地区，盐业专业者、常平仓和户部共同经营这些业务。

茶马司最重要的是它可以自由地为四川茶叶开辟新市场。前文提到的地理扩张，不仅扩张至大部分内亚地区，并让 750 万新的宋朝消费者成了四川茶的饮用者，这使得四川茶产业拥有了有史以来最大的市场。当然，榷茶具有禁榷的所有不稳定性：1102 年，当宰相蔡京为他重新禁榷的东南茶寻找新的市场时，这位官方竞争者剥夺了四川茶在四川地区以外三分之二的饮茶者，而这些饮茶者是"官僚创业者"最初获得的。在新法的实干主义高潮中，茶马司获得了自由支配的权力。

茶马司在组织上是自治的，它听命于中书门下。1080 年以后，茶马司听

---

① See Smith, *Taxing Heaven's Storehouse*, pp. 268-277.

命于户部，但它与二者并无直接隶属关系。虽然在管理机构中处于同一层级，但提举常平是由司农寺集中指挥的机构的下级，因此受到更严格的控制。

青苗法引发了一场由富弼、欧阳修等资深政治家领导的阻挠运动，他们在州府任职期间公开反对青苗法，并有系统地鼓励县官们违抗青苗钱发放指令。但是，即使蓄意阻挠青苗法运动在 1071 年被平息后，宋神宗还是震惊于德高望重的元老重臣们的激烈反对，以至于他始终不停地考虑青苗法，并一直监督提举常平。[①]

提举常平受到横向和纵向两方面的控制。作为负责地区行政的一群路级官员之一，提举常平受到一种制衡制度的约束，这种制度被罗文描述为职能上的互换性和管辖权上的重叠。例如，转运使和提点刑狱都对信贷政策负有监督责任，主要是防止强迫贷款；1073 年，所有的转运使、都转运使和提点刑狱都被命令协同管理常平仓。反过来，提举常平也起到了牵制其同僚的作用。例如，提举常平在 1071 年报告了成都路转运使范纯仁反对新法的活动，在 1084 年调查了荆湖地方财政和盐政。但是，与茶马司提举不同的是，提举常平不被鼓励主动扩展到其他路级机构的活动中去，至少有 3 名提举常平因为"越职"而被罚俸或遭到立即罢黜。[②]

---

① 《续资治通鉴长编纪事本末》卷 68《神宗皇帝·青苗法上》，详细记载了阻挠青苗法的运动及其引发的辩论。

② Lo, "Circuits," pp. 86-91.《宋会要辑稿》食货 4，18b-19a。《续资治通鉴长编》卷 220，22b；卷 244，5a；卷 279，13b；卷 224，21b-22a；卷 348，15a。相互监督也意味着相互负责。1084 年，广南东路提举常平等事、转运副使、知州、通判和管勾文字因为丑闻和掩盖私盐事都遭到罢黜和降职，见《续资治通鉴长编》卷 345，5a。提举常平遭处分或者罢黜的人员是 1079 年的张商英和张琬、1080 年的李孝博，见《续资治通鉴长编》卷 287，2a；卷 299，21a；卷 307，4a。判司农寺蔡确在 1078 年发起了一项举措，以使常平仓免于外界的干扰，特别是试图保护常平钱免受转运使的侵害。但 1079 年，蔡确被提拔到中书门下任职，他的继任者李定让这项举措夭折。见《续资治通鉴长编》卷 292，2b；卷 293，8b；卷 298，8b-9a。

最后，由于他们负责的活动既关键又微妙且涉及范围如此之广，提举常平也受到来自上级的专门监督。1071 年至 1076 年之间，宋帝国各地路级常平仓至少有 7 次受到外部调查，原因包括非法催收、玩忽职守、救灾无效和水利工程失修。[①] 由于这些横向和自上而下的限制，提举常平受到一定程度的集中控制，直到下个世纪中叶，这种集中控制才延伸到茶马司。

选择集中化战略

青苗法和四川榷茶都源于一种积极的努力，即用公共机构取代私人经济行动者，以振兴经济并为国家创造新的收入，而且这两项工作都是由根据同样的创业标准选拔出来的人来管理的。然而，尽管政府鼓励茶马司提举以一种实验性的、企业化的方式使用官僚权力，但他们在常平仓中的同行却受到严格控制。就青苗法而言，需要位于更高行政层级的司农寺授权相关官员执行。青苗法通过加强中央集权来促进国家的经济控制，而四川榷茶通过权力下放来达到同样的目的。我们如何理解，宋人为了同一个目标而选择两种不同的策略？

首先是权力下放，这里面所谓的边境因素显得非常突出。距离本身就可以让边境地区得到一定程度的权力下放，而离都城较近的地方则没有必要这样做。从开封到四川的运输距离，使得所有的信息、人员和货物的转移费用高昂且耗费时间，这使得将广泛的自由裁量权委托给以地区为基础的机构成为最有效的管理方式。由于茶马贸易把陕西经济与四川经济联系得如此紧密，一旦财政权力下放到四川，将其下放到陕西的同一个机构同样有利。因此，

---

① 调查人员包括沈括、章惇、吕升卿、蒲宗孟、熊本、徐禧。见《续资治通鉴长编》卷 227，11a；卷 236，2b；卷 237，14a；卷 245，2a-b；卷 247，3a；卷 248，4b；卷 271，18a-b；卷 272，6b。

从 1079 年到 1082 年，李稷不仅担任茶马司提举，而且还兼任陕西转运使。[①]
在离都城更近、处于政治网络中心的地方，如此大规模的权力下放既不明智，
也没有必要。

四川的政治发展史同样证明权力下放是加强国家控制的有效策略。由于
四川在文化和地理上与政治中心地区隔绝，自中唐以来，四川一直相对不受
中央税收政策的影响。但李顺和王小波的暴乱破坏了几代人之间的庇护关系，
迫使四川富豪阶层向政府寻求保护，并愿意入朝为官。从 11 世纪初开始，越
来越多的四川人将官场生涯作为他们主要的流动策略，四川精英的官僚化逐
渐促进了该地区融入国家政治。但是，即使在王小波、李顺暴乱之后，宋朝
的行政官员们仍然担心过多干涉会对四川的经济造成太大的影响，例如，在
11 世纪的大部分时间里，四川只提供了宋帝国二税配额的 5%（或者说全国
人口的一半标准）。

然而，随着 11 世纪 60 年代的财政和军事危机，国家感到有必要增加对
四川经济的索取。王安石的"远官就移之法"，通过招募越来越多技术熟练且
雄心勃勃的低级别四川人——他们对于流动性的主要期望在于成功地追求官
僚职业生涯，在自己的地区，作为国家的代理人为官——使国家能够最大限
度地控制四川财政。通过将选任四川当地人为官嫁接到官僚创业战略中，变
法决策者将经营和人事权力下放给那些从国家经济实干主义中获益最多的人，
从而使国家获得了前所未有的四川剩余产品。

但是，通过将部门权力下放到遥远的区域机构来提高国家收入的效力，
并不能解释为什么在所有其他可能性中，权力会流向茶马司。部分解释在于
茶马司一定程度上达成了中央朝廷认为重要的目标。社会学家詹姆斯·汤普

---

① 同时，茶马司办事机构也由成都迁到钦州。《续资治通鉴长编》卷 297，16b；卷 299，12b；
卷 330，9a-b。（"李稷"，英文原书误作"李杞"。——译者注）

森（James Thompson）在其颇有见地的著作《组织在行动》中提出了一个公理，将组织的力量与组织的成功运作联系起来。汤普森写道："一个组织相对于其任务环境的某个要素（与目标设定和实现相关的那些部分）而言，只要该组织有能力满足该要素的需求（在我们的事例中是指决策者），并且该组织垄断了这种能力，该组织就拥有权力。"在实行新法时期，国家在四川和西北边疆的最大需求是茶叶、马匹和财政收入，而茶马司是这三者的慷慨供应商（就茶叶和马匹而言，它是垄断供应商）。为了保持茶叶、马匹和收入的流动，政策制定者授予茶马司特别的权力和自主权。然而，无论茶马司多么类似于一家私人垄断企业，其权力最终还是来自国家。当任务环境的变化——特别是政策目标和营销机会的变化——削弱了茶马司效率时，国家就撤回了对它的支持。例如，1102 年，蔡京让东南茶进入陕西东部销售，造成了四川茶的过剩，茶和马之间的价格比翻了一番；1127 年，女真征服了中国北方，不仅夺走了茶马司在北方其他地区的市场，还断绝了其北方大部分的马匹供应商。每一次冲击都逐渐削弱了茶马司提供收入和供应马匹的能力，而这种能力是其权力赖以建立的基础，这促使历届政府削减了茶马司的权力，并重新加强了对它的控制。到了 12 世纪中叶，尽管四川的地方行政权力比新法时更加下放，但茶马司本身已沦为一个功能重叠的财政网络的一个组成部分，隶属于新设立的宣抚使。①

简而言之，组织的成功，得到了权力的奖励，而那些不再成功的组织，则发现自己的权力越来越小。从这个角度来看，我们可以理解为什么提举常平从来没有被赋予其茶马司提举同僚所享有的自主权：因为常平仓运作被赋予了一系列相互矛盾的目标，这些目标使得常平仓朝着相互冲突的方向运转，

---

① Thompson, *Organizations in Action*, pp. 30-31. 关于茶马司权力的削弱，see Smith, *Taxing Heaven's Storehouse*, pp. 191-217。

使得政策和行政管理者不可能取得茶马司所取得的毫无疑问的成功。

一方面，提举常平司承受着巨大的收入压力，要通过贷款基金的快速周转来产生收入。流通是通过分配和收缴的配额来衡量的，这导致了诸如强制以户籍为基础的贷款，向尚未偿还债务的家庭发放新贷款，以及过度追讨拖欠的债务等弊病。另一方面，提举常平司同时负责国家主要的农民救济机制，变法派和反变法派都认为自然灾害和（至少对变法派来说）财富不平等已经使农民救济机制延伸至极限。因此，中央政府在推动提举常平司从农业贷款中获利的同时，必须对其加以仔细监管，以确保粮食储备足以应付紧急需求，确保救济粮的发放，确保回收贷款不会侵夺贫困农民的土地。[①]从有关贷款资格和"倚阁"的争论中，我们可以看出这种目标冲突所导致的矛盾。

贷款资格的问题，使变法派处于一种脆弱的意识形态地位。作为一项社会福利措施，青苗法的目的是"抑兼并，振贫弱"；但作为一种创收手段，青苗钱必须广泛发放，并发放给那些可以有望（或被迫）偿还贷款的家庭。因此，1070年初，制置三司条例司将贷款限制与户等制度挂钩，并将贷款资格扩大到几乎所有的居民家庭（而不是"浮浪之家"）。新指令规定，五等户和客户发放一千五百钱、四等户三千钱、三等户六千钱、二等户十千钱、一等户十五千钱。该指令还补充道，"余钱委本县量度增给三等以上户，更有余钱，

---

① 《续资治通鉴长编拾补》卷7，1a。《续资治通鉴长编纪事本末》卷68《神宗皇帝·青苗法上》，第2162页。《续资治通鉴长编》卷252，27a-b；卷254，1b-2a。欧阳修对给未欠债家庭发放新贷款的指责，见《续资治通鉴长编》卷211，12a-16a。1071年春，韩琦抱怨他身为判大名府，提举河北常平却拒绝他从贷款基金中拨粮食给饥饿贫困地区的要求，坚持认为应该用省仓来替赈济。作为回应，宋神宗警告河北转运使、提点刑狱、提举常平，要防止扣留物资导致救济不足，百姓流离失所。见《续资治通鉴长编》卷221，1a-b。1074年，宋神宗担忧，虽然贷款收入很可观，但这一体系的资源超过70%都在流通中，一旦发生大范围的灾害，没有充足的救灾物资的储备。常平仓被下令储存其一半物资。见《续资治通鉴长编》卷256，15a-b；卷272，7a-b。

坊郭户有物业抵当愿请钱者，五家为一保，依青苗例支借"①。

韩琦立即抨击了这一新举措，因为该举措恰恰是向新法试图打压的"兼并之家"提供公共贷款：

乡村上三等并坊郭有物业户，乃从来兼并之家也。今皆多得借钱，每借一千，令纳一千三百，则是官放息钱，与初诏抑兼并济困乏之意绝相违戾。②

韩琦的指控显然让变法派措手不及，迫使他们在皇帝面前公开捍卫自己的立场。此后不久，王安石就制置三司条例司的正式回答补充了个人回应：

按乡村上三等、城郭有物业户，亦有阙乏之时，从人举债，岂皆是兼并之家？今贷贫民有余，则以给此等户，免令就私家取一倍之息，乃是元敕抑兼并之意。③

但韩琦完全拒绝官方的回应：

非臣独知是从来兼并之家，此天下之人共知也。今制置司以为非兼并之家者，上欲多散青苗钱与之而得利，亦多也。④

要判断韩琦把所有上户都贬称为"兼并之家"的论断是否正确，对于宋

---

① 1070 年 2 月，王安石与宋神宗的对话，见《宋会要辑稿》食货 4，20b；《宋会要辑稿》食货 4，19a；韩琦在 1070 年 2 月 1 日加以引用。

② 《宋会要辑稿》食货 4，19b。

③ 《宋会要辑稿》食货 4，23a。

④ 《宋会要辑稿》食货 4，27b；亦见韩琦的《家传》，引文见于《续资治通鉴长编拾补》卷 7，26a-27b。

代乡村社会，我们需要比现在所知道的情况有更多的了解。但作为一种政治策略，韩琦的攻击是明智的，因为它突出了青苗法的社会福利和创收成分之间的本质矛盾。虽然韩琦没有成功地扭转青苗法，但他确实迫使王安石及其制置三司条例司对其全民资格政策进行了长篇大论的公开辩护。[①]

倚阁问题直接触及社会目标和财政目标之间冲突的核心。1069 年颁布的青苗法规定，在发放贷款的夏秋两季收获后偿还贷款，但允许在发生灾害或收成不佳的情况下延长一个收获期。随后的命令将还款期延长至两年，但即使有更宽松的条款，仍有借款人无法偿还债务。债务人及其担保人首先要被没收抵押品，然后是不动产。早在 1071 年，司农寺就获得了批准，可以将出售房产的债务所得返还给常平司。[②]

但是，即使是完全合法的收债和没收财产，也可能加剧农村的解体，而且在地方灾难期间，司农寺也被迫批准"倚阁"。然而，"倚阁"也产生了一系列问题。第一，处于递延状态的债务人被推定为有不良风险，并在法律上被禁止再接受贷款。但是，拒绝贷款无异于拒绝基本的土地救济。1074 年，河北冀州知州预测，拒绝向种植春小麦的延期农民发放青苗钱，将会减少下一季的收成，并迫使农民挨饿。朝廷立即命令北方五路提举司给所有四等户以下的春麦农民发放 1000 贯的无息贷款——即使他们拖延债务。然而，两年后，皇帝谴责常平官员向延期还贷的债务人发放贷款，指责他们以牺牲谨慎为代价，追求利润和良好的业绩评级。[③]

此外，向延期债务人催督债务，也带来了棘手的政治问题和实际问题。

---

① 相关例子，见《宋会要辑稿》食货 4，22b-24a、24b-25b。

② 《宋会要辑稿》食货 4，16b。《续资治通鉴长编》卷 228，7b；卷 279，23a-b；卷 294，8b-9a。

③ 《续资治通鉴长编》卷 258，17a；卷 272，2b。（"四等以下户"，英文原书误作"三等以下户"，据《续资治通鉴长编》原文改。——译者注）

以 1075 年为例，司农寺在两年前得到批准，将 1076 年夏天作为两浙、淮南、江南地区偿还青苗钱的最后期限，同意接受劳务以代替金钱或货物。然而，到 1077 年夏，催收仍未获得进展。这一次，中书门下指派人手催促两浙、淮南在丰年之后偿还。第二年春天，中书门下再次停止对两个最低户等家庭的收款。1079 年，司农寺被迫接受对两浙最贫困家庭的再一次"倚阁"。可以预见的是，尽管"倚阁"在政治上可能是必要的，但在财务上却是灾难性的：1080 年的贷款收回量比限额少了 13%，一年后又出现 180 万缗的贷款赤字。此外，不可避免的赤字刺激了更严格的政治控制。1083 年，朝廷命令户部牵头对常平司进行调查。相对于实现了一系列一贯的政策预期，保护自己免受外部干预的茶马司，常平仓却无法满足一系列本质上相互矛盾的社会和财政目标，这引起了其上级和反对者的怀疑和仔细审查。①

最后，由于国家对农业经济的直接干预，以及试图从农民身上获得比征收关税和直接税更多的好处，引发了比国家控制商业更大的争议，青苗法比四川榷茶更加集中受到朝廷更密切的关注。与四川榷茶形成鲜明对比的是，青苗法的批评者否定了该项政策的基本原则和目标，及其占据了包括常平司在内的整个政府相关职位。

在针对青苗法的诸多批评中，有三种批评特别显示了保守的财政观点：反对者否认了"贫困理论"——青苗法正是以此理论为依据的；批评农业贷款推动了对货币的危险依赖；认为国家是比私人借贷者更苛刻的债权人。

正如我们所看到的那样，青苗法的设计者将农村的贫困归咎于强大的"兼并之家"——他们可以将农业生产的地方性危机转化为自己的优势。但是青苗法的批评者却指责农村贫困不是因为剥削，而是因为穷人挥霍的习惯。例

---

① 《续资治通鉴长编》卷 268，18a-b；卷 283，10a；卷 288，11b；卷 289，13a；卷 292，3b；卷 297，1b；卷 332，10a-b。

如，1070年，司马光在就青苗法与制置三司条例司的激烈辩论中概述了一种农村社会模式，将富裕家庭描绘成穷人的安全网：

> 夫民之所以有贫富者，由其材性愚智不同。富者智识差长，忧深思远，宁劳筋骨，恶衣菲食，终不肯取债于人，故其家常有赢余而不至狼狈也。贫者啙窳偷生，不为远虑，一醉日富，无复赢余，急则取债于人，积不能偿，至于鬻妻卖子，冻馁填沟壑……是以富者常借贷贫民以自饶，而贫者常假贷富民以自存。虽苦乐不均，然犹彼此相资以保其生。①

在本书第7篇文章中，韩明士提出董煟救荒的"市场导向"理论，司马光预见了这一理论，因此他认为，富裕的农村家庭是稳定秩序的基础，而利润则是促使富人帮助穷人的诱因。对于司马光来说，任何试图取代农村富人的政策，都有可能破坏社会和国家。②

这位知名批评家还指责说，青苗法改变了农村贫困的计算方法，因为它首先向乡村注入了不必要的资金，然后又通过收费和征税的货币化方式，把这些钱再次抽走了。例如，1074年，参知政事冯京声称，当开封祥符县的人民听说政府在分配青苗钱，他们用自己的任何东西作为抵押，来获得不需要

---

① 《司马温公文集》卷7《乞罢条例司常平使疏》，3a。

② 关于董煟的观点，见本书第7篇文章。司马光关于青苗法对富人影响的预测，值得我们详细引用："今县官乃自出息钱，以春秋贷民。民之富者皆不愿取，贫者乃欲得之。提举官欲以多散为功，故不问民之贫富，各随户等抑配与之。富者与债仍多，贫者与债差少，多者至十五缗，少者不减千钱。州县官吏恐以逋欠为负，必令贫富相兼，共为保甲，仍以富者为之魁首。贫者得钱，随手皆尽，将来粟麦小有不登，二税且不能输，况于息钱，固不能偿。吏督之急，则散而之四方。富者不去，则独偿数家所负。"见《司马温公文集》卷7《乞罢条例司常平使疏》，3b。然后司马光勾画出一幅普遍性的水旱灾害场景："贫者既尽，富者亦贫，臣恐十年之外，富者无几何矣。富者既尽，若不幸国家有边隅之警，兴师动众，凡粟帛、军须之费，将从谁取之？"见《司马温公文集》卷7《乞罢条例司常平使疏》，3b。

的钱："但见官中给钱，无不愿请，积累数多，实送纳不得。"① 正如苏轼在对青苗法的回顾性评价中写道，现金贷款被视为债务和奢侈的诱因：

> 农民之家，量入为出，缩衣节口，虽贫亦足。若令分外得钱，则费用自广，何所不至？②

然而，政府已经使农民习惯于使用货币，它通过征收贷款、免除劳役和不公平的缴税汇率等手段，将货币从流通中抽取出来，使得人们越来越难获得货币。1074 年，司马光引起了人们对这一问题的关注，他声称，货币化支付迫使农民出售他们所拥有的一切东西，来换取所需要的现钱以支付给国家。钱币短缺破坏了农业贷款作为农村信贷机制的初衷。因为，正如王岩叟在 1086 年所主张的那样，到了偿还贷款的时候，贫农又不得不以虚高的利率向"富家大族"借钱，以获得偿还国家所需的现金。因此，青苗法又回到了原点："名为抑兼并，乃所以助兼并也。"③

此外，国家对债务人施加压力的权力，远远大于私人借贷人。1069 年，司马光曾预言，尽管富人只会"蚕食"穷人，但县吏和官员会以国家不可抗拒的法律和治安权力打击农民。根据上官均在 1086 年的评估，尽管私人贷款人名义上收取高额利率，但他们至少在偿还债务能力上是灵活且相对温和的。另一方面，当农民偿清了无情而高效的国家代理人的债务时，贷款的钱数已经上升了 50% 或 100%。王岩叟生动形象地说明了政府贷款的货币和实

---

① 《续资治通鉴长编》卷 252，8a。

② 《续资治通鉴长编》卷 384，10b。亦见上官均的估计，《续资治通鉴长编》卷 378，18b。

③ 《司马温公文集》卷 7《应诏言朝政阙失状》，10a-b。司马光指出，尽管到处有饥荒，但谷物价格低廉，证明了政府从农村抽出现金的效率。关于张方平的确认，见《续资治通鉴长编》卷 269，2b。关于政府为自己的利益操纵货币和商品之间的汇率，见司马光 1071 年的奏议《准提举陕西常平广惠仓司牒》，《司马温公文集》卷 7，6a-7a。王岩叟的评论见《续资治通鉴长编》卷 376，17a。

物成本：首先，为了申请贷款，保长、甲头、书手都必须一一籍记清楚。然后，如果在收缴贷款时没有足够的钱支付，当吏出现在门口，又不得不用饮食来贿赂他们。但是吏不可能没完没了地被贿赂。对于成千上万的债务人来说，不可避免的一天到来了，他们会被拖出去痛打，并被没收财产。王岩叟也不认为青苗法是有意的，这些问题只是政府干预农村经济不可避免的后果。他总结道："作意而惠之，不若惠之以无事也。"①

从讨论中可以明显看出，反对农村信贷政策的不只是一小群保守派，对青苗法的批评之声遍布整个政府，构成了所有级别反对该措施的声音和持久的基础。在朝廷上，司马光、韩琦、陈升之、曾公亮等政坛元老们的抱怨，使宋神宗对这项政策的是非曲直没有把握，对它可能的过分之处很敏感，使王安石和青苗法卷入了持续不断的朝廷争论中，并导致官员们不和。1070年，司马光不顾皇帝的意愿，辞职抗议这项政策，陈升之和曾公亮也以生病为借口退出了这场争斗。对青苗法的持续攻击，迫使王安石在1074年暂时下台；围绕青苗法的争论，迫使朝廷直面党争的基本问题和抗议的适当限度。在朝廷以外，富弼、欧阳修分别于1070年和1071年以知州、知府的身份，在京东东路、淮南东路，带头进行了一场阻挠发放青苗钱的运动；加入他们的另外还有河北转运使、陕西转运副使，以及开封、两浙的知县。而且，就连新法的执行者也开始反对它：1070年，张次山拒绝接受提举常平一职，他利用这一机会来痛斥新法，而河东路提举常平梁端则建议废除青苗法；1077年，江南西路提举常平方泽建议终止募役法；1081年，王古在两浙、开封、京西

---

① 《宋会要辑稿》食货4，18a-b。《续资治通鉴长编》卷378，18a-b；卷376，17a-b。

等地实行了反农村信用政策。①

相比之下，反对四川榷茶的政治和意识形态范围要小得多。1077 年，反对榷茶的第一波浪潮，完全局限于在四川州府任职的本地人（吕陶、周表权、吴师孟）和侍御史（周尹）：4 人中有一位提举官被罢黜（吕陶），但他们的反对都通过调动、撤职和禁止外部官员干涉茶马司的"铁幕秩序"得到调节。②直到 1086 年的元祐更化，吕陶与其四川同胞苏辙才被政坛元老刘挚拉入到他们的行动中，废除茶马司，反对茶马司的呼声才真正平息下来。

从意识形态上看，国家对副作物及其产业（包括纺织品、茶叶和盐）的监管，比官方对主要粮食经济的干预，引发的根本阻力明显要小。在四川榷茶的特殊情况下，即使是吕陶和苏辙也反对茶马司作为创业部门，而不是国营茶马贸易机构的想法。他们特别谴责茶马司的自治权及其对县政府的控制，涉及对非茶叶商品无节制的逐利、利益分享激励机制和强制售茶给陕西居民，以及榷茶给茶农和茶叶运输给四川人带来的剥削负担。但两人都同意以茶换马的必要性，只是敦促国家在公开市场上购买所需的茶叶，而不是在整个地区实行茶叶禁榷。同样，两人都勉强同意边防的成本使国家有权要求从茶叶贸易中分得一部分利润，但他们迫使政府从销售税、过境税和"通商"中获

---

① 关于司马光辞职，见《续资治通鉴长编纪事本末》卷 68《神宗皇帝·青苗法上》，第 2191 页；《宋会要辑稿》食货 4，24b。朝廷组织对该政策进行辩论，困惑且深陷困境的皇帝直接参与所有辩论，相关问题的丰富资料，见《续资治通鉴长编纪事本末》卷 68《神宗皇帝·青苗法上》、卷 69《神宗皇帝·青苗法下》，特别见第 2164 页、第 2169 页、第 2171 页、第 2173 页、第 2176 页、第 2180 页、第 2185—2189 页、第 2221 页。关于欧阳修，见《续资治通鉴长编》卷 211，12a-16a；《宋会要辑稿》食货 5，7a-b。关于富弼，见《续资治通鉴长编》卷 220，6b-7a；卷 222，6a-7b；卷 224，14b，以及《宋会要辑稿》食货 5，8b-9a。关于其他人，见《宋会要辑稿》食货 4，22a-b；《宋会要辑稿》食货 5，6b；《续资治通鉴长编》卷 212，7a-b。关于提举常平本身，见《续资治通鉴长编》卷 210，10b；卷 212，14a；卷 285，5b-6a；卷 313，7b-8a。

② 《续资治通鉴长编》卷 283，9b；卷 284，15a-16a。《宋会要辑稿》职官 43，50b。吕陶的三份批评奏议，见《净德集》卷 1，4a-23b。

得收入，而不是从禁榷中获得收入。[①]

结　语

　　由于元祐年间（1086—1094）存在着反新法氛围，吕陶和苏辙相对温和的建议也被忽视了。在缺乏大量反对意见的情况下，茶马贸易的高价值以及其价值与禁榷控制的联系太过紧密，即使是"元祐更化"政府，也不得不在达成一项终止滥用权力的协议后，容忍部分放松管制。甚至是 11 世纪末反对禁榷的四川人、评论家杨天惠也观察到，由于每年的财政盈余二百万贯，以及一万五千到一万八千匹马，"非不欲改也，是诚有不可改也已"。另一方面，青苗法在 1086 年第一季度被逐步但不可逆转地废除了，国家对农村信贷的控制实验得出了决定性的结论。由此我们能否得出这样的结论：国家对茶马贸易的控制是成功的，但对农村信贷市场的干预却并不成功？不幸的是，我们不能得出这样的结论。青苗法的争论如此政治化，以至于现存的记录中有太多的粉饰之辞，太少具体信息，以至于我们无法满怀信心地评估这项政策的总体影响。季节性信贷危机是农业生活的一个地方性组成部分，当然，宋帝国某些地区贫困农民的某些阶层，肯定从公共信贷机构的建立中获益了。关于青苗法对农民的影响，还没有哪位观察家像吕陶对四川榷茶商和彭州的茶叶生产商那样，对当地的具体情况做出了如此详尽的描述。因此，尽管我们可以勾勒出农民可能得到的最好和最坏的结果，但我们还不能评价其总体影

---

① 吕陶《净德集》卷 3《奏为缴连先知彭州日三次论奏买川茶不便并条述今来利害事状》，5b-7a、8b-9a；苏辙《栾城集》（四部备要本）卷 36《论蜀茶五害状》，9a-b。

响。①

我认为，茶马贸易和青苗法措施，都源于一个共同的改革蓝图，这个蓝图旨在动员官僚创业者们重新确立国家在市场经济中的监管权力，但只有茶马司通过控制边境地区的经济作物，持续提供超出预期的收入，才能发展成为一个独立的"创业企业"。尽管茶马司存在的时间比新法持续的时间更长，但它的创业精神更加短暂。提倡创业精神作为一项政策偏好似乎是新法领导阶层所独有的，后来的行政当局只是勉强容忍了作为创业模式核心的权力的彻底下放。②此外，不断变化的中央政策目标与不断变化的地缘政治环境相结合，随着时间推移侵蚀了茶马司的生产力，削弱了茶马司对巨大权力的要求能力。

在收入方面，由于 1103 年恢复了东南榷茶以及 1127 年女真人征服北方，茶马司逐渐丧失了其区域外市场，从而削弱了它们提供剩余资金的能力。到了 12 世纪 30 年代，茶马司只能补贴四川三千六百万缗边防开支中的一小部分。从 12 世纪中叶开始，茶马司收入经常低于配额。到 12 世纪末，茶马司已经丧失了创收的作用。女真人占领了熙河马市场地区，加上党项人占领了西宁，对茶马司购买马匹造成了更大的混乱。南宋茶马司每年的总产量平均只有一万匹马，不到北宋配额的三分之二。更为关键的是，可用的北方"战马"只占年度配额的一半，其余的是体格虚弱、矮小的四川"羁縻马"，基本

---

① 黄廉本人在 1086 年 6 月任提举官，他的调查报告，见《续资治通鉴长编》卷 381，22a-23b。杨天惠的引文见傅增湘《宋代蜀文辑存》（1943 年版）卷 26《都大茶马司新建签厅架阁记》，10b-11b。关于青苗法的废止，见《续资治通鉴长编》卷 368，26a；卷 374，4b-5a；卷 375，4b-5a。我在 Taxing Heaven's Storehouse 中讨论了吕陶的材料，第 63—68 页，第 220—227 页。（杨天惠文章中并未具体提及茶马司每年的买马数目。——译者注）

② 尽管这个问题需要更系统的研究，但看来北宋晚期和南宋的管理者将关键权力下放给自治的区域机构，特别是军事机构，是一种恶劣手段，而不是一种有价值的政策选择。最佳的英文一般性讨论，仍然是 Lo, "Circuits," pp. 83-103。郝若贝也许过早地将南宋时期强大的地区行政管理人员的增长，特别是宣抚使和总领，视为对中央政府职能的掠夺，see "Transformations of China," pp. 397-398。

上不适合骑乘。在南宋时期，随着马匹数量，质量和运输存活率的下降，茶马司及其附属购买者，只能满足政府每年马匹需求的 70%。①

政府对茶马司生产率一直下降的反应是可预见的：在整个 12 世纪，茶马司的规模、运营范围和组织特权都在稳步缩小。到 12 世纪中叶，茶马司已经从一个只对中央领导负责的自治的超级区域部门，转变为一个功能完整的区域行政管理中的一个环节，通过一个集体责任制系统，与转运使、转运副使，以及总领所和安抚制置使联系在一起，都隶属于宣抚使。② 在 12 世纪末和 13 世纪初的几个时间段，产量不足甚至迫使政府将茶马司或其资源的直接控制权转移到其他区域的、区域外的或中央的政府机构。③ 随着茶马司产量的减少，对茶马司的控制相应地集中起来，到 12 世纪 50 年代，它滑入了与新法下常平仓相同的外部管理配置之中。

新法期间的常平司与南宋茶马司之间还有一个重要的区别：就负责青苗法实施的常平司而言，集中监督至少在一定程度上是为了遏制官方对种粮农民的剥削，但种经济作物的茶农的意识形态受到的保护较少。由于南宋朝廷不断受到资金的压力，而资金的来源又很少，所以在茶叶市场繁荣的时候，它就非常缓慢地减少了税收配额。由于收入配额决定了茶马司官僚的影响力以及其办公人员的物质和仕宦期望，在丧失了华北地区，以及整个宋帝国茶叶的过剩削弱了包括四川茶叶在内的所有茶叶的市场之后，茶马司承受着巨

---

① 关于随着时间的流逝，茶叶和马匹交易轨迹的讨论，see Smith, *Taxing Heaven's Storehouse*, chap 7.

② See Smith, *Taxing Heaven's Storehouse*, pp. 207-217.

③ 1186 年，因为债务，安抚使接到命令，全面接受茶马司账户的共同控制权；1192 年，茶马司又拖欠马匹，朝廷将其主体资金转交给湖广总领所在当地购买马匹；1203 年，茶马司被一分为二，一个位于成都，一个位于兴元府（汉中），两者都在枢密院控制之下。See Smith, *Taxing Heaven's Storehouse*, pp. 216-217.

大的压力——要用增加的、不可避免的直接向茶商征收的关税，来取代向商人和消费者出售茶叶所产生的利润。直到 13 世纪，当茶叶配额用完，随着官僚主义创业精神退化为滥征税，茶马司的规则迫使茶市的官员强迫茶户负债，并没收他们的茶园，以满足早已过时的配额。与农村信贷措施形成对比的是，没有证据表明茶马司曾拒绝管理榷茶。①

相比之下，废除青苗法，是否为粮食种植者提供了好处？正如万志英和韩明士所述，饥荒和信用救济问题在 12、13 世纪变得更加紧迫。然而，正如谢康伦、万安玲和狄培理等人在本书中所证实的，许多最杰出的南宋政治思想家都指责过度的官僚集权是当时社会、政治和经济问题的原因，他们寻求的解决方案，不是国家代理人的"官僚创业精神"，而是有乡曲意识的士绅的"道德创业精神"。朱熹在 12 世纪末推广的社仓模式，清楚地说明了这种意识形态取向的转变，即从中央制度化的解决方案，转向地方志愿性的解决方案。正如万志英所述，朱熹拥护王安石青苗法的目标，但试图通过切断农村信贷援助与国家税收生产之间的联系，将社仓的私有化管理交给"乡人士君子"，以及将贷款仅限于粮食而非货币，来纠正其缺陷。② 王安石以农村信贷危机为目标，派遣国家机构取代农村富人；朱熹则通过劝说一些农村富人为穷人管理信贷救济，试图规避国家政策的缺陷。但社仓资金严重不足，极易破产，万志英表示，随着时间的推移，它们很可能被国家吸收，变成偶尔的慈善机构或地方价格稳定的工具，而不是朱熹所寻求的长期信贷援助机构。

朱熹的社仓模式代表了一种从中央集权化的官僚国家向作为政治行动焦点的地方志愿社区的范式的转变。但是，朱熹及其道学同仁对南宋的政策制

---

① 日益加重的剥削负担体现在走私法、附加税、登记限额、债务责任法等方面的变化。See Smith, *Taxing Heaven's Storehouse*, pp. 227-242.

② 关于朱熹对青苗法措施的评价，见其《婺州金华县社仓记》，收入《晦庵先生朱文公文集》（四部丛刊本）卷 79，18a。在本书第 5 篇文章中，万志英分析了朱熹的社仓模式。

定者——他们在某种程度上弱化了北宋基本的集权政策形式——几乎没有影响。明朝初年，士人对中央集权化的官僚机构心存怀疑，与洪武帝对自私自利的官僚的不信任交织在一起，形成了一种国家结构，这种结构虽然上层高度集权，但几乎放弃了所有干预和塑造经济的能力。黄仁宇（Ray Huang）指出了宋、明期间财政管理的鲜明对比：宋政权（在这里我们只讨论北宋）愿意行使其财政权力来重塑并利用不断发展的经济以增加收入而不让纳税人超负荷；明朝开国皇帝则束缚了其金融机构的发展，以便于将财政权力集中在皇帝手中，并最大限度地实现政治稳定，其结果是产生了一个明显自我否定的财政当局，因为它把自己的业务能力降至最低限度，忽视了发展工业和商业来源的收入，并拒绝考虑向私人部门寻求援助的可能性，所以整个政府的基调是退步的而不是进步的。黄仁宇表明，最终资金短缺的明政府无法提供基本的公共服务，这阻碍了技术和整体经济的进步，并迫使管理者将不断增加的政府成本转移到那些最不能抵制交税的应纳税人口之上。[1]

对黄仁宇来说，明朝体制代表了中国财政史上的一次重大突破，他总结道："从那时起，政府财政的主要目的就是维持政治现状，不再表现出任何动态特征。"研究清朝的历史学家在很大程度上接受了黄仁宇的解释。例如，巴斯蒂在最近一项有关清政府财政管理的研究中发现，明朝和清朝的基本金融机构几乎没有什么不同。他指出，这些机构"被用作调节和平衡的工具，而不是强制和统一的工具"。巴斯蒂指出，与即使是最缺乏创业者精神的宋朝财政做法和制度形成直接对比的是，在清朝，"所有官员都要对皇帝直接负责，除了最高级别的官员外，其他官员的人事变动很快。官员级别低下限制了制定一套专门针对财政机构的条例公约的可能性，这些条例公约将使这些机构

---

[1] 关于道学信徒南宋时期在政治上的挫折，请参阅本书贾志扬和刘子健的文章。关于明朝的情况，see Huang, *Taxation and Governmental Finance*, pp. 315-316 and 321。

在保护自己并扩大业务的同时，仍然保证其内部的治安"①。

现在人们认识到，有效的国家干预在经济转型中发挥着不可分割的作用，国家的积极参与，对早期工业革命——它导致了后来的工业变革——起着同样重要的作用。② 中国历史学家和比较历史社会学家都承认，晚期帝制中国的经济发展受到了黄仁宇所说的明、清两代金融机构"有限的处理能力"的严重阻碍，明清金融机构无法以促进经济增长的方式积累或分配资本。社会学家弗朗西斯·穆尔德（Frances Moulder）在伊莱·赫克舍尔（Eli Heckscher）之后，对 17 世纪至 20 世纪中国和日本的经济发展进行了颇具挑战性的比较，她使用了"供应"一词来描述晚期帝制中国政府与经济之间非常微弱的互动。对于穆尔德来说，这是一个以支持为愿景的政治经济：

最重要的是为静态的或相对缓慢扩张的国家民事和军事机构获取收入和供应，并确保农村和城市人口有足够的粮食和其他必需品供应，以防止发生针对上层阶级的骚乱和叛乱。拥有供应政策的国家在经济中扮演着相对被动的角色。供应政策一般不会抑制商业、工业和私人资本积累，也不会特别鼓

---

① Huang, p. 323. Marianne Bastid, "Financial Institutions of the State in the Late Qing," pp. 67-68, 75-76.

② 对国家和经济发展有益的和富有挑战性的解释，see Dietrich Rueschemeyer and Peter B. Evans, "The State and Economic Transformation: Toward an Analysis of the Conditions Underlying Effective Intervention," in Peter B. Evans, Dietrich Rueschemeyer, and Theda Skocpol, eds., *Bringing the State Back In* (Cambridge: Cambridge University Press, 1985), pp. 44-77。

励它们的发展。[①]

穆尔德将中国清朝（以及她讨论的日本德川时期）的供应政策与 18 世纪欧洲国家政府建设的重商主义倾向，以及当今的工业资本主义国家进行了对比。她写道，"重商主义的关键因素……是一种经济概念，即一国经济的财富和实力可以部分通过政府行动来增加"。这些行动，包括促进资本积累、扩大、技术扩散，以及通过统一货币和改善国内运输等方法鼓励国家销售基础设施。[②]

我认为，穆尔德为欧洲的集权国家和今天的工业国家所准备的重商主义类型，可以有效地扩展到北宋实干主义经济取向上，尤其是对以茶马司和青苗法为代表的新法的统计学实验中。但这又让我们回到本文开头提出的问题：如果供应政策是国家脱离经济的一种衡量标准，我们如何解释后宋朝时代从重商主义向供应导向的转变？

这是一个复杂的问题，任何完整的解释都必须考虑到不断变化的外部环境和技术能力的问题，特别是前现代技术对正式组织能力的限制。但是在结语中，我想指出，国家与占主导地位的精英之间关系的变化，是中国政治经济转型的一个潜在因素。沿用杜希德和郝若贝的研究，我在本文开篇提出，从晚唐到北宋，经济实干主义是由职业官僚精英的崛起推动的，他们依靠服

[①] Frances V. Moulder, *Japan, China and the Modern World Economy* (Cambridge: Cambridge University Press, 1977), p. 48. 穆尔德的解释基本上与 Dwight Perkins 相一致，in "Government as an Obstacle to Industrialization: The Case of Nineteenth-Century China," *Journal of Economic History* 27, no. 4 (1967): 478-492。即便在 18 世纪的盛清，国家对经济的影响也很小。正如费惟恺所认为的，"中国传统经济的持续运作和实现的繁荣，并不取决于中央政府或通常甚至由地方官员担任的任何直接经济角色"，See *State and Society in Eighteenth-Century China: The Ch'ing Empire in Its Glory* (Ann Arbor: University of Michigan Center for Chinese Studies: 1976), p. 89。

[②] Moulder, pp. 49-50.

务政府获取权力和收入，因此受益于政府活动的扩大。郝若贝已经证明，从 8 世纪以来，精英权力结构的长期社会、经济和人口变化，由于新法及其后果引发的激烈朋党权力斗争而加剧，这使得专业精英家庭为保证其后人政治生涯而使用的正式组织策略失效。随着党争和政治清洗的加剧，国家世袭精英阶层的独立家庭，日益放弃其权力所依赖的内婚制和职业专门化，并采取与地方士绅相同的职业多样化以及地方社会、经济和政治巩固战略。郝若贝总结道，11 世纪晚期和 12 世纪初，"由那些专职于官府的家族组成的专业精英这一具备凝聚力的身份群体的消失，取而代之的是众多地方士绅宗族的涌现，他们鼓励自己的子弟从事不同职业，而出仕只是一种可能的职业选择"[①]。

　　郝若贝发现，随着地方事业和利益取代了北宋官员的国家抱负和知识视野，国家官僚精英的瓦解与南宋决策中新狭隘主义的兴起之间存在着具有说服力的关联。此外，现在看来，12 世纪地方士绅的崛起，标志着中国精英阶层演变的一个分水岭，并最终改变了国家权力和经济决策的基础。正如韩明士和伊沛霞笔下的宋朝，伊懋可、白蒂（Beattie）和居蜜（Mi Chu Wiens）笔下的明清那样，社会、制度和人口等因素都从 12 世纪开始汇聚在一起，削弱了政府服务在占统治地位的贵族精英生活中的作用。甚至科举考试制度都在精英阶层和国家之间嵌入了一块楔子，因为中第之人与政府职位的比例越来越高，进入官员队伍的机会越来越渺茫，科举考试制度成为一种获得地位和

---

① Hartwell, "Transformations of China," pp. 416, 421-422.

联系的机制，成为仕途成功的阶梯。[1]

　　尽管在整个明清时代，官位可能仍然是获得权力和财富的最便捷途径，但对于任何一个特定的家庭而言，仕途受挫远比入仕更容易预测。在这种情况下，精英阶层的流动战略逐渐集中在对土地、商业和信贷的控制上，辅之以对社会和文化的广泛追求，而不是通过教育得到官方奖励。的确，从清初开始，大量的生员、秀才等开始专门从事地方的管理工作，如收税、诉讼、学校监督、灌溉和财务管理。虽然在某些情况下是非法或半合法的，但这些管理角色成为地方政府机构的固有组成部分。但他们并没有将中央政府的权力扩大到地方社会，而是倾向于将帝国的行政机器转变为上层士绅及其管理人员私人经济斗争的武器。结果，正如孔飞力（Philip Kuhn）和曼素恩（Susan Mann Jones）所观察到的那样，"随着君主制失去了保卫其王国抵御私人利益主张的能力，中央政府本身在控制和界定公共利益领域方面的作用正受到不可弥补的损害"[2]。

　　精英权力基础的这些变化是众所周知的，但我认为，它们是从重商主义向供应型政治经济长期转变背后的原因。最近的政治理论强调国家或多或少

---

[1]　Hartwell, "Transformations of China," pp. 400, 424; Robert Hymes, *Statesmen and Gentlemen: The Elite of Fu-chou, Chiang-hsi, in Northern and Southern Sung* (Cambridge: Cambridge University Press, 1986); Patricia Ebrey, *Family and Property in Sung China: Yuan Ts'ai's Precepts for Social Life* (Princeton: Princeton University Press, 1984); Mark Elvin, "The Last Thousand Years of Chinese History: Changing Patterns in Land Tenure," *Modern Asian Studies* 4, no. 2 (1970): 97-114; Hilary J. Beattie, *Land and Lineage in China: A Study of T'ung-ch'eng County, Anhwei, in the Ming and Ch'ing Dynasties* (Cambridge: Cambridge University Press, 1979); Mi Chu Wiens, "Lord and Peasant: The Sixteenth to Eighteenth Centuries," *Modern China* 6, no. 1 (1980): 3-40; Chaffee, *Thorny Gates*, p. 27, table 5; Ho Ping-ti, *The Ladder of Success in Imperial China* (New York: John Wiley, 1964), chap. 3.

[2]　See Ho, chap. 4; Philip Kuhn and Susan Mann Jones, "Dynastic Decline and the Roots of Rebellion," in John K. Fairbank, ed. *The Cambridge History of China*, vol. 10:1 (Cambridge: Cambridge University Press, 1978), pp. 110-116 and 162.

地独立于为其提供人员的占统治地位的社会阶层，而且往往与之发生直接冲突。尽管如此，我认为至少有两个广泛但可验证的概括，可以得出长期的社会和政治经济变化之间相互交织的方式。首先，作为一个阶级，日益增长的地方主义和独立于政府的服务，培养了士绅们偏向极简主义、不干涉主义，并为士绅作为政府成员提供了经济政策。其次，当明清一些参与者确实偶尔试图加强政府在社会中的权力时，一个独立的主导阶级同时控制着地方行政机构，很容易阻止这些努力。[①] 在国家官僚精英的崩溃和地方士绅崛起之后的几个世纪里，中华帝国既失去了扩大公共权力舞台的意愿，也失去了扩大公共权力舞台的能力。

---

① 关于自治国家的文献的讨论，see Theda Skocpol, *States and Social Revolutions* (Cambridge: Cambridge University Press, 1979), pp. 24-33, and "Bringing the State Back In: Strategies of Analysis in Current Research," in Evans, Rueschemeyer, and Skocpol, *Bringing the State Back In*, pp. 3-43。关于明清的形势，see Ray Huang, *1587*, and Madeleine Zelin, *The Magistrate's Tael* (Berkeley: University of California Press, 1984), 以及比较研究，see Skocpol, *States and Social Revolutions*, and Barrington Moore, *Social Origins of Dictatorship and Democracy* (Boston: Beacon Press, 1966)。

3

政府、社会与国家：论司马光与王安石的政治理念

包弼德（Peter K. Bol）

对比和背景

士大夫领袖王安石（1021—1086）和司马光（1019—1086）阐述的政治愿景截然不同，两人的观点给士人提供了经典的选择：是选择实干主义的政府——为了所有人的利益，政府试图管理社会和经济的发展；还是选择管理上更有限度的政府——试图在极少损耗私人利益的情况下，维持必要的公共机构。士大夫们发现，一旦王安石掌权，王安石与司马光之间的分歧是不可调和的。司马光写信批评王安石的所有重要政策："光今所言，正逆介甫之意，明知其不合也，然光与介甫趣向虽殊，大归则同。介甫方欲得位以行其道，泽天下之民；光方欲辞位以行其志，救天下之民，此所谓和而不同者也。"即使二人有共同的宗旨，即为大众谋福利，但其方法差别很大，以至于很难

相信他们的目标是一致的。王安石回应说，我们是多年的好友，但在政策上观点不同，"所操之术多异"。王安石与司马光的"术"（也是"学"的"术"）与"政"有关，每个人都依靠"术"来证明自己的观点，即关于政府应该做什么。王安石在 1069 年向皇帝解释时说道："臣所以来事陛下，固愿助陛下有所为。然天下风俗法度，一切颓坏……陛下诚欲用臣……宜先讲学，使于臣所学本末不疑然后用，庶几能粗有所成。"一些人认为王安石的学问不足以支持他的实际领导能力。作为对皇帝评论的回应，王安石说："经术者，所以经世务也……变风俗，立法度，方今所急也。"司马光也同样相信这一点，他向皇帝（司马光与王安石面对的是同一位皇帝）进呈的史学著作完全支持这种观点。王安石与司马光的愿景既包括政治和制度，还包括文化和道德。两人都认为自己知道人们应该如何学习以及学问应该从何而来。①

本文探讨了王安石与司马光如何就政府的正确运作得出差异极大的结论。我认为，与其把王安石倡导的政治改革和司马光的保守反对意见作为分析的起点，将他们描绘成两极对立之人，不如把他们视作对一系列共同问题做出回应的人，表现出同代人的相似性与重大差异性。我们可以看到，王安石和司马光在 1068 年之后采取的政治立场，与他们在成为政治领袖之前形成的愿景有关。将司马光仅仅视为"变法"的反对者，而忽略了他本人的积极愿景，这尤其具有误导性。过去的研究有时倾向于根据对新法的态度进行极端化分析，不过已经明确了两人之间存在诸多差异。这些研究成果可以在这里提醒

---

① 司马光《司马文正公传家集》（万有文库本）卷 60《与王介甫书》，第 725 页；王安石《临川先生文集》卷 73《答司马谏议书》，北京：中华书局，1959，第 773 页；《续资治通鉴长编拾补》卷 4《神宗》，3b，收入李焘《续资治通鉴长编》，台北：世界书局，1964 重印。正如张灏所提出的那样，宋代关于"经世"的观念，通常需要关注更大的社会道德视野，而不是像晚清那样只关注"官僚治国"。见氏著《宋明以来儒家经世思想》，收入《近世中国经世思想研究讨论文集》，台北：1984，第 3—19 页。

我们注意正在谈论的对象。

对　比

东一夫（Higashi Ichio）的研究为回顾王安石和司马光之间的一些差异，提供了出发点。

地域出身。王安石来自南方（鄱阳湖以南，江南西路抚州临川县），他所在的地区人口大幅增长，财富不断增多。司马光来自北方（洛阳以西，永兴军路陕州夏县），其家乡几乎没有什么显著的发展，通过科举入仕的官员屈指可数。王安石只在南方地区（淮南路、两浙路、江南路）担任过地方官，致仕后退居南京。司马光只在北方（京西路、京东路、河东路）为官，致仕后退居洛阳。因此，他们拥有的地方社会经验和熟悉的经济状况截然不同。[1]

社会背景和仕宦。司马光和王安石都来自士人地主家庭，从祖父那一代起，就已经有人科举中第。王安石是家里第一个官至州官以上的人，他声称自己靠俸禄养家，并成为提高官员俸禄的坚定支持者。司马光的父亲司马池（980—1041）身居高位，并能通过荫补将亲戚们拉进官员队伍中。司马光1038年中进士第，不过五年前他已经被授官。[2]

---

[1]　Higashi Ichio, *O Anseki jiten* (Tokyo: Kokusho kankokai, 1980), pp. 236-237. 东一夫对王安石和司马光做了普及性研究。*O Anseki to Shiba Ko* (Tokyo: Chusekisha, 1980)，这本书主要讨论了王安石。东一夫还对新法做了巨细靡遗的说明，See *O Anseki shimpo no kenkyu* (Tokyo: Kazama shobo, 1970)。地方史资料记载，北宋时，王安石的家乡抚州有179位科举中第者，而司马光的家乡陕州只有两位科举中第者。See John W. Chaffee, *The Thorny Gates of Learning in Sung China: A Social History of the Examinations* (Cambridge: Cambridge University Press, 1985), pp. 197, 200. 陕州的数据可能受到北方记录阙失的影响。对今日研究有用的主要传记资料，关于王安石的有蔡上翔的《王文公年谱考略》（上海：上海人民出版社，1959）以及东一夫的《王安石辞典》；关于司马光的主要传记资料，有顾栋高的《司马太师温国文正公年谱》（1917）。

[2]　顾栋高《司马太师温国文正公年谱》卷1，4a-4b。（司马光初荫补郊社斋郎，再奏补将作监主簿。——译者注）

梅原郁（Umehara Kaoru）认为，两人的仕途，反映了其家庭传统。王安石非常关心地方政府，在某些情况下，他选择留在当地任职。有些人认为王安石在鄞县任知县的岁月（1047—1050）是新法的起源。司马光在地方任职时间极短，他利用父亲的关系，在都城谋得职位。从这种观点来看，王安石致力于地方政府工作，使他设想了一个"百姓在内"的政府；而司马光渴望加入"官僚贵族"，使他认为政府是由士大夫构成并为士大夫服务的：这种观点可能夸大其词了。但从家庭传统和个人经历来看，王安石有理由相信，官员可以在地方层面进一步发展社会经济。司马光的背景使其有理由相信，地方事务最好由地方历史悠久的势家来管理，势家还可以提供内敛稳重且富有经验的人为政府出谋献策并维护社会稳定。没有确凿证据证明司马光是大地主和贵族"阶级"的代表，或者王安石是中小地主的代表。然而，我们可以看到，富人拥有让他人依附自己的权势，王安石希望打破这种权势，而司马光则认为政府不应该干预现有的社会秩序。①

学问。根据东一夫、刘子健、钱穆等人的观点，王安石和司马光两人之间的学问差异可以通过他们所研究的著作来加以描述：王安石是研究《周礼》的学者，而司马光是研究《春秋》的学者，这两种文本为思考国家在社会中的作用提供了不同的模式。东一夫指出，《春秋》虽然通常被认为是道德判断的历史典范，但它同样还是关于政治秩序的著作，司马光的《资治通鉴》就

---

① Umehara Kaoru, "Shiba Ko to O Anseki," *Rekishi to chiri*, 1973, no. 11:106-119. 土安石和司马光代表着不同类别的地主，这种观点最近受到人们的批评。相关例子，参见顾全芳《司马光与王安石变法》，《晋阳学刊》1984 年第 2 期，第 67—74 页。

是从政治秩序这个问题开篇的。① 在东一夫看来，《周礼》旨在护民和惠民。②

王安石是研究《周礼》的学者，他在 1070 年左右写道："一部《周礼》，理财居其半。"《周礼》明显描绘了复杂的国家制度体系，作为政治团结的基础。在宋朝以及宋朝以降，《春秋》可能较少被用来证明道德判断的正确性，而是更多被用来论证集权和制约权力。王安石对《春秋》不以为然，司马光反驳了《周礼》是后人伪造的指责。不难发现，两人的观点与其对这两部著作的理解是一致的。王安石倡导建立扩大国家活动范围的制度，而司马光则更关心王朝制度的稳定和延续。③

郝若贝描述了王安石和司马光在对待历史态度上的不一致，同时指出他们对《周礼》和《春秋》这两种著作的执着。在郝若贝看来，王安石是经学家，认为儒家经典"描绘了理想社会，并为判断当前政策提供了绝对标准"。司马光践行"历史类比"，即"运用从历史模型中抽象出来的原则"来判断政策（因此，这不仅仅是"道德说教"，更是将"褒贬历史事件的参与者作为惩

---

① 司马光《资治通鉴》卷 1《周纪一》，北京：古籍出版社，1956，第 2—6 页。

② Higashi, *O Anseki jiten.* 对于如何看待差异的一般性讨论，see James T. C. Liu, *Reform in Sung China: Wang An-shih (1021-1086) and His New Policies* (Cambridge: Harvard University Press, 1959), pp. 30-33。亦见钱穆《宋明理学概述》，台北：学生书局，1977。

③ 《临川先生文集》卷 73《答曾公立书》，第 773 页。关于《周礼》体系的研究及其历史背景，see Sven Broman, "Studies on the *Chou Li*," *Bulletin of the Museum of Far Eastern Antiquities* 33 (1961): 1-88。关于宋代的《春秋》学，see Alan Thomas Wood, "Politics and Morality in Northern Sung China: Early Neo-Confucian Views on Obedience to Authority" (Ph.D. diss., University of Washington, 1981), 特别是他对孙复的叙述。关于元朝的《春秋》学，see John D. Langlois, Jr., "Law, Statecraft, and the Spring and Autumn Annals in Yuan Political Thought," in *Yuan Thought*, ed. Hok-lam Chan and Wm. Theodore de Bary (New York: Columbia University Press, 1982), pp. 89-152。这两项研究表明，"褒贬"可以如何用来解决政治问题，而不仅仅是成为道德教化的手段。关于司马光为《周礼》的辩护，参见《司马文正公传家集》卷 42《论风俗札子》，第 538—539 页。然而，东一夫宣称司马光认为《周礼》确实是一部后世的伪书。*O Anseki jiten*, p. 237.

恶扬善的手段"）。这种区分是有用的。王安石认为，可以从特定的儒家权威文本（他因此为《周礼》《诗经》《书经》正式做注）中推断出普遍适用的思想。司马光相信，可以从以往推断出今日政府应遵循的必要原则。然而，我不认为儒家经典决定了两人的视野，我认为一种儒家经典确实比另一种更容易适用于某种愿景。两人的知识兴趣都很广泛，王安石没有自我局限于经学，司马光也没有局限于历史。王安石和司马光都认为科举考试制度应该测试经学知识而不是文学技巧和记诵，但他们都撰写了各种体裁的文学散文和诗歌，还撰写了与《周易》和《孝经》有关的著作。①

我们还应该注意到，王安石和司马光都声称自己代表了"儒"的传统。然而，他们对"先儒"的评价却大相径庭。王安石是孟子的拥护者，而司马光则高度称赞汉朝人扬雄，并对命理学产生了兴趣。众所周知，司马光后来批判孟子，王安石并没有否定扬雄。两人对非儒学知识传统的态度也有所不同。王安石以兼收并蓄著称，在他的思想体系中，可以看到老子和庄子的思想。王安石对佛教也很感兴趣，并为多部佛经做注。司马光批评折中主义，却也写过《老子注》。我认为，这二人最终的知识范围都变得相当具有包容性，他们宣称对儒家经典著作有着透彻的理解，他们思考天地的进程，关心人类的本性和思想。我认为，他们的努力是为了表明自己所信奉的原则具有真正

---

① Robert Hartwell, "Historical Analogism, Public Policy, and Social Science in Eleventh-and Twelfth-Century China." *American Historical Review* 76, no. 3（1971）: 690-727. 关于王安石的论著，参见于大成《王安石著书考》，《台湾图书馆馆刊》，第 1 卷，第 3 期（1968），第 42—46 页。关于司马光的史学学术成就，参见崔万秋《通鉴研究》，上海：商务印书馆，1934，第 32—39 页；关于司马光的其他论著，see Fumoto Yasutaka, "Shiba Onko no gakugyo ni tsuite," *Boei daigakko kiyo* 11（1965）: 1-79. 虽然他的文集中包含了关于《易经》的文章，但王安石对《易经》《孝经》的评注现已不存。司马光关于《易经》的评论并未完成，他的《古文孝经指解》保存至今。

普遍性。①

　　现代学者往往忽略了王安石与司马光之间相当重要的对比：王安石一生大部分时间里都是活跃的文人，他是著名的诗人、唐诗选家、书法家，以及造诣极高的古文家。例如，我们知道，王安石的《淮南杂说》和《洪范传》在 11 世纪 60 年代初广为传播，为他奠定了知识领袖的声誉。王安石是文人、经学家和兼容并包的思想家，他在 11 世纪 70 年代出版了一部名为《字说》的著作，通过分析文字的组成要素如何构成文字整体，试图确立文字所指的事物的真正价值或目的。《字说》声称圣人根据"自然"来造字，这最终提醒我们，即使王安石反对那些"仅仅"是文人的人，他的根源仍然是传统文学

---

　　① 司马光以《太玄》为模板，撰写了关于扬雄的《太玄》和《法言》的评注，以及一部小部头著作《潜虚》。《潜虚》是一部未完成的著作，我们很难知道《潜虚》目前版本中哪些内容属于司马光所写；参见《四库全书总目提要》卷 3，第 2230—2231 页。《潜虚》处理与政治制度有关的宇宙学和命理学问题，屡屡被用作讨论司马光哲学的基础。王安石对《论语》和《孟子》的注疏现在已不存。容肇祖《王安石老子注辑本》（北京：中华书局，1979）中辑佚了王安石《老子注》的佚文。众所周知王安石注释过《楞严经》（现已不存），他还注释过《金刚经》和《维摩诘经》，参见竺沙雅章（Chikusa Masaaki）《司马光王安石与佛教》，收入《纪念司马光王安石逝世九百周年学术研讨论文集》，台北：文史哲出版社，1986，第 477—487 页。1084 年，王安石舍宅为寺，表明他虔诚信佛。安藤智信（Ando Tomonobu）指出，对于假定的王安石信仰转变，竺沙雅章并未给出令人信服的解释；see Ando, "O Anseki to Bukkyo—Shozan yinseiki o chushin to shite," *Toho Shukyo* 28 (1966): 20-34。在王安石的政治视野中，尚未有令人信服的论据来证明来自佛教的灵感。竺沙雅章认为，王安石并非佛教居士，他创建寺庙的做法是富裕士人普遍采取的孝行，而他对佛教文字的兴趣源于对儒家观点的支持。司马光的《老子注》以《道德真经论》（4 卷）的名字存于《道藏》中，作者题为"司马氏"。不过《道德真经论》的导论和第一章对应着两卷。在"行记"中提到 2 卷本《老子道德论》，在晁公武的《温公道德论述要》条目中，对其文本进行了描述；参见晁公武《郡斋读书志》卷 4，台北：商务印书馆，1968，第 824 页。

文化。①

　　司马光一开始以古文写作出名，后来否认自己是文人，并拒绝被提拔到他认为是文人担任的职位（王安石则接受了同样的职位）。司马光最终得出结论，文学能力并不能证明其政治权威或政治智慧是正确的。他指责王安石不仅将"文章之士"以及通晓财利之人安排到起草新法的制置三司条例司，而且完全受到文人想法的激发，希望"尽变旧法，以为新奇也"。《资治通鉴》痛斥那些用花言巧语来诱导政治行动的"游说者"时，我们会怀疑司马光脑子里想的可能都是那些用花言巧语来说服别人的人。然而，司马光本人并不反对使用修辞手法，他是一位出色的谏官，擅长叙述，不过他对文学修养并不感兴趣。王安石能够想象出隐藏在字里行间的激动人心的思想，司马光则力图言行皆有一定之规。司马光将《仪礼》中的礼修改后古为今用，撰写了

---

　　① 侯外庐及其合作者相信王安石文集中的文章包含了关于《淮南杂说》的佚文，参见侯外庐主编《中国思想通史》第1册第4章，北京：人民出版社，1959，第1页，第421—422页。侯外庐提到1065年前，陆佃在南方曾经见过《淮南杂说》。陆佃提供的证据表明，无论王安石何时撰写了《淮南杂说》，对士人而言，仍然可以将其视作11世纪60年代的新颖作品。参见陆佃《陶山集》（丛书集成初编本）卷15《傅府君墓志》，第164—165页。刘安世（1048—1125）后来说，11世纪60年代初，王安石和司马光都在开封，两人开始成为好友，王安石的文章广为传播，"天下推尊之以比孟子"。参见马永卿《元城语录》（丛书集成初编本）卷1，第6页。1070年，一些举子已经引用王安石的《洪范说》，参见李焘《续资治通鉴长编》卷215，北京：中华书局，点校本，1986，第5246页。王安石的《字说》现已不存。柯昌颐《王安石评传》中已经辑佚了52条（其中一些条目可能不完整），上海：商务印书馆，1933，第242—247页。在今人对王安石《老子注》和《周官新义》的辑佚本（四库全书本）中，可以看到《字说》的更多引文。罗文是最早指出《字说》这部著作重要性的现代学者之一，see his "Wang An-shih and the Confucian Ideal of Inner Sageliness," *Philosophy East and West* 26, no. 1 (1976): 41-53。王安石的《字说序》见于《临川先生文集》卷84《熙宁字说序》，第879页。

《家范》，为各种形式的公私交流准备好了模板。①

我在这里要区别的，是关于王安石和司马光理解文本的方式。与那些认为应该直接用心灵去了解"道"的人不同，两人都声称应该从过去的文本中了解政府和社会的"道"。王安石来自学问以文学兴趣为特色的地区，他相信文本的组织方式揭示了作者的思想或文本描述的行为原则。司马光来自以学术严谨而非文学创作闻名的地区，他认为文本描述了人们可能会如何行动，但他认为应该从行动及其历史后果之间的关系中推断出原则。王安石将历史置于文学的语境中，而司马光则认为文学是历史的一部分。

政治态度。东一夫和许多人提出的极简对比是，王安石是（进步的）改革者，他寻求保护人民的利益并强国；司马光是（反动的）保守派，因为改革威胁到特权精英，所以反对王安石的改革。王安石看到了改变的需要，司马光则捍卫传统。王安石想要增加财富并扩大权力，司马光却并非如此。王安石希望开疆拓土，而司马光则倾向于和议政策。王安石是好人，司马光自然不是好人。直到最近，中国大陆的史学工作者们还坚持这样的分类评价，但自从 1980 年以来，一些人开始谴责王安石及其新法，而司马光对新法的反对则得到了人们的辩护。两人都被描绘成封建秩序的维护者，王安石以牺牲人民的利益来维护封建国家的利益，司马光以国家的利益来捍卫封建统治阶

---

① 关于司马光对文学不满的叙述，参见何寄澎《司马光的文学观及其相关问题》，收入《纪念司马光王安石逝世九百周年学术研讨论文集》，第 339—360 页。关于他对王安石的指责，参见《司马文正公传家集》卷 60《与王介甫书一》《与王介甫书三》，第 720 页，第 726 页。关于对"游说者"的攻击，参见《资治通鉴》卷 3《周纪三》，第 100 页；卷 6《秦纪一》，第 221—222 页。司马光关于家庭、礼和书仪，收录在《司马氏书仪》（丛书集成初编本）中。

级。在一些人看来，司马光已经占了上风，他们说他既不反动也不保守。[1]

还有更微妙和复杂的观点：萧公权称王安石是"儒而有为者"，并指出司马光缺乏积极性。萧公权认为，王安石的实干主义是在新法中形成的，新法的目的是有计划和现实地进行改革。王安石强调制度，看到了人才的需求，并设想通过教育系统来提供人才。王安石的目标是通过增加生产和减轻人民负担来"富国强兵"。在萧公权看来，司马光并没有系统的政治远见，只是一心要维护君主的专制权力，并使大臣们处于从属地位。司马光反对政府实干主义，理由是国家的财富是固定的，政府份额的任何增加都会导致私人持有的份额减少。山下龙二的观点与萧公权相似。萨利蒂有力地反驳了司马光推动专制的观点，他认为司马光是在捍卫官僚体制。[2] 然而，萧公权和萨利蒂都表明，司马光特别关心帝制下各种关系的组织。我想指出的是，与王安石相反，司马光主张公、私利益之间存在明显的分歧。

关于王安石的研究要多于对司马光的研究。在我看来，更公正的历史学家，如佐伯富、王毓铨和刘子健，似乎代表了一种共识，即王安石和新法首先符合中央集权国家的利益。刘子健教授认为王安石是"官僚化的理想主义者，他坚持把受过专业训练和运行良好的官僚机构作为实现儒家道德社会的

---

[1] 对王安石及其新法的重新评价开始出现在 1980 年；参见王曾瑜《王安石变法简论》，《中国社会科学》，1980 年第 3 期，第 141—154 页。对王安石新法的辩护意见，参见周良霄《王安石变法总谈》，《史学集刊》1985 年第 1 期，第 19—37 页；1985 年第 2 期，第 9—17 页。对司马光重新评价的叙述，参见霍春英《近年来司马光研究简论》，《晋阳学刊》1986 年第 3 期，第 81—83 页。关于这一争论更详细的叙述，Bol, "1086 and 1986: Reversing the Verdict?" *Journal of Sung and Yuan Studies*(forthcoming)。

[2] 萧公权《中国政治思想史》，台北：中华文化出版社，1954，第 456—461 页，第 482—484 页。Yamashita Ryuji, "O Anseki to Shiba Ko," *Tokyo. Shina Gakuho* 13 (1967): 135-150. 类似的评论，参见叶坦《役法斗争中的司马光》，《西南师范学院学报》1985 年第 4 期。Anthony Sariti, "Monarchy, Bureaucracy, and Absolutism in the Political Thought of Ssu-ma Kuang," *Journal of Asian Studies* 32, no. 1 (1972): 53-76.

主要工具"。我怀疑司马光会认为这句话是在描述他自己，而不是描述王安石。新法的历史效果是"把国家利益置于……高于一切"[①]，这是睿智的判断。在本书的第 2 篇文章中，史乐民认为新法试图重申国家对蓬勃发展的私营经济的控制权。

哲学取向。 近代少数学者分别根据王安石与司马光关于"道"和"性"的看法，试图论述王安石主张改革，司马光反对改革。他们的结论非常相似。程仰之发展了一种"性与自然"的二分法，其中王安石认为人是由社会形成的（因此必须改变社会才能改造人），而司马光则认为每个人都有天性，天性决定他能成为什么样的人（因此人必须接受自己的角色）。还有人认为，司马光是真正的唯物主义者。寺地遵（Teraji Jun）笔下的王安石是科学家，司马光是道德家。在这种观点中，王安石不相信天人之间有任何感应，必须向天学习如何使其符合人的利益，而司马光则相信天人感应（我不能完全接受这个结论），他只要求人们接受天命，服从上级，努力做"好"。11 世纪思想家们对天人关系的本质、自然与文化的关系存在分歧，我认为对于某些人（如寺地遵）而言，王安石和欧阳修属于这一类：人类社会的真正价值应该从人类历史中推断出来，而不是出自特定的宇宙过程或人性的观点。这与人的行

---

① Liu, *Reform in Sung China*, pp. 114, 115. 亦见王毓铨《北宋社会与经济政治》，《食货月刊》第 3 卷，第 11 期（1936），第 23—34 页；第 3 卷，第 12 期，第 21—43 页；Saeki Tomi, *O Anseki* (1929).

为准则是上天制定的，政府应该让人遵守这些准则的观点形成了对比。[①] 但我不认为因为上天已经命令人们这样做，或者因为人们这样做是自然的，司马光便相信人应该以某种方式行动。

综上所述，这些学者认为司马光的信仰结构使他得出这样的结论，即人不可能真正改变既定的情况，如果人想要生存下去，他们就必须学会接受预定的角色；然而，王安石却认为，环境可以塑造人，为了共同利益，人开始着手改变环境。很明显，这些观点已经有了相应的证据，我在这里只是做了漫画式的描述。但我认为可以证明王安石和司马光二人的政治—社会视野先于其哲学思考，他们坚持的这些自然哲学思想，是为了进一步证实已知的事情。与那些后来被认为是道学先行者的人（张载、二程）不同，王安石和司马光并没有把关于"道"的思想作为思考人类价值的基础。相反，在我看来，两人都体现了欧阳修的主张，即学者应该先了解人事，然后会发现人事亦天"道"。[②]

我将以这种方式重新描述早期研究提出的对比：王安石和司马光均认为大多数人都以物欲为导向。王安石认为，只要政府的政策为大多数人提供了满足他们欲望的机会，政策制定者就可以建立起合适的制度，人们也会逐渐习惯这些制度。司马光认为，必须极其谨慎地进行这种努力，某些社会关系，

---

① 程仰之《王安石与司马光》，《文史杂志》第 2 卷第 1 期（1942），第 1—17 页。侯外庐与其合作者们预见性地将王安石视为唯物主义者（在很大程度上），而将司马光视为纯粹的唯心主义者。王安石知道社会可以重组，以改变人们的行为方式并造福所有人。司马光认定一些人拥有天赋之识，因此要求其他人必须接受上天赋予他们的一切。侯外庐《中国思想通史》，第 449—469 页，第 511—521 页。关于王安石是科学家，而司马光是道德学家，see Teraji Jun, "Tenjin sokansetsu yori mita Shiba Ko to O Anseki," *Shigaku zasshi* 76, no. 10 (1967): 34-62. 关于欧阳修，see Teraji Jun, "Oyo Shu ni okeru tenjin sokansetsu e no kaigi," *Hiroshima Daigaku bungakubu kiyo* 28, no. (1968): 161-187. 将司马光视作唯物主义者的相关例子，参见赵吉惠《评司马光的哲学思想》，《晋阳学刊》1986 年第 4 期，第 56—59 页。

② 欧阳修《新五代史》卷 59《司天考第二》，北京：中华书局，1974，第 705—706 页。

特别是上下级之间的关系，是维系社会一体化的必要条件，突然试图改变人们满足其欲望的方式，可能会破坏这些脆弱的关系，从而对国家造成伤害。我们要理解两人的这些立场，可以从他们的知识背景，即王安石和司马光作为有思想、有抱负的青年开始他们的事业并形成其思想时所面临的各种问题入手。

语　境

如果我们要问为什么王安石和司马光会以自己的方式来定义"问题"，以及他们如何证明其"解决方案"是正确合理的，我们就必须探究他们带给这个时代的愿景。因此，我们的主要语境是王安石和司马光的知识世界。在学术抱负上两人有许多重要的相似之处。首先，两人追随上一代人，即大约 15 年前出生的人（约 1005 年），认为士人需要为了理想目标团结起来，这与政治制度有关［后来有些人，如朱熹（1130—1200），认为个人的道德改造先于制度行动］。其次，王安石和司马光都认为，学问的目的是确定一套连贯的政策所依据的原则。我认为，这与上一代人的观点相反，上一代人认为学问的目的是培养正确的政治态度，以及依赖舆论力量［在本书第 1 篇文章中贺巧治讨论的苏洵（1009—1066），就是这一早期观点的代表］。① 第三，王安石和司马光认定，一旦政府采纳了基于正确原则的方案，就会完善"政事"，实现共同利益。两人对制度行动完美性的信心，并未得到下一代主要思想家们（生于约 1035 年的人）的认同。例如，程颐（1033—1107）在个体道德修养上优先考虑"德行"，苏轼（1037—1101）以"文学"作为培养和表达个体身份的手段。苏轼、程颐关心的是士人如何摆脱政治制度的束缚行事。王安石和司

---

① 参见刘子健相关论著。刘子健讨论了舆论作用与庆历新政，"An Early Sung Reformer: Fan Chung-yen," *Chinese Thought and Institutions* (Chicago: University of Chicago Press, 1957), pp. 105-131.

马光则从制度理想的角度出发，为士人定义了知识和道德价值。

我们可以先把科举考试制度扩大为一种从士人中选拔大批官员的制度。在新法出台之前，科举考试科目都是对"文明艺术"的测试：进士第（考试文学写作）最为知名，其次是明经第（背诵各种经典、史书或礼书）。五代士人包括了文武官员以及将门。新的科举考试制度，通过奖励那些掌握了"文"知识的官员，改变了"士"的定义，即从拥有家庭传统和权力转向了掌握教育。那些希望通过学习文学以获得官职并维护社会秩序的人，不管他们是否来自有仕宦传统的家庭，现在都可以自认为是士。事实上，与"庶"或"民"相对的"精英"成了士人。

掌握文化并成为文明人是士人共同的目标与实践，它作为理念和现实，也许极为成功。到 11 世纪二三十年代，士人已经褪去了理想主义光环，因为相比道德修养，人们更重视文明艺术的技能。宋代士人思想史上的新转折，始于一些士人的反对意见，他们认为自己参与政治的正当性是以"文"的传统教育为基础的学问，文人应该追求"文"传统的最高理想。士人批评的直接焦点是科举考试制度：他们并不反对科举考试，他们反对单纯的文学技巧应试，理由是"美文"（写作、文学、文化表达）应该为"文"的传统理想指明道路。

由于 11 世纪初，"史"以"文"来定义其共同的价值观，重新定义士人价值观的尝试，很容易采取重新定义"美文"性质的形式。"古文"写作的灵感来自唐代的模型，成为古文运动的载体。这种新风格的倡导者宣称，如果"文"的创作能从古代的"道"上寻求指引，那将是件好事，因为古代的"道"曾经指引先哲们建立了文化传统与文明。古文倡导者透露出自己已经从古文写作中学到东西。实际上，"古"被视作价值来源，而"美文"提倡这些价值。一些人认为，科举考试制度应该更倾向于散文而不是诗歌，给有思想的人表达自己思想的机会，并据此做出判断。"古文"既是文学运动，又是思想运动。它认为文风的改变也意味着心灵的变化，而那些影响思想的价值观也会影响其行为——明显地体现在人们所说和如何说上。欧阳修成为古文运动的领军人物，他参与各种事务，提倡古文，广泛研究文化传统，并呼吁建立普遍的道德判断标准。欧阳修还创造了一种具有讽刺意味、自觉超然和无私的人格，这是那些旨在超越自私利益的人应有的态度。欧阳修这一代人都对自己的能力持有一种非凡的自信，他们知道什么是对的，并学以致用。这种精神的代表是欧阳修在 1042 年撰写的《本论》（共有三部分），这篇文章是作为说服朝廷让范仲淹及其盟友领导政治改革的若干奏议的一部分。在这篇文章中，欧阳修提出了古文运动的基本主张：真正的经世之道或治理国家，要求政府通过服务于社会的利益来引导社会。①

我们可以看到，司马光和王安石对于实现这一目标的必要条件有着截然不同的看法。在考察他们的观点时，我将尽量保持三个概念之间的区别：首先，"国"（或者"国家"）指的是作为更大实体的王朝，包括"民"和"政"（尽管它有时被用来指政府本身）两方面；第二，"政"，指官方制度及其管理；第三，"社会"（有时被称为"天下"），指人们追求个人利益的领域。司马光与王安石都将"社会"视为"国"的一部分，但他们对"政"与"社会"在"国"中的关系，却有不同的看法。

---

① 关于欧阳修的第一面，参见刘子健《欧阳修的政治学与从政》，香港：新亚书院，1963。关于欧阳修的第二面，see Ronald Egan, *The Literary Works of Ou-yang Hsiu (1007-1072)* (Cambridge: Cambridge University Press, 1984)。《本论》见于欧阳修《欧阳修全集》外集卷 9《本论》上，台北：世界书局，1971 重印，第 411—413 页，以及《欧阳修全集》卷 17《本论》中、下，第 121—124 页。《本论》中、下的英译文，Wm. Theodore de Bary et al., *Sources of Chinese Tradition* (New York: Columbia University Press, 1960)。欧阳修后来删掉了《本论》的第一部分，大概是因为那时这一部分可以被理解为证明新法对政府有利。在本书导论中，可以看到对《本论》的完整讨论。

扬名立万：1038—1057 年的文化事业

司马光（1038 年进士）和王安石（1042 年进士）开始其仕宦生涯时，正值理想主义上扬，渴望政治变革之时，而且边境危机迫使朝廷将范仲淹领导的新古文运动的相关人物推上朝廷——这场古文运动是在 1043—1045 年流产的庆历新政中进行的简短实验。1055 年到 1067 年间，包括欧阳修在内的范仲淹的老盟友们在中书门下任职时，事业飞速发展。11 世纪 40 年代，追求学问声望之人很容易相信士人应该拥有共同的目标，并接受古文是其表达对这个目标是什么以及如何实现的正确工具。但司马光和王安石对古文的反应并不一致。

从 11 世纪 30 年代末到 40 年代初，两人的仕宦之路大相径庭。司马光很早就在都城的政坛核心长期为官，而王安石则退而不前，有意留在地方为官。对两人来说，1057 年至 1058 年，司马光短暂离京后又重返都城，王安石进呈了著名的"万言书"，标志着他们在政治和学术上的新阶段。① 不得不说，从 1057—1058 年开始，司马光和王安石被视为未来的宰辅。虽然尚不完全清楚这十几年间他们在党派中所处的位置，王安石似乎同情那些与 1043—1045 年范仲淹新政有关的人，而司马光的恩主并不是庆历新政的支持者。举例来说，

---

① 司马光于 1038 年进士中第，王安石于 1042 年中进士。因为司马光后来长期为父母丁忧，他和王安石都在 1042 年得到了他们的第一次任官命令。这些任命通常都是地方政府职位。然而，在 1046 年，司马光在国子监任职，并在接下来的 25 年里继续担任要职，除了 1054 年到 1056 年，司马光在他最重要的恩主、已经被迫辞去宰相职务的庞籍的领导下担任通判。1057 年标志着司马光作为重要官员的第二次职业生涯的开始；在这一时间点上，他的学识努力方向也发生了变化。另一方面，王安石仍在地方任职，1051 年，他拒绝了参加在朝廷举行的馆阁考试的邀请。然而，他并没有完全成功地保持局外人的角色。1054—1056 年，王安石来到都城，担任集贤校理之职，1058 年，任度支判官。虽然王安石在 1063 年因服丧而离开京城，直到 1067 年，但 1058 年，王安石进呈的奏议，无疑标志着其仕宦生涯的一个新阶段。

1054 年，司马光的支持者庞籍下台后，范仲淹的盟友返回朝廷。[1]

王安石和司马光在其事业刚起步的时候，就采用了一种让自己扬名的普遍做法：将撰写的文字寄送给高级官员。为了扬名，两人创作了古文作品，并显示出（正如司马光向恩主所解释的那样）他们是"君子务知大者远者"[2]。

王安石与古文：政府与社会的整合

1044 年，表亲曾巩（1019—1083）将王安石推荐给欧阳修，王安石写信给曾巩："学圣人而已矣。学圣人则其师若友，必学圣人者。圣人之言行，岂有二哉？其相似也适然。"[3]圣人的价值观是一以贯之的，向圣人学习自然归

---

[1] 庞籍（988—1063）于 1045 年至 1053 年在政事堂任职，从枢密副使升为首辅（1051 年 10 月—1053 年 7 月）。关于政事堂的成员，我参考了东一夫 1041—1125 年的图表，Higashi, *O Anseki jiten*, pp. 211-220。韩绛（后来成为新法的第一批热情支持者）指控庞籍造成了一名企图行贿人员的死亡，庞籍无法平息这一指控，因此被迫下台。参见《宋史》卷 311《庞籍传》，第 10201 页。我还不能确定庞籍对庆历新政的态度。他很可能与另一个派系结盟。虽然在 1043 年 2 月，庞籍与范仲淹、韩琦一起因解决陕西边境问题而得到嘉奖，但 1043 年 4 月，却没有与他们一起被任命为枢密院大臣。此外，与范仲淹结盟的杜衍，同时取代了夏竦（庞籍的同盟者）出任枢密使。直到 1045 年 1 月，范仲淹的团队被替换后，庞籍才加入了政事堂。司马光还寻求宋庠的支持，宋庠与范仲淹的主要对手吕夷简意见不一，但在 1045 年，宋庠被选入政事堂，取代范仲淹。参见《宋代史年表》（北宋），东京：东洋文库，1967。

[2] 《司马文正公传家集》卷 58《上宋侍读书》，第 696 页；《临川先生文集》卷 77《上张太博书》，第 810 页；《司马文正公传家集》卷 60《上许州吴给事书》，第 727—728 页。我们有司马光自己的证词：从 1062 年，他开始其仕宦生涯的目的是以古文写作扬名，参见《司马文正公传家集》卷 59《上始平庞相公述不受知制诰书》，第 712—713 页。作为一位古文作家，王安石的声誉是毋庸置疑的。王安石称将他和苏氏、曾氏（王安石的表亲）视作欧阳修的继承人，参见《东都事略》卷 115《文艺传》，台北：文海出版社重印，第 1 页。王安石决定以这种方式出名，请参阅蔡上翔对欧阳修、曾巩和王安石之间关系的叙述，见《王文公年谱考略》卷 2，第 47—48 页；卷 3，第 52 页；卷 3，第 56 页；卷 3，第 83 页。司马光最终得出结论，这种古老的风格没有什么价值。虽然王安石否认文学技能是评价文人的适当标准，但他在后来的职业生涯中仍然重视古文写作，参见《临川先生文集》卷 75《上邵学士书》，第 798—799 页；卷 76《答孙长倩书》，第 802 页。

[3] 《临川先生文集》卷 71《同学一首别子固》，第 755 页。

于一种"道"。圣人们依据单一的"道"行事。1045 年，王安石声称通过阅读圣人的著作（即经典），他已经明白了这一点，并看到它们的一致：

> 某愚不识事务之变，而独古人是信。闻古有尧舜也者，其道大中至正常行之道也，得其书闭门而读之，不知忧乐之存乎己也。穿贯上下，浸淫其中，小之为无间，大之为无崖岸，要将一穷之而已矣。①

王安石在 1046 年解释了为什么尽管经典不是出自一人之手或同一时期的作品，这种一致性仍可见于经典中：

> 治教政令，圣人之所谓文也。书之策、引而被之天下之民一也。圣人之于道也，盖心得之，作而为治教政令也，则有本末先后、权势制义而一之于极。其书之策也，则道其然而已矣。②

王安石笔下的圣人作为一种自我存在，其行为完全符合"道"。但王安石并没有因此得出结论，他应该直接用己心去悟"道"，相反，他指出在"道"和当前的自己之间存在几个媒介层次：有圣人对"道"的精神领悟、圣人的政策、政策的文字记录（王安石认为等同于这些政策创造的社会），以及作为载有那些文字记录的经典著作。这些媒介层次非但不是障碍，反而有可能符合当前的"道"。王安石提出了三种主张：圣人的领悟、应用和文字记录相一致，是实现"道"的途径；这些可见的层次可以分析为连贯的系统；而文字记录中任何明显的矛盾都只是情境的变化，最终都会归于完美一致。他得出这样的结论，即理解经典的统一或连贯体系，等同于理解"道"的方式。

---

① 《临川先生文集》卷 77《上张太博书》，第 810 页。
② 《临川先生文集》卷 77《与祖择之书》，第 812 页。

士人拥有可以了解圣人"道"的材料，既可以了解圣人对"道"的把握，也可以了解圣人践行"道"的方式。王安石还可以判断士人是否正确理解了这些思想：写作中缺乏统一性、一致性和连贯性，表明作者忽略了最基本的东西，这来自从经典中挑选自己喜欢的内容，而不是寻求理解它们的系统统一性。真正的"文"，是一种可以应用于当下的文，必须要有与圣人相通的理解为基础。王安石提出了这一点，并在信中（刚刚引用过）写道：

> 故书之策而善，引而被之天下之民反不善焉，无矣。二帝三王，引而被之天下之民而善者也，孔子、孟子书之策而善者也，皆圣人也，易地则皆然。①

王安石现在已经得出结论，他将继续担任宰相。与欧阳修不同的是，王安石认为与圣人之道相通的原则性政策必然是正确的，其结果必定是好的。

王安石设想的古代世界，至少在"极治"时期，政治权威负责确保所有人的福祉。1047 年，时任鄞县知县的王安石写道：

> 某闻古者极治之时，君臣施道，以业天下之民。匹夫匹妇，有不与其泽者，为之焦然耻而忧之。瞽聋侏儒，亦各得以其材，食之有司。其诚心之所化，至于牛羊之践，不忍不仁于草木。今《行苇》之诗是也。况于所得士大夫也哉！此其所以上下辑睦，而称极治之时也。②

古代"极治"的实现，揭示了整合与统一经济、物质、社会和道德的根

---

① 《临川先生文集》卷 77《与祖择之书》，第 812 页。关于撰文可以用于当下的类似叙述，参见《临川先生文集》卷 77《上人书》，第 811 页。

② 《临川先生文集》卷 74《上相府书》，第 780 页。

本和首要任务：

> 其治政教令施为之详，凡与人共而尤丁宁以急者，其易知较然也。通涂川，治田桑，为之堤防沟浍渠川以御水旱之灾，而兴学校，属其民人相与习礼乐其中，以化服之，此其尤丁宁以急，而较然易知者也。①

作为知县，王安石确实把这些作为自己的首要任务，他带头组织修建水利工程，并在当地兴学。王安石尖锐批评了那些将平民百姓逼迫到出售田地地步的政策，并将其作为原则问题。然而，王安石也认为，带领人民走向更大的繁荣，可能需要强迫他们分担负担，"夫小人可与乐成"。王安石在谈到自己的水利工程时写道："难与虑始，诚有大利，犹将强之。"②

在写于 1047 年的信中，王安石显然认为政府应该承担起组织社会和促进公众福利的责任。他写道，当前的赤字"不独费出之无节，又失所以生财之道故也。富其家者，资之国；富其国者，资之天下；欲富天下，则资之天地"。只有通过增加生产，才能实现日益繁荣，否则，财富只会从一方流向另一方而不会带来普遍利益（首批新法便包括任命监督农业增产的专员）。③ 同样的信念也体现在王安石这些年来对官学教育的态度上：

> 天下不可一日而无政教，故学不可一日而亡于天下。古者井天下之田，而党庠、遂序、国学之法立乎其中。乡射饮酒、春秋合乐、养老劳农、尊贤

---

① 《临川先生文集》卷 82《余姚县海塘记》，第 866 页。在此文中，王安石对所征引的同僚一直赞不绝口。（此人为知余姚县谢师厚。——译者注）

② 《临川先生文集》卷 75《上杜学士言开河书》，第 795 页。（"第 795 页"，英文原书误作"第 794 页"。——译者注）关于王安石在鄞县积极活动的详细叙述，参见程光裕《王安石知鄞时之治绩与佛缘》，收入《纪念司马光王安石逝世九百周年学术研讨论文集》，第 141—166 页。

③ 《临川先生文集》卷 75《与马运判书》，第 795 页。

使能、考艺选言之政，至于受成、献馘、讯囚之事，无不出于学。……则士朝夕所见所闻，无非所以治天下国家之道。①

这不再是学校如何运作，而是学校应该如何运作（建立官学，改革科举考试制度，设立新课程是新法的一部分）。

在王安石提出的"极治"世界中，政府制度上的关注与社会道德和经济生活之间并无区别。正如王安石在 1053 年写道："三代子百姓，公私无异财……兼并乃奸回。"② 王安石不得不承认，当时存在私有财产和私人贸易，无论土地还是资本的"兼并"都是完全合法的。同样，他知道上古三代的"一道德"在自己所处的时代并不存在。1058 年，王安石因为在司法案件中的行为受到批评，事后，他写道：

古者一道德以同俗，故士有揆古人之所为以自守，则人无异论。今家异道，人殊德，士之欲自守者，又牵于末俗之势，不得事事如古，则人之异论，可悉弭乎？③

王安石不得不依靠说服士人来分享他的观点。

作为古文家，王安石在这一期间开始向士人们展示，通过转向经学，寻求圣人之道，他们可以看到政府的真正目的是将社会转变为整体的秩序，并可以学到实现这一目标的确切方法。下面我会引用一些文章来证明这个观点，此处我只提出王安石的一些写作之"术"。首先，王安石的主要写作都是关于

---

① 《临川先生文集》卷 83《慈溪县学记》，第 870 页。

② 《临川先生文集》卷 4《兼并》，第 114 页；卷 12《发廪》，第 177 页。

③ 《临川先生文集》卷 72《答王深父书二》，第 768 页，提到了 1058 年的例子和回应。我英译了一个类似但描述更细致的段落，该段落见于《临川先生文集》卷 75《与丁元珍书》，第 794 页。（"答王深父书二"，英文原书误作"与王深父书二"。——译者注）

上古三代。其次，他特别关注为什么有可能建立并维持统一的秩序。第三，在讨论作为文本的经学时，正如在王安石关于《易经》《诗经》和《书经》著作中所见到的，他解释了为什么文本中特定安排的部分会形成连贯的系统，他使用这一解释，得出了圣人之道"干支"的结论，从而确定了在当前实现统一秩序所必需的政策顺序和思想结构。[①]

司马光与古文：结束治乱的循环

司马光现存的古文文章，可追溯到 1042 年和 1045 年，即庆历新政前后，也可追溯到 1056—1057 年，当时在欧阳修的领导下，古文终于在科举考试中获胜。这并非偶然。因为这些文章挑战了司马光所采用的古文运动表达方式的假设，因此，在这一时期结束时，司马光不认为古文可能具有特殊的知识价值也就不足为奇了。司马光拒绝接受士人应以古代理想秩序为指导的主张，他提供了另外一种选择。这一区别明显见于司马光写于 1039 年的文章，这篇文章将那些只关心文学理想的人与司马光的"真儒"进行了对比：

然读先王之书，不治章句，必求其理而已矣。既得其理，不徒诵之以夸诳于人，必也蹈而行之，在其身与乡党无余，于其外则不光，不光，先王之

---

① 相关例子，参见《临川先生文集》卷 66《周南诗次解》，第 701 页。清水洁（Shimizu Kiyoshi）在他对《周南诗》的讨论中得出了这一点，see his "O Anseki no shu-nan shi ji-kai ni tsuite," in *Toyogaku ronso* (Tokyo: Uno Tetsuto kinenkai, 1969), pp. 491-510. 亦见《临川先生文集》卷 65《易象论解》，第 697—700 页，该文将 64 卦呈现为一个连贯的序列，作为"君子之道"。《洪范传》是另一个例子，参见《临川先生文集》卷 65《洪范传》，第 685 页。

道犹翳如也，乃求天下国家政理风俗之得失，为诗歌洎文以宣畅之。[1]

先王有道。这种"道"，可以通过观察先王在经典著作中的行为模式来掌握。[2]在将这些模式应用于对当前政治行为的判断之前，先在自己的私人生活中实践这些模式。因此，检验价值，并非是去检验圣人思想是否形成连贯的体系，而是个人能否实践其所学到的东西。只有当作者把在自己行为中实现的标准发扬光大时，"文"才具有道德效力——言行一致比文学一致更重要。

司马光早期的文章，以他认为的仅仅是"文"的目的，试图推广某些价值观。写于1042年的《论十贤》，主张"德行"优先于"政事""文学"和"言语"。司马光将"德行"解释为坚定实现"尽善"，而不是仅仅依靠可能被用于任何目的的单纯的"才"（政事、文学、言语）来追求名声。正如司马光在《才德论》一文中所论述的那样，"才"是一个人与生俱来的特殊技能，而"德"则是后天获得的关于"才"应该服务于何种目的的知识。文学才能并不意味着掌握好的知识，这一主张并不罕见，但司马光继续批评将上古三代和圣人秩序的理想化仅仅作为另一种形式的文学才能——这种文学才能尤其有害，因为它主张知识会带来好的结局。例如贾谊过于理想化上古三代，没有认识到建立礼义和确保王朝存续是政治秩序的基础，他的建议威胁到了汉朝

---

① 《司马文正公传家集》卷69《颜太初杂文序》，第851页。这段文字以《论语》I:6为基础，《论语》I:6说只有在学习道德操守后才有力量去学习"文"。在一篇追溯司马光与欧阳修相识以及他们在学识上异同的文章中，陈光崇指出，虽然二人有许多共同的朋友，并与这些朋友诗歌唱和，但二人没有写过体现相互之间友谊的诗歌。参见其《司马光与欧阳修》，《史学集刊》1985年第1期，第11—18页。我认为，这种个人距离对应于此处指出的知识差异。（《论语·学而篇》："子曰：'弟子，入则孝，出则悌，谨而信，泛爱众，而亲仁。行有余力，则以学文。'"——译者注）

② 一个人应该把儒家经典当作现在的范本，而不去理会那些注，这种想法与一般的古文观点并不矛盾。但是在1069年，看到阅读无注的儒家经典的后果后，司马光反对这种方法。参见《司马文正公传家集》卷42《论风俗札子》，第538—539页。

的生存。[1]

花言巧语的游士的危险在于，他让其他人认为与边防和行政方面的实际成就相比，言辞可能对国家的存亡更为重要。"德行"指的是在当前情况下尽最大努力做到最好，而不是试图成为"英伟之士"却一事无成。司马光认为，那些未能恢复"礼义""至公""政教"以及"大道"的战国人物，不应因尝试而受到赞扬，也不应因失败而受到指责，应该根据他们如何为统治者服务、造福国家、养育人民来加以评判。正如汉武帝"神仙祠祀之繁，宫室观游之费，穷兵黩武之劳，赋役转输之劳"所显示的那样，宏伟的计划会带来巨大的麻烦和高度的风险。司马光也反对那些使用圣人模式的人，他们认为政治领袖可以完全控制事态的发展方向。在1045年的《机权论》中，司马光认为圣人确实采取了特殊的行动来改变事件的进程，但他们这样做是为了使"国家安而仁义立也"，而其同时代人只是在鼓吹权宜之计，提高自己的身份地位。[2]

在司马光看来，倡导按照理想模式重塑天下的政策是极其不负责任的。首先，这样做会转移人们对政府当前任务的注意力；其次，它没有根据可能出现的后果来判断政策。很明显，司马光认为，那些极大改变了政府在社会

---

[1] 《司马文正公传家集》卷65《十哲论》，第802页；卷64《才德论》，第796—797页；亦见卷72《圉人传》，第882页；卷65《贾生论》，第806—807页。四种类型："德行""政事""文学""言语"，见《论语·先进篇》3。我曾在其他论著中提出过，宋代士人使用前三种类型（因此不包括"言语"）来定义他们在各个领域的声誉以及他们自称是国家精英的责任（即，对于政府而言，文化传统的延续和道德价值观的促进），see Bol, "Culture and the Way in Eleventh Century China" (Ph.D. diss., Princeton University, 1982), pp. 79-84.（"第802页"，英文原书误作"第302页"；"第796—797页"，英文原书误作"第797—798页"。《论语·先进篇》："德行：颜渊、闵子骞、冉伯牛、仲弓。言语：宰我、子贡。政事：冉有、李路。文学：子游、子夏。"——译者注）

[2] 《司马文正公传家集》卷65《廉颇论》，第805—807页；卷65《四豪论》，第802—804页；卷66《河间献王赞》，第825页；卷64《机权论》，第790页。

中作用的政策，将威胁到作为政治统一体的国家的生存。[①]1045年庆历新政失败后，司马光关心的不是解释自己的观点，而是为士人找到另一种引导他们脱离上古三代模式的目标。司马光的选择范围有限，因为很大程度上王安石等人已经在运用上古三代模式和圣人的观点——王安石的社会政治一体化的愿景，为士人从政提供了自周朝以来从未实现过的崇高目标。司马光找到了自己的议题，开始写作关于"治乱"的史学著作。司马光主张，当人们理解为何"治"在过去无法存在，他们可以采取行动来保护当前的"治"；宋能够完成之前任何时代都未能做到的事情：国家万古长存。

我们可以从一组十八篇历史评论中看到司马光的这一观点。首先，论述了从秦朝崛起到汉朝结束，政治权威的统一和瓦解，并考虑了"君子治世"的价值观。其次，他认为政治结果是由拥有政治权力的人、君臣们的选择决定的，他们的行为决定了建立和维持政治秩序的成败，然而这些君臣都是普通人。第三，司马光用政治实践而不是圣人思想来定义传统道德术语的内容。在这一点上，他对圣人的态度是矛盾的：圣人不应该成为君主统治的榜样，因为即使在三代，圣君也是例外，家天下才是常态。但是，如果要把圣人作为榜样，他们应该被视为"善于改过"的人，而不是不会犯错的人。"德"不是人类天生的品质，而是政治行为模式的名称。因此，对秦朝因为"不信""不仁"和"不智"而失败的判断，应该被理解为秦朝欺骗了楚王，屠杀了投降的赵国军队，并且没有理解这些行为将如何影响封建领主和民众对秦

---

① 我们在下文将会看到，司马光后来的著作提供了这种信念的理由：政治统一的生存，取决于政府协调现有利益能力的方式，让政府采取行动来维护自己并保护作为一个整体的国家（即，建立均衡的利益竞争架构）；实质上威胁到现有利益的政策将剥夺政府的支持，从而使国家难以重新平衡和捍卫这一结构。

朝的态度而失败。①司马光声称，从历史上看，大一统的建立和生存，取决于那些拥有政治权力的人选择如何行事。由此可见，士人可以把国家的生存作为他们共同的目标。为了实现这一目标，他们必须根据其对政治团结的影响来判断行动，并寻求指导政治行为的原则。司马光在 1052 年总结道，士人在政府中可以确保政治稳定，而政治稳定是确保"元元"福利的基础。②

从 11 世纪 50 年代开始，司马光确立了政治团结的原则：政府机构必须保持"公"。也就是说，它们必须始终为了国家政治完整性的存续而发挥作用，而不是为了政府中个人的"私"的利益。司马光认为自己在 11 世纪 50 年代初的任务，就是捍卫国家制度"公"的特性。③司马光认为，如果理解正确，诸如"公""功"甚至"才"等术语都是指个人成就，服务于维持政府作为唯一的"公"及公正的机构。"义"不是指帮助无助的人或为保护他人而死，而是"明君臣之大分，识天下之大义，守死而不变"④。要确保政府是"公"的机构，就需要人们发挥自己的作用，而不是利用这些作用。

我们应该注意到，司马光并非主张政府应该压制或挑战私人利益。他认为，必须在政府与私人利益之间加以明确区分，前者必须保持公平和公正，后者引导人们远离政府。当个人在政府中任职时，就进入了"公"的范围，个人抱负必须服从于其职务要求。

司马光在 11 世纪 50 年代中期所写的文章，在措辞中重申了许多古文运

---

① 此处提到的具体几点，见于《司马文正公传家集》卷 67《子哙》《秦坑赵军》，第 827 页，第 828 页。作为一个整体的 18 篇论，见于《司马文正公传家集》卷 67，第 827—832 页。

② 这是司马光为 1052 年贤良科考试所出的题目。见于《司马文正公传家集》卷 75《贤良策问一首》，第 920—921 页。

③ 例如，在 1050—1051 年，司马光批评了试图用荣誉头衔来彰显皇帝个人恩宠的做法。《司马文正公传家集》卷 18《论张尧佐除宣徽使状》，第 277—278 页。（"第 277- -278 页"，英文原书误作"第 275—280 页"。——译者注）

④ 《司马文正公传家集》卷 67《张巡》，第 832 页。

动的主题。①《朋党论》认为，"君子党"维护国家"公"的品质（与欧阳修在
11世纪40年代那篇著名文章中的理想主义者党派相反）。《知人论》认为，君
主的任务是知道哪些人将维持统一的政治权威等级制度。"德名"敦促君主找
到真正致力于国家生存之人（不是士人心目中的成名之人），放手任用他们且
对其完全信任，保护他们免遭批评，这样他们在做维护国家所必需的事情时
不必有顾虑。同时，在一场罕见的讨论中，司马光试图界定政府在社会中的
作用，这是古文作家最喜欢的话题——三代文明的创造。司马光认为，尽管
人们没有改变，但现在比上古情况更佳。现在之所以情况更佳，是因为在看
到了需求和情感是如何导致人类过度开发环境，使之达到匮乏的程度，以及
匮乏如何导致人们进行自我毁灭的竞争后，圣人创造了文明。圣人选择智者
作为君上，划分土地，强迫人们尊重边界，定义社会关系，建立礼、乐和政
令，明确美德，惩罚和打击那些不服从的人，因此，人民能够生活在安全和
充足之中。政府有责任维持这种"教"。事实上，作为包括人民在内的统一国
家的存在有赖于政府这样做。这也表明，政府对社会的干预是有限的：政府
捍卫历史上证明的社会和谐与经济充足的规则，但把其余的空间留给私人利
益。②

司马光愿意为自己的事业而宣称圣人的存在，这表明他已经从批评他人
转向得出自己的结论。在1057年的《迁书》中，司马光认为，凡是遵循"圣
人之道"的文人，都不会试图改变自己无法控制的才智、勇气、地位和财富，

---

① 关于"公"为何是最重要的基本价值观的讨论，参见《司马文正公传家集》卷69《张共字
大成序》，第856—857页（1056）。司马光用几篇古文来纪念他于1057年回到都城。这些文章既可以
被视为对其恩主、前宰相庞籍的辩护，也可以被视为对之前的庆历变法者营造的新政权和古文思想家
的支持（以他自己的理由）。

② 《司马文正公传家集》卷64《朋党论》，第793页；卷65《知人论》，第799—801页；卷65
《功名论》，第787—790页；卷67《子哙》，第827页。

只是尽力做好自己的本职工作。通过接受自己的命运，他将摆脱来自未实现的（无论是理想主义的还是自私的）欲望的痛苦感。① 作为一介文人，要想成"儒"，他只需要把名利放在一边，去努力追求②，而不需要在天地之间寻找答案。司马光写道，"圣人之教……治人而不治天，知人而不知天"③。没有必要通过内省来寻求指导。选择特定的文本作为"古道"的权威表述，并通过模仿古文来推广它们，也是不正确的。事实上，在 1057 年的信中，司马光宣称他没有践行古文（与其通信印象相悖）。司马光现在知道了真正的"道"，便可以致力于推进"道"并对其加以定义，他不需要通过文学论争来说服人们。④

司马光现在准备系统地提出自己的观点。大约在 1060 年，他决定撰写一部从公元前 403 年到公元 959 年伟大的中国编年史，这是他的学术目标。⑤ 在仕宦期间，司马光开始提出政策建议，以确保即使是一个由拥有私人利益的

---

① 《司马文正公传家集》卷 74《迂书·天人》，第 905—907 页（1057—1058）。我的评论是对《迂书》前十部分的解释。司马光确实证明了这一点。一方面，他认可天下变得可以预测，如果这需要"私"服从于"公"的话，在很大程度上是因为人们继续追随欲望，而且通常无法听从好的建议。另一方面，他指出，接受一个人的角色并不会阻止他继续学习，而学习会产生一个更广阔的视角（甚至会让一个人意识到他的过去一直是个错误）。

② 《司马文正公传家集》卷 59《答明太祝》，第 707 页。

③ 《司马文正公传家集》卷 67《原命》，第 833 页。

④ 在这封信中，司马光认为，如果一个人能"以天地为基础，以先王为鉴，以孔子为鉴，以今人为鉴"，那么他就能确定自己对"道"的理解是正确的。司马光可能会声称自己的想法满足这四项检验，但他并不总是对它们感兴趣（特别是在 11 世纪 80 年代之前并非首次）。关于司马光思想的历史记载，也没有表明他以这种方式从这些资源中寻求理解。尽管如此，这四项检验表明了当时声称具有普遍性的标准。关于对古文的排斥，亦见《司马文正公传家集》卷 59《上始平庞相公述不受知制诰书》，第 712—713 页，给庞籍的信。司马光对于"文学"可以作为一种理解"道"与选择官员方法的观点越来越反感，这是显而易见的，参见《司马文正公传家集》卷 60《答孔司户书》，第 718—719 页。

⑤ 司马光决定撰写史书的日期，是根据刘恕的追忆，参见王德毅《司马光的史学》，《纪念司马光王安石逝世九百周年学术研讨论文集》，第 32—33 页。

人组成的政府，也能维持其"公"的职能。

当前的规划：1058—1067 年

到 11 世纪 50 年代末，司马光和王安石都准备宣布改革方案。王安石在被任命为度支判官（任职至 1061 年被擢升为知制诰）时，于 1058 年进呈了"万言书"。1063 年，王安石因母亲去世丁忧，直到 1067 年末才赴任。很显然，新即位的宋神宗实际上青睐王安石的建议。1061 年，司马光被任命为同知谏院——司马光一直担任台谏官，直至 1067 年被任命为翰林学士——开始详细阐述他的计划。

司马光的方案

司马光多年担任台谏官，他说更喜欢能让自己"规正得失"的官职，而不是只需要文学技巧的职位。[1]1061 年担任同知谏院时，司马光提出了确保政治团结生存的方案。他是这样做的，首先是上呈一系列关于政治原则和具体政策的奏章，其次是撰写《历年图》，这是他的第一部重要的历史著作，是《资治通鉴》的先身。

司马光最初进呈的《五规》，阐述了广阔的历史视野以及自己从中得出的结论。司马光首先回顾了历代王朝的兴衰，并得出结论：在过去的 1700 年里，因为君主的好大喜功和怠惰，成功维持天下统一的时间仅有 500 年。[2]能否维

---

① 见 1062 年，司马光九次拒绝知制诰的任命，《司马文正公传家集》卷 24《辞知制诰状》，第 339—346 页。我引用了第六状。亦见他在写给庞籍的信中对这一行为的解释，《司马文正公传家集》卷 59《上始平庞相公述不受知制诰书》，第 712—713 页。司马光为何接受这一职位并在 1070 年试图降官的说明，参见《司马文正公传家集》卷 43《辞枢密副使第三札子》，第 555—556 页。

② 《司马文正公传家集》卷 21《五规》，第 307—314 页；卷 21《五规·保业》，第 307—309 页。（"卷 21《五规》"，英文原书误作"卷 27"。——译者注）

持天下（不包括周边的少数民族政权）统一，取决于统一它的"国"能否存在。国的兴衰没有任何自然规律，国是人造的结构，可以永存。司马光将国比作建筑：人民是基础，礼法是柱石，公卿是栋梁，百官是屋顶，将帅是墙壁，士兵是门闩。那些"继体之君，谨守祖宗之成法"的君主，可以将国家传给后代子孙。要做到这一点，君主们必须精心维护好这座"建筑"，做好应对外敌入侵和自然灾害的准备工作，精心选拔文武官员、训练士兵、储备粮食以及有效地管理地方。选拔官员时需要注意到他们性格上的缺陷，然后才能产生政治效果。最后，他们必须采取措施，确保能在实质上履行政府的职能，而不仅仅是流于表面。①

按照这种观点，当构成国家的所有群体关系得当，并在整体上履行各自职责时，秩序就会存在，作为整体功能结构的国家就会存在。君主的历史任务是维护由王朝开国之君建立起来的结构。开国之君是"天命"之主，他的智慧和力量凌驾于对手之上。②君主可能被视为"建筑"的"所有者"，司马光更多地将他们视为负责维护"建筑"的看门人。如果君主在过去的工作中表现不佳，那是因为他们缺乏做出政治决定和选择所必需的判断力，司马光的另一篇奏章解释道：

臣窃惟人君之大德有三：曰仁，曰明，曰武。仁者，非姁煦姑息之谓也，兴教化，修政治，养百姓，利万物，此人君之仁也。明者，非烦苛伺查之谓也，知道义，识安危，别贤愚，辩是非，此人君之明也。武者，非强亢暴戾之谓也，惟道所在，断之不疑，奸不能惑，佞不能移，此人君之武也。故仁而不明，犹有良田而不能耕也；明而不武，犹视苗之秽而不能耘也；武而不

① 《司马文正公传家集》卷21《惜时·远谋·重微·务实》，第309—314页。
② 《司马文正公传家集》卷21《进五规状》，第307页。

仁，犹知获而不知种也。三者兼备则国治强，缺一焉则衰，缺二焉则危，三者无一则亡。自生民以来，未之或改也。①

司马光对他所辅佐的每一位君主都重复了这个意思。在这种普遍的统治价值观的背景下，司马光确定了君主必须完成的三项基本任务，以确保制度的各个部分履行其指定的功能。司马光也向所有的皇帝重复了这一点：②

臣闻致治之道无他，在三而已。一曰任官，二曰信赏，三曰必罚。③

君主的职责是确保所有负责政府工作的人都履行职责。然而，这并没有发生。任免和晋升仅仅取决于官员任期长短：官员们在了解其工作之前，或者在其举措造成的困难仍然存在但好的结果尚不明显的时候，就会被换到不同的部门。做事儿的人会因犯错而受罚，而逃避问题的人反而受到奖励。国家不能指望所有官员都能自我激励以履行职责，在任何情况下，很少有人能够做到"公而忘私"。④要使政府有效，需要改进制度：延长任期；按照能力

---

① 司马光在其仕宦生涯中对君主反复陈述这些规定，并且在后来的奏议中经常引用之前的奏议。此处引用的奏议见《司马文正公传家集》卷 20《陈三德上殿札子》，第 296 页（1061）。其他的见《司马文正公传家集》卷 24《上殿谢官札子》，第 346 页（1062）；卷 27《上皇太后疏》，第 375 页（1063）；卷 27《上皇帝疏》，第 379 页（1063）；卷 28《乞简省细务不必尽关圣览上殿札子》，第 387 页（1063）；卷 31《言为治所先上殿札子》，第 417 页（1064）；卷 32《陈治要上殿札子》，第 427 页（1064）；卷 38《初除中丞上殿札子》，第 493 页（1067）；卷 46《进修心治国之要札子状》，第 586 页（1085）。（卷 27《上皇太后疏》"第 375 页"，英文原书误作"第 275 页"；卷 28《乞简省细务不必尽关圣览上殿札子》"第 387 页"，英文版误作"第 381 页"；《上皇帝疏》"第 379 页"，英文原书误作"第 383 页"；卷 46《进修心治国之要札子状》"第 586 页"，英文原书误作"第 568 页"。——译者注）

② 参见上一条注释中所列举的奏议。

③ 《司马文正公传家集》卷 20《言御臣上殿札子》，第 297—298 页。

④ 《司马文正公传家集》卷 21《重微》，第 312 页。

分配任务；根据实际业绩提拔。政策的首要考虑是政府的有效管理。

司马光写作这篇文章时，他完全意识到了宋朝面临着严重的军事和财政问题。[①] 我们可能很期望司马光优先处理政府的这些紧迫任务。司马光为何强调正确管理的重要性？我认为，答案明显体现在他把国家比作建筑。国家是一个由拥有不同权力和责任的群体组成的结构（需要注意的是，"人"是国家其余部分得以建立的基础），维持这些群体之间的适当关系，如同维护国家一样。最容易崩溃的部分，是那些最有力量的部分，它们也是最少的部分。如果一个部门权力过大，或者选错了类型，或者没有履行其职责，就会影响到其他部门的工作。因此，司马光的结论是，要确保分配到每个角色的人都能完成各自的工作，并使用奖惩来确保他们继续这样做。他认为，如果人们有机会发展自己的能力，并因此得到奖励，那么政府的任务就会得到执行。司马光关心的是政府的运作过程，而不是政府的实际工作。我怀疑，这解释了为什么司马光对地方政府的基层官员兴趣有限。司马光主要对公卿大臣们感兴趣，因为他们是直接负责政府功能的人。

在这一切背后，存在一种假设，即人们通常受到偏袒和自身利益的左右。司马光甚至迎合了君主自身的部分利益：如果君主希望国家传诸子孙后代，他必须完全致力于"公"。制度是可以改革的，但官员是否履行其职责，取决于提醒他们自身利益所在的奖惩。这并不完美，司马光指出，政治权威必须考虑到"风俗"（社会价值观）的现实。司马光确实用相当长的篇幅辩称，政府必须试图影响社会价值观，以符合其自身利益。也就是说，它应该让人们再次"习""上下之叙"。"安于所习"，愿意接受等级制度是一种心态，人们必须相信它的重要性，或者接受它作为一种必然。[②] 当然，司马光承认，帮助

---

① 《司马文正公传家集》卷20《言拣兵上殿札子》，第298页。

② 《司马文正公传家集》卷24《上谨习疏》，第347—351页。

遏制偏袒和私利不是一个必然的、必须的问题。然而，一旦那些权威人士理
解了这一点，他们就可以采取行动，使人们"习于上下之叙"①。

这篇奏议的论点（通过回顾政治变化的历史发展而来）实际上是这样的：
一个国家的生存，是它成功地使人们习惯于权力等级关系的功能。这种"风
俗"是政体的安全网，因为人类对变革的抗拒（司马光认为这是一种必然的
行为），意味着只要自身不涉及代价高昂的变革，人们愿意遵循既定的权威。
在上古三代，这种习惯通过"礼"来维持，随着周朝的衰落，这种习惯逐渐
消失，直到只剩下无权无势的周王，以证明其价值。汉唐时期不仅没有恢复
"礼"，而且人们也习惯于挑战上级。到了唐末，人们已不再讲"尊卑之分，
是非之道"，五代的短命政权就是其结果。宋朝开国之君"知天下之祸，生于
无礼也"，并采取措施建立君主的权威，削减节度使的权力。宋朝开国之君使
权力等级一体化，从朝廷延伸到转运使（司马光将其比作周朝的诸侯王），进
而延伸到地方官员和人民，"然后，上下之叙正而纪纲立矣"②。

正如司马光后来在《资治通鉴》中所主张的那样，权力等级和明确界定
的层级，以及职能职责范围，是秩序和统一的基础，这些关注主导了作为政
策批评者的司马光的奏议。典型例子见于司马光反对定期大赦，理由是大赦
会使奖惩无效；呼吁改革科举考试制度，理由是"专尚文辞"的考试只培养
一种人才；提议改革官员升迁制度，以确保只提拔有能力的人；还批评了特

---

① 《司马文正公传家集》卷 24《上谨习疏》，第 349 页。
② 《司马文正公传家集》卷 24《上谨习疏》，第 348—349 页。

殊的奖励事例，因为他发现这些受奖励之人缺乏真正的优点。^①

司马光在讨论边防和国家财政时，再次主张官僚和行政解决方案。司马光进呈奏议时，恰逢北宋与党项人建立的西夏政权关系日益紧张，他反对扩军、征召北方农民以及在边境建立更具侵略性姿态的堡寨的企图。司马光的目的是使宋、西夏之间保持稳定的关系，互不侵扰。司马光同时指出，庞大的军队会耗尽国库收入，从而使军队本身成为国家的威胁。司马光的建议相对简单：训练有素、选择优秀的将领群体，会让军队恢复到适当的规模；他还提到了宋朝开国之君的成就，当时宋朝的军队要少得多。^②

《论财利疏》是司马光对这一时期财政事务最详尽的奏议，他在其中表达了类似的观点。司马光反对"文辞之士"，认为他们控制了三司，并提出旨在增加国家财富份额的改革方案。恢复财政稳定要通过三种措施来实现。首先，完善财务管理，在财务岗位上配备财务专员，创造一条有别于"文辞"职业道路的财务专才职业道路。其次，使百姓回归农业，发挥其应有的作用，从而恢复生产和收入。司马光主张通过开发城市财富和雇佣衙前人员来减少农民的税收。他认为管理不善是主要问题，所以最关注的是官僚体制改革，以确保地方政府的能力。第三，呼吁削减开支，减少皇室的薪俸和给官员们的赏赐。但真正的问题是，"天地之产有常"而文武官员的人数不断增加。司马光因而没有讨论增加生产和收入以弥补成本的方法，而是得出结论：国家必

---

① 这些例子只在 1061 年被使用，但体现在 1061—1065 年的奏议中，《司马文正公传家集》卷20—36。关于赦免，参见《司马文正公传家集》卷 20《论赦及疏决状》，第 300 页；关于考试，参见卷 20《论举选状》，第 302 页；关于提拔制度，参见卷 21《乞分十二等以进退群臣上殿札子》，第 314 页；关于特殊情况的例子，参见司马光对张方平的指责，卷 23《论张方平状》，第 326—327 页。（《论张方平状》有三篇；"第 326—327 页"，英文原书误作"第 325 页"。——译者注）

② 随着 11 世纪 60 年代与党项关系的紧张加剧，司马光对军事政策的讨论变得更加具体。参见《司马文正公传家集》卷 20《言拣兵上殿札子》，第 298 页；卷 34《乞罢陕西义勇札子》，第 449—459 页；卷 35《言招军札子》，第 461 页；卷 35《言西边上殿札子》，第 464 页。

须更好地管理收入，在削减开支的同时实现收支平衡。司马光呼吁将财政控制权统一到宰相领导下的单一机构手中，由其负责支出与收入相匹配，找出造成赤字的原因以及可能的节约办法，并对财政机构进行评估。[①]

司马光很清楚，他的政策建议没有被皇帝所采纳。此外，他还看到，君主（尤其是宋英宗）并不真正相信"治身莫先于孝，治国莫先于公"[②]。为了证明他的观点的必要性，司马光转向了学术。

从历史中学习。长期"喜史学"的司马光在 11 世纪 60 年代，转向潜心历史著述。1064 年，他向宋英宗进呈了《历年图》，即从公元前 403 年至公元 959 年的事件年表。11 世纪 80 年代，此书被合并到更大篇幅的《稽古录》[③]中。1066 年，司马光进呈了 8 卷本的《通志》，该书涵盖了公元前 403 年至公元前 207 年的历史。《历年图》似乎成了《资治通鉴》的大纲，而《通志》则成为《资治通鉴》的前八章。

在《资治通鉴》中，司马光宣称，从历史中学习，是了解通过政府实现秩序的"道"的"一端"：

《易》曰："君子多识前言往行以畜其德。"孔子曰："辞达而已矣。"然则史者儒之一端，文者儒之余事；至于老、庄虚无，固非所以为教也。夫学者

---

① 《司马文正公传家集》卷 25《论财利疏》，第 356 页；卷 25《论财利疏》，第 361 页；卷 25《论财利疏》，第 353—362 页。需要注意的是，司马光还把内藏库、奉宸库等纳入这个统一的财政体系。

② 《司马文正公传家集》卷 31《言为治所先上殿札子》，第 417 页。关于司马光评价宋英宗的一个例子，参见卷 36《上皇帝疏》，第 471—475 页。

③ 这部著作简单涵盖了从公元前 403 年直到 1066 年的宋朝的内容。关于这部著作的叙述，参见王敬之《稽古录浅探》，《中华文史论丛》第 14 辑，上海：上海古籍出版社，1980，第 121—131 页。我依据的《历年图》文本，是收录在司马光 1086 年《稽古录》（学津讨原本）卷 11，58b 至卷 16，79b 中的文本。

所以求道；天下无二道，安有四学哉！ ①

司马光确信，历史揭示了建立并维持国家所必需的原则或规则（司马光使用了"纲要""纪纲"等术语）。正如司马光在《历年表》中所断言的那样："上自生民之初，下逮天地之末，有国家者，虽变化万端，不外是矣（这里列出的规则）。" ② 司马光坦承，他选择了自己认为对追踪国家兴衰至关重要的事件，他从这些事件中得出的原则在当前仍然有效，因为这些原则可以解释过去政治领导人在建立和维持秩序方面的得失。一套单一的规则，使历史保持连贯一致："治乱之道，古今一贯。" ③ 因此，司马光笔下的历史成了对政治行为的记录，而不是对累积的制度或文化变化的记录。司马光追求的是永恒的原则，不管君主是否有意识地遵循这些原则，这些原则显然是人们应该遵循的。

那么这些原则的内容是什么？萨利蒂强有力地质疑了司马光是君主专制主义者和专制捍卫者的流行观点，他认为，对司马光来说，"皇帝被限制在自己的阶层，即官僚层面中"，司马光相信异议的必要性，君主必须服从于"儒家原则"。虽然司马光确实限制了君主，要求君主学习历史教训，但司马光也要求君主对国家的生存负全部责任。正因为政府是通过权力等级来运作的，所以君主的行为比任何其他职位之人都更能影响整个政府的工作。司马光根

---

① 引自林瑞翰《司马光之史学及其政术》，收入《宋史研究集》第 8 辑，台北，重印，1974，第 59—60 页。这段文字见于司马光的《资治通鉴》卷 123《宋纪五》，北京：古籍出版社，1956，第 3868 页。司马光在此处评论了一段关于 5 世纪刘宋王朝时期，玄学、儒、历史、文的学派同时建立的文字。司马光引用了《易经·大畜》，trans. Wilhelm and Baynes, 516, modified, 以及《论语·卫灵公篇》41，trans. Lau, p. 137。

② 《稽古录》卷 16《历年图序》，78a。

③ 《稽古录》卷 16《历年图序》，75b，写于 1064 年。比较，写于 1066 年的"治乱之原，古今同体"。见《司马文正公传家集》卷 17《进通志表》，第 254—255 页。

据适用于整个行政管理的原则，来定义统治者的职能。毫无疑问，这些原则与其说是道家的，不如说是儒家的。但我们不应该假设有一套清晰定义的和明确确立的儒家原则，司马光和其他官员可以诉诸。司马光史学的目的之一，就是要明确儒的原则。

《历年表》的序给出了决定治乱的基本规则，并将君主放在中心位置：

> 治乱之道，古今一贯。历年之期，惟德是视而已。臣性愚学浅，不足以知国家之大体，然窃以简策所载前世之迹占之，辄敢冒死妄陈一二。夫国之治乱尽在人君。人君之道有一，其德有三，其才有五。①

"一道"是正确的用人方式；"三德"，是仁、明、武，这和以前一样；"五才"是统治风格。在详细阐述"一道"时，司马光重复了他以前说过的许多话，但也提出了新的主张，即君主必须任用士。士以大智慧或超能力之人的身份存在于各个国家。必须任用士，因为人们追随他们，就像树叶和树枝追随"根"一样。要得到人民的支持，君主必须得到士的支持。一旦拥有了士，

---

① 《稽古录》卷 16《历年图序》，75a-75b。如同《资治通鉴》的起始，《历年表》始于公元前 403 年，因为三家分晋表明"先王之礼于斯尽矣"。参见《稽古录》卷 11，58b。这一判断在《资治通鉴》的导论性评论中加以解释并予以阐释，参见《资治通鉴》卷 1《周纪一》，第 2—6 页。这两部著作都完结于公元 959 年后周灭亡时。司马光将后周视作提供了宋朝完成统一的基础。我认为这里的要点是，宋朝无法真正与其之前的直接历史拉开距离，只能回到三代。参见《稽古录》卷 15，74；《资治通鉴》卷 294，第 9599—9600 页。25 张图表现已不存，但事件的逐年记录与司马光插入的 36 条评论一起保存了下来。相对于见于《资治通鉴》中的注，司马光在此处的评论，主要致力于通过历史评估君主。例如，在对两汉（卷 12，87b-88b；卷 13B，103a-104a）和唐朝（卷 15，61b-65b）的评论中，讨论了每一位君主，但仅介绍与君主政务有关的公卿大臣。尽管司马光为宋英宗创作了此书，由于出版了未经授权的版本，该书赢得了更广泛的读者。这一版本似乎以《帝统》为书名，司马光称其"非光志也"。关于原始作品的格式以及未授权版本的问题，参见《司马文正公传家集》卷 71《记历年图后》，第 877 页。引言以一般的术语介绍规则，而各种评论则解释了特定的君主如何成功地实现了这些原则或未能实现这些原则的不同情况。

君主就必须在他们当中进行选择，根据士的真才实能来分配其职能，并赋予其充分的权力来执行其任务。君主授予士官阶和俸禄，用奖赏来鼓励他们，并惩罚那些误入歧途的人。在这种观点看来，作为精英阶层的士已经存在于社会之中，他们不是由国家创造的，但他们对国家至关重要。司马光似乎暗示，国家必须让那些政府精英成员执行其命令，但又不能威胁到精英在人民中的领导地位。

"三德"关系到君主如何任人。前两点无须进一步解释，第三点"武"，关系到君主支持他所选择的人的能力。"五才"是君主成功的象征。开国之君能够统一天下，也有四类继承者：那些使体制保持良好运转、对已经出现缺陷的现有体制进行改革的人，不关注历史情况的人，那些这样做因此"恢复"了国家的人，还有那些漠不关心导致亡国的人。这里的重点是不断关注事件的发展方向，并有能力发现关系结构恶化预示着麻烦的来临。司马光总结道，"道""德"和"才"贯穿所有的历史变化中，然而极难造就一个有序的世界。宋朝前两位君主是真正的建国者。司马光在书中含蓄地让读者发问，现任君主将选择成为什么样的接班人。

因此，在宋英宗朝末年，司马光提出了一套原则和总体规划。当宋神宗在 1067 年登基时，司马光准备提供建议。然而，皇帝转而求助于王安石，并着手违反司马光为他制定的政府规章。

王安石的方案

王安石在其著名的 1058 年的"万言书"中，提出了实现政治—社会整合的方案，并在 1060 年和 1061 年重复了其要点。[①] 王安石和司马光之间的差距很明显，王安石对君主的全部要求，就是支持他这个计划。对王安石来说，士并非已经出现在社会中，只等着被正确任用，他强调培养一种适合执行其计划的士。

王安石的奏议直接源于他在 11 世纪 40 年代的担忧，我们可以将这篇奏议看作是王安石对自己当年参加科举考试问题的答案：

> 问：圣人治世有本末，其施之也有先后。今天下困敝不革，其为日也久矣。治教政令，未尝放圣人之意而为之也。失其本，求之末，当后者反先之，天下靡靡然入于乱者凡以此。夫治天下不以圣人所以治，其卒不治也，则为士而不闲圣人之所以治，非所以为士也。愿二三子尽道圣人所以治之本末与其所先后，以闻于有司。[②]

该奏议还回应了历史人士对回到三代政策的两种反对意见。首先，圣人的政策是针对他们的时代，时代变了，政策也必须相应加以改变。其次，如果在三代和圣人统治时期有一个完整的秩序，那么处于衰落时代的人们，显然不应该采取只适合完美秩序时代的政策。

在奏议开篇，王安石将当时的问题（国内外的、道德的和财政的）归咎于"不知法度"。他的意思是要确保秩序，机构必须"合乎先王之政"。更准确地说："法先王之政者，以谓当法其意而已。"此外，这些构成了系统行动纲

---

① 《临川先生文集》卷 39《上仁宗皇帝言事书》，第 410—423 页。关于王安石的重述，参见《临川先生文集》卷 41《拟上殿札子》，第 438 页；卷 39《上时政疏》，第 423 页。该奏议的完整英译，see H. R. Williamson, *Wang An-shih: A Chinese Statesman and Educationalist of the Sung Dynasty* (London: Probsthain, 1935), vol. 1, pp. 48-84.

② 《临川先生文集》卷 70《策问三》，第 747 页。

领基础的意图，经受住了上古历史变化的考验。

夫二帝、三王，相去盖千有余载，一治一乱，其盛衰之时具矣。其所遭
之变，所遇之势，亦各不同，其施设之方亦皆殊，而其为天下国家之意，本
末先后，未尝不同也。臣故曰：当法其意而已。法其意，则吾所改易更革，
不至乎倾骇天下之耳目，嚣天下之口，而固已合乎先王之政矣。[①]

简而言之，凡是符合圣人意图并被系统组织起来以符合（并非复制）圣
人行动纲领的政策，都可以在不必担心后果的情况下付诸实施。

王安石继续说，"虽欲改易更革天下之事，合于先王之意"，也不可能，
因为"方今天下之才不足故也"。人才是综合秩序的"本"，政府必须着手"陶
冶而成之者"。政府通过一系列建立在三代模型上的措施，来创造它所需要的
人才。

第一个要求是通过官学"教之"，建立这些学校是为了培训所有那些有能
力实现这一计划的人。学校教育应该使人们沉浸在上古的整合体系中，人们
将学习"朝廷礼乐、刑政之事"。在这样的环境中，他们所看到和践行的都是
"先王之法言德行治天下之意"。其次是"养之"。政府通过提供经济支持养育
所有的人，建立与其经济地位相适应的礼和日常生活，然后通过刑法来控制
他们，从而"一天下之俗而成吾治"。第三，通过"取之"，学校向官长推荐
最聪明、最有能力的人，官长在考察这些人的言谈举止后，可能会给他们安
排试用期和职务。最后，"任之"，那些被挑选出来并被证明是合格的人，会
被给予与其才能相称的官阶和职责。要给这样的官员以长任期，不受规章的
束缚，这样才能使他们能够制定和完成任务，并做应该做的事。

---

① 《临川先生文集》卷39《上仁宗皇帝言事书》，第410—411页。

王安石接着把当前情况和规划的模型进行了比较："教之"是不完整的，因为它只涉及文官和文学而忽略了武官。俸禄太低，无法"养"官员的诚信，而礼无法约束人们，法也无法惩罚基本的错误。"取"是基于文学技巧和记忆背诵，未能获得真正有用的人。"任"由资历来决定，将人们分配到超出其能力范围的工作岗位上。王安石总结说，现在的第一步是制定政策，要以符合先王意图的方式，在当前条件下培养人才。要做到这一点，按照必要顺序，首先要考虑大战略，做出精确的计算，然后逐步付诸实施，最后实现它们。要奖励那些推进事业的人，惩罚那些妨碍事业进步的人。君主要以圣王的意图为导向。

我读到的"万言书"，是关于完美独立且自我延续的系统的理念。人才的形成离不开政策对民生、道德和社会纪律的保障。培养忠于制度的人，同时也需要建立制度。当奏议转向适用于当前的实际措施时，其目的更加有限。王安石并未提出为所有人建立学校系统以便从中选拔官员，而只是要求政府重新调整与士的关系作为第一步。实际上，王安石呼吁将士与政府整合，而不是让士独立于政府及其宗旨而存在。但我们也可以说（也许同样准确地说），王安石要求政府按照他提出的意愿与士合而为一。无论如何，王安石的方案，要求政治与道德、政府与社会的统一。这一点在他的主张中很明显，即教育必须"一天下之学者"，以防止士人之间对该做什么产生分歧。他对经济的看法也很清楚：他认为政府必须"理财"，以防止私人财富增长到使人们受制于私人利益的地步——这将不可逆转地分割权力，从而妨碍统一执行政策。①

王安石认为政治领导权属于那些真正"博学"的人，他们致力于实现先

---

① 《临川先生文集》卷 82《度支副使厅壁题名记》，第 860—861 页；卷 82《太平州新学记》，第 862—863 页。其他关于理想学校的叙述，包括卷 82《虔州学记》，第 858 页；卷 83《慈溪县学记》，第 870 页。

王的意图，"此虽天子北面而问焉，而与之迭为宾主"。在 11 世纪 60 年代写给追随者的信中，王安石坚持认为，只有当真正有学问的人获得权威时，才能实现完整的体系。这样的人将能够指挥所有的部分作为更大整体的一部分来履行其适当的角色，"使物取正乎我，而后能正"。一旦他们有了这些知识，他们所需要的只是政治权威来实施这些知识。①

向圣人学习。王安石的文章表明，他试图证明自己的主张是正确的，即士人应该以圣人为其政治行动的指南。现在的模式必须遵循圣人发展的"成法"："故昔圣人之在上，而以万物为己任者，必制四术焉。四术者：礼、乐、刑、政是也，所以成万物者也。"②圣人接管天地初开，"成"就万物自然（与此形成对比的是司马光的观点，他认为真正相关的模式是那些王朝的开国之君创立的）。

随着时间推移，以累积的方式建立起圣人的完整模式，该模式没有任何片面性和偏见。王安石解释说，后来的圣人不模仿前圣的"迹"，因为圣人是依据"权时之变"做出反应的，他们的意图基本一致。孔子是最后一位圣人，也是制度的集大成者，孔子根据"所谓礼"来回应时代的变化，没有遵循"礼之常"。这意味着，在礼的情况下，将礼固定在当时人的共同感中，同时融入了圣人的传统。王安石将此扩展到所有机构。机构必须建立在那些受影响的人们的共同愿望之上，并且必须建立在允许"中人"满足其要求的方式之上。然而，模仿形式和模仿意图并非相互排斥。那些成功地思考并建立了综合系统的人可以从过去的形式中推断出意图。因此，他们能够更好地适应变化并维护完整的系统，而不是单纯模仿过去的形式。后者试图保存形式，却

---

① 《临川先生文集》卷 82《虔州学记》，第 858 页；卷 72《答王深父书》，第 766—768 页。亦见《临川先生文集》卷 75《与王逢原书》，第 790—791 页："君子之于学也，固有志于天下矣，然先吾身而后吾人，吾身治矣，而人之治不治，系吾得志与否耳。"

② 这段引文出自《临川先生文集》卷 68《老子》，第 723 页。——译者注

越来越无法纳入新的发展。真正的圣人能够在过去意图的基础上创造新的系统。他们愿意改变形式来实现同样的想法，这表明他们真诚地希望造福所有人。形式模仿者缺乏这种自信，他们复制过去以给别人留下深刻印象，但并不知道过去的模式所基于的意图，这就是周朝衰落的原因：人们开始模仿形式，忘记了如何做圣人。[1]"体其意而非仿其形"，是王霸与成圣的根本不同之处。司马光不同意孟子的这种观点。司马光只看到了程度上的不同，因为在任何情况下，政治秩序都依赖于同样的原则：如果秩序是由王霸之国实现的，那么它们必定遵循了与圣王相同的原则。[2]

对王安石而言，上古三代有三种权威。在第一个层面上，上古三代可以证明制度的创造是合理的，理由是它们构成了古人提供的"完整模式"的一部分。这是一个"模仿痕迹"的问题。在第二个层面上，上古三代为把社会和国家组织成一个单一的系统提供了一套思想。尽管制度结构不断发展和变化，这些思想始终如一。在第三个层面上，上古三代为圣人提供了一个进行社会和国家重组的模式。从过去形式中获得圣人意图的人，可以做必要的事情来重建与上古三代连贯统一的系统。因此，上古的权威是模型、目的和方法的来源。这三个方面在术语"法"中有联系。了解圣人的"法"比历史知识更重要，因为通过他们的"法"能有效地达到真正的秩序。在对司马光的回应中，王安石写道，"吾以为识治乱者，当言所以化之之术"[3]。显然，王安石与司马光对圣人如何教化文明人有不同的看法。

① 《临川先生文集》卷69《禄隐》，第730页；卷67《非礼之礼》，第713页；卷66《礼论》，第701页；卷67《中述》，第717页；卷67《王霸》，第714页。

② 《司马文正公传家集》卷73《齐宣王问卿》，第896页。关于宋代士人对这个议题争论的讨论，see Hoyt Cleveland Tillman, *Utilitarian Confucianism: Ch'en Liang's Challenge to Chu Hsi* (Cambridge: Council on East Asian Studies, Harvard University, 1982), pp. 46-53.

③ 《临川先生文集》卷69《太古》，第731页。

因为王安石确信存在圣人的模式、意图和方法，即使缺乏证据，他也可以断言上古圣人的行为方式，这一点在《周公》中得到了证明。王安石在《周公》一文中捍卫了通过官学制度以形成士的观点，反对那些（就像本文中的荀子，或者司马光）认为圣人依靠人际关系和推荐系统来寻找士的观点。王安石首先诉诸"三代之制"——这是"法"真正完善的时代，据说包括学校。王安石随后辩称，这种形成士的方式对"法"保持良好状态必不可少，"使周公知为政，则宜立学校之法于天下矣"①。

这表明，对王安石来说，检验他是否正确的真正标准是其思维是否有能力整合系统。当然，要处理当下，他必须适应自古以来的发展。②诸如《礼乐论》，以礼乐作为真正的"学"的模型，《致一论》定义了"学"的过程，表明精神想象的过程可以形成一个连贯的集成系统的各个部分，它们是王安石"学"的观点的基础。这些文章非常艰涩，部分原因是我们发现王安石试图将内与外、人性与情操、人与天地、圣人与常人结合起来。即使这些文章不像哲学论文那样具有说服力，它们仍然表明了王安石试图达到的目的。王安石以"万物莫不有至理焉，能精其理，则圣人也，精其理之道，在乎致其一而已"，作为第二篇文章的开头。在第一篇文章中，王总结道，所有不朽的创造"皆前世致精好学圣人者之所建也"。对王安石而言，掌握万物本质或统一性并加以使用，可使人将所有的二元性结合在一起，并创造出能够协调综合各种利益与传统的事物。通过将其与仅仅"维持完整的模型"进行对比，王安

---

① 《临川先生文集》卷64《周公》，第677—678页。

② 王安石承认这一点，他在文章中写到，在学习中，人们必须"通古今，习礼法、天文人事，政教更张"。（此处引文出自《临川先生文集》卷69《取材》。——译者注）

石认为这种学习可以而且必须成为重组现代社会的基础。[①]

王安石对经学和圣人的理解是连贯统一的，而他所设想的体系是融合天下各个方面的，这两者之间存在着辩证关系。在司马光的思想中，我们可以看到类似的辩证法，即努力定义政治进程的不变原则及关联历史彼此之间的辩证法。我认为，王安石在很大程度上超过了司马光，王安石利用其结论的连贯性，以证明其观点有效。王安石后来在给表亲曾巩的信中写道：

> 世之不见全经久矣。读经而已，则不足以知经。故某自百家诸子之书，至于《难经》《素问》、本草、诸小说无所不读，农夫女工无所不问，然后于经为能知其大体而无疑。盖后世学者，与先王之时异矣，不如是，不足以尽圣人故也。[②]

了解圣人和经典，意味着要构想一个完美的系统来理解和整合一切。我认为，王安石的主张是，如果他已经构想出这种制度，他就了解了圣人并可以采取行动。

进退：1067—1086 年

王安石的崛起始于 1069 年初被任命为参知政事。1070 年底，王安石成为宰相，1076 年永远离开了中央政府，并且很快致仕。1070 年秋天，司马光离

---

① 《临川先生文集》卷 66《致一论》，第 707 页；卷 66《大人论》，第 702—706 页；引文出自卷 66《大人论》，第 706 页。在罗文（in "Wang An-shih and the Confucian Ideal of Inner Sageliness," pp. 194-196）和柯昌颐对王安石哲学思想的叙述中，两者都将"致一论"作为王安石基本哲学思想的表述。我怀疑这篇文章和《礼乐论》是王安石晚年所作，因为它们关注内心和宇宙学。夏长朴认为，1068 年以后，王安石改变了他对人性的看法，认为性善是与生俱来的，见《王安石思想与孟子的关系》，第 315 页。

② 《临川先生文集》卷 73《答曾子固书》，第 779 页。

开了中央政府，主要生活在洛阳，编写《资治通鉴》。直到 1085 年神宗皇帝去世后，他被任命为宰相。1086 年，司马光死于宰相任上，比王安石多活了半年。① 当王安石的新法为人所知并付诸实施后，司马光提出反对意见。司马光掌权后，努力废除了所有的新法。

1061 年，司马光和王安石之间可能出现了明显的分歧。当时司马光提议改革官员升迁制度，以确保政府官僚机构的有效运作。他设想了一个从宰相到判司簿尉的 12 级差遣制度，以及确定差遣、任期和升迁的新规则。这是一项接近司马光内心的改革，是他更大计划的重要组成部分。朝廷重新审视这一提议时，王安石称这一建议"区区变更而终无补于事实者，臣愚窃恐皆不足为"。王安石认为，改善政府职能没有抓住问题的关键，除非它伴随着对制度的彻底重新审查。"朝廷必欲大修法度，甄序人才"，应该要求所有"议论之士"进行辩论。②

1068 年，王安石和司马光两人再度见面时，他们再度产生了分歧。尽管财政赤字不断增长，新即位的宋神宗还是对"事功"感兴趣，于是他征求意见。司马光呼吁削减开支（尽管他拒绝任命一个委员会来提议削减开支），并

---

① 1068 年 4 月，王安石被召赴都城任翰林学士。1069 年 2 月，任参知政事。1070 年 12 月，成为宰相，并在 1072 年 3 月至 1074 年 4 月期间，成为独相。在一度被迫离任后，从 1075 年 2 月直到 1076 年 10 月（从 1075 年 8 月独相），再次拜相。王安石后来知江宁府，在 1077 年 6 月完全致仕，并一直留在江宁，直到 1086 年 4 月去世。1068 年，司马光为翰林学士兼侍讲，1069 年 2 月和 1070 年 8 月，司马光要求外放。1070 年 9 月，司马光知永兴军。1071 年 4 月，司马光任西京留司御史台。从 1073 年起，他在洛阳提举宫观。1084 年，司马光又开始活跃起来。1085 年 4 月，他被任命为知州。但在 1085 年 5 月，他被任命为门下侍郎，然后，在 1086 年 2 月之交，司马光被任命为首相，并于 1086 年 9 月在相位时去世。

② 《司马文正公传家集》卷 21《乞分十二等以进退群臣上殿札子》，第 314—316 页；《临川先生文集》卷 62《详定十二事议》，第 667 页。

建议在当年的祭祀中不要按传统赏赐高级官员。① 这导致了王安石和司马光在皇帝面前的争论。王安石回应说，司马光提议的措施毫无意义，不会对"富国"有任何帮助。王安石的以下评论令人惊讶："且国用不足，非方今之急务。"司马光重新加入争论：

> "国家自真庙之末用度不足，近岁尤甚，何得言非急务邪？"
>
> 介甫曰："国用不足，由未得善理财之人故也。"
>
> 光曰："善理财之人，不过头会箕敛。"
>
> 介甫曰："此非善理财者也。善理财者，民不加赋而国用饶。"
>
> 光曰："此乃桑弘羊欺汉武帝之言，司马迁书之以讥武帝之不明耳。天地所生，货财百物止有此数，不在民间则在公家。桑弘羊能致国用之饶，不取于民，将焉取之？"②

最后，王安石定义了理财、易俗、立制的优先顺序。③

对新法的争论

1068 年，王安石在朝廷时，他立即呼吁在教育、文官、农业、军队和财政等方面采取行动。④ 孤立地看，王安石及其盟友最终提出的政策解决了一些具体问题，有些是政府自身工作的内部问题，有些是政府为了维持其税收基础而对社会提出的要求：为地方服务和边防提供人力，以及政府潜在的官员

---

① 《司马文正公传家集》卷 42《辞免裁减国用札子》，第 533—534 页；卷 42《乞听宰臣等辞免郊赐札子》，第 535—537 页。

② 《司马文正公传家集》卷 42《迩英奏对》，第 543—545 页。我不确定这场辩论是否真的发生过（这篇文章在司马光的文集中并不合适），但它确实准确地反映了两人的立场。

③ 《续资治通鉴长编拾补》卷 4，3b-4a（1070 年 2 月）；卷 5，19（1070 年 9 月）。

④ 《临川先生文集》卷 41《本朝百年无事札子》，第 444 页。

储备。在许多情况下，这些政策要么是在早期君主在位期间提出的，要么是由富有创造力的地方官员们制定的。虽然王安石不断引用古代的模式来证明其政策创造的制度的合理性，但他并不反对引用汉唐的先例。这些新法并不是孤立的补救措施，它们要共同努力改变政府的运作方式，改变政府与社会的关系，并改变社会本身。王安石和司马光都明白，这个方案是为了实现更大目标的工具。以下的年表，追溯了新法制定的许多过程。①

1069 年 2 月：制置三司条例司（由王安石共同领导，于 1070 年 5 月并入司农寺），为主要政策制定计划。

1069 年 4 月：体量地方。授命调查农业、水利和地方赋役的地方条件并建议行动。

1069 年 6 月：编修中书条例司（1075 年 10 月废罢）。编修中书条例司计划于 1082 年完成官僚机构的改组，使中书成为负责财政、行政和军事规划和行动的机构，这三个领域的领导机构迄今为止一直直接向皇帝报告。

1069 年 7 月：均输平准法。南方六路转运使被赋予权力和资金，根据市场情况进行买卖，以满足政府的要求，而不是依赖于固定的地方配额和运输义务。

1069 年 9 月：青苗法。以常平仓储备金为资本，在每个路由提举常平司领导，也被称为常平法。向农民提供贷款，并最终向城市居民提供贷款，利率为 20%（外加附加费）。贷款金额由户等决定。

1069 年 11 月：农田水利条约。根据调查委员会的报告，制定退耕还林、兴修水利、修整河道等方面的规章制度。

---

① 关于大多数新法的评论，see Liu, *Reform in Sung China*, pp. 4-7。英语学界最广泛的讨论，仍然是 Williamson, *Wang An-shih*, pp. 131-346。Liu, pp. 98-113，详细讨论了募役法。在本书第 2 篇文章中，史乐民讨论了青苗法。东一夫对一些最重要的新法和条例司的发现成果，see *O Anseki jiten*, pp. 43-90.

1070 年 12 月：保甲法。始于都城地区，按照每十户、五十户、五百户为单位组织居民。每户有两个以上的成年男子，出一人为民兵。民兵接受训练，负责巡逻、抓捕盗贼并获得奖赏。保甲负责相互监督，上报保甲成员、新居民等的任何罪行。保甲后来还负责收税。

1071 年 2 月：新的科举考试制度和学校政策。接下来的讨论始于 1069 年 4 月。各科考试都被取消了，取而代之的是单一的进士考试：考生从他们选择的经书（《诗经》《书经》《易经》《周礼》《礼记》）和《论语》《孟子》中选择十条更有意义的内容来代替原来的诗赋考试；还要考一篇文章和三篇策论。所有的州府都任命学官。北方诸路有特殊的规定。1071 年 3 月，政府下令为学校提供土地。国子监于 1071 年（10 月）进行了改组，使那些通过三舍法的人能够直接被授官。

1071 年 10 月：募役法。沿用之前的讨论，并在开封地区进行了实验。废除了差役法，取而代之的是雇佣人来填补地方吏职。家庭用现钱缴税，并根据家庭财富来分等（因此需要对乡村户和坊郭户的财富进行评估和分等）。

1072 年 3 月：市易法。在主要的商业中心设立了市易务，以取代富有的行会商人作为批发商，从较小的商人和贸易商那里购买和销售，以及提供利息贷款给较小的商人。

1072 年 8 月：方田均税法。从开封和北方边境五路开始，按照标准计量单位进行土地测量，评估土地质量，确定土地权属。调查结果和其他调查一起，用于纠正户等，使其准确反映财富状况（户等是确定青苗法、市易法、募役法、保甲法下贷款资格的必要因素）。

1073 年 3 月：经义局。负责撰写《诗经》《书经》《周礼》的官方注释，于 1075 年 6 月完成。

王安石认为，最重要的政策是西北拓边政策、青苗法、募役法、保甲法和市易法。他指出，这些也是最具争议的，但它们的有益影响会逐渐显现出来。[①]这些新法，连同王安石对官僚体制的态度，也是司马光批判的重点。将王安石认可的政策，与司马光认定的可预见后果进行比较，我们就会发现，两人之间真正的问题，在于政府在社会中所扮演的角色。

王安石的边防。王安石认为他想要达到什么目的？他当前的关注主要与其宣布的优先事项有关：建立制度、改变风俗和理财。一个领域的政策与其他领域的那些政策相关联：理财需要建立制度，其有效性取决于改变官员的价值观和人民的习惯做法。我将对王安石控制政府、官场活动和潜在官员（士）队伍的努力，以及他努力建立对社会的控制做一个更广泛的区分。

制置三司条例司是王安石控制政府运作的第一步。王安石希望它成为制定一整套理财政策的单一机构。条例司剥夺了三司传统的财政权威，但又与中书门下分离，因此在规划的最初阶段，它剥夺了中书门下成员的发言权。王安石为这种反常的官僚主义现象辩护，称其与古代政府的制度并不矛盾，这是古代的规则，即理财应先于纠正官僚结构，而有效的规划要求规划者拥有统一的目标，而不是被"异论"所妨碍。王安石任命专人考察地方并为条例司提供政策建议时，绕过了转运使、路级官员，并通过新设立的提举常平司，再次避开了正常的渠道。在每一个事例中，王安石都任命了与其有共同目标的人。在这方面，王安石也打破了常规程序，任命相对年轻、级别较低的官员，赋予其的实际权力凌驾于年长和更高级别的官员之上。然后，王安石提拔那些已证明为新法全力以赴效力的人来担任这样的官职。[②]（关于这一切，请参阅本书第 2 篇文章）

---

① 《临川先生文集》卷 41《上五事札子》，第 440 页。

② 《续资治通鉴长编拾补》卷 4，5（1069 年 2 月）;《续资治通鉴长编拾补》卷 6，1a-2b（1069 年 11 月）。关于王安石在这些地区任命的叙述，see Higashi, *O Anseki jiten*, pp. 81-86。

考虑到王安石的目标是改变由既定官员支持的既定政策，这种政府内政府的建立，可以被视为是务实的。即使王安石作为独相完全获得了皇帝的信任，他仍然极为担心"异论"的威胁。王安石怀疑，即使是反对某项政策的细节，实际上也是针对他变法方案的基本原则。正如刘挚所说，政府内部出现了两种"论"（或"观点"）：

有安常习故乐于无事之论，有变古更法喜于敢为之论。……乐无事者以谓守祖宗成法，独可以因其所利，据旧而补其偏，以致于治……喜有为者以谓法烂道穷，不大变化则不足以通物而成务。[1]

王安石的政策改变了所谓的国体，虽然他认为国体的形式与上古一致。实现这一改变需要组成政府的官员们目标一致，或至少达成普遍一致。那些持"异论"的人可能会试图通过拖延政策的执行来阻挠这一变化，因此，王安石尽其所能不让持不同政见者担任重要领导职务。王安石解释说，司马光不应该被任命在中书任职，因为他"好异论"，而任命司马光，在"风俗未定"的时候，会鼓励下级官员继续拖延："若朝廷人人异论相搅，即治道何由成？"[2]

然而，王安石对不同意见的反感，远远超出了实用主义的范畴。团结不仅仅是执行政策所必需的，它本身就是政策目标真正实现的标志，因此也是政策目标的一部分。对王安石来说，反对是不道德的，因为它会造成分

---

[1] 《续资治通鉴长编》卷 224，第 5442—5243 页（1071 年 6 月）。正如吕惠卿在与司马光的一次辩论中所解释的那样，新法政权不仅要纠正宋朝既定政策中的缺陷，还要改变政策本身。《续资治通鉴长编拾补》卷 6，6a-10a（1069 年 11 月）。

[2] 《续资治通鉴长编拾补》卷 7，17b（1070 年 2 月）；《续资治通鉴长编》卷 213，第 5168 页（1070 年 7 月）。正如刘子健所指出的那样，在当时关于朋党的有益讨论中，王安石并没有完全成功。例如，直到 1073 年，他才从文彦博手中夺取了枢密院的控制权，See *Reform in Sung China*, pp. 59-79。

裂——在道德世界里，所有人都拥有相同的基本价值观。皇帝似乎没有领会
到这一点，因为王安石发现有必要反复告诫皇帝。例如：

> 但刚健不足，未能一道德以变风俗，故异论纷纷不止。若能力行不倦，
> 每事断以义理，则人情久自当变矣。陛下观今秋人情已与春时不类，即可以
> 知其渐变甚明。①

皇帝同意政策"但义理可行则行之，自无不利"②。

王安石认为，由于他的政策是建立在每个部分如何在更大的整体中发挥
作用的愿景上，而且既然这些政策符合人们的真正利益，人们最终会习惯这
些政策并从中受益，只要强迫他们习惯就行了：

> 以习惯故安之，以不习惯故不安者，百姓也。……陛下正当为天之所为。
> 知天之所为，然后能为天之所为……任理而无情故也。③

新法的目的是规定采取行动的规范性秩序。有人批评王安石应将政策细
节交给更贴近当前情况的特定部门来处理，王安石对此予以了驳斥：

> 周官固已征商，然不云须几钱以上乃征之。泉府之法，物货之不售，货
> 之滞于民用者，以其价买之，以待买者，亦不言几钱以上乃买。又珍异有滞
> 者，敛而入于膳府，供王膳，乃取市物之，滞者。周公制法如此，不以烦碎
> 为耻者，细大并举，乃为政体，但尊者任其大，卑者务其细，此先王之法，

---

① 《续资治通鉴长编》卷215，第5232页（1070年9月）。亦见卷225，第5474—5475页
（1071年7月）；卷250，第6089—6090页（1074年2月）；卷251，第6129页（1074年3月）。

② 《续资治通鉴长编》卷219，第5321页（1071年1月）。

③ 《续资治通鉴长编》卷236，第5742页（1072年7月之交）。

乃天地自然之理。如人一身，视、听、食、息，皆在元首，至欲搔痒，则须爪甲。体有小大，所任不同，然各不可阙。天地生万物，一草之细，亦皆有理。今为政但当论所立法有害于人物与否，不当以其细而废也。①

在处理政府问题时，除了依靠皇帝之外，王安石还有其他方法使意见达成一致。王安石可以特意升迁并奖励那些积极支持新法的人，他也确实这样做了。王安石解释说，这是一种说服大多数官员，即"中才"之人"奉行朝廷政令"的手段，而不是因为害怕对手的批评而退缩。② 这种做法相当有效（这得益于越来越严苛地对待对手），到 1085 年，甚至连司马光都承认，很少有重要人物持异议。科举考试、学校和学习课程方面的新法，也承诺为官场提供德才兼备的士人。这些新法还有更深远的目的：从此以后，所有那些希望通过科举考试获得士身份认同的人，都将接受王安石的新法目标是正确的教育。王安石关于科举考试的奏议如下：

古之取士皆本于学校，故道德一于上，习俗成于下，其人材皆足以有为于世。③

当然，效果是有限的。不认同王安石学问的人由此引发出这样的评论："朝廷以经术变士人，十已八九变矣"，但也有同样多的人"不求心通"④。太学的重组也许为确保未来官员的正确教育提供了更多的希望。

王安石还通过对吏和吏职制定新的政策，寻求对政府的统一控制。为吏

---

① 《续资治通鉴长编》卷 240，第 5827 页（1072 年 11 月）。

② 《续资治通鉴长编》卷 240，第 5827 页（1072 年 11 月）。

③ 《续资治通鉴长编》卷 220，第 5334 页（1071 年 2 月）。

④ 《续资治通鉴长编》卷 248，第 6056 页（1073 年 12 月）。

制定薪俸，是为了使他们摆脱对贿赂的依赖，使他们更依靠所服务的机构。募役法实际上把地方富有家庭从最影响他们利益的地方机构中解脱出来，代之以缺乏独立经济能力的全职人员。当这并不能防止腐败时，王安石又增加了一个诱惑：他下令推荐地方最优秀的吏来担任有品级的差遣。王安石这样做还有一个更长远的目标："自此善士或肯为吏，善士肯为吏，则吏士可复如古，合而为一。吏与士、兵与农合为一，此王政之先务也。"①

一旦政府开始作为一个整体运作，这些政策就会全面生效。王安石认为它们会取得什么成绩？它们将使政府能够组织分配天下所有的财富。正如王安石所解释的那样："人主理财，当以公私为一体。"② 所有的财富都要服从政府的控制，就像所有人都要通过保甲法服从社会组织一样（如果他们不是作为官员或吏被组织起来的话）。王安石坚持认为，理财远比增加政府收入重要。当社会财富得到正确管理时，收入问题就会自行消失，但如果以增加收入作为最终目的，那就大错特错了。③ 理财是建立对社会控制的基本手段，这种控制是建立一个可以自上指挥的完整人类秩序所必需的。正如控制政府需要压制那些有独立思想的官员（其他官员依赖他们）一样，控制社会也需要压制那些有独立手段的人（穷人依赖他们）。"利民"（"利天下"）涉及控制私人利益，私人利益的单纯存在，威胁到政府对社会的控制。王安石的逻辑可以这样表述：为了让人民获益，他们必须被组织起来；要想被组织起来，人民必须愿意接受政府的指导；为了愿意接受政府的教导，人民必须发现其物质利益取决于其行动。那些介于人民和政府之间的社会因素，也就是那些利用财富使他人依赖自己的人，是实现这一目标的障碍。

---

① 《续资治通鉴长编》卷 214，第 5223 页（1070 年 8 月）；卷 237，第 5764 页（1072 年 8 月）；亦见卷 215，第 5230—5231 页（1070 年 7 月）。

② 《续资治通鉴长编》卷 214，第 5223 页（1070 年 8 月）。

③ 《续资治通鉴长编》卷 251，第 6129 页（1074 年 3 月）。

王安石称这些元素为"兼并"，指的是无论在农业上还是商业上，所有那些利用财富使他人依赖自己的人。"抑兼并"对王安石来说有多重要，从他最初成立制置三司条例司的理由就可以看出来。王安石声称，条例司是"先王所以摧制兼并，均计贫弱，变通天下之财，而使利出于一孔者"①。

> 摧兼并，惟古大有为之君能之。所谓兼并者，皆豪杰有力之人，其论议足以动士大夫者也。今制法但一切因人情所便，未足操制兼并也。……岂能遽均天下之财，使百姓无贫？②

抑制兼并，需要政府使用其权力来影响物质利益。在接下来的段落中，王安石反复思考了唐朝税制的优点——通过对成年男性征税，而不是对家庭财富征税，并通过公平分配土地，在某种程度上实现了"先王遗意"：

> 然世主诚能知天下利害，以其所谓害者制法，而加于兼并之人，则人自不敢保过限之田；以其所谓利者制法，而加于力耕之人，则人自劝于耕，而授田不敢过限。然此须渐乃能成法。夫人主诚能知利害之权，因以好恶加之，则所好何患人之不从，所恶何患人之不避。③

"抑兼并"非常重要，仅这一点便使得宋朝优越于过去的朝代，连秦也做不到这一点："盖自秦以来，未尝有摧制兼并之术，以至今日。臣以为苟能摧制兼并，理财则合与须与，不患无财。"④"抑兼并"是道德问题。在为地方设

---

① 《续资治通鉴长编拾补》卷4，5（1069年2月）。
② 《续资治通鉴长编》卷223，第5433—5434页（1071年5月）。
③ 《续资治通鉴长编》卷223，第5419页（1071年5月）。
④ 《续资治通鉴长编》卷262，第6407页（1075年4月）。

立市易务事宜辩护时，王安石声称："天付陛下九州四海，固将使陛下抑豪强、伸贫弱，使贫富均受其利。"也有人反对，说王安石想给官员们的俸禄太过丰厚了。王安石回应道："今一州一县便须有兼并之家，一岁坐收息至数万贯者……于国有何功而享以厚奉？"① 这样的人确实不配。

新法建立了取代兼并职能的机构，但这并不意味着政府追求物质利益："至于为国之体，摧兼并，收其赢余，以兴功利，以求艰阨，乃先王政事，不名为'好利'也。"②

对王安石来说，道德世界是一个统一的、完整的世界，没有兼并。青苗法和市易法旨在取代兼并，成为农村和商业信贷的来源。抑制兼并，意味着剥夺其投资收入，使大多数小农和商人独立于他们；还意味着让人们依赖政府机构，从而允许政府在一定程度上降低利率，同时利用利润投资经济，促进发展。③ 正如王安石在谈到市易法时所解释的那样："细民必资于大姓，大姓取利厚，故细民收利薄，今官收利薄，即细民自得利，岂有害细民之理？"④

尽管募役法也向贫困家庭征收免役钱，但税收是累进的。王安石认为，贫困家庭的负担很轻，他们真正的负担是被兼并剥削。当免役钱产生的税收远远超过雇佣当地服务人员的需要时，王安石为这项政策辩护：因为兼并支付得多，穷人支付得少；由于有盈余，现在有资金用于救荒和农业生产计划，

---

① 《续资治通鉴长编》卷232，第5640—5641页（1072年4月）；卷240，第5829页（1072年11月）。

② 《续资治通鉴长编》卷240，第5828页（1072年11月）。（"1072"，英文版误作"107"。——译者注）

③ 关于青苗法的目标，相关例子，参见《续资治通鉴长编拾补》卷5，19（1069年5月）和卷7，7（1070年2月）。关于市易法，参见《续资治通鉴长编》卷236，第5736—5739页（1072年7月之交）和卷240，第5826—5828页（1072年11月）。

④ 《续资治通鉴长编》卷251，第6124页（1073年3月）。（英文原书将"细民"译作"small traders"，与中文史料原文理解有差异。——译者注）

政府将不再需要向富人要求救荒贷款。王安石总结说，只要钱不浪费在皇帝的奢华无度上，就不能称之为剥削。我们可能会注意到，政府的农业项目和救荒基金也挑战了大富之家作为地方各项活动主要投资者的角色。[①]

保甲法体现了王安石理想的政府与社会的结合。虽然最初的规定将地方安全作为政策的重点，但王安石一再表示，他的真正目标是"兵与农合为一"。[②]王安石声称，通过训练，民兵部队最终会比普通士兵更好，而且所需费用更少。[③]与此同时，政府承诺建立一套新的地方领导班子，这些人将获得民兵和乡曲的尊重，并领导人民听从政府的指挥。[④]保甲法为乡曲提供了另一种基础，这种基础无视家庭关系和个人地位，使人民始终面向国家。王安石很快得出结论，这些保甲可以承担其他官方职责。到 1075 年，保甲开始征收土地税、免役钱和青苗钱。王安石声称，让人们担任许多官职，是先王用人的方式。[⑤]"法行则人人为用，以天下人了天下事，何至以无可用之人为患。"[⑥]

司马光的批判。司马光在 1069 年 8 月开始针对王安石的方案上书。他在

---

① 《续资治通鉴长编》卷 223，第 5433 页（1071 年 5 月）；卷 237，第 5776—5777 页（1072 年 8 月）。关于新法的颁布，参见卷 227，第 5521—5524 页（1071 年 10 月）。

② 《续资治通鉴长编》卷 218，第 5299—5300 页（1070 年 12 月）和卷 237，第 5764 页（1072 年 7 月）。关于最初的规定，参见卷 218，第 5297 页。关于王安石计划和皇帝疑虑的全面叙述，参见邓广铭《王安石对北宋兵制的改革措施及其设想》，收入《宋史研究论文集》，上海：上海古籍出版社，1982，第 311—320 页。

③ 《续资治通鉴长编》卷 235，第 5697 页（1072 年 7 月）。定期的军事训练主要在北方边境路分举行。

④ 《续资治通鉴长编》卷 218，第 5297 页（1070 年 10 月）。根据规定，"保甲"领导人必须是有能力、有智慧的来自任何等级的地主家庭之人。

⑤ 《续资治通鉴长编》卷 263，第 6436—6437 页，第 6451 页（1075 年 4 月之交）。（"1075 年"，英文原书误作"1975 年"。——译者注）

⑥ 《续资治通鉴长编》卷 215，第 2312 页（1070 年 9 月）。

1085—1086 年执政期间重复了同样的反对意见。了解王安石的所作所为，就不难理解司马光在国家规范形式、政府结构、政府与社会之间的关系，以及社会必要秩序等方面的"异论"。

司马光继续坚持认为，"治"取决于维持明确界定的分权层次结构，以及相应的职责分工。王安石愿意打破政府内部的既定分歧，以建立统一的控制并执行他的政策，司马光则希望保持政府的层级分立。王安石想要整合政府和社会，司马光则主张在政府的制度活动和人民追求物质利益的传统之间建立必要的界限。王安石的目标是打破私人财富的力量，而司马光则捍卫富人特殊而必要的社会功能。甚至在外交政策上，王安石设想可以将少数民族政权纳入中原王朝，而司马光则主张政权间的力量平衡。

司马光的首要目标之一是恢复被王安石改变的行政程序的方式。王安石利用制置三司条例司颠覆了构成政府金字塔的分散层级，这使得经验不足、地位低下的士人在没有听取主管部门意见的情况下，在缺乏能力的领域负责制定政策。出于同样的原因，派遣专人调查地方情况，然后监督政策的执行也是错误的：无视转运使，缺乏足够知识和经验的人调查地方政府，地方官员并未参与到建言献策中。司马光认为，如果既定的政策不能很好地发挥作用，就会出现实际问题，解决办法在于更好的人事管理，以确保规划和实践方面的能力。后来，司马光公开抨击王安石担任宰相期间的行为。司马光说，王安石认为自己是另一位周公，辅佐成王，但实际上他只是一个坚持让每个人都认同其观点的人。①

司马光始终坚信行政程序最具重要性。但他很快意识到，真正的问题在

---

① 《司马文正公传家集》卷 43《上提要疏》，第 547—550 页；亦见卷 60《与王介甫书》，第 719 页（1070 年 2 月）；卷 45《应诏言朝政阙失状》，第 572 页（1074 年 8 月）和卷 17《遗表》，第 258 页（1082）。1070 年 2 月，在一系列三封信中，他已经责备过王安石了。参见卷 60《与王介甫书》，第 719—727 页。

于王安石希望利用政府做些什么，这是原则问题。政府是否应该关注"利"？也就是说，政府是否应该设法管理整个社会的财富，从而干涉人们实现其物质利益的方式，而不是让他们追求自己的那些利益？司马光并不认为"理财"是古代政府不可分割的一部分，政府最多应该保证其政策不妨碍人民自我致富。司马光认为，政府征税应该只用于维持秩序的最低要求。在他看来，这个目标和试图控制社会如何创造财富之间有着天壤之别。①

为了证明王安石的政策目标是错误的，司马光明确了他认为的长期后果，并解释了这些后果最终将如何剥夺政府维持国家运行所需的资源。问题是，这些政策改变了社会上现有的关系，而这些关系对社会稳定和繁荣是必不可少的。例如，富人既对社会有用，政治上又少不了他们的参与。贫富之间的差异，源于人们智力和能力上的自然差异。富人是那些未雨绸缪并辛勤劳作的人，而穷人是那些没有这样做的人。两者之间存在着一种互利的关系：富人借钱给穷人使自己变得富有，穷人向富人借钱来维持生计。现在，通过青苗法，政府正成为农村信贷的唯一来源，这似乎符合需要贷款的穷人的利益。但事实上，对官员的制度要求使他们无法履行富人的传统角色，毕竟富人需要穷人，以便从中获利。为了达到贷款限额，官员们不得不强迫所有家庭接受贷款。为了违约赔付，富人和穷人被迫加入贷款担保团队，因此，在收成不好的时候，穷人（他们无法理财）会违约，让富人替自己偿还债务。债务的累积增长，也将很快延续到好年景。随着穷人的逃离，富人将逐渐贫困（他们丧失了穷人土地上的抵押贷款）。最终政府将不得不免除这些债务。一旦免除债务，原本打算作为救荒和战时主要紧急资金来源的常平仓就会资源枯竭，也会给国家造成利益损失。作为地方救济资金的传统资源，富人的贫困进一

① 《司马文正公传家集》卷 60《与王介甫书》，第 719—724 页，第 726—727 页；卷 41《论衡前札子》，第 523—524 页。

步损害了救荒政策。实际上，政府在放弃应对这一问题的财政手段的同时，正在制造无地难民的反叛源头。①

司马光提出反对"理财"的第二个主要论点，是针对以现钱缴税的免役钱。他提出，货币税（和贷款）从根本上改变了农村经济的性质，农村经济以前是建立在人民自己劳动产品的基础上，只征收实物税。新制度使生产者依赖于市场，因为他们必须出售商品来获得支付税款的货币。货币税让最贫穷的家庭受害最深，因为他们最容易受到价格波动的伤害。为了交税，人们不得不接受在收获期较低的价格。这些情况以及对现钱需求的增加，将导致商品相对于货币的价值下降。司马光描述了被其他人称为"钱荒"的问题：由于货币昂贵，即使在经济不景气的年份，商品仍然很便宜，因此，处于贫困边缘的农民被迫出售不动产。与此同时，官方贸易机构的设立降低了商业的利润率，减少了行旅商人的数量，损害了商品的流通。②

根据司马光的说法，新税制带来的货币化导致了商业化，破坏了农村的自给自足，从而破坏了农村的稳定。保甲法使情况进一步恶化，迫使人民承担会妨碍农业生产（农民在国家更大的结构中应承担的职能）的职责。然而，保甲没有接受捕盗方法和武技方面的训练，而这些训练是他们胜任士兵和弓手所必需的。总之，理财政策迫使人民逃亡并成为盗贼，而保甲制度教授人民足够的军事技术成为盗贼，地方政府却无法组建起有效的安全部队。③

司马光将国家比作建筑，这个比喻可以应用到他对新法的批评中。司马光认为，人民是政府建构的基础，大小官吏、将领、士兵承担不同的角色。王安石把建筑拆了，想用一种新的方式把它重新组建起来。司马光反对说，

① 《司马文正公传家集》卷44《乞罢条例司常平使疏》，第559—563页。

② 《司马文正公传家集》卷45《应诏言朝政阙失状》，第575—577页；卷17《遗表》，第258—259页。

③ 《司马文正公传家集》卷17《遗表》，第259页。

不同的部分只能有效地为某些目的服务，低级官员不能扮演高级官员的角色，农民不能执行士兵的功能。在司马光看来，社会（人民）是政府赖以存在的基础。王安石试图通过剥夺富人的功能，来改变基础的内部结构，这最终破坏了社会的稳定和繁荣。因此，无论政府的结构多么复杂，破坏了政府的基础，不可避免会导致国家崩溃。只要政治上的团结不依赖于政府对社会的支配能力，富人是否使穷人依赖国家，与政府无关。相反，只要政府能够满足其财政需求，为了保持社会稳定，藏富于民符合国家利益。在司马光的方案中，政府没有合法的理由来威胁富人的利益，但它确实有合法的理由来考虑富人的利益，毕竟，他们对穷人负有直接责任。

司马光认为，国家应该接受社会的本来面目，而不是试图去控制它，这一信念同样明显见于他对社会与士人关系的态度上。王安石的愿望是想要将士人纳入政府管理并接受其政策，与之相反，司马光倾向于忽略官学和州府的资格考试，而采用荐举制度。司马光认为，配备政府人员的最佳方式，是只接受那些由高级官员（他们可以自由推荐亲属）推荐的人参加考试，优先考虑那些拥有最多恩主的人。[1] 政府将成为现有国家精英的集团，不应该试图创造新的精英。

司马光和王安石的外交政策反映了同样的分歧。王安石支持王韶努力收复西北土地并吸收新人口，尽管王安石警告说，应该先进行他的国内改革计划，然后再进一步实施对外攻势。他设想将少数民族政权融入中原王朝。他对融合和统一充满渴望。与其不同，司马光一直主张在宋朝和少数民族政权（这些是有着不同利益的不同民族）之间保持力量平衡，甚至呼吁归还从西夏

---

① 《司马文正公传家集》卷 40《议贡举状》，第 517—522 页。

夺取的领土。①

司马光从不怀疑应该做些什么来解决新法带来的国家危机，他一上台就立即废除了所有的新法。②同时，司马光重申了关于皇帝、朝廷和官僚机构作用的一般原则，并提出了各种改进行政程序的措施。③司马光第一次指出，新法的唯一正当理由，就是宋神宗想要让宋朝开疆拓土，使之与汉、唐的疆界相媲美。将变法责任归咎于皇帝，这与司马光对皇帝在政治中角色的理解是一致的。④司马光的结论是，如果不再打算"募兵"，那么任何新法都不再具有合理性。⑤

学　术

王安石和司马光这些年追求的学术活动，进一步支持了他们各自的政治理想。在这里，我只加以简单概述。王安石监督了《三经新义》的编撰工作，并亲自撰写了《周礼义》。他声称，这本书比上古的任何其他著作都更能揭示出"立政造事"和真正秩序占主导地位时的情形，该书"至于后世，无以复

---

① 《续资治通鉴长编》卷 221，第 5370 页，第 5384—5385 页（1071 年 3 月）；卷 245，第 5963 页（1073 年 5 月）。《司马文正公传家集》卷 42《论召陕西边臣札子》，第 537—538 页；卷 45《谏西征疏》，第 569—571 页；卷 45《应诏言朝政阙失状》，第 571—578 页；卷 17《遗表》，第 257—260 页；卷 50《论西夏札子》，第 631—635 页。

② 关于一般性叙述，参见《司马文正公传家集》卷 46《乞去新法之病民伤国者疏》，第 588—591 页。在关于保甲、将官、募役法的奏疏中有详细的讨论，见卷 46《乞罢保甲状》，第 591—594 页；卷 48《乞罢将官状》，第 611—613 页；卷 47《乞罢免役钱状》，第 608—609 页。并非所有人都被说服募役法应该被废除，参见卷 49《乞罢免役钱依旧差役札子》，第 626—628 页，以及卷 55《申明役法札子》，第 669—671 页。

③ 《司马文正公传家集》卷 46《进修心治国之要札子》，第 586—588 页。

④ 《司马文正公传家集》卷 54，第 661—667 页；卷 55《乞罢保甲招置长名弓手札子》，第 671—675 页；卷 57《乞合两省为一札子》，第 685—690 页；卷 51《论钱谷应归一札子》，第 641—642 页；卷 50《乞罢提举官札子》，第 638—640 页。这些札子都出自 1086 年。

⑤ 《司马文正公传家集》卷 49《请革弊札子》，第 624—626 页。

加"①。王安石的注解确实使这部经典支持了新法，但它的更大作用，是为学生提供了一个模式，即通过想象作为整体文本的连贯性来寻找意义。王安石的《字说》是一部独特的作品。现存的解释与其《周礼义》中的例子，说明了王安石把各部分整合成连贯整体作为定义价值的手段。就像他把后来的知识运用到经学上，以阐明它们的伟大体系一样，王安石也引用了后来的知识，以达到那种连贯性（以一种似乎相当特别的方式）。王安石相信其著作已经为所有的事情设定了规范的价值，这是显而易见的："讵非天之将兴斯文也，而以余赞其始，故其教学必自此始。能知此者，则于道德之意已十九矣。"②众所周知，王安石在致仕后兴趣转向了探索精神世界。虽然确切性质仍不清楚，王安石对佛教的兴趣，表明他仍然致力于看到自己的思想与"道"的统一。

司马光于1084年完成了《资治通鉴》，这是他关于政府恒定原则观点的有力证据——那些观点在他第一次插入的评论中（作为对整部作品的介绍），简明扼要地阐述了出来。《资治通鉴》讲述了周朝统治秩序是如何在公元前403年分崩离析的：周威烈王允许晋国的三位大夫把国家一分为三，周朝未能保持正确的政治权威形式，为其自身的毁灭埋下了伏笔，过错在于周王本人。司马光评论的第一部分就足以表明，他对国家正确形式的理解不同于王安石：

> 臣光曰：臣闻天子之职莫大于礼，礼莫大于分，分莫大于名。何谓礼？纪纲是也；何谓分？君臣是也；何谓名？公、侯、卿、大夫是也。
>
> 夫以四海之广，兆民之众，受制于一人，虽有绝伦之力，高世之智，莫敢不奔走而服役者，岂非以礼为之纲纪哉！是故天子统三公，三公率诸侯，

---

① 《临川先生文集》卷84《周礼义序》，第878页。关于《周礼义》与新法的关系，参见刘坤太《王安石〈周官新义〉浅识》，《河南大学学报》1985年第4期，第87—92页。这本注释的最佳版本是收在钱仪吉《经苑》中的版本。

② 《临川先生文集》卷84《熙宁字说序》，第879页；亦见卷56《进字说表》，第608页。

诸侯制卿大夫，卿大夫治士庶人。贵以临贱，贱以承贵。上之使下，犹心腹之运手足，根本之制支叶；下之事上，犹手足之卫心腹，支叶之庇本根。然后能上下相保而国家治安。故曰：天子之职莫大于礼也。[1]

司马光致力于将等级权力从君主下放到低级官员，这一点在他对《易经》和扬雄的《太玄》关于"道"的评论中也有所体现。[2]尽管司马光将天与人、数与原理视为平行线，但他的结论更多地与"人"有关，而不是与"天"有关——司马光自觉地避免了神秘主义。[3]

司马光也对探索精神世界感兴趣，或者至少对"心"有兴趣。他的结论是，当人们致力于学问和获取知识，成功地使他们的思维不受外部事物的干扰时，大脑就会看到事物的各个方面，并找到其中的意义。达到这种精神状态，司马光称之为"中"或"中和"（字面意思是"既不多也不少"）。获得这种能力的人无须药物就能保持身体健康（从而控制自己的"命"），并知道哪

---

① 《资治通鉴》卷1《周纪一》，第2—3页。

② 《易说·总论》（四库全书本），《司马文正公传家集》卷67《说玄》，第834—835页。他对命理学的兴趣，可以追溯到11世纪40年代，参见《太玄》（四部备要本）序。

③ 《司马文正公传家集》卷74，第913—916页。

些选择是必要的，可以让天下万物恢复秩序。[①] 也许我们可以从司马光对"中"的看法中看到，他深信和谐来自平衡对立的部分和利益。

结　语

王安石和司马光政治观之间的本质区别是什么？为什么在 11 世纪会出现两种截然不同的观点？他们所代表的历史选择，与中国历史的进程有何关系？

明显的区别在 11 世纪 70 年代变得清晰：王安石扩大了政府活动的范围，而司马光则希望对其加以限制。然而，在我看来，在适当的政策范围内的相对分歧，本身并不能解释北宋半个世纪的尖锐冲突和朋党之争，相反，我们

---

① 司马光在 1084—1085 年与范镇（字景仁）的通信中，发展了他关于"中"的思想。相反，范镇称，秩序依靠最高的政治权威。韩维（字持国）试图说服他：如果头脑"虚"了，就会赢得"大本"，而这是"众本之所自出"的来源。通信似乎按照以下顺序进行：(A)《司马文正公传家集》卷 62《答范景仁书》，第 752 页，他与范镇讨论了"乐"。(B)《司马文正公传家集》卷 62《景仁复第五书》，第 758—759 页，范镇对 (A) 的回应。(C)《司马文正公传家集》卷 62《与范景仁论中和书》，第 759—760 页，对范镇 (B) 的回应。(D)《司马文正公传家集》卷 62《景仁答中和书》，第 760—761 页，范镇对 (C) 的回应。(E)《司马文正公传家集》卷 62《与景仁再论中和书》，第 761 页，一般性回应并寄出关于"中"的文章。(F)《司马文正公传家集》卷 64《中和论》，第 793—796 页。韩维加入了这个问题的讨论，参见 (I) 及以后。(G)《司马文正公传家集》卷 62《与范景仁第八书》，第 761—762 页，提到范镇不同意，并送出另一篇文章《致知在格物》，包括写于 1083 年的文章（包括收录在《迂书》中的《绝四》）。(H)《司马文正公传家集》卷 65《知人论》，第 800 页；卷 74《绝四》，第 911—912 页。(I)《司马文正公传家集》卷 62《韩秉国书》，第 765 页，韩维表示愿意参与讨论。(J)《司马文正公传家集》卷 62《秉国谕中和书》，第 765 页，韩维提出了他对"中和"的理解。(K)《司马文正公传家集》卷 62《答韩秉国书》，第 766—768 页，对韩维的回应。(L)《司马文正公传家集》卷 62《景仁答中和书》，第 769—770 页，韩维的回复。(K)（需要注意的是，这是范景仁在藏书中作为答复不正确的认定）。(M)《司马文正公传家集》卷 62《答秉国第二书》，第 768—769 页，回复了韩维。(L) 司马光"中"理论的直接起源，似乎是他对"阳盛"的兴趣，参见《司马文正公传家集》卷 61《答李大卿书》，第 734—735 页，出自 1072 年；卷 62《与王乐道书》，第 751 页，出自 1080 年。Tanaka Kenji, in *Shisei tsuken* (Tokyo: Asahi, 1974), pp. 8-10，已经提到这次争论的价值。（D "第 760—761 页"，英文原书误作"第 670—761 页"。——译者注）

必须着眼于两人根本的政治愿景。不是所有人都会接受这一点。有些人可能简单地认为王安石的政策是对宋朝政府财政和边防问题的回应，并认为产生了这些问题的解决办法。当时的王安石是一位改革家，尽管他可能过于理想化了，不过他看到了问题所在，并知道如何解决问题。[①] 司马光也看到了同样的问题，并提出了同样合理的解决方案，所以说，王安石的方案并不是唯一的选择。我们仍然可以提出疑问，为什么这两种不同的解决方案会获得如此多的关注？王安石和司马光之所以认真看待他们的潜在愿望，最重要的理由是他们都把国家的规范形式视为解决政府面临的所有问题的必要基础。双方都愿意为了更大的原则而牺牲权宜之计和短期解决方案。正如司马光所指出的，王安石没有兴趣尝试修修补补，他接受当政期间持续出现的财政赤字。对司马光来说，他希望能恢复差役制，是为了避免农村经济的进一步货币化。司马光将其指出的负担归因于免役法，虽然他的许多政治盟友认为人们更偏爱免役法。

他们有何愿景？王安石设想了一个政府与社会、政治与道德之间没有区别的国家，其制度满足了所有人的共同愿望和需要。司马光旨在确保国家作为一个在现有社会基础上建立的政治实体而继续存在。为了做到这一点，他试图完善政府的结构和运作，并在"公"、机构责任和那些承担这些责任之人的私人利益之间划一条清晰的界线，并试图阻止其中一方侵蚀另一方。

王安石认为公权应该凌驾于私权之上，司马光认为这会破坏财富，使人民反对政府，并使政府无法维持国家运行。然而，王安石认为，司马光仅仅要保护"公"的领域不受私人利益的侵害并完善政府的行政管理，是无法完成任何具有持久价值的事情的。在实践中，他们都认为国家包括政府（朝廷、

---

① 这似乎是 John Meskill, *Wang An-shih: Practical Reformer?* (D.C. Heath, 1963) 中收录观点的总体概括。

文官、军队、法律和机构等）和社会（士人、农民、商人等）。此外，他们都认为，政府和社会之间存在一种必要的关系，政府的政策直接影响（更好或更坏）社会的价值观和物质福利，而且士人有责任用他们的学识来决定政府的行为。他们对正确的"国体"有不同的理解方式，对建立并维持这种形式所必需的政府与社会之间的关系也有不同的理解方式。

王安石并未反对司马光对政府存在于私人利益的范围内的评估，虽然这可能会威胁到政府维护国家的权力，但王安石相信，政府有权力控制那些私人利益，通过让私人利益接受自己的权力和职能使其变得对政府有利。司马光的回应是，质问政府如何才能在不损害自我运行的情况下保持对私人利益的支持。他的答案包括两方面主要内容：首先，君主应该确保政府维持国家运行所需的职能（边防、司法、税收供应）得到公平和公正的执行（换句话说，政府没有其他目的，只是为了维护国家）；其次，君主应该从士中挑选授权管理政府的人，成为社会上最有权势、最富有、最有才能的家族。因此，政府努力维护政治统一和稳定，以便人们可以自由地追求自己的利益并"自裕"，这一切都是以最小的社会代价来进行的——政府选择了那些最需要保护的人来为其服务。然而，王安石认为没有必要照顾富裕且独立的家庭的利益，因为他相信，如果政府对社会价值和福利承担直接的制度责任，那么，它可以一直获得社会的支持，同时确保财富的公平分配。但这也需要积极地压制那些利用自己的财富和地位使他人依赖他们的人，从而防止政府获得对天下万物的控制。

称司马光为"保守派"当然合情合理：他广泛接受了现存财富分配不平等的社会结构，认为使现有的政治秩序有效运作，没有必要创建新的机构，也没有必要要求政府承担新的社会责任；他接受现有的社会秩序，因为他相信在自给自足的农村经济中，贫富之间存在着持久的平衡；他认为商业化破坏了这种平衡，但他把商业化归咎于政府政策和士的利己行为，他认为这两种行为都是可控的；他认定政府可以阻止政治和社会变革。我不太确定是否可以称王安石为"改革家"：他要求彻底的社会变革；他试图带来一场真正意义上的"革命"——回到文明的源头，就像三代圣王所创造的那样。

王安石和司马光都声称他们从研究人类的过去（王安石的经学和司马光的史学）中获得了自己所信奉的原则的知识。但并不是所有的经学家都得出了王安石的结论，也不是所有的史学家们都得出了司马光的结论，因此我们有必要审视他们的方法。我强调的是，这两种理解"一统"或"一体"的方式非常不同。这个问题可能显得过于抽象，但两人都明确将其作为哲学问题。他们的"一统"观念反映在其学术及其关于国家形式的思想中。从他们的观点中可以清楚地看出不同：部分必须如何结合在一起才能形成一个连贯的整体？

王安石假设了完整的有机整体，然后指出每部分相对于所有其他部分的功能。在真正的整体中，每一部分都从整体的指导意图中获得方向，并为整体的利益而运作。王安石在学术上和政府中的任务，是要看到整体的"意图"是什么，然后确定各部分的"意图"是如何通过共同努力来实现"一统"的意图。司马光指责王安石是"文人"，我对此深信不疑。对王安石来说，儒家经典是一种单一的、连贯的文学作品，完全符合一种包容的、完整的自然秩序。

司马光的"致一观"不是有机的，它是由各种趋向或力量构成的，每种趋向或力量根据其能力在平衡的结构中发挥作用。当部件状态良好且处于适当的位置时，结构就不会坍塌。有机整体的存在，不是因为各部件正确地连接在一起，变成一个单一思想的单一体，而是通过勤奋而刻意地维护。

王安石和司马光两人最伟大的学术著作中体现了这种差异。王安石的《周礼义》和《字说》，都是从各个片段有机联系的假设出发的。司马光在其《资治通鉴》中，有意识地从一系列公认的独立文本和相互矛盾的叙述中构建了历史叙事。

这种分歧关系到王安石和司马光对国家的看法。对王安石来说，问题是圣人立国（造福天下）的"初意"，他认为，如果他能看到立国统一的"理"，就能指导当下。此外，由于所有事物原则上都是更大整体的一部分，王安石假定它们可以根据各自的"理"来适应更大的"理"而重新整合。王安石觉得只要能够控制一切事物之间的关系，就能够适应历史的变化，改变事物的运作方式而不必担心国家会崩溃。然而，司马光认为国家是由特定的人在特定的历史时刻创造出来的。它的存在是因为竞争对手被击败了，而现有的团体（军队、官员、士、人民）被聚集在一个相互支持的结构中，以满足各自的特殊利益。司马光回顾了历史上的几个国家，发现维持任何这样的结构都有必要的"纪纲"。但是，一旦这些部分在某一特定时刻组合在一起，遵守规则的意义就在于防止发生任何结构性变化。这种差异的一个例子就是司马光和王安石两人之间的对比：一方面，司马光忧心忡忡商业化会扭曲贫富之间的平衡（通过给予富人更多的好处，剥夺了穷人的土地），另一方面，王安石有能力将宋代社会正在进行的商业化纳入他的方案中。

尽管是用 11 世纪的术语来表述，王安石和司马光所阐述的统一国家的模式并不是 11 世纪所独有。司马光的思想更符合汉唐的思想，王安石的思想也使我们想起了秦朝和王莽的新朝。

值得注意的是，尽管新法倡导者主导了近半个世纪的北宋政府，但从南宋开始，关于政府与社会关系的论述，总体上更接近司马光的设想。有些人认为明朝是个例外，但其开国之君朱元璋似乎采纳了类似的国家愿景：他认为有必要明确划分公私领域，防止士利用政府来推进他们的私人利益，并确保一个非商业的、自给自足的农业经济。当然，在与官僚机构的关系中，朱元璋确实远远超出了司马光所定义的职能范围。明朝伟大的政治家张居正，像司马光一样，坚持王朝制度的价值，他也认为政府的任务是确保国家的生存，并试图捍卫政府的公共性，反对私人利益。与司马光不同，张居正没有形成原则性的政治愿景，他接受商业化的现实，但没有试图让政府直接对造福社会负责。① 清朝雍正时期的财政改革也是补救措施，他们没有改变国家的形式。

参考 12 世纪二三十年代的现实，我们可以部分地解释政府的取向与新法的背离。在宋高宗（司马光《资治通鉴》的崇拜者）的领导下，宋朝得以重建，需要照顾到现有的利益——问题很简单，他们是否会支持恢复宋朝的政治权威——而将政府对社会的命令制度化的努力，对实现这一目标是有害的。但是，从更广泛的意义上说，放弃通过制度来改造社会的努力，必须归因于作为一个群体的士不愿意支持这种变革。毕竟，许多官僚反对新法并不是一个无法克服的问题，因为官僚可以被取代，而要替换士则愈发困难。我们该怎样解释他们的反对呢？

在此，我提出一种理解 11、12 世纪知识和社会变化的方法，这将使我们一次回答三个问题：为什么在 11 世纪，人们阐述出更大的政治远见？为什么司马光关于政府与社会关系的观点更容易为士所接受？士人学问为何转向"道学"的方向？

我要说的大部分内容围绕三个问题：首先，学问在确立士身份中的作用；其次，士的政治意义（那些入仕之人）与士的社会意义（那些区别于"民"，

---

① 我对张居正的解读是基于 Robert Crawford, "Chang Chü-cheng's Confucian Legalism," in *Self and Society in Ming Thought*, ed. Wm. Theodore de Bary and the Conference on Ming Thought (New York: Columbia University Press, 1970), pp. 367-414.

有别于"庶"的精英）之间的张力；第三，当绝大多数人无法在政府中任职时，给士带来的问题。

在 11 世纪的大部分时间里，士认为自己是"侍"，他们认为"学"的目的是准备分担政治责任。直到 11 世纪 70 年代，大多数学术文章或争论性文章都假定读者主要关注政府。在 11 世纪初，士仍然被认为是一个现存的世代为官传统的家庭群体。当科举考试制度在 10 世纪后期首次扩大录取范围时，南北统一，其目的是提供一种机制，将与开国精英缺乏个人联系的士家庭的人引入政府。但是科举考试把事情复杂化了，因为考试实际上使"学"成为入仕的首要标准。正如当时人们所注意到的，人们现在自称为士，是因为他们掌握了科举考试所必需的知识，即使他们不是来自有仕宦传统的家庭。等他们入仕才掌握这种知识，无疑为时已晚。毫无疑问，他们现在是"士"，并且已经建立起后代可以看到的作为家庭传统的入仕的开端。封赠高级官员的祖先，就是对这种愿望的制度性认可。

像欧阳修这样的人，开始把理想目标放在政治上，他们与那些雄心勃勃的人交流，并为其发声，而那些人正通过学习，建立起自己"士"的身份。这样的作家完成了两件事：首先，通过把自己塑造成一个真正致力于公共利益的人，他们证明了自己参与政策制定的愿望是合理的，因为在当时，政府的上层由已经起家的士来主导。以欧阳修攻击五代政治家冯道为例，这是对一切以家庭重于国家的士的攻击。[1] 其次，他们向那些依赖学习而非家庭的人解释，为什么学问可以证明其承担政治责任的理由。事实上，他们断言，唯一真正的士是那些通过学习而地位上升的人，是那些能够通过学习而确定政

---

[1] 欧阳修在 11 世纪 20 年代撰写过《新五代史》。关于他对冯道的批评，see Wang Gung-wu, "Feng Tao: An Essay on Confucian Loyalty," in *Confucian Personalities*, ed. Arthur F. Wright and Denis Twitchett (Stanford: Stanford University Press, 1962), pp. 123-145.

治价值的人。对于这些新的士，他们缺乏家庭入仕传统（或其入仕传统短暂且最近才开始），精英社会身份（与出身历史悠久家庭之人平等的社会地位）是其仕途的直接后果。他们渴望获得官职并在官僚机构中升迁，他们倾向于把通过学习发现的理想，视为只有通过政府行动才能实现的目标，并且认为政策应该是学习的功能。历史悠久的士家庭的人享有"荫"的特权，并且可以通过科举考试，与同样"士"出身的达官显宦攀上关系。其家庭传统表明，他们有权入仕，这使其有兴趣维持身份现状。他们的精英地位是由其出身决定的。

"古文"作家将三代理想化为一种统一体的秩序，其中政府与社会是不可区分的，而且政府的制度也是一种社会道德制度，提供了一种可以指导"策"的"教"。但是，政府应该为社会福利承担制度责任的观点也适用于新的士。这样的方案给政府提供了一个理由，通过制定新的政府行动计划（这也会带来对更多官员的需求）来促进士的发展，并把社会精英（他们反过来是致力于改变现状的人）想象成政府官员。王安石以追求这一远见而闻名，他的掌权，标志着人们已然认同了这一远见。王安石出生在低级官员家庭，他认为士是由官学培养出来的人，官学的社会角色将是他们的政治角色。王安石1058 年的"万言书"，把士的转变作为实现三代理想的基础。一个理想的模式应该决定政策选择而不考虑后果，这一观点让司马光感到震惊，他抨击了所有那些依靠才能和理想计划来证明自己政治权力主张的人。作为高官之子，并在参加科举考试之前就已经拥有了官阶，司马光把自己强大的学识投入到建立正确的国家制度的任务中。他还把士视为历史上的精英，独立于国家而存在，但由于士在社会领导、学术和行政传统以及道德上的优越性，他们对每个国家都是必要的。我认为，这种道德优越感的主张，是在新入仕者的压力下，证明旧士家庭在政府中占据主导地位的一种方式。我们还记得，司马光希望把教育交到私人手中，通过高级官员的推荐让人参加考试。司马光还强调了学习中"德行"的重要性，对孝道的推崇说明了他的观点，即学习应该始于家庭。而王安石则愿意依赖公立学校，并强调学习的文学方面。

这使我提出，在 11 世纪，国家为了应对新旧"士"之间的竞争而制定了宏伟的政治愿景。这种竞争之所以出现，是因为科举考试制度造就了新的士，他们中许多人利用学问引导政治思想，以牺牲士家庭为代价，推动政府发挥更大作用。这些政治愿景中最伟大的人物是王安石和司马光。他们对士试图通过政府实现目标的定义截然不同，他们用不同的学术方法为自己的主张辩护。然而，他们仍然主要把士看作是那些入仕之人，政治精英们的社会特权被证明是合理的，因为精英们可能通过政府机构潜在地为国家服务。双方都继续在士的政治责任的背景下为士施教。

但到了 12 世纪末，主流学者不再认同这些假设。事实上，以朱熹为代表的道学人士坚持认为，士的唯一真正目标，是个人的道德转变和向圣人迈进。朱熹反对应试学习，因为它不能使学生转向自我道德培养，也因为它使私欲成为学习的目标。朱熹努力建立替代学校，设想让当地的士在没有官方监督的情况下承担起地方移风易俗和造福地方的责任。在其仕宦生涯中，朱熹对追求知识的兴趣高于为官。道学代表了对司马光政府与社会之间适当关系观点的认同，但道学已不再将士定义为仕宦之人。这似乎是自相矛盾的：道学的倡导者也赞成王安石所提倡的理想化的三代。但由于他们整合秩序的视野并非建立在物质利益的满足之上，他们可以从司马光的角度来看待政府。相反，他们把人类真正的共同利益定义为道德利益。只有当人们在实践中认识到所有人都具有的道德原则时，才会出现一种综合的秩序。政府与社会的整合不需要政府对社会的控制，也不需要社会的变革，因为当所有人都按道德行事时，政府就会存在。士的主要职责和学习目的已经从政治转向道德。

要想知道为什么会这样，为什么士选择司马光的政府观点而不是王安石的政府观点，我们必须回到 11 世纪。尽管中第的绝对人数保持不变，科举考试制度也吸引了越来越多的考生。这样就产生了越来越多的人，由于仅仅参加了科举考试，无论是否中第，他们都认为自己是士。新法建立了一个全国学校系统，把所有的学生都视为士，从而加剧了这种情况。到 11 世纪末，大约有 20 万名在籍学生，其中一半在竞争 500 个科举名额，希望加入一个大约 2 万人的文官队伍（实际职位可能只有 1 万人）。南宋的举子人数继续增加。简而言之，科举考试使更多的人声称自己是士成为可能，因为科举制培养了使人们成为士的学问，却剥夺了他们为官的机会。在这种情况下，认为士就是那些为官之人的想法就变得不可信了，在士这个庞大的群体和相对较小的官员群体之间开始出现真正的差距。

王安石的愿景未能得到士的支持，因为士的身份无法让其入仕（尽管其有这样做的雄心）。士没有机会为政府服务，但认为自己是受教育的精英，因此士不得不通过与政府之外的人建立联系来维护自己作为精英的社会地位。正如士所做的那样，通过从事教师的职业，通过加入诸如"道学"这样重视道德修养的知识运动，将他们的家庭确立为当地社会的主导家庭，他们作为士的利益倾向于建立一种不干涉社会结构、不干涉士学习和不干涉私人财富的政府形式。

王安石看到了这个问题，并努力使这个更大的士群体依赖政府。国家政策和教育，以及整个地方政府成员，都应该来自国家地方官学的想法是他的解决方案。此外，利用当地的士来填补地方政府中那些对管理负有实际责任的职位（"吏"）的想法，在理论上承诺吸收学校创造的士。王安石还理解，从长远来看，这需要为学生提供充分的支持，使其不再需要私立教育和私人资助，或者完全取消科举考试，或者限制学校毕业生参加科举考试，因为发解试和糊名的惯习（宋朝新出现）继续允许人们可以不依赖国家机构而入仕。但是，士和吏之间的社会分化显然变得太大了，士无法接受这样的解决方案，而政府也缺乏足够资金来支付那些终其一生都在吏职上的吏应得的俸禄。因此，新法体制留下了比以往任何时候都多的士，而他们在政府工作的机会比以往任何时候都少。正如保守派对反对派的大清洗，使他们的后代无法为官，并迫使他们巩固其在当地的社会地位，缺乏前景也使新士越来越依赖于他们的当地社会关系，来建立或维护自己作为最优家庭。王安石对私人财富的攻击，肯定也伤害了那些试图在转型时期建立士身份之人的家庭，尽管如果政府能够给士一个正式的职业生涯，这就不那么重要了。

我的结论很简单。士发现他们越来越依赖地方社会来维持物质上的优势时——士认为这对他们这种地位的人来说很重要——便得出结论，自己的利益在于那种不试图管理社会财富的政府。毫无疑问，他们对政府的存在很感兴趣，因为它的制度对他们定义自己为士和被承认为士所带来的特权是必要的。这种结果并不一定会让司马光满意。毕竟，司马光的利益平衡的条件之一，是一个非商业化的农村经济，倾向于限制贫富之间的社会距离。但人们可能会猜测，持续的经济商业化，而不是对富人的制衡，在士从政治精英到文化和社会精英的转变中至关重要。随着富人变得越来越富有，私人利益对公共机构的公正运作构成了更大的威胁，而当地的士家庭让政府越来越难以实现司马光所设想的最低行政职责。

没有了仕途的前景，学问成为区分士和普通百姓的关键，因为它允许士在和那些仅仅有钱或有权势的人相比时，拥有道德和文化上的优越感。身为一名士，仍然需要为公众利益承担责任。对于大多数士来说，这仅仅是通过参加科举考试就可以证明自己的文化修养；对其他人而言，可以通过诸如道学等私人学习，独立于政府来证明自己的理想主义和对道德的追求。因此，科举考试制度为政府提供了制度手段，以确保社会精英在承认他们作为士的国家的生存中有既得利益。金朝恢复了宋型科举考试制度，元朝恢复了官学和官学教师的制度，明朝恢复了学校和科举考试制度，并正式接受了道学的教义，这一切都是为了在地方精英和政府之间建立联系。正如司马光所认为的那样，国家的生存取决于政府是否愿意照顾现有社会精英的利益，但是，建构政府的社会并不像司马光所希望的那样稳定。

4

朱熹的历史观

谢康伦（Conrad Schirokauer）

朱熹虽然没有发展出一套完整的"历史哲学"，却具有高度的历史敏感性，他不仅将历史作为一个主题纳入其哲学思想，其历史观还进入了他思想的诸多层面，并且朱熹对历史本质的看法无疑影响了他的知行，以此来改善其所处时代的国家和社会。

考察朱熹的历史观，我们必须要认识到自己的历史意识，并认识到宋人的历史意识与 20 世纪人们的历史意识截然不同。近期出版的新书《往昔是一处异域外邦》（*The Past Is a Foreign Country*），书名体现了当代普遍存在的看法。虽然宋人对这个观点并不完全陌生，但"往昔是一处异域外邦"却与大

———————————

　　＊　致谢：作者希望感谢许多没有参加会议的朋友和同事们，包括哥伦比亚大学新儒家研究研讨会的成员和 1988 年 5 月在巴德霍姆堡举行的"中国古代最高统治者的生存世界和世界观"研讨会的与会者，他们提出了许多建议。

多数宋代学者的精神世界相去甚远，无论他们倾向于哲学还是倾向于历史。[1]
宋朝的思想家们没有争论过哲学探索是否可以甚至是否应该脱离其自身的历
史。[2] 伽达默尔（Gadamer）的诠释学（出发点是对古代的深刻异化）基于这
样一种观点，即过去只能通过融合我们"生活世界"的"视野"来得到部分
恢复，它属于我们（而不是他们）的精神世界。[3] 以朱熹为代表的中国思想家
确实将阅读和阐释理论化，但与许多现代理论家相比，他们更容易处理与过
去"对话"关系所涉及的问题。[4] 在宋朝，历史并非以反讽的方式被感知，而
是一直采用对比的方式为人们所熟知。人们不禁要问：宋代理论家会如何看
待王阳明的"人一日间，古今世界都经过一番"的说法？

人一日间，古今世界都经过一番，只是人不见耳。夜气清明时，无视无
听，无思无作，淡然平怀，就是羲皇世界。平旦时，神清气朗，雍雍穆穆，

---

[1] See David Lowenthal, *The Past Is a Foreign Country* (New York: Cambridge University Press, 1985). 书名来自 L. P. Hartley's novel *The Go-Between*。例外是沈括（1031—1095），他将六朝至唐代的中国社会与种姓制度下的印度进行了比较。See Denis Twitchett, "The Composition of the T'ang Ruling Class," in *Perspectives on the T'ang*, ed. Arthur F. Wright and Denis Twitchett (New Haven: Yale University Press, 1973), pp. 54-57.

[2] Cf. Roy Mash, "How Important for Philosophers Is the History of Philosophy?" *History and Theory* 26, no. 3:287-299. 马什（Mash）得出结论，哲学探索并非必要，其重要性被夸大。

[3] Cf. Hans Georg Gadamer, *Truth and Method* (New York: Crossroad, 1985), esp. pp. 147, 157, 以及非常有用的说明，Joel C. Weinsheimer, *Gadamer's Hermeneutics: A Reading of Truth and Method* (New Haven: Yale University Press, 1985). 正如魏因斯海默（Weinsheimer）的解释："'视野是解释语境的另一种方式'，它包括许多我们自己都没有意识到的元素。"对于哲学与历史之间张力的各个方面，also see Hans Georg Gadamer, ed., *Truth and History/Verité et Historicité: Entretien de Heidelberg* 12-16 Sept. 1969。

[4] 关于"对话关系"，see Dominick La Capra, *Rethinking Intellectual History: Texts, Contexts, Language* (Ithaca: Cornell University Press, 1983), p. 17。

就是尧、舜世界。①

　　更容易了解过去并不意味着没有问题。尽管精神世界各不相同，哲学家和历史学家之间似乎有一种长期存在的张力：哲学家关注永恒真理，历史学家则关注各种细节的变化。用伦纳德·克里格（Leonard Krieger）的话说，这是一种"哲学一致性与历史真实性之间的鸿沟"②。尼采（Nietzsche）毫无疑问富有挑战性地指出，所有哲学家天生都缺乏历史感，哲学与历史之间的关系往往并不顺畅，如此一来，哲学家和历史学家有时会谈论过去而不是彼此交谈。③也许正是那些同时拥有这两种兴趣的人才最能感受到这种张力。因此，我们发现章学诚（1738—1801）曾经说过："夫史为记事之书。事万变而不齐，史文屈曲而适如其事，则必因事命篇，不为常例所拘，而后能起讫自如。"④在

---

① "日中以前，礼仪交会，气象秩然，就是三代世界；日中以后，神气渐昏，往来杂扰，就是春秋、战国世界；渐渐昏夜，万物寝息，景象寂寥，就是人消物尽世界。"王阳明以个人乐观主义作结，尽管这几乎没有历史意义："学者信得良知过，不为气所乱，便常做个羲皇已上人。"《传习录》卷3《门人黄省曾录》，第 311 条，see *Instructions for Practical Living and Other Neo-Confucian Writings*, trans. Wing-tsit Chan (New York: Columbia University Press, 1963), p. 238。在宋代，邵雍用一年的方式来描述历史：始于如春天的三皇，如夏天的五帝，以此类推，直到如冬天的战国。参见《皇极经世书》卷 6，15a，Wing-tsit Chan, *A Source Book in Chinese Philosophy* (Princeton: Princeton University Press, 1963), p. 487。这与王阳明的不同之处，不仅在于节奏上，而且邵雍没有说个人实际上在再现历史。

② Leonard Krieger, *Time's Reasons: Philosophies of History Old and New* (Chicago: University of Chicago Press, 1989), p. 39. For Nietzsche, see Ofelia Schutte, "The Place of History in Nietzsche's Thought," in Bernhard P. Dauenhauer, *At the Nexus of Philosophy and History* (Athens: University of Georgia Press, 1987), p. 99, quoting *Menschliches AllzuMenschliches* (*Human All Too Human*).

③ 这同样发生在中国。举一个宋朝的例子，see Schirokauer, "Hu Hung's Rebuttal of Ssu-ma Kuang's Critique of Mencius," *Proceedings of the International Conference on Sinology* (Taipei: Academica Sinica, 1982).

④ 《章氏遗书》卷 1《文史通义·内篇一·书教下》，19a-b，as quoted and translated by David S. Nivison, *The Life and Thought of Chang Hsueh-ch'eng (1738-1801)* (Stanford: Stanford University Press, 1966), pp. 223-224。

章学诚之后不久，欧洲的黑格尔（Hegel，1770—1831）指出，难以将"希望永远追求永恒的真理"的哲学与"历史世界观不断变化和转变"的哲学史相结合。[1] 朱熹并不像章学诚或黑格尔那样专注于历史，但他在关注哲学的同时还关注了历史，并回应了二者之间的张力。

朱熹的历史与哲学

在宋朝，对哲学思维模式与历史思维模式之间区别的最清晰阐述，可能体现在讨论"经"（永恒真理的宝库）和"史"（记录过去的历史）之间的恰当关系。宋代学者没有讨论过认识论和叙事学（"知"和"言"）之间的关系[2]，作为过去的"历史"和作为记录过去的"历史"之间的关系，不是一个**哲学**问题。与"历史学家"一词的原意一致，他们认为史书是记录历史最理想的方式。[3] 现代人认为，所谓的事件，本身嵌入理论中，并由话语的性质和层次来定义，而宋人缺乏这种观念。邵雍曾将历史比作绘画：

史笔善记事，画笔善状物。[4]

历史学家和画家一样，都在从事"展现"。因此，宋人把历史看作是对人

---

① Hegel, Introduction, *Geschichte der Philosophie*, quoted in K. Löwith, "Wahrheit und Geschichtlichkeit," in Hans-Georg Gadamer, *Truth and History*, p. 12.

② See Beiheft 25 (1986) of the journal *History and Theory*.

③ "经"是《礼记·玉藻》XI, 1:5。理雅格译本："动则左史书之，言则右史书之。"Bernard Karlgren, *Analytic Dictionary of Chinese and Sino-Japanese* (reprinted Taipei: Cheng Wen, 1966)，将"史"定义为"以一种风格，在木板上书写"。

④ 《伊川击壤集·史画吟》（Tokyo: Meitoku, 1978），第 168 页，由上野日出刀（Ueno Hideto）编辑并将其译成日语。

类过去的记录，并视历史为过去本身，这两种观点必然是密切相关的。朱熹对史书的态度，也充分说明了他对书籍中所包含的历史的态度。

睿智博学的张九成在 1132 年的科举考试中说道："学经所以正吾心，观史所以决吾行。"① 这表达了许多认同二程学说的学者们的观点。对朱熹来说，经、史互补但价值不等。研究经和史均能取得富有价值的成果，但都有潜在的缺陷，因此，朱熹把《公羊传》《穀梁传》与《左传》加以比较，说道：

> 左氏是史学，《公》《穀》是经学。史学者记得事却详，于道理上便差；经学者于义理上有功，然记事多误。②

这两种内容迥异的图书的地位，远非纯粹的理论问题，这一点可以从对经筵课程的争论中得到证明。经学家坚持认为，"经"是治国的关键，而史学家则认为"史"对于治国之道必不可少。正如胡三省（1230—1302）在介绍司马光的《资治通鉴》时所说：

> 为人君而不知《通鉴》，则欲治而不知自治之源，恶乱而不知防乱之术。为人臣而不知《通鉴》，则上无以事君，下无以治民。③

在这个意义上，史是最重要的"公共历史"或"应用历史"。④ 不同之处

---

① 张九成《横浦日新》，7b，1925 年重印。

② 《朱子语类》卷 83《春秋》，第 32 条，北京：中华书局，点校本，1986，第 6 册，第 2152 页；台北：正中书局翻印本，第 6 册，第 3410 页。

③ 胡三省接着说，这对个人来说也是很重要的："为人子而不知《通鉴》，则谋身必至于辱先，作事不足以垂后。"（正文与注释中的胡三省文字，出自新注《资治通鉴》序。——译者注）

④ Cf. Richard E. Neustadt and Ernest R. May, *Thinking in Time: The Uses of History for Decision Makers*, New York: Free Press, 1986; also, "Public History's Past, Present, and Prospects," by W. Andrew Achenbaum in *American Historical Review* 92, no. 5 (1987): 1162-1174.

在于，与我们最杰出的"公共历史"的实践者相比，宋代学者对决策者从史中学习的能力抱有更高的期望，而且很少有人对整个理念感到失望。[①] 然而，当经、史对立的问题被卷入一场尖锐的政治斗争时，矛盾冲突变得火药味十足：宋徽宗朝有一段时间，"史"实际上遭到了禁止。[②]

《春秋》常常引起关于经和史正确角色的讨论。《春秋》本身既是经也是史。用苏辙或叶适的话来说，《春秋》名为经实为史。[③] 因此，这导致了两种评注，正如朱熹在为《左传》和《公羊传》所做的注疏中提到的那样。毫无疑问，新儒家总是把《春秋》优先视为经，把"经"的属性放在首位，程颐就是这样做的：

> 夫子删《诗》，赞《易》，叙《书》，皆是载圣人之道，然未见圣人之用，故作《春秋》。《春秋》，圣人之用也。[④]

吕祖谦提醒人们注意这段文字。他对这段话的解读是：将经与史视为一

---

① 比较黑格尔的说法："君主、政治家和人民尤其被告知要从历史的经验中学习，但经验和历史告诉我们，人民和政府从来没有从历史中学习过任何东西，也从来没有证据证明可以从历史中得来的理论行事。"Introduction to *History of Philosophy* as quoted in K. Löwith, p. 10.

② 历史被从"经"、科举考试和公立学校课程中剔除出去。Cf. Robert M. Hartwell, "Historical Analogism, Public Policy, and Social Science in Eleventh- and Twelfth-Century China," *American Historical Review* 76, no. 3 (1971): 690-727, especially 717.

③ 苏辙《栾城应诏集》(四部丛刊本)卷11《史官助赏罚论》，11a。叶适《叶适集》第1册《徐德操春秋解序》，北京：中华书局，点校本，1961，第221页。

④ 《河南程氏遗书》卷23《鲍若雨录》。《二程集》第1册，北京：中华书局，点校本，1981，第305页。程颐的另一种说法，是"经"应该包含"道"，见卷6，第1册，第95页；《春秋》既适用于《诗经》《书经》，也可以与《五经》中所载法律相对照的法律判断，作为《诗经》和《书经》中所载处方的应用，见卷1，第1册，第19页。

个整体，经为"体"，史为"用"。[1] 因此，经与史是互补的，但经享有特权。胡三省认为这是一个普遍的观点，尽管他致力于研究《资治通鉴》，但他在介绍这部著作时承认："世之论者率曰：'经以载道，史以记事，史与经不可同日语也。'"

朱熹没有这样说，也没有对程颐的提法发表评论。他坚持认为，所有著作而不仅仅是经，都应该传递"道"。[2] 朱熹也始终如一地把经排在史之前，并在他的教育课程中给予经明确的优先地位：

> 看经书与看史书不同：史是皮外物事，没紧要，可以札记问人。若是经书有疑，这个是切己病痛。如人负痛在身，欲斯须忘去而不可得。岂可比之看史，遇有疑则记之纸邪！[3]

朱熹坚持认为，研究历史必须按照"理"进行。他指责吕祖谦沉湎于史，史也导致了陈亮的功利主义，这表明研究历史是一项危险的事业。[4] 浙东学派的一大缺陷是沉湎于史，他们"枉尺而直寻"（为了大的受益做出小的妥协），[5]

---

[1] 吕祖谦的两个贡献，见杜维运编《中国史学论文选集》，台北：华世出版社，1976—1980。程颐的引文见于《二程集》第 1 册，第 413 页；以及第 2 册，第 1097 页。

[2] Cf. Richard John Lynn, "Chu Hsi as Literary Theorist and Critic," in Wing-tsit Chan, ed., *Chu Hsi and Neo-Confucianism* (Honolulu: University of Hawaii Press, 1986), pp. 337-343.

[3] 《朱子语类》卷 11《学五》，第 96 条，北京：中华书局，点校本，第 1 册，第 189 页；台北翻印本，第 1 册，第 300 页。引文的英译略有不同，in Chün-chieh Huang, "Chu Hsi as a Teacher of History," paper presented at the Conference on Neo-Confucian Education: The Formative Stage, Princeton, N.J., Sept. 1984。亦见邱汉生《论朱熹"会归一理"的历史哲学》，《哲学研究》1982 年第 6 期，第 51—57 页。

[4] Cf. Hoyt Tillman, *Utilitarian Confucianism: Ch'en Liang's Challenge to Chu Hsi* (Cambridge: Harvard University Press, 1982), pp. 182-183.

[5] 朱熹在给路德章、吕祖谦和其他人的信中使用的"枉尺而直寻"，出自《孟子·滕文公下》3:B1。见王懋竑《朱子年谱》（丛书集成初编本）卷 3 之上，第 121—124 页。

浙东学派的"学问之道不在于己而在于书，不在于经而在于史，为子思、孟子则孤陋狭劣而不足观，必为司马光、班固、范晔（《后汉书》的作者）、陈寿（《三国志》的作者）之徒"，那些人认为"孔子不贤于尧舜，而达磨、迁、固贤于仲尼矣"。① 浙东学派的研究是一门"废经而治史，略王道而尊霸术，极论古今兴亡之变"的学问。② 在讨论吕祖谦的《大事记》时，朱熹批评司马迁在其《史记》中包含了《货殖传》的记载，并将《左传》的作者描述为"晓了识利害底人，趋炎附势"③。朱熹在愤怒之时甚至完全反对史："看史只如看人相打，相打有甚好看处？陈同父一生被史坏了。"④

尽管有这样贬损性的言论，朱熹还是高度重视史的，认为它是一种极其必要的知识追求。毕竟，孔子本人不满足于理论或"空言"，在编辑《春秋》时被认为转向了"约其文辞而指博"⑤。在儒家传统中，史一直占据着显著的地位。对朱熹来说，"读书"很重要，其中就包括了史。⑥ 事实上，在对史的尊重方面，朱熹更接近湖湘学派的学者而不是二程。

可以肯定的是，朱熹将在没有充分理解"道"的情况下读史，比作试图

① 朱熹写给吕祖谦的第 24 封信，见《晦庵先生朱文公文集》卷 47《答吕子约》，第 823—824 页。

② 朱熹写给沈焕的第 2 封信，见《晦庵先生朱文公文集》卷 53《答沈叔晦》，第 957 页。（"卷 53"，英文原书误作"卷 54"。——译者注）

③ 《朱子语类》卷 122《吕伯恭》，第 17 条，北京：中华书局，点校本，第 8 册，第 2952 页；台北翻印本，第 7 册，第 4724 页。

④ 黄榦补充说："东莱教学者看史，亦被史坏。"《朱子语类》卷 123《陈君举》，第 16 条，北京：中华书局，点校本，第 8 册，第 2965 页；台北翻印本，第 7 册，第 4748 页。"东莱"在英文中以其标准形式"吕祖谦"呈现。

⑤ 司马迁《史记》卷 47《孔子世家》，北京：中华书局，点校本，1969，第 3297 页，英译文见 Burton Watson, *Ssu-ma Ch'ien: Grand Historian of China* (New York: Columbia University Press, 1958), p. 51。在宋儒话语中，"空言"显然是个贬义词。（"卷 47"，英文原书误作"卷 5"。——译者注）

⑥ Cf. Yü Ying-shih, "Morality and Knowledge in Chu Hsi's Philosophical System," in Chan, *Chu Hsi*, pp. 228-254, esp. pp. 233-237.

用一个只有一尺多高水位的池塘来灌溉田地："遽决之以溉田，则非徒无益于田，而一勺之水亦复无有矣。"过早地转向"史"是徒劳的，但从不转向"史"则否定了这项事业的全部目标：

> 读书既多，义理已融会，胸中尺度一一已分明，而不看史书，考治乱，理会制度典章，则是犹陂塘之水已满，而不决以溉田。[1]

研究史很重要，但在某种意义上它是次要的，因为"史"不是一个自主的学问领域，而是一个应用在别处所学到的知识的领域。"经"是第一位的。朱熹最关心的哲学问题，是不以"史"为基础的永恒原则，是"四书"中所记载的真理，是通过正确的阅读和自我修养而获得的最佳领悟。但是，这些真理既是内在的，又是超然的，深深地植根于"史"之中。真理构建了"史"，并且只有真理使历史具有道德意义，在知识上易于理解。人们必须根据这些真理来理解和研究史。[2]

朱熹的这种态度并没有使后世的历史学家对其产生好感。更糟糕的是，根据人们推测，颇具影响力的《资治通鉴纲目》（朱熹被认为是编纂者）其实是弟子们根据朱熹的指导方针对司马光的鸿篇巨制进行的改编[3]，这部书"把

---

[1] 《朱子语类》卷11《学五》，第130条，北京：中华书局，点校本，第1册，第195页。

[2] 参见邱汉生《论朱熹"会归一理"的历史哲学》，《哲学研究》1982年第6期，第51—57页。亦见侯外庐、邱汉生、张岂之主编《宋明理学史》，北京：人民出版社，1984，第407—421页。

[3] 对朱熹学术甚至"范例"的质疑，见钱穆《中国史学名著》，台北：三民书局，1973，第235—237页。引文出自黄俊杰《作为历史老师的朱熹》注释5，以及张元（Chang Yuan）《宋代理学家的历史观：以〈资治通鉴纲目〉为例》（台湾大学博士学位论文，1975），后面这篇学位论文我未曾寓目。

一部伟大的历史著作变成了政治伦理学的教科书"①。今天大多数人会同意获生徂徕（Ogyu Sorai，1666—1728）的观点：《资治通鉴纲目》的论点就像是"图章一样模式化"②。曾经极具影响力的《资治通鉴纲目》，现在却经常被引用为歪曲历史的经典例子——以符合朱熹精神所坚持的普遍适用原则来重构并歪曲历史。

但朱熹的历史观远不止这些。一方面，朱熹还有其他一些著作曾受到批评，今天却得到人们更高的评价。这些著作包括《八朝名臣言行录》（一本关于北宋政治家的轶事集）和《伊洛渊源录》（有关其知识谱系的记录）。此外，关于朱熹如何编纂历史的最新研究成果，显示了他对历史真实性、准确性和合法性的关注，并指出朱熹并不逊色于宋代最伟大的史学家。③

更重要的是，作为宇宙论者的朱熹，生活在一个"生生"的动态宇宙中。作为对宋朝忠心耿耿的官员（即使下台了），朱熹痛苦地意识到宋朝历史已经发生了巨变；作为进谏者，朱熹经常引用正面的历史模型（不仅是上古三代的圣君，还有宋朝的开国之君）来激励皇帝，他还使用历史来警醒皇帝陛下，那些像三国时期蜀国国君一样未能改革的君主将会遭遇什么样的命运。在讨论政治问题或规划地方改革（如社仓）时，朱熹经常将历史考虑在内。

朱熹首先是道德家，也是修身养性的哲学家——他以坚持"格物"而闻名；但时间对朱熹来说太重要了，以至于像前辈一样，他把"物"定义为

① J. W. Haeger，见吴德明编《宋代书录》，第 75 页。最好的英语批评性研究成果，仍然是 Otto Franke，"Das *Tse tschi t'ung-kien* und das *T'ung kien kang mu*, ihr Wesen, ihr Verhältnis zueinander, und ihr Quellenwert," in *Sitzungsberichte der Preussischen Akademie der Wissenschaften*, Phil. Hist. K1, 1930, 103-144. 现代中文的研究，见柴德赓《资治通鉴介绍》，北京：求实出版社，1981，第 61—63 页；或者是同一作者的《史学丛考》，北京：中华书局，1982，第 196 页。

② Masao Maruyama, *Studies in the Intellectual History of Tokugawa Japan*, trans. Mikiso Hane (Princeton: Princeton University Press, 1974), p. 100, citing Ogyu Sorai, *Tomonsho*, Bk. 1.

③ 汤勤福《朱熹的史著编纂思想》，《上饶师专学报》1987 年第 2 期，第 95—116 页。

"事"①，而"事"生于历史之中。

更重要的是，作为儒士，朱熹不仅从过去的历史中寻找自己的榜样，而且更关心其毕生致力的事业：澄清"道统"。有一种"道"不仅适用于所有的时代（上古三代和现代），而且它始终是可用的，即使历经漫长岁月，它都未能实现。正如约瑟夫·艾德勒（Joseph Adler）最近所强调的那样，朱熹不仅把这种"道"的传播延伸到北宋，而且还把它的起源回溯到了伏羲。②历史并非一成不变：朱熹坚定地认同上古三代和后来的历史之间在传统上存在质的区别。在与陈亮的论争中，朱熹坚持认为，上古三代的完美与汉唐的不足之间存在着断裂。③规范性的过去可能在性质上不同于后来的过去，但这并不是要否认上古的历史性，因为上古出现在历史时间和空间中，属于人类的过去。否则，就是否认了"道"曾经实现过。④

历史思想研究几乎和思想史研究一样难以捉摸，朱熹感觉到自己与过去的距离，即使他觉得自己与古人有一种亲缘关系，而且这并不局限于过去的圣人。因此，朱熹表达了对不能见到陶渊明（生活在一个颓废的时代）的遗憾。朱熹特别欣赏陶渊明的诗作，他写道：

---

① 参见朱熹的《大学章句》，《孟子》3；Daniel K. Gardner, *Chu Hsi and the Ta-hsueh: Neo-Confucian Reflections on the Confucian Canon* (Cambridge: Harvard University Press, 1986), p. 92. Also see Hoyt C. Tillman, "The Idea and the Reality of the 'Thing' during the Sung: Philosophical Attitudes toward *Wu*," *Bulletin of Sung and Yüan Studies* 14 (1978): 68-82.

② Joseph Alan Adler, *Divination and Philosophy: Chu Hsi's Understanding of the I-Ching* (Ph.D. diss., University of California, Santa Barbara, 1984), pp. 79-81.

③ Cf. Tillman, *Utilitarian Confucianism*, pp. 145-149, 203-204.

④ 田浩指出，朱熹并没有回应陈亮关于孔子"在编定经典时一洗三代的记载，因而三代成了一种理想"的说法，但我们不知道他沉默的原因。*Utilitarian Confucianism*, pp. 203-204.

予生千载后，尚友千载前。①

齐皎瀚（Jonathan Chaves）将这首诗的标题英译成"Homecoming Inn
Near the Rock Where T'ao Got Drunk"，进一步提醒人们，即便是这里的风景
也充满了历史色彩。看来，即使朱熹想否认历史，也无法这样做。

朱熹的历史观在与弟子们的一些谈话中表现得最为明显，其中包括对"近
史"和"旧史"的评论，偶尔也涉及史学。朱熹没有仅仅因为史书的记载而
接受非常事件：《史记》记载公元前262年，获胜的秦国将领在常平坑杀了40
万人，朱熹对这个说法表示怀疑。朱熹同样大力批判当时带有朋党偏见的官
方史学，他甚至说："大抵史皆不实，紧切处不敢上史。"②

准确性并不是对历史学家的唯一要求，但朱熹有时听起来确实像历史学
家。作为历史学家，朱熹不能和司马光相提并论，但是人们过分强调了他和
司马光在东汉纪统合法性上的分歧。其实这个问题根本无关紧要，因为，正
如田浩所指出的那样，朱熹放弃了严格的道德观，在晚年六十多岁时，转而
认为只有大一统的王朝才具有完全的合法性。③朱熹从历史的角度而不是从哲

---

① 《晦庵先生朱文公文集》卷7《陶公醉石归去来馆》，15a。Trans. Jonathan Chaves in *Chinese
Literature: Essays, Articles, Reviews* 4 (1982): 202-203. 当然，朱熹既不是第一个也不是最后一个觉得古
人比同时代人更合意的人。相关例子，见袁枚的《书》，他得出结论："幸运的是，一个人不需要属
于自己的时间，读书日才是真正的人生时。"（此处所引袁枚文字未能查到原文，暂根据英文原书译
出。——译者注）Arthur Waley, *Yuan Mei: Eighteenth Century Poet* (New York: Grove Press, 1956), p. 85.

② 《朱子语类》卷134《历代一》，第73条，第74条，北京：中华书局，点校本，第8册，第
3214页；《朱子语类》卷128《本朝二·法制》，第55条，北京：中华书局，点校本，第8册，第3078
页；台北翻印本，第8册，第4933页。参见侯外庐主编《宋明理学史》，第409—411页。

③ Cf. Tillman, *Utilitarian Confucianism*, pp. 171-172.

学的角度来批评司马光，这一点很少受到人们关注。① 可以肯定的是，朱熹非常欣赏司马光在核实资料时所付出的努力，他不能也没有指责孔子在缺乏可靠信息的情况下填补历史记录的空白（孔子谴责过的大罪②）。但是朱熹确实抱怨过司马光从历史记录中删除了一些不光彩的片段，比如商鞅对其国君解释"帝道王道"，将论点限制在君主能力有限的范围内，而不是直接建议君主转向"霸道"；张良邀请四皓来强化汉朝开国之君皇位继承人的地位；或者陈平让汉高祖不惜黄金在楚国行反间计的类似事例。朱熹指责司马光进行道德说教（虽然这可能是有道理的）令人感到诧异，但事实就是如此。朱熹还反对司马光省略了周亚夫在七国之乱期间（公元前154年）曾经告诉游侠剧孟，得到他的支持比征服叛乱王国更重要。③

朱熹抱怨的要点，是"温公修书，凡与己意不合者，即节去之，不知他人之意不如此。《通鉴》此类多矣"④，读者因而失去了线索或无法理解一个时期的"风俗"。朱熹说，这并非孔子写作《春秋》的方式。

当然，人们普遍认为，孔子试图通过编辑《春秋》（并删除其中的信息）来传达褒贬之意；而且人们普遍认为，朱熹的《资治通鉴纲目》大体上（但

---

① 不过，这一点已经有人提出了，Naito Torajiro in his history of Chinese historiography, *Shina shigaku shi* (Tokyo: Komeisha, 1966), pp. 266-267；钱穆《朱子新学案》，台北：三民书局，1971，第5册，第136—138页。

② 《论语》XV:25。

③ 《朱子语类》卷83《春秋》，第32条，北京：中华书局，点校本，第6册，第2152页；台北翻印本，第6册，第3410页。卷134《历代一》，第19条，第24条，第32条，第79条，北京：中华书局，点校本，第8册，第3204页，第3205页，第3206页，第3215—3216页；台北翻印本，第8册，第5142页，第5143—5144页，第5145页，第5161—5163页。此处引用的所有事例均出自《史记》，Burton Watson, trans., *Records of the Grand Historian of China* (New York: Columbia University Press, 1961, 2 vols)。

④ 《朱子语类》卷134《历代一》，第24条，北京：中华书局，点校本，第8册，第3205页。

并不总是）遵循了孔子编《春秋》的传统。① 朱熹非常自信自己和北宋前辈们已经找回了失传了一千多年的孔子思想的真谛，他甚至填补了《大学》文本中的空白。尽管如此，他的怀疑听起来还是令人感到诧异：

> 今只眼前朝报差除，尚未知朝廷意思如何，况生乎千百载之下，欲逆推乎千百载上圣人之心！况自家之心，又未如得圣人，如何知得圣人肚里事！某所以都不敢信诸家解。②

朱熹对经的研究，也是基于类似的正常怀疑态度，例如，他否认《诗经》序言的真实性，他的结论是，早期评论家所诠释的《诗经》诗歌实际上是情歌；他否认《古文尚书》，并确定了孔安国注疏的年代；他还将《礼记》的写作年代确定为秦汉时期。学术批判是宋朝学术特色之一，朱熹告诉弟子："天下多少是伪书，开眼看得透，自无多书可读。"③ 引用陈荣捷（Wing-tsit Chan）的话来说："空前绝后，在这么多领域里，（朱熹）连根拔起了这么多作品的真实性和权威性。"④

具体地说，朱熹之所以坚持历史书写的准确性和完整性，是基于这样一种信念，即"理"是描述性的，又是规定性的，世界和人的故事归根结底是

---

① 参见《朱子语类》卷 83《春秋》。

② 《朱子语类》卷 83《春秋》，第 44 条，北京：中华书局，点校本，第 6 册，第 2155 页；台北翻印本，第 6 册，第 3415—3416 页。

③ 《朱子语类》卷 84《礼一·论修礼书》，第 28 条，北京：中华书局，点校本，第 6 册，第 2187 页；台北翻印本，第 6 册，第 3470 页。这段史料见于 Wing-tsit Chan, "Chu Hsi's Completion of Neo-Confucianism," in *Etudes Song: Sung Studies in Memoriam Etienne Balazs*, Ser. II, no. 1 (1973), p. 84。这段史料又见于 Wing-tsit Chan, *Chu Hsi: Life and Thought* (Hong Kong: Chinese University Press, 1987); see p. 134. （第 6 册，"第 2187 页"，英文原书误作"第 2155 页"。——译者注）

④ Wing-tsit Chan, "Chu Hsi's Completion," p. 84, reprinted in *Chu Hsi: Life and Thought*, p. 134. Also see page 42 of that book.

可理解的，具有道德意义。① 现代学者将历史看作是每一代人都要改造的精神建构，朱熹的看法与之不同，他认为历史记录本身就能说明一切，正如他有一句关于《春秋》的名言："孔子但据直书而善恶自著。"②

我们现代人努力寻找"中国儒家历史之镜中的规范"③ 时，那些塑造"镜子"的人认为"镜子"反映了客观世界的实际规范；那些如此积极地运用历史批判磨砺的人也是如此，他们试图擦亮"镜子"，使规范尽可能清晰。④ 过去可以作为现在的镜子，这个观点可见于中国最早的文献《商诰》，也见于《孟子》援引《诗经》中的诗句，以及宋神宗给司马光的伟大历史著作所写的序言："商鉴不远，在夏后之世。"汉、唐两朝官员也经常使用这种说法来警醒皇帝要从历史中吸取教训。⑤

并非只有中国学者将历史视为镜子。芭芭拉·塔奇曼（Barbara Tuchman）

---

① 与波利比乌斯（Polybius）相比。波利比乌斯认为自己的任务是"解释事件的结果如何与给定的道德条件保持一致或有因果关系"，对他来说，"历史的教训既教了善良，也教了有效性，因为这些都是同一美德的重要组成部分"。Cf. G. W. Trompf, *The Idea of Historical Recurrence in Western Thought: From Antiquity to the Reformation* (Berkeley and Los Angeles: University of California Press, 1979), p. 101.

② 《朱子语类》卷 83，第 7 条，北京：中华书局，点校本，第 6 册，第 2146 页；台北翻印本，第 6 册，第 3400 页，trans. Kate Nakai, "Tokugawa Confucian Historiography: The Hayashi, Early Mito School and Arai Hakuseki," in Peter Nosco, ed., *Confucianism and Tokugawa Culture* (Princeton: Princeton University Press, 1984), p. 66。

③ 这是纳卡伊（Kate Nakai）的看法，第 66 页。

④ Cf. Michael Freeman, "Die Entstehung der historischen Kritik (Shih-p'ing) und die 'neue Geschichte' der nördlichen Sung," *Saeculum* 23, no. 4 (1973): 351-373.

⑤ 《诗经》III, 3, 2, as trans. in Howard J. Wechsler, *Mirror to the Son of Heaven: Wei Cheng at the Court of T'ang T'ai-tsung* (New Haven: Yale University Press, 1974), p. 145。Also see《孟子》4A:2, Burton Watson, *Early Chinese Literature* (New York: Columbia University Press, 1962), pp. 19-20。Wechsler, p. 178 n. 38, 提到洪迈（1123—1202）指出魏征是"建议君主以前朝为鉴"的官僚集团中的一员。

1978 年出版的《远方之镜：动荡不安的 14 世纪》(*A Distant Mirror: The Calamitous Fourteenth Century*) 也许是近代西方最著名的例子；最近，历史倡导者提出了一个最新的形象，他提醒我们："历史的后视镜是我们唯一的水晶球。"[1] 无论"镜子"这个象征对历史学家有多么广泛的吸引力，我们应该记得，中国哲学家的语言中也使用了"镜子"这种形象。从庄子"至人之用心若镜"[2] 这句话开始，它被包括新儒家在内的理论家们广泛使用，作为"心"的象征和隐喻。因此，朱熹曾经这样描述圣人的心灵在受到外界刺激之前的情形：

> 盖自本体而言，如镜之未有所照，则虚而已矣；如衡之未有所加，则平而已矣。至语其用，则以其至虚，而好丑无所遁其形；以其至平，而轻重不能违其则。[3]

在其他地方，朱熹将同样的意象应用于阅读一般书籍所需的精神状态。[4] 另一段文字则提到了读史：

---

[1] Page Miller, director of the National Coordinating Committee for the Promotion of History, quoted in *The New York Times*, May 29, 1988, sec. 3, p. 13. 宋朝的学者无法预见，有朝一日欧洲的一位重要汉学家会提出将宋人的社会"作为西方历史上所有独特事物的反面镜像"。Etienne Balazs, *Chinese Civilization and Bureaucracy*, trans. H. M. Wright, ed. Arthur F. Wright (New Haven: Yale University Press, 1964), p. 21. 似乎在这里，镜子的影像也变成了镜子的形象。

[2] 《庄子》7，as trans. in Wing-tsit Chan, *A Source Book in Chinese Philosophy*, p. 207。

[3] 《晦庵先生朱文公文集》卷 67《舜典象刑说》，4a，英译文略有不同，as Adler, *Divination*, p. 127，此处，还提到了朱熹使用"镜"的另一个类似实例。最近，孟旦提请大家注意朱熹的"镜像"。See chap. 3 of his *Images of Human Nature: A Sung Portrait* (Princeton University Press, 1988).

[4] "心不定，故见理不得。今且要读书，须先定其心，使之如止水，如明镜。暗镜如何照物？"《朱子语类》卷 11《学五·读书法下》，第 12 条，北京：中华书局，点校本，第 1 册，第 177 页。

凡读书，先读《语》《孟》，然后观史，则如明鉴在此，而妍丑不可逃。[①]

无论是精神上还是物质上的美，都不只是情人眼里出西施。传统的哲学家和历史学家都在寻求一面清晰明亮的镜子来反映现实。自汉朝的或商墓中的那些蕴含宇宙模式的镜子发现以来，世界已发生了很大的变化，直到近现代，仍有一个流行的传统，认为镜子在反映恶魔方面比眼睛更真实。

历史中的人

朱熹没有轻视或贬低历史中客观力量的作用，也没有把历史简化为伟人的传记。他认为历史的变化是真实的。但与其哲学观和世界观相一致的是，朱熹强调伟人所起的作用，并十分重视评价历史领袖人物的品格，他认为品格是成就他们的最终关键：

某谓汉高祖若行夏之时，乘商之辂，也只做得汉高祖，却如何及得颜子！颜子平日是多少工夫！今却道汉高祖只欠这一节，是都不论其本矣。[②]

朱熹的评价标准是跨越历史的，但并不意味着朱熹的历史判断只是机械地运用道德标准，否则其结果可想而知——大多数历史人物都不尽如人意。虽然朱熹的说教并不受人欢迎，而且他似乎更喜欢汉朝而不是唐朝，但朱熹对历史人物的评价，即使是那些离他最近的历史人物，也经常表现出一种平

---

① 《朱子语类》卷 11《学五·读书法下》，第 132 条，北京：中华书局，点校本，第 1 册，第 195 页。朱熹继续说："若未读彻《语》《孟》《中庸》《大学》便去看史，胸中无一个权衡，多为所惑。"

② 《朱子语类》卷 45《论语二十七·卫灵公篇》，第 36 条，北京：中华书局，点校本，第 3 册，第 1157 页；台北翻印本，第 3 册，第 1838 页。文中所提及见于《论语》XV:11："颜渊问为邦。子曰：'行夏之时，乘殷之辂，服周之冕。'" Trans. D. C. Lau, *Confucius: The Analects* (Harmondsworth: Penguin Books, 1979), p. 133. Also Tillman, *Utilitarian Confucianism*, pp. 146-148.

衡感，很少是完全一边倒的。朱熹比任何人都鄙视秦桧，对其深恶痛绝，他认为秦桧应该为和议负责。秦桧容不下意见相左的人（包括大多数新儒家学者和朱熹的父亲），将他们赶出了政府。不过，朱熹高度赞扬了秦桧的工作作风，认为他"严毅尊重，不妄发一谈。其答人书，只是数字"①。

朱熹并不欣赏"功利性政策的象征"王通，他把王通排除在道统之外。②朱熹极力批评王通的作品，但对于王通所处的历史困境心有戚戚焉，故而并非毫不留情。朱熹认为王通很肤浅，缺乏内涵，没有耐心，但他觉得王通比荀子、扬雄或韩愈更有成就。王通意识到他不可能成为第二个周公并实现"大同"，他便试图继续孔子的编书工作；但在圣人所处的时代，仍然有大量上古三代的材料可供使用，而王通要处理的只是后世不重要时期残存的次等文学。③

朱熹可能对历史环境非常敏感，他对如何处理武后及其罪行的讨论是一个绝佳的例子。朱熹不同意胡寅《读史管见》（对《资治通鉴纲目》有很大影响）的看法。根据《四库全书》编者的说法，胡寅"其论人也，人人责以孔、颜、思、孟；其论事也，事事绳以虞、夏、商、周"④。正如我们对严厉的道德家的预期那样，胡寅声称武后应该被降为庶民，并被责令自杀。在被问及这

---

① 《朱子语类》卷 72《易八·咸》，第 19 条，北京：中华书局，点校本，第 5 册，第 1819 页；台北翻印本，第 5 册，第 2897 页。

② Tillman, p. 95. Also see pp. 105-107.

③ 《朱子语类》卷 137《战国汉唐诸子》，第 21 条，北京：中华书局，点校本，第 8 册，第 3260 页；台北翻印本，第 8 册，第 5235 页。亦见第 42 条，第 3266—3267 页；第 5246—5247 页。有时，朱熹将他在事功学派身上看到的同样缺点归咎于王通，见《朱子语类》，第 50 条，第 3169 页；第 5251 页。

④ 《四库全书总目》卷 89《史部四十五·史评类存目一》，4b-6a，这段文字的引用及英译，in Winston Wan Lo, *The Life and Thought of Yeh Shih* (Gainesville: University Presses of Florida, 1974), p. 147. 《读史管见》的一个版本刊刻于 1514 年，见于美国国会图书馆。该版本空白处有大量的符号，表明《资治通鉴纲目》吸收了哪些内容。

个问题时，朱熹指出，宋朝的立场与武后的儿子和继任者唐中宗的立场是不相同的："宰相大臣今日杀其母，明日何以相见？"朱熹进一步展现了历史学家的历史背景，他否定了朋友张栻的意见，即因为唐中宗的无能，皇位应该转移到皇家的旁支："以后来言之，则中宗不了；以当时言之，中宗亦未有可废之事。……须身在当时，亲看那时节及事情如何。"[①]

因此，对历史的正确理解需要个人的判断，不能简单地从规则中推导出来。事实上，历史上很多例子表明，必须取消普遍标准，即使在完美的上古三代也是如此，例如"舜不告而娶"。其他违背常理的例子还有汤放逐桀、武王伐纣、伊尹放逐太甲等，甚至连周公都残杀手足，所有这些都违背了"臣忠于君"的原则，但在当时的情况下却是合情合理的。[②]既然自古以来情况就没有改善过，那么几乎所有时期都需要仔细权衡，或以"道德判断"来决定对错。

权

朱熹关于"权"的观点值得我们进一步考察，因为"权"是古今、公私道德行为问题的核心。在一个不完善、多变的世界中生活和行动时，如何坚持永恒的价值观，是儒家一直以来关注的中心，朱熹对此也进行了深入思

---

① 《朱子语类》卷 136《历代三》，第 59 条，北京：中华书局，点校本，第 8 册，第 3247 页；台北翻印本，第 8 册，第 5213—5214 页。三浦国雄（Miura Kunio）指出，司马光的《通鉴》使用武后朝年号，而《资治通鉴纲目》使用唐中宗的年号。Cf. Yoshikawa Kojiro and Miura Kunio, eds., *Shushi ji* (Tokyo: Asahi shinbun-sha, 1976), p. 488. 此处《资治通鉴纲目》沿用了胡寅而不是朱熹的那些观点。如果能够知道这种情况发生的频率会很有趣。

② 《朱子语类》卷 37《论语十九》。

考。①事实上，朱熹思想的伟大力量，也是其吸引力的持久源泉，就在于他对选择的敏感性，他包容各种问题的极端性和保持立场中立的能力，以及将对道德形而上学的坚定信念与处理学术、政治和生活中具体问题的非凡灵活性结合起来。

哲学问题的本质，在于对规则或原则的应用最终是没有规则或原则的，寻找这样的规则或原则，只能导致无限的倒退。在这方面，演绎推理和类比推理是相似的②，无论我们从经、史（或小说）中如何吸取教训，都没有办法避免个人判断。因此，我们需要圣哲——他的头脑就像镜子或天平一样。

朱熹思想中的"权"，可与亚里士多德的 phronesis（"实践智慧"或"明智""实践推理的美德"）相媲美（但并不完全相同），它使人能够在每个特定的场合决定要做的正确事情是什么。③保罗·舒奇曼（Paul Schuchman）在关于这个主题的新书中写道："对 phronesis 的关注，无非是以人自身作为人类最深层次的关心。"④虽然朱熹强调"格物"，而亚里士多德则视 phronesis 为经验的结果，但在两个传统中，获得这种智慧都要耗费一生的时间。⑤

"权"的本意是秤杆、平衡、权衡（steelyard,balance,to weigh），它

---

① 傅伟勋（Charles Fu）甚至写道："在我看来，朱熹哲学的最大贡献，并不像他所说的那样在于玄学或心性论，而是在于他能够处理儒家关于恒常道德标准或原则的'情境衡量'问题。"See Wing-tsit Chan, *Chu Hsi*, p. 399. 傅伟勋就朱熹关于自己哲学贡献的"主张"提出了看法，但他没有提供相应的参考文献。

② 对于最近关于类比推理的逻辑的讨论，see Jean-Paul Reding, "Analogical Reasoning in Early Chinese Philosophy," *Asiatische Studien* (*Etudes Asiatiques*) 40, no. 1 (1986): 40-56。

③ J. L. Ackrill, *Aristotle the Philosopher* (New York: Oxford University Press, 1981), p. 138.

④ Paul Schuchman, *Aristotle and the Problem of Moral Discernment* (Bern: Peter D. Lang, 1980), p. 26. 关于亚里士多德 phronesis 书目，see p. 11, n. 1。在当代哲学家中，伽达默尔对此特别重视。

⑤ 年轻人可以成为出色的数学家，但是"涉及一门详尽的知识时要谨慎，它只能来自实践经验，而实践经验是年轻人欠缺的，必须经过多年才能获得"。J. A. K. Thomson, *The Ethics of Aristotle: The Nicomachean Ethics Translated* (London: George Allen & Unwin, 1953).

通常与"经"（the standard）相对。有时候也被视作权宜之计、紧急情况（expediency,exigency）（理雅格、安东尼、蓝德彰），道德裁量（moral discretion）（陈荣捷），适合手边的目的（appropriate to the purpose at hand）（刘殿爵），最重要的条件（overriding conditions）（多布森），情境权重（situational weight）（傅伟勋），在紧急情况下采取非常规的行动（taking irregular action in according with exigencies）（蓝德彰）。由于这样或那样的原因，道德行为标准（"经"）无法执行或不适用时，就需要"权"：在权衡了所有因素之后，必须诉诸不寻常的，甚至通常不可接受的东西。在"利己"的意义上，"权"有时确实带有"权宜之计"的负面含义，但是当它搭配儒家话语中的"经"时，使用的是"权"的积极含义。

朱熹对"权"和"经"之间的区别作了相当深入的探讨，并且他在这一问题上的观点，经常得到后世文人的呼应。① 关于儒家的"权"，见于《论语》第九章第三十节，孔子建立了一个循序渐进的过程，从可以学习的人开始，继而是可以求"道"的人，再到立场明确的人，最后是可以与之"权"的人。"权"也是《中庸》的一个重要主题，它告诉我们："君子之中庸也，君子而时中。"朱熹在其《中庸章句》中解释道：

---

① See Wing-tsit Chan's entry on "*ch'üan*" in *Chung-kuo che-hsüen tze-tien ta-ch'üan* and his *Neo-Confucian Terms Explained (The Pei-hsi tzu-i) by Ch'en Ch'un, 1159-1223* (New York: Columbia University Press, 1986), pp. 129-134, 书中包括许多历史例子，其中有朱熹对唐中宗的看法。Also see Wei Cheng-t'ung, "Chu Hsi on the Standard and the Expedient," in Chan, *Chu Hsi*, pp. 255-272, 中文版见韦政通《儒家与现代中国》，台北：东大图书公司，1984，第75—93页。另一个广泛的哲学分析，see Yamane Mitsuyoshi, *Shushi rinri shiso kenkyu* (A study of Chu Hsi's moral thought) (Hokkaido University Press, 1983)，第六章是关于"权"的讨论。See also Tillman, pp. 28-29. 同样也有帮助的，尽管它并非与朱熹特别相关，Anthony S. Cua, "Paradigmatic Individuals in Confucius," sec. 2, Arne Naess and Alastair Hamnay, eds., *Invitation to Chinese Philosophy* (Oslo: Universitetsforlaget, 1972), pp. 49-53。

君子之所以为中庸者，以其有君子之德，而又能随时以处中也……盖中无定体，随时而在，是乃平常之理也。

朱熹也经常提到《孟子》第十八章《子罕篇》，它讲的是一个男人救了嫂子，尽管他与嫂子有肢体接触是违反"礼"的，但使她免于溺水身亡。孟子解释说，这就是"权"。

北宋时期，程颐对这个问题进行了深入的思考，并得出结论，认为"权"在时间和地点上都是"经"的应用。事实上，针对汉代注疏家关于"权"与"经"相对立的观点，程颐认为"经"与"权"是等价的。① 既然朱熹接受了程颐的大部分哲学思想，那么考察他们的分歧点总是富有启发性的。朱熹认同程颐对"权"的正面评价，以及前人对"权"一词被误解和滥用的忧虑（从很早的时候开始，法家的著作中就出现了"权"，而诸如"权谋""权术"这样的复合词，有着法家的色彩）。② 朱熹认为程颐担心人们会用"权"来伪装自己，就向张栻抱怨说："权也是常理，晓不得底却鹘突了。"朱熹反对程颐的这种提法，认为它否定了重要的区别。

在朱熹看来，"经"与"常"联系在一起，并且是始终有效的，但也有不

---

① 楠本正继（Kusumoto Masatsugu）讨论了程颐的观点，*So Minjidai jugakushiso no kenkyu* (Kashiwa shi: Hiroike gakuen, 1961), p. 124, and lshikawa Yasuji, *Teii Ikawa tetsugaku no kenkyu* (Tokyo: Tokyo University Press, 1964), pp. 143-148。韦政通在《朱熹的标准和权宜之计》中分析了朱熹对这些观点的回应。

② Cf. John D. Langlois, Jr., "Law, Statecraft and *The Spring and Autumn Annals* in Yuan Political Thought," in Hok-lam Chan and Wm. Theodore de Bary, eds., *Yuan Thought: Chinese Thought and Religion under the Mongols* (New York: Columbia University Press, 1982), pp. 131-135. 另外，"权"（日文"ken"）in Hihara Toshikuni et al., *Chugoku shiso jiten* (Dictionary of Chinese thought) (Tokyo: Kyubun shupan, 1984). 关于朱熹口中的"权谋"和"术"，相关例子，见《朱子语类》卷 83《春秋》，第 127 条，第 128 条，第 6 册，第 3447—3448 页；卷 120《朱子十七》，第 110 条，第 7 册，第 4655 页。（*Chugoku shiso jiten*，"1984"，英文原书误作"1983"。——译者注）

能实行的时候。在这种"变"的情况下，只能采取"权宜之计"：

> 经，是常行道理。权，则是那常理行不得处，不得已而有所通变底道理。权得其中，固是与经不异，毕竟权则可暂而不可常。①

在另一种提法中，朱熹把"权"定性为顺"道"。很明显，这是合乎道德的。朱熹批评王通将"权"和"义"二者分离。在这方面，"权"与"经"并无区别，而朱熹说"权、经只相似"，并说"到得合于权，便自与经无异"②。朱熹没有对"权"与"经"之间的关系做出最终的表述③，但他肯定不是一个相对主义者："权"不是武断的。生活和历史的变迁使人类必须调整行为，但这些行为必须适应特定时代的要求："（君子）而时中"④。"权"是及时的正确的，以"道"为本的，贯穿并凌驾于"常"和"变"之上的。

"权"总是涉及个人判断。在审判罪犯时，无论是要对其严惩不贷的铁石心肠的法官，还是要对其宽宏大量的心慈手软的官员，都是错误的。我们需要的是明智的权衡。客观地说，只有一个正确的结果，但这只能通过下判断

---

① 《朱子语类》卷 37《论语十九·子罕篇下》，第 46 条，北京：中华书局，点校本，第 3 册，第 990—991 页；台北翻印本，第 3 册，第 1579—1580 页。亦见第 42 条。

② 《朱子语类》卷 37《论语十九·子罕篇下》，第 44 条，北京：中华书局，点校本，第 3 册，第 990 页；台北翻印本，第 3 册，第 1578 页。《朱子语类》卷 137《战国汉唐诸子》，第 50 条，北京：中华书局，点校本，第 8 册，第 3269 页；台北翻印本，第 8 册，第 5251 页。《朱子语类》卷 37《论语十九·子罕篇下》，第 49 条，第 45 条，第 46 条，北京：中华书局，点校本，第 3 册，第 990—992 页；台北翻印本，第 3 册，第 1580—1582 页。

③ 韦政通（第 80 页）比较了"权"与"经"，并将"经"等同于"道"，在更高的层次上进行了比较。而山根三芳（Yamane Mitsuyoshi）（第 123—124 页）表示，在某种意义上，"权"包含在"经"中。

④ 《中庸》2，trans. Chan, *Source Book*, p. 90。

之人的主观智慧来予以实现。①

那个救了嫂子的男人，就是这种"权"的典型例子。"权"的其他范围，从琐碎的小事儿到决定皇位继承的重大问题。如韦政通所述，其中有些问题涉及孝道与宗教信仰等难以解决的价值冲突。但朱熹也指出，人们需要调整自己的正常习惯以适应异常的天气，比如严冬时若有热浪来袭，应该用扇子扇风来降温，而不是像往常那样穿戴整齐对着火堆，或者喝热水而不是冷水。或许朱熹是在暗示，尽管每个人都有一定的判断力，但只有圣人才能应对历史的风暴。

长期以来，从《公羊传》到程颐，"权"一直是解释《春秋》的一部分。朱熹并未给人们提供任何容易复制的检验方法、判断标准。离经叛道的行为肯定不会因为其成功或取得有益的结果而免遭指责。因此，朱熹态度明确并且一贯谴责唐太宗的兄弟相残。唐太宗与周公之间最重要的区别在于动机：周公别无选择，只能处死穷凶极恶的弟弟，而唐太宗却在为争夺天下而战。朱熹引用了孟子关于伊尹的话："有伊尹之志则可，无伊尹之志则篡也。"他解释说，"故在伊尹可以谓之权，而在他人则不可也。"②

在缺乏客观的外在标准的情况下，只有圣贤之人才具有真正摆脱标准规范所需的道德上的纯洁和智慧："若不是大圣贤用权，少间出入，便易得走作。"③这是朱熹与弟子们分享的个人观点，也是他在 1194 年进呈给皇帝的奏议中的看法：

---

① Cf. Yamane, p. 115. 强调"权"的主观性。

② 《朱子语类》卷 37，第 47 条，北京：中华书局，点校本，第 3 册，第 991 页；台北翻印本，第 3 册，第 1581 页。《孟子》VIIA:31, as trans. by D. C. Lau, *Mencius* (Harmondsworth: Penguin Books, 1970), p. 189。

③ 《朱子语类》卷 37，第 52 条，北京：中华书局，点校本，第 3 页，第 994 页；台北翻印本，第 3 册，第 1586 页。亦见第 28 条，986 页，第 1573 页；第 43 条，第 989 页，第 1578 页。

臣窃闻之，天下之事有常有变，而其所以处事之术有经有权。君臣父子，定位不易，事之常也；君令臣行，父传子继，道之经也。事有不幸而至于不得尽如其常，则谓之变，而所以处之之术不得全出于经矣，是则所谓权也。当事之常而守之经，虽圣贤不外乎此，而众人亦可能焉。[1]

朱熹通过坚持只有圣贤才能应对历史上的突发事件，重申了修身养性的终极优先，为自己"变"的世界带来秩序。这与他以《大学》反复告诫皇帝要反躬自省，"正心"以启动"平天下"的行动是一致的。修身养性与治国之道之间的联系是朱熹思想的基础和关键，若前者未能实现，后者就不可能实现。

历史的进程

如果判断要不偏不倚，政策要取得成功，就必须考虑到历史的因素。朱熹认识到历史发生了真实而重大的变化，这与他对权衡变化的时势的需要以及困难性的坚持是一致的。当然，变化是有限度的。阿纳尔多·莫米利亚诺（Arnaldo Momigliano）在谈及对西方古典史学的写作时认为：

未来尽管充满不确定性且与过去有所不同，但并不会产生无法识别的情况。希腊人和罗马人对历史的整体态度，暗示了事件的多样性在某种程度上受到限制……通常的假设是，未来的事件不会有太大的不同，以至于经验无用。[2]

---

[1] 《晦庵先生朱文公文集》卷14《甲寅行宫便殿奏札一》，第203页。

[2] Arnaldo Momigliano, *Essays in Ancient and Modem Historiography* (Oxford: Blackwell, 1977), pp. 173-174.

这似乎同样适用于朱熹及其同时代人，而且可以在时间上前后延伸。[①]过去的经验即使不能被完全重复也是有用的。众所周知，朱熹并不是激进的复古主义者。他的确把上古三代看作是一种理想状态，甚至优越于后世最佳的时代，但他并不认为井田制和其他上古制度历久弥新，可以恢复并且应该恢复。同样，一方面，朱熹详细研究了古礼，但另一方面，他又试图使古礼适应其所处时代的社会。根据高明的说法，朱熹确信"古代礼制在宋朝已经过时了"[②]。

那么，是什么发生了改变？虽然答案在朱熹的作品中并不突出，但正如我们所预料的那样，他确实给出了答案。这个答案建立在朱熹的格物学和形而上学的基础上：由于宇宙的基本物质力量——"气"的量变和质变，历史总体上是在走下坡路。在最悲观的时候，朱熹提出了一种真正的宇宙衰败的景象：

或说："二气五行，错揉万变。"

曰："物久自有弊坏。秦汉而下，二气五行自是较昏浊，不如太古之清明纯粹。且如中星自尧时至今已自差五十度了。秦汉而下，自是弊坏。得个光武起，整得略略地，后又不好了。又得个唐太宗起来，整得略略地，后又不好了。终不能如太古。"

或云："本然底亦不坏。"

---

① 对我们来说，变化本身的速度和强度已经发生了改变，但这不应使我们否认朱熹的看法，即世界确实已经改变，而且正在继续改变。

② Kao Ming, "Chu Hsi's Discipline of Propriety" in Chan, *Chu Hsi*, p. 324. Also see Patricia Ebrey, "Education through Ritual: Efforts to Formulate Family Ritual during the Sung Period," in *Neo-Confucian Education: The Formative Stage*, ed. de Bary and Chaffee, pp. 277-306.

曰："固是。"[①]

"本"是永恒的原则，它既不取决于人，也不取决于历史。秦国虽然废除了上古制度，但三纲五常是坚不可摧的。

"气"的衰落是最严重的问题，因为"气"作为人类禀赋的主要组成部分，影响着领导并统治世界的人的素质。理想的皇权需要圣人之姿，虽然所有人都可以实现，但相对混沌、低质量的"气"，使得这项任务更加艰巨。而且，即使是圣人，也可能遭受弱"气"的折磨：孔子的"气"虽然纯洁，却很单薄，所以他贫穷、地位低下；孔子的得意弟子颜回的情况更糟，他的早逝说明了这一点。[②]被上等"气"保佑的机会很渺茫。对朱熹来说，历史归根结底是人类创造的，"气"是造成人类本性退化的重要原因。

"气"长期衰落的观点与朱熹的观点并不矛盾。朱熹认为，历史由反复出现的治乱交替而成，因此"五胡乱华，以至于隋。乱之极，必有唐太宗者出。

———————

① 《朱子语类》卷134《历代一》，第49条，北京：中华书局，点校本，第8册，第3208—3209页；台北翻印本，第8册，第5149页。这一对话可能出现在1197年，当时朱熹政治上受挫，有充分理由产生悲观情绪。三浦国雄（*Shushi ji*, p. 4150）将"中星"解释为跨越经线的恒星。关于经线在中国天文学中的重要性，see Joseph Needham, *Science and Civilization in China*, vol. 3: *Mathematics and the Sciences of the Heavens and the Earth* (Cambridge: Cambridge University Press, 1959), pp. 229ff. Also see Miura Kunio, "Kishu to jisei-Shuki no rekishi ishiki" (Ether's force of destiny versus the trend of events: on Chu Hsi's understanding of history), *Toyoshi Kenkyu* 42, no. 4 (March 1984): 595-618.

② 《晦庵先生朱文公文集》卷56《答郑子上十四》，33a-b。《朱子语类》卷4《性理一》，第96条，北京：中华书局，点校本，第1册，第79页；台北翻印本，第1册，第128页。这个想法也见于陈淳《北溪字义》，Chan, pp. 40-42。

又如五季，必生太祖"①，历史有起有落。②

朱熹不是宿命论者③，他没有强调或详述"气"的衰落，也没有围绕"气"建立历史哲学。他的基本思想是：人是由"气"和"理"构成的，而且人性本善，那么每个人都可以成圣。同样，"现在"是可以挽救的。即使上古三代已成往昔，历史上主要朝代（如西汉、东汉和唐朝）的开国之君们也能够扭转这种颓势，只是他们的功绩未能持久。汉朝以及其他朝代的开国之君失败的主要原因，是他们在试图弥补前人的缺陷时矫枉过正了：

问："其所阙者宜益，其所多者宜损，固事势之必然。但圣人于此处得恰好，其他人则损益过差了。"

曰："圣人便措置一一中理。如周末文极盛，故秦兴必降杀了。周恁地柔弱，故秦必变为强戾；周恁地纤悉周织，故秦兴，一向简易无情，直情径行，皆事势之必变。但秦变得过了。秦既恁地暴虐，汉兴，定是宽大。"④

由于意识到"封建"的弊端，秦朝废除了"封建"，但汉朝最初改变了这一政策，直到汉武帝时再度废除了"封建"。晋朝（或称"西晋"）晋武帝时又恢复了"封建"："晋武起，尽用宗室，皆是因其事势，不得不然。"

在朱熹所处的宋王朝，这一过程继续曲折进行，再次摇摆不定，稳定的

① 《朱子语类》卷70《易六》，第186条，北京：中华书局，点校本，第5册，第1172—1173页；台北翻印本，第5册，第2822页。

② 当然，这种摇摆不定的历史观在西方也很古老（cf. G. W. Trompf, above），也很现代，就像Arthur Schlesinger对美国政治历史的看法一样。

③ Cf. Don J. Wyatt, "Chu Hsi's Critique of Shao Yung: One Instance of the Stand Against Fatalism," *Harvard Journal of Asian Studies* 45, no. 2 (1985): 649-666.

④ 《朱子语类》卷24《论语六》，第144条，北京：中华书局，点校本，第2册，第599页；台北翻印本，第2册，第965页。

平衡仍然像以往一样难以捉摸。

> 贺孙问："本朝大势是如何？"曰："本朝监五代，藩镇兵也收了，赏罚刑政，一切都收了。然州郡一齐困弱，靖康之祸，寇盗所过，莫不溃散，亦是失斟酌所致。"

在王安石变法时期，确实曾有过纠正这种情况的尝试，但也未能达到适当的平衡。朱熹的讨论总结如下：

> 因及熙宁变法，曰："亦是当苟且废弛之余，欲振而起之，但变之不得其中尔。"[①]

朱熹与同时代的陈亮、叶适等人一样[②]，批评政府高度集权，认为这种集权将地方和国家的权力以及资源消耗殆尽以解决地方问题，"却无前代尾大不掉之患。只是州县之权太轻，卒有变故，更支撑不住"。朱熹不同意弟子们把这种发展归咎于王安石的观点，他认为宋从建立起便过度集权。朱熹引用了范仲淹为地方的辩护作为证据，证明高度集权已经导致了宋仁宗朝的困境：由于地方缺钱少兵，郡守被迫对盗贼妥协。富弼弹劾郡守开门揖盗，范仲淹却辩称此人的做法合理。[③]

---

① 《朱子语类》卷 128《本朝二》，第 27 条，北京：中华书局，点校本，第 8 册，第 3070 页；台北翻印本，第 8 册，第 4918 页："本朝鉴五代藩镇之弊，遂尽夺藩镇之权，兵也收了，财也收了，赏罚刑政一切收了，州郡遂日就困弱。靖康之祸，虏骑所过，莫不溃散。"关于熙宁朝，他说："亦是当苟且废弛之余，欲振而起之，但变之不得其中尔。"与上一条注释提到的相似。

② 和朱熹一样，叶适认为宋朝对五代唐朝的缺陷矫枉过正。Cf. Lo, *Yeh Shih*, pp. 125-126.

③ 《朱子语类》卷 108《朱子五》，第 19 条，北京：中华书局，点校本，第 7 册，第 2682 页；台北翻印本，第 7 册，第 4266 页。这则轶事展示了变法过度集权的弊端，也见于《朱子语类》卷 128，第 77 条，北京：中华书局，点校本，第 8 册，第 3082 页；台北翻印本，第 8 册，第 4939 页。

朱熹不同意那些试图通过回归西周的"封建"来解决宋朝过度集权问题的观点。首先，情况已经发生了改变，因此，这种剧烈变化的企图将极具破坏性："居今之世，若欲尽除今法，行古之政，则未见其利，而徒有烦扰之弊。"此外，尤其要避免强制："封建井田，乃圣王之制，公天下之法，岂敢以为不然！但在今日恐难下手。设使强做得成，亦恐意外别生弊病，反不如前，则难收拾耳。"最后，也是最重要的一点，朱熹指出，"封建"很可能会将未受教育的富家子弟置于掌权者之位，导致出现汉朝初年"诸侯王"统治下的乱政和压迫。[1]更糟糕的是，"且如说郡县不如封建，若封建非其人，且是世世相继，不能得他去；如郡县非其人，却只三两年任满便去，忽然换得好底来，亦无定"[2]。

朱熹对王安石颇有争议的改革方案的评价，也采用了类似的衡量方法，并将历史因素考虑在内。[3]朱熹没有指责王安石做出的改变，而是认为开国元

---

[1] 《朱子语类》卷108《朱子五》，第20条，北京：中华书局，点校本，第7册，第2682—2683页；台北翻印本，第7册，第4266页。《朱子语类》卷108《朱子五》，第18条，北京：中华书局，点校本，第7册，第2680页；台北翻印本，第7册，第4262—4263页。《朱子语类》卷108《朱子五》，第19条，北京：中华书局，点校本，第7册，第2680—2681页；台北翻印本，第7册，第4263页。

[2] 《朱子语类》卷108，第16条，北京：中华书局点校本，第7册，第2680页；台北翻印本，第7册，第4261—4262页。出于同样的原因，朱熹反对有关重新引入井田制的提议。即使在上古时期，井田制也只出现在偏远地区。朱熹同意荀悦的看法，只有在社会大动荡、人口大量减少之后才能使用井田制。参见《朱子语类》卷55《孟子五》，第19条；卷98《张子之书一》，第118—119条；《晦庵先生朱文公文集》卷68；also see Ch'en Ch'i-yün, *Hsun Yueh and the Mind of Late Han China* (Princeton: Princeton University Press, 1980), pp. 95-96。

[3] 关于朱熹对王安石变法看法的概述，see Ishida Hajime, "Shushi no kinei zengo kan" (Chu Hsi's views on the period of Wang An-shih's reforms), *Gumma daigaku kyoikubu kiyo: Jinbun-shakai kagakuhen* 30 (1980): 65-83. Also see the analysis of Wang An-shih in Peter K. Bol, "Chu Hsi's Redefinition of Literati Learning," in Wm. Theodore de Bary and John W. Chaffee, eds., *Neo-Confucian Education: The Formative Stage* (Berkeley: University of California Press, 1989).

勋应该承担责任：

> 未必皆是竭心思、法圣智以遗子孙，而欲其万世守之者也，是以行之既久而不能无弊，则变而通之，是乃后人之责。[1]

朱熹分别评价了王安石的个别措施及其成效。有些措施，比如保马法显然失败了；朱熹还批评了同样不切实际的淤田和针对西夏的从羌人手中夺取熙河的军事行动。[2] 朱熹也反对官僚机构的重组，但是，他将其归咎于宋神宗而不是王安石。朱熹对教育改革也持否定态度，强调了变法后的政策和记录的缺陷。对王安石变法方案的其他部分，朱熹的看法很正面。根据石田肇（Ishida）的说法，虽然朱熹的看法并非始终如一，也不关心免役法所涉及的税收问题，但朱熹总体上对王安石在这方面的政策持赞成态度。同样，朱熹也注意到了发放武器的潜在危险，但他对保甲制度基本上持积极态度，并赞同青苗法背后的想法，同时试图在自己的社仓计划中规避青苗法的缺陷。

与其对宋朝历史地位的看法一致，朱熹倾向于建立在地方合作基础上的制度，而不是那些由中央发布的制度。然而，正如我们在"封建"例子中已经看到的那样，所有的法律和制度最终都有潜在的缺陷。归根到底，真正重要的是人的素质：

> 今世有二弊：法弊、时弊。法弊但一切更改之，却甚易；时弊则皆在人，人皆以私心为之，如何变得！嘉祐间法可谓弊矣，王荆公未几尽变之，又别

---

[1]　朱熹评论陈世修对王安石的批评，见《晦庵先生朱文公文集》卷70《读两陈谏议遗墨》（第1284页），quoted by-Ishida, pp. 67-68。

[2]　Discussed in H. R. Williamson, *Wang An-Shih* (London: Arthur Probsthain, 1935) 1, pp. 304-312.

起得许多弊，以人难变故也。①

　　问题始于王安石自身。朱熹大体上尊重王安石的学术：在朱熹理想的考试课程中包括王安石对儒家经典的注疏，甚至在吕祖谦的坚持下，在《近思录》中收录了来自王安石的一个简短条目②。但朱熹也认为王安石严重曲解了《周礼》，并且不懂"经"："荆公德行，学则非。"朱熹甚至把王安石比作庸医，开的药微不足道时，不会害死人；但如果他没有意识到病人的症状，开乌头或砒霜杀死了病人，就不能以他希望病人活着为理由而推卸责任。如果负责改革的是程颢而不是王安石，就可以在不给人民带来痛苦的情况下处理好这件事。③问题不在于政策，而在于王安石的学问：他将"内"与"外"分开了。④

　　在此处以及自己的奏议中，朱熹试图回应其所处时代的特殊需要和可能性，并将"历史潮流"的方向考虑在内。⑤朱熹认为历史恰当地为政治家和学者提供了对可能性的理解，为他们提供了方向感，并定义了其使命：

---

　　① 《朱子语类》卷108《朱子五·论治道》，第51条，北京：中华书局，点校本，第7册，第2688页；台北翻印本，第7册，第4275页。

　　② 《近思录》卷4，第20条。Wing-tsit Chan, *Reflections on Things at Hand: The Neo-Confucian Anthology Compiled by Chu Hsi and Lü Tsu-ch'ien* (New York: Columbia University Press, 1967), p. 233.

　　③ 《朱子语类》卷130《本朝四·自熙宁至靖康用人》，第7条，北京：中华书局，点校本，第8册，第3097页；台北翻印本，第8册，第4965页。《朱子语类》卷130《本朝四·自熙宁至靖康用人》，第8条和第9条，北京：中华书局，点校本，第8册，第3097—3098页；台北翻印本，第8册，第4965—4966页。《朱子语类》卷130《本朝四·自熙宁至靖康用人》，第4条，北京：中华书局，点校本，第8册，第3097页；台北翻印本，第8册，第4964页。

　　④ 《朱子语类》卷108《朱子五·论治道》，第8条，北京：中华书局，点校本，第7册，第2679页；台北翻印本，第7册，第4260页。朱熹至少三次引用杨时对王安石学术的批评："离内外，判心迹，使道常无用于天下，而经世之务皆私智之凿。"《晦庵先生朱文公文集》卷54《答路德章一》（第969页）；卷70《读两陈谏议遗墨》（第1286页）；卷72《苏黄门老子解》（第1333页）。

　　⑤ 关于"历史潮流"，see Neustadt and May, *Thinking*。

论学便要明理，论治便须识体。这"体"字，只事理合当做处。凡事皆有个体，皆有个当然处。……国于东南，所谓大体者，正在于复中原，雪仇耻。①

朱熹认为收复北方是一个长期的目标，他不太可能在有生之年看到，但它始终是终极目标。1194年，在其政治生涯接近尾声时，朱熹对皇帝说："至于遭事之变而处之以权，则唯大圣大贤为能不失其正。"②此时，朱熹相当悲观，但他的悲观情绪被他对人类的信心调和且抵消了③：永远都不会太迟。④

朱熹首先是哲学家，而不是历史学家或政治家。作为哲学家，他有一种天赋，能够同时考虑两极，并对有机宇宙的终极统一充满信心。这个宇宙是由一种既具有规定性又具有描述性的模式构成的，这种模式可以适应历史进程和道德秩序之间的张力。⑤朱熹有远见，但这种远见并没有蒙蔽他，让他看不清世界的细节；而且与亚里士多德不同，亚里士多德因为讲究细节而把历史贬在科学之末，而朱熹把历史排在"六艺"之上。⑥

---

① 《朱子语类》卷95《程子之书一》，第133条，北京：中华书局，点校本，第6册，第2449页；台北翻印本，第6册，第3889—3890页。

② 《晦庵先生朱文公文集》卷14《甲寅行宫便殿奏札一》，第203页。

③ "因此，对于二程，甚至后来在更加艰难的环境中的朱熹，都有一种政治和文化危机的感觉，但也有一种固执的、理想主义的信念，即人有能力应对挑战。" Wm. Theodore de Bary, *The Liberal Tradition in China* (New York: Columbia University Press, 1983), p. 54.

④ 在1188年的奏议中，朱熹引用了95岁的卫武公（公元前852?—公元前758）仍然精力旺盛的例子，以此来鼓励61岁的皇帝。

⑤ 关于中国文学中这一主题的深刻讨论，cf. Stephan Owen, *Remembrances: The Experience of the Past in Chinese Literature* (Cambridge: Harvard University Press, 1986), chap. 3。

⑥ See Yü Ying-shih, "Morality and Knowledge," p. 237. "六艺"是礼、乐、射、御、书、数。

5

乡曲与福利：朱熹的社仓理论与实践

万志英（Richard von Glahn）

　　南宋政治思想的特点，是对国家实干主义丧失了信心。政治评论家们无一例外地谴责国家走向强化专制的趋势，以及同样令人沮丧的对宋朝开国之君制定的规章制度的背离。人们对权力滥用的批评，通常伴随着对立法创新可取性的相应怀疑。自从 11 世纪 70 年代王安石大刀阔斧的改革计划引发保守派的强烈反对以来，被定义为"厌恶激进的制度改革"的保守主义，已经成为主流政治思想的一个标志。事实上，几乎所有重要的南宋政治理论家们都明确反对王安石的全面改革方案；然而，即便是对王安石言辞最激烈的批评者，他们的思想也深受王安石政策的影响。

　　*　鸣谢：感谢竺沙雅章（Chikusa Masaaki）教授、斯波义信（Shiba Yoshinobu）教授、衣川强（Kinugawa Tsuyoshi）教授和杉山正明（Sugiyama Masaaki）教授与我分享他们的智慧和知识，我还要感谢盛余韵（Angela Sheng）和韩森（Valerie Hansen）的鼓励及深刻见解，并对我的假设与结论提出严肃质疑。

事实上，任何为政治实干主义辩护的理由，都必须与王安石的政治遗产达成妥协。王安石思想上的对手们虽然取得了短暂的胜利，在他们掌权的十年间（1085—1094）废除了许多"新法"，但王安石的国家实干主义还是受到了后来宰相们（如蔡京和秦桧）的青睐。另一方面，以程颐为首的"道学"倡导者们，摒弃了国家实干主义，希望通过道德劝说和个人标榜来引导社会变革。这些最终成为新儒学主导力量的道学群体放弃了钻研治国之道，转而追求修身养性。他们把在道德式微的时代，有原则的人如何履行对社会的责任这一难题（至今仍未得到解决），留给了南宋人。

朱熹在坚持道德教化首要地位的同时，试图重振"士"在国家和社会伟大任务中的作用（我选择将中文词汇"士"英译成 patrician，与"民"相对，只是在遵循中国政治话语中统治者和被统治者之间的一般化区别）。朱熹与许多道学同仁的见解不同，他认为现有的制度不完善，但恢复古制也不可行。相反，朱熹以道德修养和紧迫的时代、社会需求为基础，提出了一种政治实干主义的新愿景。朱熹及其弟子推广的社仓，说明了王安石的功利主义与朱熹政治实干主义之间的连续性与不连续性。在猛烈抨击王安石忽视自我改造的基本道德要求的同时，朱熹意识到王安石是在回应一种真实而迫切的变革需求。在弟子面前，朱熹承认王安石为减轻乡村人口的苦难所进行的具体改革的价值。因此，朱熹的许多同时代人开始怀疑，朱熹在推广他的社仓时，犯了一个错误，即恢复了王安石最广受批评的政策之一——青苗法。

然而，社仓是朱熹政治哲学的真实体现。与新法精神大相径庭的是，朱熹把社仓看作是使组织化的农村乡曲摆脱对国家依赖的一种手段——事实证明，国家对穷人的困境无动于衷。朱熹坚信，政府的基础必须是仁义道德和相应行动，这体现在他决心将社仓的管理权交给精通经义的地方"士"的手中。通过像社仓这样的机构，朱熹试图实现圣王之道，而不是恢复古制。

在本文中，我通过考察朱熹的著述和行动来追溯"社仓"概念的形成过程，当然，还需要其他相关背景。首先，我们必须考虑社仓要处理的问题，即困扰乡村社会的地方性债务和生存危机的循环，以及国家在处理这些问题上失败了的努力。其次，我考察了朱熹在私下和公开场合对社仓的宣传，以及从朱熹自己所处时代到宋末期间社仓的实际历史。在结论中，我评估了朱熹的社仓思想和政治实干主义在宋朝政治思想主流中所处的地位。

地方性的生存危机

后世的许多传记作家都把社仓的发明归于朱熹，但朱熹本人承认，他的想法是受到朋友魏掞之（1116—1173）的启发。魏掞之是一个性格粗鲁且桀骜不驯的人，他之所以出名，很大程度上是因为他努力劝说朝廷把王安石的牌位从孔子祠中移走，代之以二程的牌位（但没有成功）。魏掞之的率性而为使其一生的大部分时间都作为"闲居学者"待在家乡——闽北的建阳县。1150年，建阳粮食歉收，饥荒迫近，魏掞之说服提举常平向贫民发放无息贷款。后来，魏掞之在长滩建造了一个粮仓，用来收账。魏掞之并没有把百姓归还的粮食偿还常平仓，而是将其留在了长滩粮仓，以备应对将来粮食歉收之需。[1]

---

[1] 李心传《建炎以来系年要录》卷161，20b-21a；《晦庵先生朱文公文集》卷79《建宁府建阳县长滩社仓记》，18b-19a；《晦庵先生朱文公文集》卷93《运判宋公墓志铭》，22a。关于魏掞之，参见由朱熹为他撰写的墓志铭，《晦庵先生朱文公文集》卷91《国录魏公墓志铭》，2a-5a；张栻《南轩先生文集》卷40《教授魏元履墓表》，12b-15b。关于朱熹的仕途与政治思想，see Conrad Schirokauer, "Chu Hsi's Political Career: A Study in Ambivalence," in Arthur F. Wright and Denis Twitchett, eds., *Confucian Personalities*, pp. 162-168; Schirokauer, "Chu Hsi's Political Thought," *Journal of Chinese Philosophy* 5(1978): 127-148; Kusumoto Masatsugu, *SoMin jidai jugaku shiso no kenkyu*, pp. 246-267; Tomoeda Ryutaro, *Shushi no shiso keisei*, pp. 373-418. 关于宋代救荒，特别是诸如朱熹等新儒家活动的研究，参见王德毅《宋代灾荒的救济政策》。

1167 年，朱熹在他的第二故乡、毗邻建阳的崇安县收到了一个协助赈灾的请求，这让朱熹想起了魏掞之的粮仓。朱熹开始了为期十天的乡村之旅，以评估春季特大洪水造成的损失和受灾程度。地方官还请朱熹和另一位当地名人刘如愚向上级部门求情，帮助加快运送赈灾物资。应朱熹的要求，建宁知府向上游的崇安县送去六百石米，并让朱熹和刘如愚负责向穷人发放粮食贷款。1168 年秋，新任知府王淮建议，偿还贷款的收入应该储存在乡村，以备将来紧急之需，而不是用船运回府治所在地。次年夏天，朱熹和刘如愚提出了建立社仓作为乡村救济常设机构的计划。王淮批准了这个提议，他的继任者同意提供公共资金来支持这个项目。1171 年秋，社仓建好时，刘如愚因公离开了崇安，他的儿子与几个族人接替了刘如愚的位置，制定了管理崇安社仓的规章制度，并担任管理者。① 魏掞之和朱熹关于在乡村建立社仓的建议，代表了对解决地方性生存危机的一种尝试，这种生存危机不仅困扰着闽北贫穷的地区，甚至也困扰着繁荣的江西和湖南 "粮食之乡" 的平原。在福建重峦叠嶂的内陆山区，由于缺乏资本和劳动力资源，不可能实行精耕细作，生存空间逼仄。该地区经济生活的三个特点导致了生存危机：（1）农作物价格的波动；（2）农民负债的年度循环；（3）市场机制在应对严重粮食短缺方面的失灵。

在福建，和华南大部分地区一样，尽管官方鼓励种植小麦，但大多数农民家庭几乎完全靠种植稻米为生。由于大多数优质的晚熟稻都用来交纳租税，农户主要食用次等的早熟的占城稻。因其能适应贫瘠的土壤和干旱的条件，

---

① 《晦庵先生朱文公文集》卷 77《建宁府崇安县五夫社仓记》，25a-27b；《晦庵先生朱文公文集》卷 92《从事郎监潭州南岳庙刘君墓志铭》，25a。

占城稻在福建、两浙等内陆丘陵地区得到广泛种植。[①]另一方面，闽北武夷山区春季洪水泛滥，经常破坏早熟的作物，导致百姓夏季粮食短缺。由于完全依赖大米，缺乏替代性的粮食作物，以及在春季和夏季几个月的时间里，农户的大米供应持续减少，大米价格随着消费者需求和粮食供应的季节性波动而剧烈波动。作为单一粮食作物的生产者，农民依靠粮食收成和市场需求来保证足够的收入；作为大米消费者，他们陷入价格波动和债务的循环中，这有可能耗尽他们赖以生存的资源。

每年大米价格的波动，被证明完全不利于挣扎在生存边缘的农民，因为他们需要在收入短缺的夏季借粮养活家人。依靠贷款生活的农民被迫低价卖出粮食，高息借贷。以 1167 年为例，农民在春季几乎颗粒无存时用现钱签下贷款，以支付 1 石（66.4 升）大米，当时大米达到了每石 5000 钱的最高价格。然而，到农民收获时，大米价格降到了每石 1200—1300 钱。因此，农民不得不卖掉 4 石粮食来偿还 1 石粮食贷款的本钱，遑论从 50% 到 100% 不等的利息了。[②]在偏远的乡村地区，信贷机构不发达，几乎没有其他选择，因此放债人有足够的信心要求高利率并能得偿所愿。农民被迫在收获后粮价还很低的

---

① 《西山先生真文忠公文集》卷 10《申朝省借拨和籴米状》，8b-9b；《古罗志》，见《永乐大典》卷 7510，22a（第 3386 页）；戴邦周《长沙府大觉社仓始末》，见《永乐大典》卷 7510，22b（第 3386 页）；舒璘《舒文靖集》下《与陈仓论常平》，10b。关于占城稻，see Ho Ping-ti, "Early Ripening Rice in Chinese History," *Economic History Review*, 2nd series, 9, no. 2 (1956): 210-211; Francesca Bray, *Agriculture*, in Joseph Needham, gen. ed., *Science and Civilisation in China*, vol. 6, part 2, p. 486；郑学檬、魏洪沼《论宋代福建山区经济的发展》，《农业考古》1986 年第 1 期，第 65 页。

② 《宋会要辑稿》食货 58，5a。关于 1133 年的类似例子，参见《文献通考》卷 26《国用考四》，第 256 页。粗略地说，在 1145 年至 1205 年粮食价格相对稳定的时期（先是低于谷价，随后出现快速通货膨胀），收获后的粮食价格介于每石 1220 至 1500 钱之间，而春季价格通常升至每石 3000—4000 钱（在饥荒年份上升到每石 5000—7000 钱），见全汉昇《南宋初年物价的大变动》，《中国经济史论丛》，第 235—263 页；全汉昇《宋末的通货膨胀及其对于物价的影响》，《中国经济史论丛》，第 325—354 页。

时候立即卖掉粮食，而到了次年春天，农民再次缺乏足够的粮食储备。

在 12 世纪 60 年代写给魏掞之的信中，朱熹评论道，即使在丰年，崇安的"小民"仍然背负着沉重的债务。[①] 在荒年，生存成为百姓最紧迫的问题。一般来说，建宁和其他三个福建内陆州府（汀州、南剑州、邵武）的粮食收成好，价格也很便宜，不像福建的沿海地区，得依靠从广东输入粮食来维持人们基本的生活需求。[②] 真德秀在 13 世纪 30 年代的一篇文章中写道，建阳和崇安县被认为是粮食富余产区，但当粮食收成低于正常产量时，粮价就会翻倍。[③] 当然，要花大价钱才能从外地买入粮食。即使在福建沿海船只容易到达的兴化府，民众对来自广东的"南方船"依然深恶痛绝，因为这些船只在粮食短缺的时候运来大米，却以高价出售。[④] 地处偏远内陆山区的建宁，更不可能依靠粮食输入。最令人烦恼的是向乡村腹地提供粮食的问题，而具有讽刺意味的是，正是乡村腹地的粮食短缺最为严重。市场体系在把建宁的大米输送给福州的都市消费者时运转良好，但在把赈灾粮分发给灾民时却不那么顺畅。在给任知建宁府的好友傅自得（1116—1183）的信中，朱熹沮丧地指出，所有可用的救济粮都只分配到崇安县和黄亭镇内，没有任何剩余的赈灾粮留给乡村。[⑤] 尽管严格来说，禁止粮食输出是非法的，但当地官员却普遍采用这

---

① 《晦庵先生朱文公文集》卷 24《与魏元复书》，18a-b。

② 例如，1171 年，将建宁府常平仓的救荒谷物运往沿海州府，见《宋会要辑稿》食货 61，125a。关于福建沿海地区缺乏谷物粮食，see Shiba Yoshinobu, *Sodai shogyoshi kenkyu*, pp. 161-162 (summarized in Shiba, *Commerce and Society in Sung China*, p. 61)；以及《临汀志》（1258），见《永乐大典》卷 7890，19b。

③ 《西山先生真文忠公文集》卷 15《奏乞拨平江百万仓米赈粜福建四州状》，20a-b。

④ 刘克庄《后村先生大全集》卷 88《兴化军创立平粜仓记》，12a-13b。

⑤ 《晦庵先生朱文公文集》卷 25《与建宁傅守札子》，11a；《晦庵先生朱文公文集》续集卷 7《答黄子厚》，la-b。

一做法：他们急于维持当地的粮食库存，防止套利。[1] 朱熹回忆说，在1167年至1168年的饥荒中，建宁知府在1162年和1163年严格禁止乡村地区输出大米，这一举措激怒了福州的官员，他们还指望着建宁为福州提供粮食。朱熹不纵容这种做法，相反，他认为政府必须依靠市场体系，把粮食输送到贫困地区。朱熹建议建宁的官员提前做好准备，在广东或两浙沿海购买大米，以保证当地粮仓的粮食充足。[2] 作为最后的手段，朱熹建议当局委托那些平时走私食盐生意兴隆的当地豪强，利用他们的关系在粤东采购粮食，然后翻山越岭把粮食运到建宁。[3] 建宁竭尽全力确保粮食供应充足，但仍常有粮食危机，不过这些危机太小，未得到官方的承认。

福建内陆地区的官员面临着粮食储备不足的严峻问题，而该地区动荡的社会环境又加剧了这一问题。武夷山脉，尤其是粤赣交界一带山区，长期以来因为盗贼横行、私盐猖獗和土匪盘踞的巢穴而臭名昭著。[4] 山区的盗贼首领们贩卖各种各样的违禁品，盐是这种隐秘经济的主要商品，此外还有从南海的奇珍异宝到奴隶。山区安分守己的居民通过签订"义社"联合起来，以抵御盗贼的掠夺，但在这样做的过程中，他们却受到了有权有势的乡里大家

---

[1] 有关这种做法的投诉以及由此造成的私人粮食贸易的阻碍，参见《皇宋中兴两朝圣政》卷52，15b；《晦庵先生朱文公文集》卷21《乞禁止遏籴状》，1b-2a；《晦庵先生朱文公文集》别集卷9《申诸司乞行下江西不许遏籴》，22b-23a；彭龟年《止堂集》卷5《论淮浙旱潦乞通米商仍免总领司籴买奏》，12a-13b；《西山先生真文忠公文集》卷6《奏乞分州措置荒政等事》，23b-24a；《救荒活民书》卷2，32-33。更全面地讨论董煟反对阻拦当地粮食运输，参见本书第7篇文章。

[2] 《晦庵先生朱文公文集》卷27《与林择之书》，4a-5a。

[3] 《晦庵先生朱文公文集》卷25《与建宁诸司论赈济札子》，9a-11a。

[4] 华山《南宋绍定端平间的江闽广农民大起义》，《文史哲》1957年第3期，第41—48页。

的奴役。这个地区理所当然被人们冠以"最为难治"的称号。[1] 位于福建内陆最南端的汀州，被人们认为是蛮夷之地。朱熹写道："虽为王土，实未尝得少沾惠泽，殆与化外羁縻州军无异。"[2] 1188 年，朱熹在其退隐后位于崇安城的寓所里，目睹了暴徒的残酷暴行：他们在可怕的荒年劫掠了富人的粮仓。[3] 毫无疑问，朱熹建立社仓，就是希望提供一种替代所有常见生存策略（如移民、盗匪、叛乱、饥馑暴动和杀婴等）的方法，并为这片偏远而贫瘠的土地带来一定程度的文明。

国家福利制度的缺陷

从 11 世纪初开始，宋朝政府制定了一系列广泛的政策和方案来应对周期性的生存危机。政府对受灾的乡村地区最常见的援助形式是蠲免二税和赋役。然而，农作物歉收严重破坏了仅能维持生计的经济，不仅因为农民支付社会费用的能力下降了，还因为由此造成的粮食短缺。农民最关心的不是生产问题，而是消费问题。当时最重要的乡村救济正规机构是那些旨在增加大米流通数量的机构：常平仓和义仓。

常平仓发挥着稳定物价的作用。国家试图通过定期的市场干预来维持生产者收益和消费者成本之间的平衡。如前文所述，粮食价格在秋收季节降至最低，而在春季和夏季升至最高，因为此时农户的粮食储备已接近完全枯竭

---

[1]　黄榦《勉斋先生黄文肃公文集》卷 15《建宁社仓利病》，18a；《元一统志》，见《永乐大典》卷 7890，11a；《八闽通志》（1491）卷 61，18a。关于湖南南部南陵山地方豪强组织的类似合约，see Richard von Glahn, "The Country of Streams and Grottoes: Geography, Settlement, and the Civilizing of China's Southwestern Frontier, 1000-1250," pp. 307-313.

[2]　《晦庵先生朱文公文集》卷 27《与张定叟书》，21a-b。朱熹后来评论说，转运使出于惧怕盗贼横行和疟疾肆虐而拒绝进入汀州，见《晦庵先生朱文公文集》卷 93《运判宋公墓志铭》，22a。

[3]　《晦庵先生朱文公文集》卷 27《与王漕书》，22b。

的边缘。在荒年的春天，国家出售常平仓中的粮食，以防止粮价过度上涨。这些销售收入用于在丰年粮食收获后立即购买大米，从而增加粮食需求，以保证粮食价格让生产者满意。一般来说，国家在秋季以略高于市场价（2%—10%）的价格购买大米，并在春季以三分之一的折扣价将其出售。① 国家还利用常平仓资源，向低收入家庭出售或出借粮食。在"赈粜"和"赈贷"两项计划中，个人不得购买超过 3 石（199 升）的大米，以防止大米经纪人囤积穷人急需的粮食。② 南宋时，常平仓的日常运作由各路的提举常平负责。虽然提举常平向朝廷提出了关于如何使用其管辖区域内资源的建议，但只有朝廷有权支配常平仓的存储物资。提供救济的时机至关重要，而赈灾机构的决策过程常常陷入冗长的官僚审核程序中，这使得因国家行政造成的延误影响被进一步放大。司马光在 1086 年的奏札中，简明扼要地描述了国家对请求救济的反应经常是迟缓的：

当收成之初，农夫要钱急粜之时，故意小估价例，令官中收籴，不得尽入蓄积之家。直至过时蓄积之家仓廪盈满，方始顿添价例，中粜入官。是以农夫粜谷止得贱价，官中籴谷常用贵价，厚利皆归蓄积之家。又有官吏虽欲趁时收籴，而县申州，州申提点刑狱，提点刑狱申司农寺取旨指挥，比至回报，动涉累月，已是失时，谷价倍贵。③

此外，常平仓位于州县治所，其位置限制了"赈粜"和"赈贷"的地理

---

① 《宋会要辑稿》食货 53，19a；食货 53，32a；食货 58，2b。
② 1086 年诏令，见《救荒活民书》卷 2，26-27。
③ 司马光《司马文正公传家集》卷 56《乞趁时收籴常平斛斗白札子》，第 681 页。对诸如廖刚、欧阳守道、卫泾等南宋观察者的肯定性评价，see also in Shiba Yoshinobu, *Commerce and Society in Sung China*, pp. 69-70.

范围。人们抱怨说，常平仓存储物资的发放从未超出城墙的范围。①

除了稳定价格的常平仓，国家还通过义仓提供无息贷款和"赈济"。在这种制度下，义仓常年为那些长期贫困的人（孤寡残疾、无家可归的老人和穷人）提供救济。义仓是在 11 世纪 40 年代根据宋帝国的法令建立的，其资金来源是每年对主户征收二税 5% 的附加税。②义仓的结果是税收基础丰厚的农业富裕地区可以积累相当多的粮食储备，而较贫穷地区的义仓在满足穷人需求的能力方面受到捐赠基金的限制。一位湖州方志作者描述了义仓在 12 世纪末是如何运作的：

义仓令人户纳苗纳义仓米，储在西仓，以乞丐人之有籍者（以收受老、瘫或病患无家可归者）……绍兴三年，知州事王回复置，在奉圣门门内霸王庙旁，为屋二十七楹，号利济院，即慈感旧名也。拨田亩，岁收租养赡，差僧行各一名主管收支……（庆元中，通判曾筑积三岁圭租，置田六十四亩有奇，岁收租米三十三石足，付院添助养赡。田之步亩，契书刻之于石）散收养遗弃小儿。

利济院一直为弃婴提供食物，作为这一活动内容的一部分，利济院规定，给予报告该市街道小巷中弃婴的人一百钱的奖励。③

义仓除了常年对长期贫困人口负有救助责任外，还在灾荒之年向穷人分

① 《皇宋中兴两朝圣政》卷 26《高宗皇帝》，25a。《宋会要辑稿》食货 58，2b（1164）；食货 58，3b（1164）；食货 58，5b（1168）。《救荒活民书》卷 2，26。

② 《宋会要辑稿》食货 53，31b。

③ 《嘉泰吴兴志》卷 8，6b-7b。中央政府从 12 世纪前十年开始资助救济贫困百姓，see Hugh Scogin, "Poor Relief in Northern Sung China," *Oriens Extremus* 25, no. 1 (1978): 30-35.

发食物。与常平仓不同，义仓似乎均匀地分布在乡村地区。[①] 在粮食收成不佳的情况下，知州就会派人去调查哪些家庭生活难以为继。那些有资格获得公共救济的人可以从当年 11 月开始领取救济，每个成年人每 5 天领取 1 升大米，直到次年 3 月领粮结束。[②] 粮食由僧侣或村官负责分发。尽管义仓离服务对象很近，但分发过程中出现的腐败经常阻碍救济粮的实际发放，当时的观察家们经常猛烈抨击政府冗员以及村官们的渎职。[③] 董煟在其《救荒活民书》（约1201—1204）中列出了一份关于欺诈性救济请求的惩罚表，其中最重的是对那些编造救济请求的村官们的惩罚措施。[④]

虽然中央政府努力保持常平仓和义仓在功能上的区别，但在实际操作中，这两种仓的资金经常被互换使用，导致了行政混乱和两种仓的财政破产。常见的抱怨是将义仓资金用于与慈善无关的目标上。1156 年，皇帝颁布德音，允许义仓管理人出售快要变质的义仓粮食。反对意见指出，义仓资金一旦被转换成现钱，很容易被转移到其他用途上，但这些反对意见都被忽视了。[⑤] 由于提举常平管理的财政事务远远超出了救荒的范围，因此，对于常平仓来说，挪用的问题更为严重。1172 年，户部侍郎杨倓上奏称，经初步调查，发现大量常平仓资金被挪作私用。杨倓派遣调查人员到各个州府，扣留了当地过去五年的常平仓记录并加以检查，把在粮食正常收成的年份里，大量发放常平仓、义仓资金的任何事例都移交审查机构进行正式调查。[⑥] 对信州账簿的审计

---

① 据《至顺镇江志》（约 1330）卷 13《公廨·常平仓》，22a-24b，镇江 96 个常平仓中，只有 2 个位于府治所在地，其余的分布在它的 3 个属县的"市及乡都"。

② 《救荒活民书》卷 2，28。

③ 《救荒活民书》卷 2，29；《抚州府志》，见《永乐大典》卷 10950，5b，第 4548 页。

④ 《救荒活民书》卷 2，45。

⑤ 《救荒活民书》卷 1，21。

⑥ 《皇宋中兴两朝圣政》卷 51《孝宗皇帝》，9b-10a。1150 年，朝廷发布了措辞强烈的声明，禁止将常平粮借给粮食经纪人的通常做法，见《救荒活民书》卷 2，26。

显示，该州常平义仓米中，有 2.5 万硕（27%）是虚数，无法入账。①鉴于有大量奏议批评地方挪用常平义仓钱粮以满足税收和军队供应的配额或其他财政紧急需要，这种做法必然相当普遍。②南宋时，国家下放了救荒权，以便更有效地应对地方具体情况。这种救荒权的下放，与乡村在国家机器中日益增长的自治权是一致的。③1095 年颁布的乡村行政管理"都保"制度，其基本要点在南宋的"保伍"制度下得到保留，但它基于新的行政单位"都"。"都"成为丈量田地、税收评估和征收、救灾、服务职责分配与司法行政的基本单位。每个"都"由一组村民组成，有一名都保正（又称"里正"），都保正从一等户中选拔而出，轮流担任，并直接向知县负责。都保正与其他村官和官户组成了新的乡村精英，即"形势户"，他们的地位得到了国家的承认。④

根据 1163 年颁布的条例，朝廷要求都保正和隅官⑤拟定"鱼鳞图"，以登记财产，并确定在其管辖范围内哪些人有资格购买救济粮、获得赈贷或者补贴。⑥1213 年至 1214 年，朱熹的弟子黄榦为应对汉阳严重的饥荒，指示村官

---

① 《宋会要辑稿》食货 53，32a。后来的审计又发现了 12900 硕（也许是不法之徒归还），总共损失了 12100 硕（或占信州常平义仓的 13%），见《皇宋中兴两朝圣政》卷 55《孝宗皇帝》，14a-b。

② 1182 年，福建提举常平司报告说，常平仓制度最常见的三种弊端是：(1) 不合时宜地向其他机构转移资金；（2）为与救荒无关的目的划拨资金；（3）发放粮食储备给长期有需要的人（适当地由常平仓系统负责）。见《宋会要辑稿》食货 43，40b。

③ von Glahn, "The Country of Streams and Grottoes," pp. 218-223; Satake Yasuhiko, "Sodai kyoson seido no keisei katei," *Toyoshi kenkyu* 25, no. 3 (1966): 244-274.

④ Sudo Yoshiyuki, "NanSo kyoto no zeisei to tochi shoyu," *Sodai keizaishi kenkyu*, pp. 545-546; Yanagida Setsuko, "Kyosonsei no tenkai," *Sekai rekishi* 9, 309-343; Yanagida, "Sodai keiseiko no kosei" *Toyoshi kenkyu* 27, no. 3 (1968): 272-291; Brian McKnight, *Village and Bureaucracy in Southern Sung China*.

⑤ 最初，隅官被任命监督弓手和城镇内的消防活动。然而，在南宋，许多地方把农村地区划分为"隅"，大致相当于"乡"单位，因此，在许多地方，隅官的职能相当于乡办事员。See Suds Yoshiyuki, "NanSo no hogoho," *ToSo shakai keizaishi kenkyu*, pp. 699-712.

⑥ Suds Yoshiyuki, "NanSo no hogoho," *ToSo shakai keizaishi kenkyu*, pp. 726.

将人口分为四类：第一类人口的食物资源有富余；第二类有足够的食物以满足家庭的需要；第三类需要购买救济物资；第四类有资格获得补贴。从当年11月初到来年3月底，第三类家庭最多可以现行价格的一半购买6斗米，而那些第四类家庭从9月开始每月可获得3斗米的补贴。1180年，朱熹任知南康军期间实施了类似的分类程序，还在乡村建立了"赈粜场"。隅官和都保正登记并监督赈粜场的工作，而乡官负责监督其辖区内每个"都"的活动。地方官从常平仓和义仓中分配粮食救荒，进一步证明了这两种制度在功能上的混乱。①

然而，权力下放并没有使救荒管理部门更能满足地方的需要，反而对援助的有效性和公平分配造成了更大的阻碍。负责编制贫困家庭名单的村官向穷人勒索钱财，无论行贿人是否贫困，村官都会将其姓名登记在救济名单上。②董煟斥责隅官和都保正不愿意支付从县城运输救灾物资到村里的费用，故而不去请求救济物资。③朱熹补充说，腐败的隅官和都保正把抽取的救济粮送到富人的仓库里。④

当救荒的正规机构崩溃时，国家毫不奇怪地转而采取强制措施，将私人储存的粮食拨作公共援助之用。南宋文献中充满了恳求"上户"把他们多余的粮食投放到市场上的呼吁。"上户"指的是拥有财产的纳税人中最高的两等（总共有五等），这个群体最多占乡村财产所有者的10%。⑤最常见的政策是"劝分"，但效果相当糟糕。出售其粮食库存的人将被政府授予荣誉头衔；

---

① Shiba Yoshinobu, "Kosei no chiikishiKanyogun (1213-1214) no jirei," *Toyo gakuho* 66, nos. 1-4 (1985): 309-310; Sudo, "NanSo no hogoho," pp. 726-727.

② 《州县提纲》卷2，25。

③ 《救荒活民书》卷2，26。

④ 《晦庵先生朱文公文集》卷26《与星子诸县议荒政书》，24a。

⑤ 估算是基于 Umehara Kaoru, "Sodai no kadosei o megutte," *Toho gakuho* 41 (1970): 389.

地方官员可能也会诉诸非正式的压力，将隐藏的存粮引入市场中。[①] 在某些情况下，国家强制要求最富有的家庭在市场上出售其一定比例的存粮[②]，或者以"和籴"的名义让他们直接向国家救荒机构出售大米[③]。

　　尽管有这些政策，很少有人放弃自己的存粮。1171 年，江东两个州府的赈灾资产负债表显示，义仓提供了全部赈灾物资的 75% 甚至更多，而私人捐赠的比例则从 15% 到几乎为零。董煟（旁观者之一）指出，强制性销售粮食的政策适得其反，它赶走了粮食经纪人，加剧了粮食短缺。董煟主张以市场激励代替政府制裁或补贴。[④] 作为地方行政长官，朱熹确实支持采取强制措施来迫使富人在饥荒时期出售粮食。但朱熹欣然承认，市场激励比国家救济计划效果更佳。[⑤] 除了直接关注饥荒危机，朱熹还强调了应对地方性问题的必要性，比如高利贷利率，这是造成农民苦难的根源。和王安石一样，朱熹决心打破由一群邪恶的兼并者实行的信贷垄断。[⑥] 在朱熹看来，只有重振乡村社会的道德风气，才能实现这一目标。

---

① 关于各种补偿的时间表，参见《救荒活民书》卷 2，37-38;《宋史》卷 178《食货志上六》，第 4341 页。

② 1164 年，长江下游流域拥有 1 万亩以上土地的人被要求出粜米 3000 硕，而那些拥有 8000 到 10000 亩土地的人被要求出粜米 1500 硕，见《宋会要辑稿》食货 58，3a。

③ 例如，在 1165 年，通过在浙西、江东西路"和籴"，国家购买了 30 万硕粮食，大约是救济管理部门年收入的三分之一到一半，见《宋会要辑稿》食货 58，3b。

④ 本书第 7 篇文章讨论了朱熹与董煟对"劝籴"的不同看法。

⑤ 例如，大约在 1185 年，朱熹写给赵汝愚的信（《晦庵先生朱文公文集》卷 27《与赵帅书》，7a）："又闻浙米来者颇多，市价顿减，邦人甚喜。而识远者虑其将不复来，此一道安危之大机也，谓宜多方招致，稍增市价，官为收籴，以劝来者。比之溪船海道，官自搬运，糜费损失，所争决不至多。"

⑥ 王安石青苗法的设计目的是夺取兼并之家的放贷权，参见本书第 2 篇文章。董煟对社仓表现出极大的热情，以此作为实现这一目标的一种手段，见《救荒活民书》拾遗，91。

作为地方生存救济工具的社仓的演变

对于朱熹来说，常平仓和义仓的不足并不奇怪，他一直对中央集权的国有救荒机构的效力持怀疑态度，特别是考虑到他认为当前杭州政权的当权者们目光短浅。[①] 让朱熹感到极为焦虑的是，地方上的显贵们德不配位。1167年崇安闹饥荒的时候，朱熹绝望地说："大率今时肉食者，漠然无意于民，直是难与图事，不知此个端绪何故。"[②] 地方社会的天然领袖们反常的道德冷漠，令朱熹感到困惑，他着手创建一种机构，以修复乡村乡曲成员之间破裂的关系。

与儒家社会理论的基本原则相一致，朱熹强烈支持家庭、宗族和村庄之间的团结，并强调这些乡曲成员对乡曲福利的承诺。这种"道德经济"的理念，即群体中的富人在道义上有义务为其不幸的同胞提供最低生活保障，也隐含在官方的告诫中，即要求上户与穷人分享其资源。在这方面，朱熹在其官位上发布的公告完全符合宋帝国的法令。在知南康军的时候，朱熹敦促上户为自己的大家庭提供福祉，这个大家庭包括他们的"佃客""地客""火客"[③]。一旦这些群体的需求得到满足，人们就会期望上户把剩余的粮食卖给穷人。[④] 朱熹自己也承认，上户没有尽到作为家长的道德责任。[⑤] 事实上，在

[①] 关于朱熹对当时政治领导的看法，see Schirokauer, "Chu Hsi's Political Career," passim.

[②]《晦庵先生朱文公文集》卷 43《答林择之》，18a。

[③] 这个术语经常被误解为指使用刀耕火种技术种地的奴隶。刘重日最近的研究表明，"火客"是一群佃户，他们在劳动力稀缺的地区共同耕种地主的土地。虽然他们的合约明确规定了其对地主的各种个人服务，但"火客"并不受地主束缚。见刘重日《火佃新探》，《历史研究》1982 年第 2 期，第113—125 页。

[④]《晦庵先生朱文公文集》卷 99《劝谕救荒》，10a-11a；《晦庵先生朱文公文集》卷 100《劝农文》，11a。

[⑤]《晦庵先生朱文公文集》卷 99《约束粜米及劫掠榜》，26a-27a。

1188年进呈皇帝的奏疏中，朱熹忧心忡忡地称，应反对以猜疑和敌意来破坏上户和下户彼此之间的感情和依赖的纽带："臣伏见近年以来，或以妻杀夫，或以族子杀族父，或以地客杀地主。"[①] 现有的社会机制显然未能规范社会行为。

朱熹在阐述"社仓"概念时，强调了把社仓的经营委托给德高望重之人的重要性，没有道德高尚的人，任何组织计划都注定要失败。与此同时，在他的《社仓事目》中，朱熹详细描述了一套复杂的检查和监管机制，旨在最大限度地减少可能出现的敲诈和徇私行为。这些细致程序的执行，有赖于地方衙门、村官和专门负责管理社仓的"社首"们的通力合作。[②]

朱熹的计划，只是把社仓的组织结构嫁接到现有的乡村管理体制"保伍"上。申请贷款的资格，是通过查阅村官编制的"鱼鳞册"来确定的。在其他情况下，社首与不同"甲"的成员协商后，决定每个家庭可以借多少钱。[③] 经济贫困指数的变化很大。在崇安县，只有那些拥有价值低于600钱的应纳税财产的人才可以借粮；而在长沙，最高标准是拥有20亩土地。[④] 朱熹坚持把救济范围限制在那些除了耕种土地之外没有任何收入来源的人。因此，他主张将上户、军人、公吏、市户、工匠和僧道排除在救济范围之外。[⑤] 显然，那些为社仓制定规则的人，很大程度上遵守了这些准则。[⑥] 社仓对无地农民的态度是复杂的。在临江（属于江西），无地农民被排除在救济范围之外，但在南

---

① 《晦庵先生朱文公文集》卷14《戊申延和奏札》，1b。

② 朱熹《社仓事目》，见《永乐大典》卷7510，2b-7b（第3377页）。

③ 《社仓事目》，见《永乐大典》卷7510，2b（第3377页）；《金华县社仓规约》，见《救荒活民书》拾遗，94;《清江县社仓规约》，见《救荒活民书》拾遗，95。

④ 《社仓事目》，见《永乐大典》卷7510，2b;《渌江志》见《永乐大典》卷7510，23b-24a。

⑤ 《晦庵先生朱文公文集》卷25《与建宁诸司论赈济札子》，9a-11a。

⑥ 《金华县社仓规约》，见《救荒活民书》拾遗，94;《旧国志》，见《永乐大典》卷7510，32b。

安（同样属于江西），雇工可以向社仓申请救助。① 在人口稀少的广西，社仓只允许地主获得贷款。②

除符合资格规定外，申请人还须获得若干保人的担保。拖欠贷款的责任也会落在债务人所在的"甲"的其他成员身上。在这方面（正如在许多其他方面一样），社仓依靠的是嵌入在保甲制度甚至整个乡村社会结构中的连带责任义务。③ 常平仓的管理者，无论他们的意图多么无私，都不可能如享有特权的乡村精英一样，和依赖他们救济的小地主、佃户和奴仆有如此亲密的接触。

朱熹的社仓观念虽然广为人知，但并没有得到儒家知识分子的一致评价。不是别人，正是魏掞之予以强烈批评，他告诫朱熹不要仿效王安石的财政扩张政策。魏掞之反对的是朱熹向贫困农民发放贷款并收取 20% 的利息，实际上是恢复了备受诟病的青苗法——魏掞之自己的社仓根本不收利息。④1175年，吕祖谦去屏山拜访隐居的朱熹时，赞赏了社仓的运作方式，但也批评朱熹依赖国家提供的粮食和资金。吕祖谦主张由"乡人士友"捐助必要的资金并指导社仓事务。⑤ 甚至朱熹的辩护者也对这种制度的某些特点表示了不安。朱熹的好友张栻（1133—1180）斥责诋毁朱熹的人将社仓等同于王安石的青苗法政策，但他同时告诫朱熹不要屈服于诱惑（如王安石所做的那样），不要把他的社仓理念变成普遍适用的制度改革模式。⑥

---

① 《清江县社仓规约》，见《救荒活民书》拾遗，95；《旧国志》，见《永乐大典》卷 7510，32b。真德秀指出，长沙排除了"细民无田者"，见《西山先生真文忠公文集》卷 40《劝立义廪文》，12a。

② 王象之《舆地纪胜》卷 113，3b。

③ 《社仓事目》，见《永乐大典》卷 7510，3a。在金华，每个"甲"的成员被迫支付均等的赔偿金，而甲头则支付双倍的赔偿金，见《金华县社仓规约》，载《救荒活民书》拾遗 94。

④ 王柏总结了朱熹与魏掞之之间的争论，见《鲁斋王文宪公文集》卷 7《社仓利害书》，9b-10b。需要注意的是，朱熹对于"利"的辩护与王安石在同一问题上的观点类似（见本书第 2 篇文章）。

⑤ 《晦庵先生朱文公文集》卷 79《婺州金华县社仓记》，17a。

⑥ 张栻《南轩先生文集》卷 20《答朱元晦秘书》10a-13a。

来自道学同仁们的严厉批评，显然刺痛了朱熹。他驳斥了魏掞之的反对意见，强调如果收不到利息，肯定会导致社仓资不抵债。尽管如此，朱熹还是修改了利率，以安抚批评他的人。1182 年，朱熹在进呈皇帝的奏札中提议，如果粮食收成低于正常产量，或者遭遇严重饥荒，可将社仓利息降低到 10%。一旦累积的利息收入使社仓官理者能够偿还最初投资者们的投资，就不再收取利息。[①] 许多以朱熹模式为基础的社仓网络，在付清初始资本后便免除了利息费用。[②] 另一方面，吕祖谦在 1188 年的论著中认为，社仓很容易破产，因为在粮食歉收的情况下，违约率很高。在吕祖谦看来，除了定期从常平仓中引入资金来补充社仓外，别无选择。[③] 利息问题在 13 世纪继续引发人们激烈的争论。1233 年，刘克庄再次批评朱熹收取利息，并将同年在兴化建立的平粜仓作为典范。[④]

朱熹同情王安石想要表达的意图，如果不是因为王安石的具体政策，他将更加笃信社仓的理念。1185 年，朱熹撰文回应对他的批评，并论证了社仓和青苗法之间的本质区别。朱熹指出，社仓从四个方面纠正了王安石政策的缺陷：（1）社仓不以现钱，而是以粮食发放贷款，从而避免了借款人因大宗商品价格变化无常而遭受灾难性的损失；（2）为了使征信制度更能适应地方的需要，朱熹将征信制度建立在"甲"而不是县的基础上；（3）为了保证足够的自治权和有免于官僚欺诈的自由，社仓的经营被委托给地方士人，而不是政府

---

① 《晦庵先生朱文公文集》卷 13《辛丑延和奏札四》17b。

② 《金华县社仓规约》，见《救荒活民书》拾遗，94；《宜春志》（约 1221—1222），见《永乐大典》卷 7510，13b-14a；《番阳志》（约 1214—1216），见《永乐大典》卷 7510，18a-b；袁燮《跋吴晦夫社仓》，见《永乐大典》卷 7510，11a-b。

③ Robert P. Hymes, *Statesmen and Gentlemen: The Elite of Fu-chou, Chiang-hsi, in Northern and Southern Sung* (Cambridge: Cambridge University Press, 1986), p. 155.

④ 刘克庄《后村先生大全集》卷 88《兴化军创立平粜仓记》，12a-13b。

的官或吏；（4）社仓不是以优先创造额外收入的短视方式为国家服务，而是建立在真正同情不幸之人的痛苦的基础上。朱熹的结论是，尽管王安石的青苗法在他担任宁波地方官期间被证明是成功的，但当他试图在整个宋帝国范围内推行这一制度时，其固有的缺陷导致了灾难。朱熹不顾张栻的告诫，仍然相信自己的社仓想法会在王安石改革失败的方面取得成功。[①]

朱熹一再肯定社仓的成功要靠"聪明仁爱之令如高君，又得忠信明察之士如今日之数公者"[②]。1181 年，朱熹向朝廷进呈的社仓的规则，是一套应该根据地方条件和习俗进行修改的指导方针。只有仔细调查当前情况之后，社会管理者才能发展出能够满足地方社会实际需要的机构。[③]朱熹的组织计划没有任何官僚作风。在他看来，致力于有原则的服务，意味着不仅仅是履职。

社仓的运行

最初建立的崇安社仓运行良好，直到它建立十年后，朱熹才开始将社仓作为乡村救济的全国性政策加以推广。1182 年 1 月，朱熹时任提举浙东茶盐公事，他请求皇帝在整个宋帝国的范围内采用社仓。朝廷毫不犹豫地正式接

[①] 《晦庵先生朱文公文集》卷 79《婺州金华县社仓记》，17a-18b。在 18 世纪关于救荒政策的讨论中，关于青苗法和社仓相对优点的争论仍然非常活跃。虽然大多数人仍然支持朱熹的观点，但值得指出的是，清朝的评论家们支持商业体系和商人（作为个人或通过他们的行会）扮演比朱熹（或王安石）所允许的更为重要的角色的观点。See R. Bin Wong and Peter Perdue, "Famine's Foes in Ch'ing China," *Harvard Journal of Asiatic Studies* 43, no. 1 (1983): 312-315. 对于这个问题，18 世纪具有代表性的观点，参见贺长龄编《皇朝经世文编》卷 40，7a-16a。

[②] 《晦庵先生朱文公文集》卷 80《常州宜兴县社仓记》，18a；亦见朱熹《朱子语类》卷 106，4b。（正文引文中的"高君"为知常州宜兴县高商老。——译者注）

[③] 《晦庵先生朱文公文集》卷 13《辛丑延和奏札四》18a；《晦庵先生朱文公文集》卷 79《建宁府建阳县大阐社仓记》，21a；《晦庵先生朱文公文集》卷 80《邵武军光泽县社仓记》，9a。两位日本学者将朱熹对调查研究的强调解释为其富有启发性的"格物"致知的应用：Kusumoto, *SoMin jidai jugaku shiso no kenkyu*, pp. 252-264; Tomoeda, *Shushi no shiso keisei*, pp. 373-418。

受了朱熹的建议，并下令全国所有州府建立社仓。但朱熹在都城的反对派们成功地阻止了国家补贴，有效地扼杀了官方对社仓的赞助。就在国家下令推广社仓十余天后，陆九渊在信中写道："有司不复挂之墙壁，远方至无知者。"①

虽然中央政府没有积极参与社仓的宣传，但朱熹的朋友、门人弟子和同事都支持这一理念。在大多数情况下，对社仓的赞助仅仅是个人的孤立行为。当江西转运使发布了一份关于推广社仓的通告时，唯一回应的人显然是陆九韶，他是朱熹哲学对手陆九渊的兄弟。由于陆九韶的资源有限，县内 49 个"都"中只有 2 个"都"有社仓。②

只有在福建，社仓才得到官方的大力鼓励。1174 年，朱熹称社仓理念得到了前宰相梁克家的热情支持，而梁克家前些年担任知建宁府。显然，朱熹期望梁克家的支持会让他的社仓模式广泛为人们所采用，但这并没有成为现实。③1184 年，宋若水成为提举福建常平，他强烈要求当地士君子建立社仓。宋若水上任后的官方行动之一是恢复由魏掞之建立的社仓——1171 年魏掞之死后，地方官员接管了社仓，但由于管理不善，社仓濒临破产。宋若水请他在建阳的朋友周明仲招募"其村之士"来管理原来的社仓和在县城偏僻角落建立的新社仓。④

福建社仓数量增多的主要推手来自赵汝愚，他曾两度出任安抚使，是朱

---

① 关于朱熹的奏议，参见《晦庵先生朱文公文集》卷 13《辛丑延和奏札四》，16a-18b；皇帝颁布的关于社仓的法令，见《皇宋中兴两朝圣政》卷 59，12a-b。根据朱熹的说法，当时在浙东的许多地方官员（当时朱熹是提举常平）开始建立社仓，见《晦庵先生朱文公文集》卷 99《劝立社仓榜》23a-b。不过，朱熹 1183 年初辞职，这一活动显然并未长期存在下去。关于陆九渊的信，参见陆九渊《象山先生全集》卷 1《与赵监二》，7。

② 关于陆九韶和抚州社仓，see Hymes, *Statesmen and Gentlemen*, pp. 152-153.

③ 《晦庵先生朱文公文集》卷 77《建宁府崇安县五夫社仓记》，26b。

④ 《晦庵先生朱文公文集》卷 93《运判宋公墓志铭》，22a；《晦庵先生朱文公文集》卷 79《建宁府建阳县长滩社仓记》19a；《晦庵先生朱文公文集》卷 79《建宁府建阳县大阐社仓记》，20a-21a。

熹的狂热崇拜者。赵汝愚曾是社仓最早的拥护者之一。1174 年知信州（江东）时，他曾建议将义仓的一半收入拨给乡村的社仓。[①] 这个建议无疾而终，但是在赵汝愚两次担任福建安抚使期间（1182—1186 年和 1190—1191 年），他监督建立了许多社仓，遍布福建四个州府。赵汝愚试图改造社仓，以达到与朱熹初衷完全不同的目的。他没有将社仓作为乡村信贷机构进行推广，而是将其投入到遏制杀婴和弃婴等社会顽疾的具体目标中。因此，朱熹和赵汝愚就社仓的功能展开了激烈的争论，此外，赵汝愚资助了举子仓和社仓。[②]

从南宋开始，普遍存在的杀婴问题已引起了举国上下的关注。1138 年，朝廷被说服向无力抚养婴儿的家庭提供现钱补贴。与此同时，朝廷批准了福建广泛采用的做法，即允许非亲属收养贫困家庭的孩子。[③]1169 年的一项行政命令，要求福建地方官员向贫困家庭提供一千钱和一石大米，用于哺育婴儿。但是，我们仍然不清楚举子仓的起源。[④] 利用地租来捐赠举子仓的做法，可能起源于地方层面的私人行为。最晚到 1176 年，福建官员们调拨义庄的地

[①] 赵汝愚《乞置社仓济乡民疏》，收入张溥《历代名臣奏议》卷 247，la-b。

[②] 关于朱熹与赵汝愚之间冲突的讨论，in *Nakajima Satoshi sensei koki kinen ronshu*, 2:195-217。关于对为养育儿童所建立的机构的考察，in Imahori Seiji, "Sodai ni okeru eiji hogo jigyo ni tsuite," *Hiroshima daigaku bun-gakubu kiyo* 8 (1955): 127-151。

[③] 《皇宋中兴两朝圣政》卷 23，8b, 12a。1145 年，朝廷批准使用常平仓和义仓粮食来赈济贫穷人家的孩子，见《宋会要辑稿》食货 62，29a-b。

[④] 根据《临汀志》（1258），见《永乐大典》卷 7513，12a，朝廷在 1135 年颁布了一项命令，要求在福建的 4 个内府州建立社仓。我没有发现当时对这一说法的证据（王德毅文，第 174 页注释 29，表明 1135 年颁布，1195 年已弊端丛生）。朱熹在 1191 年指出，即使在当时，也很难确定社仓建立的确切缘起。他引用文献称，12 世纪 70 年代中期，社仓已经运行；他还提到了日期稍晚的声明，见《晦庵先生朱文公文集》卷 29《与赵尚书论举子田事》，4a-b。（根据上下文，疑此条注释中所有的"社仓"均为"举子仓"之误。——译者注）

租①，资助举子仓。早在两年前，也就是 1174 年，建宁的地方官员就开始将来
自义庄的收入用于这一目的。②

1189 年，朱熹在信中向最优秀的弟子黄榦的兄弟黄宛表达了他对举子仓
的疑虑：

> 买田举子之说甚善，此间周居晦、刘晦伯皆有此议，但愚意以为，如此
> 则只做得一事，不如敛散。既可举子，兼可救荒，又将来田租，亦为豪民坐
> 欠催督费力，此建阳已见之。③

朱熹认识到，公共土地的租赁权几乎总是落入富人和权贵之手，他们凌
驾于吏和小官僚之上，使得政府不太可能收回这些土地的租金，而由公共土
地收入资助的救济制度不会产生任何实际效益。1190 年秋，朱熹在给赵汝愚
的信中反复强调了这一想法：

> 举子根本，全仰诸庄佃户送纳租课，诸郡人户回纳息米。今佃户多是豪
> 猾士人、仕宦子弟，力能把持公私，往往拖延不纳，至有及来年夏秋而无敢
> 催督之者。请米人户，间有形势之家，诡名冒请，一家至有百十石。乡官明

---

① 这些义庄是国家通过各种途径获得的公共土地（主要是土地所有者没有继承人的"死地"
以及附属于已破产寺院的土地），必须与为支持同族而建立的私人义庄（典型的是范氏义庄）区分开
来。在此之前，出售这些财产所得的一部分收入已分配给常平仓。见《宋会要辑稿》职官 43，32b。

② 《延平志》（约 1237），见《永乐大典》卷 7513，11a；《建安志》（1198），见《永乐大典》卷
7513，12b；《晦庵先生朱文公文集》卷 29《与赵尚书论举子田事》，4a-b。1173 年，知福州（福建）
史浩呼吁皇帝从福建下四州的官田中拨出收入，以抚养孕妇、儿童。但是，没有迹象表明朝廷对史浩
的提议采取了行动。同年，知建宁府赵彦端建为贫困儿童提供补助，但赵彦端未提及官田的收入。
参见史浩《鄮峰真隐漫录》卷 8《福州乞置官庄赡养生子之家札子》，5b-8a；《宋会要辑稿》食货 66，
11b-12a。

③ 《晦庵先生朱文公文集》卷 28《与黄仁卿书》11a。

知其然，而牵于人情，不能峻拒。

朱熹提出的第二项指责意见是，举子仓原本应该规避的高利贷者，却获得了举子仓的大部分贷款。但正如朱熹本人被迫承认的那样，社仓出现过同样的情况。[①]

1190 年至 1191 年的那个冬天，由于当年粮食歉收，地方名流递交了一份请愿书，要求免除建宁社仓有待偿还的债务，赵汝愚表示同意。赵汝愚的行为立即引起了朱熹阵营的愤怒。当时在闽南担任漳州知州的朱熹，立即写信给在建阳的好友刘爚，表示他对赵汝愚破坏社仓完整性感到失望。失去了有待偿还的贷款，赵汝愚造成了这样一种局面："更如此数年，乡官将守空仓，举子之家无复得米之望矣。"[②] 黄榦承认，虽然建宁的社仓二十年来运转良好，但现在大部分贷款都被这些"大家"以虚假的名义获得。而贫苦的农民看到赵汝愚赦免了大债主，也决定不偿还贷款。因此，在 1191 年的夏天，社仓没有库存，那些没有足够资金的人被迫向高利贷者借款，粮食价格上涨了两倍。最后爆发了抢粮暴动，虽然大多数"大家"都逃到了安全的县城，愤怒的暴民还是杀死了所有囤积粮食的人。[③]

尽管朱熹极力反对，赵汝愚还是继续推行举子仓。到 13 世纪初，建宁、汀州、南剑州等地已建立了一百多座举子仓。甚至一些名义上被称为社仓的粮仓，实际上也被当成举子仓来运作。例如，光泽县（属于邵武）的知县建立了社仓，专门为穷人的孩子提供粮食。和举子仓一样，它的资金来源是公

---

① 《晦庵先生朱文公文集》卷 28《答赵帅论举子仓事》，12a-b。朱熹叙述了一个"新登第人"的案例，该人从麻沙（建阳）的常平社仓借了一百多石粮食，在朝廷宣布对社仓债务的特赦后，他拒绝补足欠粮。

② 《晦庵先生朱文公文集》续集卷 4 上《答刘晦伯》，5a。

③ 黄榦《勉斋先生黄文肃公文集》卷 15《建宁社仓利病》，18a-b。

共土地的租金，而不是无私士人的捐赠。①1191年，福建安抚使为社仓、举子仓集资。从此以后，社仓和举子仓由财政收入（主要是地租）提供资金，由安抚使和提举常平来负责分配。②

正如朱熹和黄幹所预测的那样，权贵们利用他们的影响力在公共土地上获得了收益，并获得了举子仓的大部分贷款资金，从而剥夺了穷人的任何实际利益。1214年的朝廷讨论证实了这些趋势。③1188年、1191年、1194年和1207年在建宁爆发的粮食暴动，凸显了社仓的无效。④到1219年，建宁的社仓体系已基本崩溃。那一年，知府史弥坚建立了一个新的粮仓制度，称为"广惠仓"。和社仓一样，新的广惠仓也广泛分布在乡村各地，但它们不是向单个家庭提供贷款，而是出售粮食以稳定价格。史弥坚起初考虑重建社仓，但面对无法克服的拖欠贷款问题，他最终放弃了。⑤1232年，叛乱蹂躏建宁府和整个福建内陆地区，福州知州向上游派发社仓米，以补充当地的救荒物资。⑥因此，在首个社仓的建立地福建，这一理念发生了转变：社仓并非是为了弥补国家救济机构的缺陷而设立的地方控制资源的机构，而是作为国家官僚机构的另一个分支来运作。

在整个13世纪，地方官员和私人继续建立社仓网络（特别是在江西和湖

---

① 《晦庵先生朱文公文集》卷80《邵武军光泽县社仓记》，8b-9b；李吕《澹轩集》卷5《代县宰社仓砧基簿序》，8a-10b。

② 《建安志》（1198），见《永乐大典》卷7513，12b；《延平志》（约1237），见《永乐大典》卷7513，11a-b。这些收入大部分来自已破产寺院的田地，这些土地恢复为公有，并出租给租户。参见袁燮《絜斋集》卷17《朝请大夫赵公墓志铭》，24b；《宋会要辑稿》食货62，50a-b。

③ 《宋会要辑稿》食货62，50a-b。

④ Watanabe, "Junki matsunen no Kenneifu," pp. 203-205.

⑤ 《西山先生真文忠公文集》卷24《建宁府广惠仓记》，13b-16a；《续资治通鉴长编》，见《永乐大典》卷7513，16a-b。汀州建立了类似的系统来代替被废弃的粮仓，参《临汀志》（1258），见《永乐大典》卷7892，20a-b。

⑥ 《西山先生真文忠公文集》卷15《奏乞拨平江百万仓米赈粜福建四州状》，20b。

南），但朱熹最初计划的局限性变得越来越明显。虽然社仓网络可能持续了相当长的一段时间，但它们几乎无一例外地经历了巨大变化，变得面目全非，以至于朱熹几乎认不出来了：这一结论甚至适用于最成功的社仓。王应麟（1223—1296）是社仓的积极倡导者，他在宋朝末年指出，社仓在绍兴、金华（婺州）、镇江、建昌（南康军）、萍乡（袁州）、长沙效果最佳。[①] 王应麟为我们提供了五个富有代表性的事例（绍兴除外），我们通过对这五个样本进行长时段研究，来评估社仓的可行性。

金华五夫都的社仓可能存在的时间最长。该社仓始建于 1178 年，由吕祖谦的弟子们创建，一直延续到 13 世纪后半叶。但那时社仓已不再由"本乡之耆老"管理，而是由县官监督下的府吏来负责管理。此外，吏要求用现钱偿还贷款，而不是用粮食来进行所有的交易。由于担心借款人违约，吏只在收成不好的时候才同意出借粮食。因此，这个社仓变成了一种时断时续的救荒工具，而不是朱熹所设想的长期信贷援助的提供者。[②]

始建于 1181 年和 1189 年的萍乡社仓共有 11 个。与金华的社仓一样，由于地方士人的积极参与和领导，萍乡社仓也被奉为典范。然而，到 13 世纪 20 年代初，3 个社仓已经关闭，另外 3 个社仓不再遵循创建者规定的准则。有些社仓经营粮食以稳定价格，另一些社仓以降低利息的方式出借粮食，还有一些社仓管理者将社仓库存用来舍粥。在一个案例中，有人购买了大约 100 亩土地，以提供稳定的收入，并保护社仓资源不因未偿还的贷款而枯竭。[③]

[①] 王应麟《玉海》卷 184《食货》，26b-27a。大约半个世纪前的真德秀撰文指出，最著名的成功的社仓例子是建昌和平乡的那些社仓，参《古罗志》，见《永乐大典》卷 7510，22a。

[②] 王柏《鲁斋王文宪公文集》卷 7《社仓利害书》，9b-12b。尽管该文本未注明日期，但在另一篇日期为 1251 年的文章（王柏《鲁斋王文宪公文集》卷 15《续杂著》，9b）中，王柏表示仅存在社仓之名。

[③] 《宜春志》，见《永乐大典》卷 7510，13b-14a。

关于刘宰与其同仁在镇江金坛县建立的社仓，我们所知道的细节较少。[①] 大约在 1230 年，刘宰吹嘘说这个社仓已经繁荣了 20 多年，既向乡村地区提供贷款，又在市场上出售粮食（以压低价格）。刘宰将金坛社仓的成功，归功于许多人的分工合作，各司其职。然而，刘宰对它未来的生存感到悲观，他严肃地指出，高级官员已经盯上了这个社仓，一旦出现些许的粮食短缺，他们就可能会征用社仓物资。

金坛的社仓直接启发了建昌胡家，复兴了原本由知南康军于 1215 年建立的社仓网络。朱熹的弟子胡泳于 1230 年左右拜访了刘宰，考察了金坛的社仓，并与刘宰讨论了不同组织原则的优点。在建昌，所有的社仓工作都由乡吏负责，刘宰觉得这种安排过于集中化，容易出现弊端。[②]20 多年后，胡氏家族仍然积极监督建昌的社仓，但腐败已经悄然出现。社仓官经常把粮食借给自己的"幹仆"，或者通过篡改账簿来侵吞粮食。1252 年，知南康军试图改革这一制度，但根据当地一位历史学者的判断，"而弊端不能尽革"[③]。

最后一个例子是长沙，那里自 1196 年起就存在社仓网络。1224 年，继承了朱熹哲学传统的真德秀，用湖广总领所的资金，把社仓的数目从 28 个增加到 100 个。真德秀发现城市的粮食供应情况比乡村要糟糕得多，于是他把大部分精力投入到为城市居民储备粮食的常平仓上。仿效社仓的做法，城市内新社仓的运作完全委托给财大气粗之人，真德秀也期待他们为社仓的储备做

---

① 相关文本和讨论，in James T. C. Liu, "Liu Tsai (1165-1238): His Philanthropy and Neo-Confucian Limitations," *Oriens Extremus* 25, no. 1 (1978): 19。

② James T. C. Liu, "Liu Tsai (1165-1238): His Philanthropy and Neo-Confucian Limitations," *Oriens Extremus* 25, no. 1 (1978): 19；刘宰《漫塘文集》卷 22《南康胡氏社仓记》，8b-10a。

③ 《南康志》，见《永乐大典》卷 7510，15a-16a。

出贡献。^① 在相当短的时间内，我们所熟悉的弊端——上级官员的征用和村官的侵吞——开始破坏社仓。^② 在宋末对社仓的诸多评价中，也可见到同样的问题。^③ 尽管在宋末有几次成功的冒险，特别是在江西的抚州和吉水^④，但到了 14 世纪初，程钜夫（1249—1318）悲哀地观察到，很少有社仓幸存下来。^⑤ 马端临在他于 1308 年左右完成的《文献通考》中总结道，很多时候，高尚的想法会变成暴政的工具。^⑥

正如朱熹一开始所强调的那样，社仓能否长期生存，取决于其财务是否稳健。儒家对高利贷的憎恶，在同时代人对王安石乡村信贷方案的谴责中得到强化，这与社仓对利润的需求相冲突（尤其是考虑到高违约率）。持同情态度的批评人士指出，大量的不良贷款不仅会威胁社仓的偿付能力，而且还使潜在的出资人不敢拿自己的资产去做这种毫无前途的冒险。^⑦ 因此，社仓往往朝着纯粹的慈善方向发展。受托人通常用社仓的资金购买土地，再把这些土地的租金收入，以慈善的名义分发给贫民。另一些情况，社仓会放弃信贷功能，只是简单地买卖粮食以稳定价格。在这两种情况下，社仓重复了国家提供的福利服务，并经常被国家官僚机构吞并。朱熹创建一个自治的乡村信用协会的想法落空了。

---

① 《西山先生真文忠公文集》卷 40《劝立义廪文》，12a-13a。相关文本的英译，see also the texts translated in von Glahn, "The Country of Streams and Grottoes," pp. 433-434。

② 《渌江志》，见《永乐大典》卷 7510，23b-24a。

③ 《西山先生真文忠公文集》卷 44《赵华文墓志铭》，11a；林希逸《竹溪鬳斋十一稿续集》卷 13《跋浙西提举司社仓规》，1b；黄震《慈溪黄氏日钞》卷 87《抚州金溪县李氏社仓记》，17a-18b。

④ 关于吉水，参见《吉水志》，见《永乐大典》卷 7510，31b，第 3391 页，以及刘辰翁《须溪集》卷 4《吉水义惠社仓记》，29a-30a。关于抚州，see Hymes, *Statesmen and Gentlemen*, pp. 152-157.

⑤ 程钜夫《楚国文宪公雪楼先生文集》卷 24《跋鱼山李氏社仓事后》，1a。

⑥ 《文献通考》卷 21《市籴考二》，213c。

⑦ 陆九渊对这一点持保留意见，对此的讨论，in Hymes, *Statesmen and Gentlemen*, p. 155。亦见王柏《鲁斋王文宪公文集》卷 7《社仓利害书》，11a；《旧国志》，见《永乐大典》卷 7510，32b。

作为意识形态的社仓

在朱熹建立社仓的努力之前，自愿互助协会已经致力于成员的物质福利。自5世纪以来，佛教在中国社会的传播催生了大量的宗教机构，这些机构满足了信众的物质和精神需求。各地的佛教信众成立了"义邑"，筹集资金用于宗教活动（比如建造佛像），发放慈善捐款（特别是用于葬礼和丧葬费用的捐款），并接管以前世俗的乡曲仪式，如"春秋二社"。虽然充满了佛教信仰和礼拜仪式，这些团体开始独立于僧侣运行。与6世纪典型的、包含整个社会阶层的群众集会相比，晚唐和宋代的世俗集会规模更小、更密切，成员相互间有明确的互助义务。许多这种机构被怀疑为"淫祠"，成为国家迫害的目标。公元999年，禅师赞宁在其进呈宋朝廷的《大宋僧史略》一书中，竭力将他认为真正致力于虔诚的慈善事业和善行的团体与异教徒的邪教组织区分开来。然而，不管他们是否得到儒家官员或僧官的认可，这些集会都促进了社会交往和乡曲意识，加强了集体利益，缓解了内部冲突。[①]

自从佛教在中国诞生以来，僧侣一直致力于"悲田"的工作，也就是从事慈善事业。在宋朝，佛教中的禅宗和净土宗大为盛行，推动了民间信徒的慈善事业。在不可抗拒的通过慈善获得救赎的诱惑下，无论地位高低的佛教信徒，都要通过个人的善行，或向在更大范围从事慈善活动的寺庙捐赠来表达他们对佛陀的虔诚。这一点在福建表现得最为明显。

在宋朝，福建经常被称为"佛国"[②]。伴随着当地从唐代开始的佛寺兴盛

[①] Chikusa Masaaki, "Tonko shutsudo 'sha' munjo no kenkyu," in idem., *Chugoku bukkyo shakaishi kenkyu,* pp. 477-557. See also Jacques Gernet, *Les aspects économiques du Bouddhisme dans la société chinoise du Ve au Xe siécle*, pp. 250-268.

[②] 这个讨论基于 Chikusa Masaaki, "Fukken no jiin to shakai," in *Chugoku bukkyo shakaishi kenkyu,* pp. 145-198。

（在 10 世纪闽政权的资助下，佛寺更为兴盛），宋人大量定居福建。因此，寺院拥有大量的土地和丰厚的财产，在一些地方，半数以上的地租都落入寺院手中。建宁的寺院土地情况不详，但根据浦城县人杨亿（974—1020）的说法，当时建宁府有 912 座寺院，相当于每百户人家就有一座寺院。①

宋朝对僧团的支持态度远不如前代，国家试图严格控制僧团，特别是在对寺院财富的分配上。在福建，国家控制着除 40 座最大的寺院以外的所有寺院（5000 多座）方丈的任命。僧侣们常常贿赂地方官员，以获得住持资格。除了轻微的腐败，宋朝还经常挪用寺院资产来满足公众需求。在福建，从 1152 年开始，国家开始对佛寺的账目进行审计，所有被认为是"羡賸"——超过供养僧侣和侍僧、缴纳地方税和维修寺庙所需的最低收入——都要用于满足公众的需要。②1151 年，为了应对日益严重的"形势户"盗窃公共土地的问题，朝廷下令将废弃的寺庙"常住绝产"用于资助学校。建于 1180 年的崇安县学，从五所已废弃的寺庙的土地收入中获得运营补贴。③

宋朝官员认为，既然寺院宣称捐赠的目的是做善事，为贫困人口提供救济，那么国家征用寺院财富用于公共工程和服务，不过是重新分配援助。弱势的僧侣没有资格挑战国家的意志。毫无疑问，地方官员和朝廷的行动代表了一种步调一致的努力，即把所有福利活动置于官僚机构的控制和自由裁量权之下。在赵汝愚庇护下建立的举子仓，至少暗含了实现社会福利世俗化的目的——传统上，为弃婴和孤儿提供食物是寺院的主要慈善事业之一。此外，

---

① 引用见江少虞《皇朝类苑》卷 61，13a。在 12 世纪末的福州，比率是 216：1，see Chikusa, "Fukken no jiin to shakai," pp. 149-150。尽管自宋初以来，福州的僧侣数量已大大减少，但寺院的数量却没有减少。

② 由于对寺院财务造成不利影响，政府在 12 世纪 70 年代中期之前停止征收"羡賸"。See Chikusa, "Fukken no jiin to shakai," pp. 165-168.

③ 《宋会要辑稿》食货 61，14a；《晦庵先生朱文公文集》卷 79《建宁府崇安县学田记》，14a。

许多贫穷的父母把他们无力抚养的孩子托付给僧侣照顾。鉴于朱熹对佛教的反感有据可查，人们不禁要问，他发起社仓和其他社会福利机构，是否出于想要把民众的心从他所厌恶的宗教和寺院中争抢出来。朱熹本人对这个问题只字未提，但有很多意味深长的暗示。朱熹晚年经常写文章抨击僧侣篡夺公共祭祀的行为，尤其是社稷坛的祭祀。[1]

很明显，朱熹在着手设计一种机构以弥合团结的社会破裂的关系时，并没有想到佛教信众，其灵感更有可能来自程颢（1032—1085）：

先生为泽州晋城令，民以事至邑者，必告之以孝悌忠信，入所以事父兄，出所以事长上。度乡村远近为伍保，使之力役相助，患难相恤，而奸伪无所容。凡孤茕残废者，责之亲戚乡党，使无失所……乡民为社会，为立科条，旌别善恶，使有劝有耻。[2]

程颢的设想是复兴《周礼》中所描述的井然有序的上古社会。在 1069 年向皇帝进呈的著名奏札中，程颢强调了上古社会的凝聚力来自人们对乡曲成员的自然感情：同村人之间"亲睦"，产生了"廉耻"感，促使所有人按照自己的身份行事，从而消弭了冲突。[3] 无视宋朝社会的复杂性，程颢通过树立道德榜样，对皇帝将这种美德灌输给臣民的能力表现出极大的信心。

朱熹在几个关键问题上与程颢的看法一致。首先，朱熹肯定了一个有序

---

① 相关例子，参见《晦庵先生朱文公文集》卷 83《书释奠申明指挥后》，21a-22a；《晦庵先生朱文公文集》卷 93《朝散黄公墓志铭》，9a-b。

② 朱熹、吕祖谦《近思录集注》卷 9《制度》，42b-44a，英译文用 Wing-tsit Chan, trans., *Reflections on Things at Hand*, p. 225。"社会"一词确实包括参与纯粹世俗活动的团体，但最常见的是表示献给特定守护神或庆祝特定宗教节日的聚会。相关例子参见南宋杭州的"社会"类型，见吴自牧《梦粱录》卷 19《园囿》，8a-10a。

③ 朱熹、吕祖谦《近思录集注》卷 9《制度》，17b-18a。陈荣捷并未翻译此段文字。

的社会需要每个人各履其职，各尽其责。世界上的大多数问题，可归因于人们未能认识并尊重自然社会等级中所固有的差别和彼此相互的责任。社会领袖、贵族，尤其是皇帝，是厘清社会等级和确保各阶层之间合作的首要责任人，朱熹向他们提出了解决方案，并进行了劝导。[①] 从这个角度来看，社仓仅仅是社会等级结构的一种表达，是一种表达怜悯之心的工具，而这种怜悯之心定义了社会上层和下层之间的关系。

像程颢一样，朱熹也渴望回归一个简单的乡村社会，而不是被肮脏的社会渣滓——"浮民"和"游手"所玷污的社会。[②] 社会稳定只能通过更新上层社会和下层社会相互依存的伦理才能实现，而这种相互依存是由个人关系的富有同情心的亲密培育出来的。因此，朱熹反复强调，上户的主要义务是为自己的佃户和奴仆提供福利，其次才是实现整个社会的福祉。同样，社仓是一种生存伦理的正式表达，巩固了社会等级制度。朱熹指出，由国家运营的福利机构缺乏这种道德品质。他经常抱怨公共福利机构的福利偏向于提供给那些聚集在城镇里的"游手"，而不是那些应得到救济的穷人——农民。在朱熹看来，只有那些从事诚实劳动和以农业为生的人才应该得到救济。[③]

程颢认为人性是永恒不变的，人类的道德潜能自上古圣王的黄金时代以来就没有减弱过。朱熹认同程颢的论断。道学的核心思想之一是肯定同时代

[①] 关于朱熹对皇帝的主要角色的强调，see Julia Ching, "Neo-Confucian Utopian Theories and Political Ethics," *Monumenta Serica* 20 (1972-1973): 46-47, and Schirokauer, "Chu Hsi's Political Thought," pp. 131-133.

[②] 程颢的话，引自朱熹、吕祖谦《近思录集注》卷9《制度》，34b。

[③] 《晦庵先生朱文公文集》卷77《建宁府崇安县五夫社仓记》，26b。朱熹还抗议称，放弃田地的小农户比乡村居民更喜欢城市的悠闲，参见《晦庵先生朱文公文集》卷64《答龚仲至》，11a。这种情绪可以追溯到朱熹政治生涯之初。12世纪50年代中期当朱熹任同安县主簿时，他抱怨说，同安的官户、富家、吏人、商人利用他们的财富购买土地抵押，因此剥夺了农民的土地，参见《晦庵先生朱文公文集》卷43《答陈明仲》，4a-b。

的"士"可以立志实现圣人的理想。[1] 北宋的道学先贤们主张当时的政治家应该寻求恢复"经"中所描述的真正的上古制度，但朱熹放弃了这种主张。朱熹在这个问题上有几种不同意见。首先，他认为任何制度框架本身都是不充分的。好的政府最终取决于其领导人的洞察力，而领导人敏锐的判断力来自学习和自我修养，而不是对法律的熟悉。此外，朱熹认为上古圣王时代是人类历史上一个独特的阶段，自己与同时代的人所面对的世界与上古世界差异极大，政府机构也必须做出相应的调整。朱熹区分了上古理想所体现出来的道德和正义社会的乌托邦愿景（具有普遍与永恒的相关性）与上古历史现实（早已逝去）之间的不同。[2]

与此同时，朱熹强烈反对将近代史上的先例作为社会和政治制度的典范。[3] 郝若贝创造了"历史类比"一词来描述晚唐和宋的趋势，即利用历史作为知识和经验的宝库，政治家们可以从中获得适用于当今类似情况的经验教训。[4] 从中唐开始，学者们追溯了历史上法律和制度的演变，为当时的公共政策和决策提供指导。他们对历史的偶然性和经年累月累积的变化的强调，衍生出

---

[1]　Hoyt Cleveland Tillman, *Utilitarian Confucianism: Ch'en Liang's Challenge to Chu Hsi*, p. 43.

[2]　Hoyt Cleveland Tillman, *Utilitarian Confucianism: Ch'en Liang's Challenge to Chu Hsi*, p.42-44,p201-204；Schirokauer, "Chu Hsi's Political Thought," p. 129.

[3]　关于朱熹将历史作为政治行动典范的观点的更全面讨论，参见谢康伦在本书第 4 篇文章中的看法。

[4]　Robert M. Hartwell, "Historical Analogism, Public Policy, and Social Science in Eleventh- and Twelfth-Century China," *American Historical Review* 76, no. 3 (1971): 690-727. 在本书第 3 篇文章中，包弼德认为，司马光并不是郝若贝所说的"使用从历史模型中抽象出来的原则"来决定公共政策的历史类比者。根据包弼德的说法，司马光利用历史，不是为了推导出"必要的原则"，而只是为了证明其有效性。郝若贝也许夸大了宋朝社会科学方法论发展之初的情况，然而，他也承认了宋代政治理论家所采用的类比主义的局限性：历史类比主义的方法将注意力集中在当下的特殊危机上，并阻碍了从类比命题中推断出一般性的分析假设（Hartwell, 725-727）。在我看来，如果我们用这个术语来理解实证主义的假设，即历史是预测特定政策后果的准确指南，那么"历史类比"的概念仍然有效。

了一种保守的政治取向，阻碍了激进的制度创新。不出所料，历史类比的实践者，如司马光、张方平、范祖禹等人都带头反对王安石的新法。[①] 南宋时，像陈亮这样的功利主义理论家接受了历史类比，他结合了保守主义者对激进改革的厌恶与对汉、唐君主利用权力增强帝国实力的钦佩。在与陈亮的辩论中，朱熹既反对以功利主义的方式来关注权力使用，也不赞成历史类比者的观点，即对政治制度的评价可以脱离其操纵者。[②]

因此，朱熹的政治哲学与渐进主义和保守主义的历史类比，以及 11 世纪道学名人所推崇的古典复兴主义有着明显的分歧。事实上，朱熹的政治思想与这两种倾向的宿敌——王安石——有一定的共通之处。与王安石一样，朱熹也否认历史把政治实干主义的范围仅仅限定在为了改善现有的社会和政治秩序内。两人都受到《周礼》中所详述的国家与社会的乌托邦式融合的启发，但两人都不相信上古制度能够应用于当下。相反，王安石和朱熹都主张研究《周礼》中所阐述的"道之在政事"，以及"义"的圣王思想。[③] 古典道德修养思潮的内化，为政治实干主义提供了启示。这种可能被称为"经典类比主义"的取向，假定（1）与历史类比的原则相反，政治选择的范围并不局限于近期的狭窄范围，它设想的是创建一种新的制度，在其中注入诸如《周礼》所体现的上古精神；（2）与古典复兴主义相反，历史的迫切，需要建立适合实际社

---

① 萨利蒂也强调了该群体的政治保守主义，in Anthony W. Sariti, "Monarchy, Bureaucracy, and Absolutism in the Political Thought of Ssu-ma Kuang," *Journal of Asian Studies* 32, no. 1 (1972): 57; James T. C. Liu, *Reform in Sung China: Wang An-shih and His New Policies*, p. 33.

② Tillman, *Utilitarian Confucianism*, passim, especially pp. 145-148, 212-213.

③ 引文出自王安石《周礼义序》，《王临川全集》卷 84，第 533 页，以及《王临川全集》卷 41《拟上殿札子》，第 237 页。朱熹在 1188 年进呈皇帝的奏札中，强调了《周礼》中所包含的周朝圣王的观念，see Schirokauer, "Chu Hsi's Political Thought," p. 133; Tillman, *Utilitarian Confucianism*, p. 204。关于王安石对《三经新义》中基础政策的关注，see Peter K. Bol, "Wang An-shih's Theory of the Activist State," paper presented at the 36th Annual Meeting of the Association for Asian Studies, March, 1984.

会环境的制度，因此，朱熹反对轻易复兴像井田制这样的神话原型。① 总而言之，经典类比主义为不受近期历史约束的制度变迁提供了正当的理由。

除了基于《周礼》为原型的制度创新的共同假设外，王安石和朱熹在其他方面大相径庭。虽然王安石和朱熹一样，经常肯定道德修养和教育的首要地位，但朱熹发现王安石的政策在这方面十分欠缺。尽管如此，朱熹对王安石的尊崇超过了大多数朱熹同时代的人，包括那些经常与王安石归为一类的功利主义思想家。② 朱熹批评了对王安石言辞最激烈的批评者，他们坚持认为"祖宗之法"是不可改变的，而且对制度改革怀有强烈的敌意。在朱熹的思想中，在王安石时期危机四伏的宋王朝确实需要彻底的改革，但由于王安石对"法治"的错误信念，使他忽视了他所选择的新法执行者的品德低下，导致了新法的失败。③

朱熹强烈谴责王安石利用《周礼》，他指责王安石"乃姑取其附于己意者，而借其名高以服众耳"④。例如，王安石认为他的市易务是复制周朝"泉府"的

① 关于朱熹恢复上古制度不可行的观点，参见《朱子语类》卷108《朱子五》。朱熹频繁论述井田制，有力地说明了他偏爱发展功能与上古类似的制度，而不是简单地试图复兴古代制度。朱熹向弟子们指出，根据《周礼》中记录的精确细节，努力重建井田，"如此则非三代田制，乃王莽之制矣"（王莽是公元1世纪臭名昭著的谋朝篡位者，他试图以《周礼》规定的机构形式重塑政府），见《朱子语类》卷55，4b。朱熹回应弟子关于《孟子·滕文公上》3的问题，赞扬井田制的优点，朱熹对我所描述的古典类比论作了简洁的陈述："大抵孟子之言，虽曰推本三代之遗制，然常举其大而不必尽于其细也，师其意而不必泥于其文也。盖其疏通简易，自成一家，乃经纶之活法，而岂拘儒曲士牵制文义者所能知哉？"见《朱子遗书·孟子或问》卷5，3a。

② Ishida Hajime, "Shu Ki no Kinei sengo ken," *Gumma daigaku kyoiku kiyo, jimbun shakaikagaku hen* 30 (1980): 65-82. 关于王安石的政治思想与功利主义者陈亮政治思想之间的差距，see Tillman, *Utilitarian Confucianism*, pp. 212-213.

③ 《晦庵先生朱文公文集》卷70《读两陈谏议遗墨》，7a-14a。朱熹《朱子语类》卷108《朱子五》，9a；卷128《本朝二》，6b。

④ 《晦庵先生朱文公文集》卷70《读两陈谏议遗墨》，10b。

一种手段——泉府是一个公共机构，其作用是干预市场以保持商品的供求平衡。朱熹认为王安石的"经典类比"是一种通过买卖商品来敛财的虚伪企图，周公从来没有这样的打算。[①] 在朱熹看来，王安石通过立法命令，自上而下强行推行机构变革，违反了《周礼》的精神。以社仓为象征的朱熹的改革理念，主要是通过以道德自律和文化为基础的士人作为中间人，建立起地方社会中乡曲团结的纽带。《周礼》为机构改革提供了合适的模式，但最终积极的改革取决于领导者的素质。[②] 这一区别是朱熹的社仓观与王安石新法的重要区别。

然而，不能说朱熹以地方为中心的政治实干主义在创建可行的机构方面更成功。社仓预设了一种普遍的社会责任感，但这种社会责任感并不存在。朱熹虽然认识到宋朝社会中存在着尖锐的阶级对立，但他错误地认为，只要有意识的道德和知识上的努力就能解决这些矛盾。上层社会的官员、"形势户"、地主，甚至是"士"，都没有履行他们的职责，相反，他们继续剥削穷人和绝望的人。社仓往往成为这种剥削的一种工具，而不是对这种剥削的一种制衡。尽管如此，朱熹对政府工作重点的重新排序，将政治实干主义的焦点从国家行政的广泛领域缩小到地方范围，是中国政治和制度史上的一个重要里程碑。社仓介于两种信仰之间，一种是对中央集权的信仰，正是这种信仰激发了北宋改革运动的兴起；另一种是对个人整改的追求，以及相应地对家庭、学校、士人圈和地方乡曲"经世"范围的收缩，后者确定了明清时代新儒学的特征。

---

① 朱熹《朱子语类》卷 130《本朝四》，2a。

② 对与社仓特别相关的这一点的讨论，参见《建宁府建阳县大阐社仓记》，21a。

6

作为南宋治国之道的义庄

万安玲（Linda Walton）

自从 30 多年前杜希德关于范氏义庄的经典著作出版以来[①]，研究义庄以及类似"家族财产"制度的历史学家和人类学家，理所当然把重点放在它们与亲属关系结构演变的相关性上。[②] 在本文中，我采取了不同的研究方法：以南宋义庄为研究对象，从宗族内外的角度来探讨义庄对亲属关系、地方乡曲与国家之间关系的建构方式。我在本文中只讨论两个内容：义田（或义庄）[③] 和

[①]   Denis Twitchett, "The Fan Clan Charitable Estate, 1050-1760," in David S. Nivison and Arthur F. Wright, eds., *Confucianism in Action* (Stanford: Stanford University Press, 1959).

[②]   关于该主题的最新研究成果以及日本学者的重要参考书，see Patricia B. Ebrey and James L. Watson, eds., *Kinship Organization in Late Imperial China* (Berkeley: University of California Press, 1986). Hereafter cited as Ebrey and Watson.

[③]   我在这里将"义"英译成 charitable（慈善的），是基于这些机构的功能并遵循长期以来的惯例。然而，大家需要记住，"义"的字面意思是 duty（或 relationship-specific obligation，如在"义军"或"义兵"等词中）。重点是做正确的事，履行个人的义务。关于南宋使用这个术语的情况，请参阅本书导论中的讨论。

义学（或"义塾"），其中前者由"族"（或"宗族"）[①]或者乡曲共建。

关于南宋出现"地方主义"策略的近期研究，既从姻亲关系网络（地区精英家庭之间彼此联系起来）入手，也从更大范围的社会、经济和政治行为的模式入手，聚焦地方（而不是国家），呈现出与北宋鲜明的对比——北宋时，精英家庭将目光投向国家政治，并与其他跨越地方或区域界限的精英家庭建立起联系。[②]我们可以认为，这种转变的进一步表现，是从依赖中央政府的政策来处理社会和经济问题（王安石时代的特征），转变为越来越多的地方化、自愿性和私人努力来满足地方需求。这种变化至少在一定程度上可以归因于北宋灭亡后，人们对国家有能力实施成功解决地方层面问题的政策丧失了信心。在教育方面，这种变化见于南宋地方书院的兴起。南宋书院的重要意义源于人们对北宋科举考试制度及其所营造的官方教育环境的不满。南宋书院的建立虽然遵循了北宋的先例，但由于知识、政治和社会环境的变化，南宋书院具有鲜明的特点和意义。同样，虽然人们屡屡引用北宋的范氏义庄作为南宋义庄的典范——范氏义庄是北宋为数不多的义庄的典范——但南宋义庄与北宋义庄的重要性不同，不仅因为南宋义庄数量多，还因为它们处于新的社会和政治环境中。

人类学家通常认为，包括捐赠田地在内的财产共有，对家族的形成和活

---

① 对中英文亲属关系术语进行定义以及有用的讨论，see Ebrey and Watson, pp. 4-10。我尽可能遵循他们的建议。

② See, for example, Robert Hymes, "Marriage, Descent Groups, and the Localist Strategy in Sung and Yuan Fu-chou," in Ebrey and Watson, pp. 95-136, and Hymes, *Statesmen and Gentlemen: The Elite of Fu-chou, Chiang-hsi, in Northern and Southern Sung* (Cambridge: Cambridge University Press, 1986). 韩明士拓展了郝若贝提出的论点 of "Demographic, Social, and Political Transformations of China, 750-1550," *Harvard Journal of Asiatic Studies* 42 (1982): 365-442。

动至关重要，但一些历史学者已经开始质疑这一假设。[1] 最近的研究表明，至少在宋朝，财产共有并不一定在宗族的组织和生存中发挥核心作用。[2] 的确，除范氏义庄外，北宋义庄数量很少。[3] 我发现了相当多南宋义庄的事例（见本文附录），由于这些资料并不全面，可能还有更多的事例尚待发现。[4] 因此，我认为，即使义庄对宗族的形成并非至关重要，许多义庄可能昙花一现，但义庄在南宋地方社会中已经是重要的存在。义庄是一些杰出人物作品的主题，这些人从经、史的角度为义庄提供了思想上的正当性。许多人试图将义庄的建立与"经世"的更大原则联系起来，提出建立义庄的方式，并对这种方式加以证明，为南宋关于制度和社会的思考提供了一些启示。来自义庄的证据也支持了这一论点，即在南宋精英家庭中出现了地方主义策略。无论是为宗族捐建的义庄，还是为"士大夫"家庭提供支持的少数乡曲义庄，一种新的（或许是更新的）地方乡曲观念伴随着对宗族、乡曲和国家之间关系的重新思考而不断发展。

---

[1]　See Patricia Ebrey, "The Early Stages in the Development of Descent Group Organization," in Ebrey and Watson, pp. 40-44; 55-56.

[2]　See Richard L. Davis, "Political Success and the Growth of Descent Groups: The Shih of Ming-chou During the Sung," in Ebrey and Watson, pp. 92-93.

[3]　Shimizu Morimitsu, *Chu goku zokusan seido ko* (Tokyo: Iwanami, 1949), pp. 39-40, 引用了 6 个北宋义庄；Hymes, *Statesmen*, p. 130, n. 15, 引用了两个北宋江西抚州义庄；Ebrey, "Early Stages," p. 42, 引用了另一处北宋义庄。梁庚尧《南宋的农村经济》，台北：联经出版社，1985，第 316 页，将建康的阎氏义庄归于南宋义庄，但应将其视为北宋晚期，除非它实际上是义庄创始人在病床上创建的，因为他于 1130 年（南宋建炎三年）逝世，享年 70 岁。参见刘一止《苕溪集》（四库全书本）卷 50《宋故永嘉郡夫人高氏墓志铭》，27a-28a。

[4]　附录中列举的南宋义庄的例子主要来自二手研究，特别是清水盛光（Shimizu Morimitsu）和梁庚尧的研究。许多原始资料就是为纪念义庄的建立而撰写的碑铭，因而一目了然。然而，我们在墓志铭中还发现了许多其他参考文献，如果对这些文字以及其他不太明显的文献进行仔细搜索，很可能会发现更多的例证。因此，我认为，将附录中的列表拓展到至少两倍规模是合理的建议。但我要强调的是，目前的研究在本质上不是定量研究。

宋代新儒家认为，根据《大学》记载，"平天下"始于"修身"，继而"齐家"，进而"治国"。现代学者认为，宋人有时实际上在"修身"和"经世"之间又跨出了一步："化乡"。① 正是在"化乡"以及在"齐家"领域，无论是宗族还是当地乡曲，义庄都很重要，它既是群体福利的象征，也是群体福利实际上的守护者。有人认为，捐建义庄可能在一定程度上是为了限定宗族中较富有、更为显赫的族人对境遇不佳的亲属的义务。② 不过，任何这样的实际功能都不需要排除同等重要甚至更重要的象征功能：通过支持祭祖仪式或维护祖茔来"合宗族"，或通过乡曲义庄来确认地区新兴的地方精英之间的共同利益和共同身份意识。在宋代，特别是在南宋，许多证据表明宗族关系强化，这一过程是由于官员生涯所依赖的科举考试制度和仕宦的不确定性，以及社会和经济快速变化时期的不稳定与不安全造成的。虽然义庄可能对宗族的生存并不重要，也不是南宋新兴地方精英战略的主要支持③，但它们在宣告并强化宗族与乡曲联系方面具有重要的象征意义。因此，研究义庄一方面可以揭示出南宋时期宗族、乡曲和国家之间不断变化的关系，另一方面也可以揭示出南宋人对"经世"的态度和观念的变化。

为宗族建立的义庄

明州（两浙）鄞县楼氏义庄是南宋最早建立的义庄之一，记载十分完整，

---

① Inoue Akira (?), "Sodai ijo ni okeru sozoku no tokushitsu no zai kento," *Nagoya daigaku toyoshi kenkyu hokoku* 12 (1987): 60. 见本书的导论中朱熹对乡级"中层"机构兴趣的讨论。

② Ebrey, pp. 41-42; Hymes, "Marriage, Descent Groups, and the Localist Strategy," p. 130.

③ 关于义庄在 19 世纪晚期地方精英策略和家族组织方面作用的比较，see Jerry Dennerline, "Marriage, Adoption, and Charity in the Development of Lineages in Wu-hsi from Sung to Ch'ing," in Ebrey and Watson, pp. 170-209.

其目的是为了造福楼氏某支宗族的成员。[1] 为了实现父亲楼异（1085 年进士）早年为后人建立义庄的计划，1160 年，致仕后的楼璹（1090—1162）建立了楼氏义庄。尽管在 11 世纪中叶，楼异的祖父楼郁在 1053 年中进士第时楼氏家族已经开始崛起并成为官户，但在南宋初，楼璹这一代人经济上陷入了窘境，使他们不得不依靠姻亲的帮扶。楼璹的弟弟楼璩（卒于 1182 年）是赘婿，而楼璩的儿子，著名的南宋官员楼钥（1137—1213），在外祖父家里长大成人。[2]

楼璹没有写他为何留出 500 亩土地建立义庄，我们必须依靠其侄子楼钥提供的信息来进行推断。根据楼钥为叔父撰写的墓志铭记载，楼璹建立义庄是出于孝心，为了满足楼异的心愿。楼钥还引用了范仲淹的义庄模式，称他家曾试图模仿范仲淹的义庄，但未能获得同等程度的支持，因为楼氏义庄只向那些有需要的人提供稻米，而不是像范氏义庄那样向整个宗族分发稻米。[3] 楼氏义庄是专门为楼异的后代设计的，而不是为楼氏其他"派"设计的。[4] 楼钥在南宋政府中位居高官后，他成功地扩大了义庄的规模——很多人试图这样做但都失败了。然而，在 1212 年，也就是楼钥去世的前一年，楼氏义庄只存在了半个世纪的时候，楼氏族人请求官方出面惩罚那些出售义田和挪用义庄收入的人——具有讽刺意味的是，他们再次引用了范氏义庄的先例。[5]

---

① See Fukuda Ritsuko, "Sodai gisho koko—Minshu Roshi o chushin to shite" (Nihon joshi daigaku shigaku kenkyukai), *Shiso* 13 (1972): 72-115. Reprinted in *Chugoku kankei ronsetsu shiryo* 14, no. 3 ge: 188-206. 引用时的页码来自后者。See also Linda Walton, "Kinship, Marriage, and Status in Song China: A Study of the Lou Lineage of Ningbo, c. 1050-1250," *Journal of Asian History* 18, no. 1 (1984): 35-77.

② Walton, p. 59.

③ 楼钥《攻愧集》（丛书集成初编本）卷 60《范氏复义宅记》，第 808 页。（"丛书集成初编本"，原误作"丛书集成续编本"。——译者注）

④ Fukuda, p. 103; Walton, p. 47.

⑤ 王元洪编《至正四明续志》（宋元方志丛刊本）卷 8，19b-20a。

从元代地方志开始，对楼氏义庄的记载，都强调了它作为一种社会模式的重要性，这种社会模式是在宗族中建立和谐关系，并将其好的影响扩展到整个社会。① 然而到了元朝，富人侵占了义田，楼氏的经济状况相对较差，只能依靠官方的支持来保留他们的义田。地方官员试图保护楼氏义庄，表面上因为它是儒家社会秩序的典范。但与范氏义庄不同，楼氏义庄未能在元朝保存下来。②

整个南宋，各地分布着许多类似的义庄，本文考察的四十多个义庄，大约半数集中在两浙东西路。部分原因是该地区的现存史料丰富，但也反映出宋朝两浙东西路经济发展水平较高的特点：这样的地区更有可能存在建立义庄（或义田）所需的剩余资源。尽管有作者声称，由于义庄要养活一大批人，建立义庄需要五千亩田地③，但作为模板的范氏义庄以三千亩赠田开始运行。义庄捐赠田的规模大不相同，部分原因是田地生产力的变化以及使用不同的收入分配方式和配置方法。本文考察的事例中，义田面积从一百亩到几千亩不等，所以五百亩的楼氏义庄是中等规模。

楼氏义庄每月只向有需要的宗族成员提供大米，大多数义庄的规定更为具体，例如，支持婚嫁和丧葬费用，以及对患病和生活贫困的族人提供援助。④

① 《至正四明续志》卷 8，19b。
② 《至正四明续志》卷 8，19b。
③ 刘克庄《后村先生大全集》（四部丛刊本）卷 92，20b。
④ 属于清朝学者全祖望祖先的义庄，定位与鄞县楼氏义庄相似，建立义庄的目的都是为了给婚丧嫁娶提供支持，并资助生活贫困的族人。参见全祖望《鲒埼亭集》（四部丛刊本）卷 21，4a。其他义庄，诸如金华（婺州）陈氏义庄（王懋德《金华府志》卷 16，台北，1965 年重印本，69a）、平江（苏州）张氏义庄［刘宰《漫塘文集》（四库全书本）卷 21《希墟张氏义庄记》，32a］，这两座义庄都位于浙江。四川汉州张氏义庄［朱熹《朱子大全》（四部备要本）卷 95 下《少师保信军节度使魏国公致仕赠太保张公行状下》，38］，福建兴化军方氏义庄［林希逸《竹溪鬳斋十一稿续集》（四库全书本）卷 12《莆田方氏义庄规矩序》，15a］还明确规定，从义田中获得的收入，将用于资助婚丧嫁娶活动，并为贫穷的族人提供帮助。

有些义庄资助与男女成年礼有关的费用（分别为加冠和及笄），并为养育孩子提供资助。①本文研究的大约四分之一的事例中，除了对个别家庭提供直接的物质资助外，义庄还资助学校，供族子们接受教育。对精英家庭来说，支持教育非常重要，他们关心的是通过科举中第或以其他方式履行"士"的职责，来维持并提高他们的地位。出于同样的动机，精英家庭可能也会特别关注资助婚丧嫁娶。同样，支持祭祖和丧葬费用或购买和维护墓地，对维持并显示精英地位，也许对加强宗族的联系也很重要。②义庄的收入，可以支持与精英地位以及基本经济福利相关的活动。例如，兴化（福建）的方氏义庄，指定了资助"礼"的内容，诸如生子、冠礼、婚丧、祭祖礼、延师礼，以及救助"饥乏者"等。③江南西路吉州的孙氏义庄规定，他们义庄的收入用于衣食、药品、丧葬和宗教仪式的开支。④

到目前为止，绝大多数义庄只是简单地规定了义庄的收入将用于向族人提供财务资助。南宋义庄是否像范氏义庄一样普遍资助所有族人，还是像楼氏义庄那样只资助那些有燃眉之急的人，情况通常不详。在我所考察的事例中，超过三分之一的事例在具体引用义庄的模式和先例时，都毫不奇怪地引

---

① 例如，兴化方氏义庄（林希逸《竹溪鬳斋十一稿续集》卷12《莆田方氏义庄规矩序》，15a）和荆湖南路潭州赵氏义庄（刘克庄《后村先生大全集》卷92，20a）都专门规定，义庄收入既要用于这些目的，也要用于婚丧嫁娶和救济穷人。两浙台州石氏义庄，指定其义庄收入用于孤女的婚嫁费用和每月弃婴乳母的费用（朱熹《朱子大全》卷92《知南康军石君墓志铭》，6b）。

② 婺州（两浙）傅氏规定，从义庄中获得的收入不仅用于援助宗族，还用于资助礼仪活动［黄潜《黄文献公集》（丛书集成续编本）卷7《傅氏义田记》，14a］。镇江陈氏将其义庄的一半收入用于帮助宗族，一半收入用于坟墓的维护（刘宰《漫塘文集》卷23《洮湖陈氏义庄记》，10b）。台州的谢子畅为"贫不能葬"的族人购买墓地［林表民《赤城集》（四库全书珍本）卷12《台州谢子畅义田续记》，18b］。义田收入增多，更好地支持信州刘氏建立的义学，并资助葬礼花费和购买坟山田（朱熹《朱子大全》卷80《玉山刘氏义学记》，2b）。

③ 林希逸《竹溪鬳斋十一稿续集》卷12《莆田方氏义庄规矩序》，15a。

④ 周必大《文忠集》（四库全书本）卷74《朝奉郎袁州孙使君（逢辰）墓志铭》，7a。

用了范氏义庄。本文记录的最大规模的南宋义庄群，位于范氏一族的家乡苏州（两浙）。刘宰（1167—1240）在论述苏州张氏义庄时，引用了范氏义庄的例子，认为苏州地区的精英家族普遍效仿范氏义庄。[①] 然而，很少有家族能像范氏那样，自由分配义庄的收入。从大多数义庄田产的有限规模来看（尽管关于这方面的资料仍然很少），不可能向整个宗族提供资助，只是向有需要的人提供资助，而且可能只在紧急情况下提供资助。

人生不幸有时直接推动了义庄的建立，其设计的具体目的就是帮助近亲的孤儿。例如，兄长过世后，孙椿年（卒于1199年）照顾侄子侄女；侄子侄女死后，他又接着照顾他们的孩子。孙椿年在越州（两浙）建立的义庄被称为"义居"，定期给兄弟和堂兄弟的后代分发物资，所有盈余都被用于婚嫁费用。[②] 在一个类似的事例中，与明州楼氏有姻亲关系的陈居仁（1129—1197），他在叔父和两个堂兄弟去世后创建的义庄，为侄子们提供了资助。[③] 陈居仁的父亲从福建迁居明州，在兴化的莆田留下了土地，陈居仁把这些土地以义庄的形式留给叔父的后人。南宋知名爱国志士文天祥（1236—1283）的父亲文仪（1215—1256）建立的义庄最初是为了帮助亡叔的家人，最终帮助范围扩展到整个宗族。[④] 因此，对特定亲属的责任感，以及对整个宗族的福利和地位更广泛的关心，推动了义田和义庄的建立。

---

① 刘宰《漫塘文集》卷21《希墟张氏义庄记》，34b。

② 陆游《渭南文集》（万有文库本）卷39《孙君墓表》，第716—717页。（正文中对孙椿年的描述与史料原文不符：根据《孙君墓表》记载，孙椿年兄长去世后，他照料寡嫂和侄子。父母去世后，对他们的照料更加精心。姐姐嫁给胡氏，夫妇早亡，孙椿年照料外甥。后外甥不幸去世，孙椿年又为胡氏立嗣。——译者注）

③ 楼钥《攻愧集》卷89《华文阁直学士奉政大夫致仕赠金紫光禄大夫陈公行状》，第1220—1221页。（陈居仁传记资料还见于周必大《文忠集》卷64《文华阁直学士赠金紫光禄大夫陈公（居仁）神道碑》，1a。——译者注）

④ 文天祥《文山先生文集》（万有文库本）卷11《先君子革斋先生事实》，第374—375页。

义庄带来的好处并不总是局限于那些有血缘关系的人①，在某些情况下（尽管大多数情况下似乎是由于特殊情况造成），姻族同宗族都会成为义庄的受助人。名将领张浚（1097—1164）的兄长在汉州（成都府）建立的义庄，其收入被用于帮助贫穷的族人，以及为"母族"提供婚嫁丧葬费用。②苏州（两浙）建立的义庄，部分原因是为了资助"姻族"。③宋末元初建立的舒氏义庄，则是为了抚养和教育义庄创始人的"外家"。④建宁（福建）刘氏义庄规定，"越礼"的女婿和嫁给"非正者"的女儿，即使生活穷困，也不能得到义庄的资助。⑤这些限制意味着在通常情况下，赘婿和出嫁的女儿都会被考虑为义庄的援助对象。⑥

一般来说，虽然大多数义庄的收入可能只限于宗族分配，但在将义庄收入分配给其他人方面，似乎没有惯例上的限制。妻子在义庄建立中同样扮演着重要的角色。例如，眉州（成都府）男子的妻子出钱出地，以帮扶丈夫的患病和生活贫困的族人，并帮助支付婚丧嫁娶的费用。⑦妻子去世后，丈夫又增砖添瓦，建成了所谓的"慈惠庄"。另一个男人的妻子为丈夫的族人建立了义庄，通过出售她收到的作为礼物的 20 多个妆盒得到的收益，帮助丈夫购买

---

① 北宋至少有一例，一位妻子用嫁妆建立了义庄，使自己和丈夫的亲戚都能平等地从中获益。参见宋濂《宋学士文集》（万有文库本）卷 42《诸暨孝义黄氏族谱序》，第 738 页。另一位已故的北宋妇女，受过良好教育，无论在家庭中还是在丈夫事业上都是贤内助，她帮助丈夫为族人建立了义庄。参见刘一止《苕溪集》卷 50《宋故永嘉郡夫人高氏墓志铭》，27b。

② 朱熹《朱子大全》卷 95 下《少师保信军节度使魏国公致仕赠太保张公行状下》，38。（张浚是文官，正文误作武将。——译者注）

③ 边实《玉峰续志：名官篇》（宛委别藏本），18b-19a。

④ 吴澄《吴文正集》（四库全书本）卷 77《故平山舒府君墓志铭》，12a-b。

⑤ 游九言《默斋遗稿》（四库全书本）下《建阳麻沙刘氏义庄记》，30b。

⑥ 对于清末义庄与婚姻策略的相关性，see Dennerline, "Marriage, Adoption, and Charity"。

⑦ 魏了翁《鹤山先生大全集》（四部丛刊本）卷 44《毛氏慈惠庄记》，16b。

了 600 亩田地给贫困的叔伯兄弟们。①

建立义庄并非易事。正如陆游（1125—1210）所说："非以为不美而不为也，力不足也。"② 人们常常会读到这样的说法，父亲想要建立义庄，但在有生之年却未能实现这一想法，儿子实现了父亲的夙愿——楼璹建立的义庄就是一例。如果说建立义庄很难的话，维持义庄就更是难上加难。与其他许多义庄不同，人们经常提到的范氏义庄一直被保留下来。魏了翁（1178—1237）在惠慈庄记文中哀叹这样的事实，即使是小型的义庄，义庄创建人的后代却无法维持它们。关于台州（两浙）谢氏义田的记文，强调了建立义庄的艰难，以及管理和延续义庄的更大困难，并指出记文是为了警告那些认为义田易得，因而轻视管理义田责任的人。③ 能够维持运行几代人的义庄几乎没有，而楼氏具有代表性，是因为他们在义庄建立 50 年内就遇到了问题。在楼氏的申诉文件中，提到族人滥用特权并为谋取私利而非法肢解义庄的资源，表明建立义庄的明确动机与宗族生活、财产关系的事实以及决定义庄后续命运的个别成员利益之间存在内在的紧张关系。

根据大多数人的说法，义庄创始人是出于帮助亲属的大公无私的理想建立义庄。与此同时，很明显，这些理想不可能激励所有族人，因为大多数情况下，正是族人导致了义庄的四分五裂。对这一现象的解释，可能在于土地占有制度的具体方面，这超出了本文研究的范围和作者的专业知识，但一般的观点是，在中国古代社会，共同的财产不在可分割继承范围之内，这是一

---

① 胡寅《斐然集》（四库全书本）卷 21《成都施氏义田记》，10a。（据《成都施氏义田记》："俭节而储余，并其室赍送之奁，辛勤积累二十余载，然后得田六百亩。"此处作者理解史料有误。——译者注）

② 陆游《渭南文集》卷 21《东阳陈君义庄记》，第 4 页。

③ 林表民《赤城集》12《台州谢子畅义田续记》，19a。（此文作者为赵蕃。——译者注）

种合理的方式，以更大的单位保存土地，避免在族人之间分割土地。[①] 虽然儒家家庭义务观念很容易为义田提供证明并鼓励捐赠义田，且义庄作为一个实体单位为宗族带来了经济利益，但个体家庭很可能更愿意通过继承获得一小块义田，而并非等待未来可能的收益——这种收益很可能族人共享，而并非属于特定个人。家庭可以偷偷地将义庄的大部分甚至全部收入中饱私囊，从而获得相当可观的收益。这就可以解释为何经过几代人之后，后人可能会以各种方式要求建立个人的义庄，或者非法利用义庄的资源来增加他们的收入。捐赠义田大概是为了整个宗族的经济利益，并通过象征手段加强族人的共同认同感，特别是如果义庄的一部分收入被用于祭祖礼。这些好处可能对宗族中的精英家庭特别有价值，但对于单个家庭来说，通过继承分割保留下来的土地，似乎在经济上更为可取。

　　南宋作家袁采直截了当地描述了义庄中存在的问题，认为义学在保护并维护宗族方面发挥了更好的作用。根据袁采《袁氏世范》的描述，从实际角度来看，义学效果更佳：

　　置义庄以济贫族，族久必众，不惟所得渐微，不肖子弟得之不以济饥寒。或为一醉之适，或为一掷之娱。致有以其合得券历预质于人，而所得不其半者，此为何益？若其所得之多，饱食终日，无所用心，扰暴乡曲，紊烦官司而已。

　　不若以其田置义学及依寺院置度僧出，能为儒者择师训之，既为之食，

---

① 清水盛光（1949, p. 45）举了《名公书判清明集》中一个罕见的例子，通过官方命令建立义庄，以此作为分割财产的一种手段。梁庚尧《南宋的农村经济》，第 317 页，同样引用了这个例子。（这条材料出自《名公书判清明集》卷 8《互婚门·立继类·命继与立继不同》。另外，"第 317 页"，英文版误作"第 319 页"。——译者注）

且有以周其乏。①

从 12 世纪下半叶袁采的言论中，我们可以推断出义庄在当时很普遍，导致其消亡的问题和义庄存在弊端也众所周知。②袁采的叙述可能还暗示了尽管义学应该也很多，但不那么常见，所以袁采假定受众们知道义学是何物。

事实上，义学经常和义庄一起建立。义学也可以作为义庄的附属物，在某些情况下，义庄是专门支持义学的。陈氏义庄拥有大量的捐赠以支持婚丧嫁娶，并为有需要的人提供援助。与此同时，他们建立了义学，聘请老师教授族中子弟。③潭州衡山（属于荆湖南路）的赵氏建立了"义学庄"，为族人提供衣食、婚丧嫁娶费用，并专门补贴穷人，此外还资助学校。④学校里有神龛供奉赵葵（1186—1266）——赵葵位高爵显，却未能实现建立义庄的心愿。该义学的规模相当大，包括四个学生"斋"和小学、大学。它也是一所乡曲学校，准备应举的外地人可以在里面学习，学校的规章遵循南宋著名的岳麓书院和石鼓书院的规章制度。⑤

就像前文提到的赵氏义学一样，族学可能向社会开放，这表明"族"与

---

① Patricia B. Ebrey, trans., *Family and Property in Sung China: Yuan Ts'ai's "Precepts for Social Life"* (Princeton: Princeton University Press, 1984), pp. 229-230.（袁采这段话出自《袁氏世范》卷上《置义庄不若置义学》。——译者注）

② Shimizu, p. 25.

③《金华府志》卷 16，69a。

④ 刘克庄《后山先生大全集》卷 92《赵氏义学庄》，20a-20b。

⑤ 刘克庄《后山先生大全集》卷 92，20b。其他与义学和义庄有联系的例子，包括建宁江氏建立的"义庄学"（魏了翁《鹤山先生大全集》卷 83《知南平军朝请江君（埙）墓志铭》，1b）；吴芾（1104—1183）在台州建立的义庄和义学（朱熹《朱子大全》卷 88《龙图阁直学士吴公神道碑》，15a）；张镐在苏州建立的义学，与其父始建的义庄有关（刘宰《漫塘文集》卷 21《希墟张氏义庄记》，35a）；信州刘氏建立的义学，虽然当地乡民也被允许入学，但刘氏出资建学是为了他们自己家（朱熹《朱子大全》卷 80《玉山刘氏义学记》，2b）。

更大范围的乡曲之间可以互通。记文的作者同样明确把这两个领域——作为官员的个人善举与其为后人建立义庄的私人恩情——联系起来。朱熹赞扬了刘知县（朱熹知南康军时，刘某任邻县德安县知县）的善政。朱熹后来到位于信州玉山（属于江南东路）的刘知县家中探望，得知他开办了义学：

吾家本单贫，而入仕又甚晚，顾无以仁其三族者。间尝割田立屋，聘知名之士以教族子弟，而乡人之愿学者亦许造焉。兄弟之间，有乐以其赀来助者，而吾犹惧其或不继也，则又出新安余俸为之发，举居积以佐其费，而凡所以完葺丘垄，周恤族姻者，亦取具焉。既已言于吾州，而邦君吴侯乐闻之，为之出教，刻符以诏吾之子孙，使毋违吾志。①

因此，官方对义庄的认可和支持，也可以被看作是将宗族的义庄与更大范围的乡曲甚至国家联系起来。朱熹进而批评了当代士大夫的行为，并把他们与刘知县相比较：刘知县官阶不高，资产不丰，但对亲戚们很友善。朱熹直接将刘知县的这些行为与其为官处理荒政时富有同情心的行为联系起来："亦可以见其前日德安之政不为无本。"②朱熹还写道，知南康军石𡒄（1128—1182；1145年进士）为子孙建立了义庄。③在为石𡒄撰写的墓志铭中，朱熹提到创建义庄时，紧跟着下面的文字："为政一主于爱民"④，从而将石𡒄的善行、族人与其为官的仕宦生涯联系在一起，或者甚至鼓励我们将前者视为后者的一个特殊类别。

刘爚（1144—1216）在为家乡建阳（属于福建）义庄（这座义庄属于刘

---

① 朱熹《朱子大全》卷80《玉山刘氏义学记》，2b。

② 朱熹《朱子大全》卷80《玉山刘氏义学记》，3a。

③ 朱熹《朱子大全》卷92《知南康军石君墓志铭》，6a-b。

④ 朱熹《朱子大全》卷92《知南康军石君墓志铭》，6b。

熄继母的亲戚熊氏）撰写的记文中，对于士绅的善行，也提到了同样的联系。[①] 根据刘熄的说法，虽然义庄的创始人相对普通，不过熊氏产生了许多有才能之士。[②] 刘熄讲述了乾道年间（1165—1173）的饥荒，当时熊氏不像其他人那样试图从这场灾难中获利，而是以合理的价格出售了他们的存粮。[③] 正如刘熄所介绍的那样，义庄创始人通过为族人建立义庄，将其对乡曲善行中表现出来的"慈善意识"扩展到族人——这里所涉及问题的顺序是不同寻常的。人们可能会期望看到，一个人以《大学》或《孝经》为榜样，通过他对乡曲的善举或为官的善行，将从家庭或族人中学习到的关爱扩展到更广阔的领域。相反，在这里，个人首先表现出（也许是学习到？）外在的利他主义，然后将其应用到家里。这种反向在一定程度上可能只是反映了熊氏义庄创始人自己善行的真实顺序。但刘熄已经准备将创建家族义庄视为更广泛的群体意识的向下延伸，甚至可能是小型的治国之道思想，这一点令人感到惊讶。也许有益于乡曲和国家，对刘熄的一些听众来说，比关心亲属更无可争议地令人钦佩。在接下来的内容中，我们将看到这两个领域之间相似的显著联系，现在的义庄从一开始就将自己定位于"亲属—乡曲"的乡曲一方。

乡曲义庄

清水盛光认为，由族人建立并为其服务的义庄，与那些为精英家庭乡曲建立的义庄之间有着密切的联系。他认为，各种宗族机构，如义学和义仓，是直接模仿早期的乡曲机构，其他机构（如义庄）则源于宗族内部，并作为

---

① 刘熄《云庄刘文简公文集》（明弘治／嘉靖版）卷8，1a-2a。

② 《宋人传记资料索引》中列举了23位熊姓之人（昌彼得编《宋人传记资料索引》第4册，台北：新文丰出版公司，1974—1976，第3620—3624页），将近半数来自建阳，包括熊禾（1253—1312），但此处列举并未包括义庄的创始人。

③ 刘熄《云庄刘文简公文集》卷8，1a。

乡曲机构加以调整。①1168 年，知绍兴府（越州，属于两浙）的史浩（1106—1194）建立了义庄，这座义庄是后来成为宰相的史浩在其仕宦早年建立的，是我能找到的文献记载中时间最早的南宋乡曲义庄。② 没有直接证据证明史浩可能受到楼氏义庄的影响，不过史浩和前文所见的楼氏一样，都来自明州的鄞县，而且两个家庭有婚姻关系。史浩从绍兴府财政中拨款购买土地，并将土地收入用于资助当地贫困的士大夫家庭的婚丧嫁娶费用。这片土地附属于府学，由地方官府管理，负责审批绍兴家族提出的援助请求。虽然府学校长和其他学校官员共同管理土地，但他们不被允许将田地收入用来资助学生。③

史浩临近致仕时，居住在家中，这座义庄成为淳熙（1174—1189）末年史浩在家乡鄞县建立的"乡曲义田庄"的模板。④ 著名哲学家陆九渊的弟子，亦是"明州四杰"之一的地方学者沈焕（1139—1191），曾得到史浩的资助，沈焕建议史浩，明州地方精英可以效法绍兴乡曲义庄的先例建立乡曲义庄，以造福本地士人。⑤ 史浩同意他的看法，二人连同当地著名的汪氏家族的汪大猷（1120—1200）一起，规劝当地社会的其他领导人支持建立乡曲义庄。后来，郡太守捐地出资，收入被用来资助当地无钱支付婚丧嫁娶费用的士大夫。然而，根据史浩的记载，与绍兴原先的乡曲义庄不同，该义庄的收入不仅用于资助婚丧嫁娶，还帮助学者缓解经济窘境，甚至为官员提供经济保障，因为"居官之日少，退闲之日多"。史浩在义庄序言中建议，该义庄的目的是通

---

① Shimizu, p. 30.

② 周应合《（景定）建康志》（宋元方志丛刊本）卷 13《建康表九》，18b-19a。

③ 周应合《（景定）建康志》卷 13《建康表九》，18b-19a。

④ 袁桷编《（延祐）四明志》（宋元方志丛刊本）卷 14《学校考下·本路乡曲义田庄》，41a-45b。

⑤ 袁桷编《（延祐）四明志》卷 14《学校考下·本路乡曲义田庄》，41a。

过提供财政援助来鼓励士大夫们的自我修养，让他们专注于完成其作为道德个体的发展。①

在同一处义庄的记文中，楼钥提到了范氏义庄和自己家族的义庄，宣称相比之下乡曲义庄更优越，大概是因为乡曲义庄针对整个士人乡曲而不仅仅是家族的需要。② 义庄里供奉着汪思温（1112 年进士，汪大猷的父亲）、楼钥的外祖父、沈焕和史浩的画像。王应麟在义庄先贤祠的记文中说道，先贤祠始建于 1217 年，是为了表彰三位贤者通过建立义庄对当地乡曲做出的贡献，并说："《大学》以是平天下。"③ 王应麟接着提到了吕大钧的"乡约"和陈襄（1017—1080）的成就，身为当地教师的陈襄成为使用当地机制和资源帮助人们并实现"平天下"的模范。④ 元末的方志中列出了该义庄拥有大量土地、收入和建筑，所以很明显，它不仅保存下来，而且依然很兴旺，这与大多数的宗族义庄的情况不同。

1251 年，知府吴元（1190—1257）在建康（江宁，属于两浙）建立了类似的乡曲义庄，以帮助"贫窭"的官员家庭支付教育、婚丧嫁娶的费用，并帮助他们度过拮据的经济难关。⑤ 根据资料记载，建康义庄仿效明州鄞县的乡曲义庄，附属于当地的学校（原先的学校由史浩所建）。建康义庄的结余收入可以用来资助学校的学生。当地史书上关于这所义庄的记文，也引用了鄞县范氏义庄和乡曲义庄的先例，指出范氏义庄的慈善活动止步于宗族，而乡曲

---

① 袁桷编《（延祐）四明志》卷 14《学校考下·本路乡曲义田庄》，42a。

② 袁桷编《（延祐）四明志》卷 14《学校考下·本路乡曲义田庄》，44a。

③ 袁桷编《（延祐）四明志》卷 14《学校考下·本路乡曲义田庄》，45b。

④ 关于陈襄，参见《宋人传记资料索引》第 3 册，第 2518 页。仁井田升（Niida Noboru）明确将陆氏家族的"乡约"与义庄的概念联系起来。See Niida Noboru, *Chugoku hoseishi kenkyu* (Tokyo: Iwanami, 1962) , p. 142.

⑤ 周应合《（景定）建康志》卷 28《儒学志·立义庄》，24b-28a。

义庄的慈善活动则进一步扩展至整个乡曲的精英世系。① 在其他地方，大约就在史浩在绍兴建立乡曲义庄的同时，明州昌国县主簿赵善誉（1143—1189）劝诫那里的富户购买土地，用这些土地收入来资助穷人（也许仍然拥有"士"的身份？）的婚丧嫁娶费用。② 福州（属于福建）官学老师雷德润设立了称作"义舍庄"（时间不详）的类似机构③，用学校的余粮购买土地，土地收入用来帮助贫穷的学者支付婚嫁丧葬、年老无助和患病等费用。

鉴于我们掌握的资料有限，可能南宋有更多这样的义庄。与此同时，私人创办义庄，用来减轻当地精英和其他人的劳役负担；大量私人"本价发籴"义田和社仓米④，旨在缓解粮食价格波动对贫困农民的影响——关于社仓的考察，参见本书万志英撰写的第 5 篇文章。这些机制当然在重要方面有所不同。例如，本文研究的乡曲义庄与义庄类似，它们的援助对象主要针对相对贫困或暂时困难的精英成员，而常平仓和社仓则旨在更广泛地改善农业人口的整体命运。然而，在某些方面，它们也是彼此相似的。一方面，所有这些都可以被看作是地方精英之间的联系及其在当地地位得到巩固的表现。另一方面，它们应被视为反映了一种对乡曲和国家的新态度：这种态度强调地方的、自愿的努力——即使这些努力往往涉及与地方官的合作（如果地方官没有直接行动的话）——以解决地方的社会和经济问题。从制度层面到意识形态层面，我将从当时宋人的记述中（他们撰写记文纪念义庄或其创始人），来探讨他们

---

① 周应合《（景定）建康志》卷 28《儒学志·立义庄》，26b-27a；28a。

② 楼钥《攻愧集》卷 102《朝奉郎主管云台观赵公墓志铭》，第 1429 页；脱脱编《宋史》卷 247《列传六·宗室四·赵善誉传》，台北：鼎文出版社，第 8762 页。

③ 王梓材、冯云濠《宋元学案补遗》（四明丛书本）卷 3，55b。

④ 例如，台州陈氏"本价庄"。该义庄的创始人在粮食丰裕、价格低廉的时候出资购买粮食，然后在粮食紧缺、价格高涨的时候以市场价格的一半出售粮食。义庄创始人去世后，他的两个儿子瓜分了财产，每个人都得到了 1 万亩（10 顷）地，剩下的作为义庄的延续，可见陈家一定财产丰厚。见林表民《赤城集》卷 12《陈氏本价庄记》，15b-17b。（该文作者是杜范。——译者注）

创建义庄的动机和理由。

慈善意识

宋人如何解释或证明义庄的合理性？建立义庄的知识基础是什么？这些观念与宋人对宗族、乡曲和国家的态度有什么关系？一些探索性的答案，可见于部分义庄记文的背景讨论中。也许记文提出的目标中最基本和最常被引用的是通过向族人提供支持来加强宗族联系：为祭祖礼、葬礼和坟墓提供钱财支持，以维持这些宗族团结的象征；资助婚嫁和学校教育，对宗族地位至关重要。人们经常表达对亲属苦难的同情，这种同情往往以敬祖的形式表达出来。[①]同样地，宋代作家把穷人和富人的团结作为富人担负责任的理由，不过这种责任通常是在亲属关系的框架内完成的。

这些争论涉及宗族内部的关系，以及义庄在"合族"（或者"合宗族"）中发挥的作用。但一些宋人超越了亲属关系来讨论他们眼中的古典和历史先例，并将义庄（即使仅限于亲属）描述为在上古圣王统治下盛行的一些基本治理原则的当代复兴。我发现新儒家学者胡寅（1098—1156）讨论的范围最广，他详细描述了作为政治经济与和谐社会关系典范的井田制时代：

古明王之治，计口授田，俾人人各给乎衣食，无甚贫甚富之患，贫者不至于无以自存，而富者不至于越制逾度，兼人所养。故井田之法，以义取利，公天下而致和平者也。自秦开阡陌，废疆理，用智力雄厚自封殖斯民……稽

---

① 参见刘宰《漫塘文集》卷23《洮湖陈氏义庄记》，10b；卷21《希墟张氏义庄记》，32a，引用范仲淹的话来支持同样的理念；以及卷21《希墟张氏义庄记》，33b-34a。还有陆游《渭南文集》卷21《东阳陈君义庄记》，第3—4页；魏了翁《鹤山先生大全集》卷44《毛氏慈惠庄记》，16a。

考后效，城复于隍[1]，象焚其身。贵贱虽殊，其致一也。唐虞封建侯邦，其大小以里断，见于《禹贡》之书，里则井地也。周衰，强吞弱，众奄寡，千八百国，并为六七，此六七君犹未厌于心，肆其诈谋，砺其锋刃，杀人盈野，流血成川，而嬴氏为尤甚，卒之未有不反及其所甚爱者，盖弃义争利。

孟子深原其本，以救其末，极言义之不可不务，利之不必图，而以正经界为仁政之先。……汉唐而后，士大夫家能维持累世而不败者，非以清白传遗，则亦制其财用，著其礼法，使处长者不敢私，位卑者不敢擅。凡祭祀、燕享、丧婚、交际，各有品节。……而相养相生之恩浃，洽于其族也。

夫一乡之师，使东家窭，西家厚，行道必讥其颇。况乎一家之聚，伯也美粱肉，厌纨绮；而叔也糠核蓝缕，不免于饥寒，心其谓何故？善推其所为者，由良心而充之。本朝文正范公置义庄于姑苏，最为缙绅所矜式，自家而国。[2]

胡寅通过回到井田制和"封建"主题，对这篇关于成都（成都府）施氏义田的记文加以总结，认为既然不可能恢复这些，"士大夫"可以通过建立义田，作为达到同样目的的手段。

黄溍（1277—1357）在一篇关于宋末元初义庄的记文中，发展出相同的主题，他写道：

嗟乎！义之名孰从生乎亲？亲仁也，因时制宜，义也，礼之所由起也。盖予闻之，古之制礼者，为之井田，以同其利，为之比闾，族党以均其安。夫然后教以有急相赒，有喜相庆，死葬相恤，疾病相养，犹患其未足以劝亲

---

① 引文出自《易经》，表示厄运。
② 胡寅《斐然集》卷21《成都施氏义田记》，8a—10a。

亲也，于是乎有宗族焉，而非会居聚食之谓也。①

另一位宋代作家游九言在福建义庄的记文中，同样赞扬了井田制的时代和同时发展起来的宗族组织：

> 患难可以相救……而圣人设教，亦必起于亲其亲，长其长……民服习上训，其恻怛之念，常得自近始，此三代教化之原也。
>
> 后世阡陌一开，宗无系属，多流离四出，死徙不闻，而亲亲之恩益狭。夫岂其良心之不存，盖势则然也。至乎礼义不闻，民之耳目不习风化，私心既胜，疏外之情，先起于骨肉，因其近也，忌嫉反多。至若矜权尚势，或卑伯叔之贱贫，营身竞利，不恤兄弟之穷苦。②

游九言将这些历史变化描述为与上古社会的背离，并详细描述了建立义庄的细节，然后又回到了"宗"团结的主题上，呼应了其同代人的观点：

> 人之生始于父母，推而大之，世数虽迢，皆同一气也，谁无恻隐之心？……宗法既坏，士君子无地以致其亲睦之意，独有义庄一事，犹能稍合宗族而收其流散……而范文正公家法最备……富者出资以辑其宗族，贫者食粟以兴善，行正交相勉之道。③

从这篇记文和其他许多义庄记文中可以看到，南宋及之后的元代都引用范氏义庄作为榜样，并认为范氏义庄开创了义庄的先例，就像前文提到的其

---

① 黄潘《黄文献公集》卷7《傅氏义田记》，14b。
② 游九言《默斋遗稿》下《建阳麻沙刘氏义庄记》，29b。
③ 游九言《默斋遗稿》下《建阳麻沙刘氏义庄记》，31a-b。

他文章一样，这种引用是嵌入在对经典和历史制度模型更广泛的讨论中（特别是井田制）。魏了翁简明扼要地提出了自己的主要论点：

> 古者比闾而居，夫井而耕，出入必相友，守望必相助，羡不足必相补，凶荒必有待，委积必有给。莫非使民相生相养，以辅成天地生生之德……后世以身发财者，胶固滞吝，人缓急扣门，拒之恐不峻。孟子曰：无恻隐之心，非人也。[①]

因此，人们认为上古井田制下的乡曲机制是理想典范，也被认为是义庄的典范。南宋人和元朝人没有特别否定上古乡曲制，不过在理念上明确与之拉开了距离，提出从"治国、平天下"到家庭和乡曲的地方层面的治国之道。回归井田制被认为是不可能的，但对这些作家来说，义庄虽然不完美，但在历史上可行，可以实现某些相同的目的。同样，元朝作家陈高（1315—1367），在描述元朝的义庄和学校时认为：

> 三代之世，同党相援，同州相赒，而在官又有不恤之刑以纠其阙。当是时，凡民皆知分，有余补不足，而急人之急也。逮乎世道下降，王政不行，人各私其富，锱计铢较，吝于施予，甚者至于骨肉同气，虽极冻馁濒于死亡，犹邈焉不之恤，而人亦恬不为怪。于是而有推其财以惠困乏者，非有仁人之心不能也已。……呜呼！陈君之用心亦仁矣哉！昔先哲范文正公置义田于姑苏，迄今数百年，遗业犹在，而鲜闻有继而行之者。陈君兹举，盖闻文正公之风而兴起与，虽其规模有所不逮，然亦各随其力之所至，而用心之仁则一也。若使世之富者皆能如君之用心而人人赒其宗族，恤其邻里，则施之所流

---

① 魏了翁《鹤山先生大全集》卷44《毛氏慈惠庄记》，16a。（"卷44"，英文版误作"卷42"。——译者注）

者，广远而溥博，岂不可以厚民俗而有补于王政者哉？[①]

　　就像之前提到的南宋作家一样，无论是在"私"的宗族里还是在"公"的乡曲义庄（"赒其宗族，恤其邻里"），这位元朝作家明确把自愿性和地方积极性联系起来，都与"王政"的理想有关。在过去，维护社会秩序被理解为"王政"的自然反映。有人认为，慈善机构是"善举"的表现，是对"王政"合乎逻辑的、值得称赞的"补充"（在某种意义上，是对当前缺憾或缺失的补偿）。虽然这句话出自元代，可能在一定程度上反映了时代背景——当时的作家认为"王政"在字面上已经完全消失，但所代表的思想仍然合乎逻辑地来自南宋关于义庄背后动机的讨论中。在这些以及其他为义庄辩护的讨论中，个人宗族的适当需求与乡曲的需求之间并无矛盾之处，相反，更准确地说，二者的福祉被人们视为相互关联。

　　为宗族和乡曲建立的义庄，都可以被看作属于单一发展中的南宋"经世"传统的一部分，因为两者都寻求使用经济援助和互帮互助来稳定并协调社会关系。儒家思想认为国家的秩序与"家和"有关，孟子认为社会秩序依赖于经济福利的思想，为家族和乡曲义庄提供了意识形态上的支持。表面上，宋朝承认自己对慈善机构负有责任，但实际上，南宋既没有财力，也没有能力这样做，因为南宋对具有潜在影响力的大型地方组织的态度是矛盾的，即无论精英宗族多么贫穷，政府也不愿意为他们提供支持。因此，随着南宋地方精英的崛起，作为个人和宗族，为了确定并保护其资源，他们试图通过义庄来实现这一点。宗族和"士"乡曲并不存在分歧，因为在南宋大多数情况下，广泛的亲缘关系将同一地区不同宗族的精英成员联系在一起。因此，乡曲义庄在一定程度上可以被视为宗族群体通过婚姻网络所持有的"公司"财产的

---

① 陈高《不系舟渔集》（敬乡楼丛书本）卷 12《义田记》，7a-b。

延伸，其附加优势在于，与婚姻网络类似，但又不同于族田，这种义庄只服务于精英阶层，并不服务于大多数贫穷的亲属。[①] 明州鄞县建立的乡曲义庄就是明显的例子，在鄞县，当地精英家庭之间的婚姻网络有充分的史料记载。[②]

　　南宋宗族义庄和乡曲义庄是私人、地方和自愿努力的产物。即使是像史浩这样的地方官员带头建立乡曲义庄，情况也是如此。这两种义庄的目的都是提供物质援助，使个人能够在与其地位相称的水平上生存。但更重要的是，它们的目的是促进一种共同的身份意识，在宗族义庄的情况下，这种意识植根于宗族；在乡曲义庄的情况下，这种意识植根于"士"所享有的在社会中的共同地位以及与国家的关系。这些动机明确与义庄创建者和义庄供奉者的治理观念以及社会秩序得当的观念联系在一起，他们声称义庄具有"经"和"史"的基础，认为这些义庄在变化的历史环境中代表了上古理想化社会（特别是在井田中）中所见到的集体经济与社会和谐的原则。特定的历史意识，植根于他们对自身历史环境的认识——北宋灭亡、国家集权与王安石及其门人弟子们相关的富有扩张性的以国家为基础的改革的失败——这种历史意识影响了这些作家对义庄的看法，并使他们能够将其作为古典社会和政治规范的现代反映，从而在他们自己的权限内进行治理实验。

---

① 关于南宋地方精英婚姻网的相关例子，参见第 291 页注释②所引韩明士的著作。

② See Walton, "Kinship, Marriage, and Status."

附录：南宋义田及义庄

姓氏	州府	土地	史料
张	苏州	400 亩	刘宰《漫塘文集》卷 21《希墟张氏义庄记》，23a-26a
张	汉州		朱熹《朱子大全》卷 95《少师保信军节度使魏国公致仕赠太保张公行状下》，第 1705 页
张	饶州		周必大《文忠集》卷 64《张忠定公（焘）神道碑》，19a
张			刘克庄《后村先生大全集》卷 192，10a-11a
赵	衢州		刘克庄《后村先生大全集》卷 155，12b
赵	潭州		刘克庄《后村先生大全集》卷 92，19b-21b
陈	镇江府	140 亩（120 石）	刘宰《漫塘文集》卷 23《洮湖陈氏义庄记》，7b-9a
陈	吉州		苏遇龙《龙泉县志》卷 10，45b
陈	婺州	1000 亩	王懋德《金华府志》卷 16，69a-b；陆游《渭南文集》卷 21《东阳陈君义庄记》，第 3—4 页
陈	兴化军		楼钥《攻愧集》卷 89《华文阁直学士奉政大夫致仕赠金紫光禄大夫陈公行状》，第 1220—1221 页
郑			脱脱编《宋史》卷 465《外戚传下·郑兴裔传》；周必大《文忠集》卷 7，18b
郑	苏州		边实《玉峰续志：名官篇》，18b-19b
季	苏州	数顷	邓韍《（嘉靖）常熟县志》卷 9，55a-56b
江	建宁府		魏了翁《鹤山先生大全集》卷 83《知南平军朝请江君（埙）墓志铭》，1a-3b
江			《名公书判清明集》，第 265 页
钱	苏州		卢镇《（重修）琴川志》卷 8，14b-16a
祝			徐元杰《梅野集》卷 11《刺史祝公赞》，6a-6b
全	明州		全祖望《鲒埼亭集》卷 21，3a-4b；黄宗羲《宋元学案》卷 74，26b
钟	镇江府		刘宰《漫塘文集》卷 31《故知建昌军朝议钟开国墓志铭》，29b
方	兴化军		林希逸《竹溪鬳斋十一稿续集》卷 12《莆田方氏义庄规矩序》，14b-16b
傅	婺州	400 亩	黄溍《黄文献公集》卷 7《傅氏义田记》，14a-15b
萧	吉州	1000 石	平观澜《庐陵县志》卷 28，21b
谢	台州		林表民《赤城集》卷 12《台州谢子畅义田续记》，17b-19a

续表

姓氏	州府	土地	史料
熊	建宁府		刘爚《云庄刘文简公文集》卷8，1a-2a
郭	临江军	2顷	全祖望《鲒埼亭集》卷92，1a-3a
林	福州（福建）	100亩	刘克庄《后村先生大全集》卷166，1a-5a
刘	建宁府		游九言《默斋遗稿》下《建阳麻沙刘氏义庄记》，29b-31b
刘	临江军		脱脱《宋史》卷437《儒林传七·刘清之传》
刘	信州		朱熹《朱子大全》卷80《玉山刘氏义学记》，2a-3a
楼	明州	500亩	福田立子（Fukuda Ritsuko）《宋代义庄——以明州楼氏为中心》
陆	婺州		王懋德《金华府志》卷16，18b-19a
毛，董	眉州	100亩	魏了翁《鹤山先生大全集》卷79，10b-12b
毕	苏州	466亩	陈造《江湖长翁集》卷21《毕叔兹通判义庄记》，11a-12a
石	越州		陆游《渭南文集》卷37《石君墓志铭》，第56—57页
石	台州		朱熹《朱子大全》卷92《知南康军石君墓志铭》，4a-7a
舒	隆兴府	100亩	吴澄《吴文正集》卷77《故平山舒府君墓志铭》，11b-14a
孙	吉州		周必大《文忠集》卷74《朝奉郎袁州孙使君（逢辰）墓志铭》，3b-7a
王	饶州		孙觌《鸿庆居士集》卷38《宋故资政殿大学士王公墓志铭》，1a-13b
文	吉州		文天祥《文山先生文集》卷11《先君子革斋先生事实》，第373—377页
吴	台州		朱熹《朱子大全》卷88《龙图阁直学士吴公神道碑》，8b-16a
叶			陈起《江湖小集》卷41《喜义庄成》，9b-10a
郁	明州		全祖望《鲒埼亭集》卷21，3a

7

南宋救荒观中的道义与正己

韩明士（Robert P. Hymes）

　　1271 年秋，就在南宋灭亡前数年，朱熹一脉的新儒学思想家黄震——一位娴于吏事、经验丰富的地方官员，奉命担任江西东路（今江西省）的抚州知州。抚州是个富饶的农业中心，眼下遭受了旱灾。黄震的任务就是保证当地人有饭吃，救济灾荒。在前往抚州的途中，黄震提前向富户发布公告，敦促他们立即将囤积的粮食卖给饥民。黄震声称，如果不这样做，富户们便违背了抚州睦邻友好的传统，忽视了他们应承担的责任：

　　贵官大室固多出粜，乃闻间有利在增价密售客贩，反不恤邻人之告急者。又有尚欲待价未肯出粜……然则好谊之风何在？岂偶为利心所汩，人苦不自觉耶？天生五谷，正救百姓饥厄，天福富家，正欲贫富相资。米贵不粜，人饥不恤，天其谓何？[①]

---

　　① 黄震《黄氏日抄》（四库全书珍本）卷78《四月初一日中途预发劝粜榜》，5b-6b。

这是建立在道德基础上的社会行动论。人类的同情心、愧对上天、道德责任感，这些情感都能引起人们的共鸣。此外，黄震将他所诉求的责任，定位于社会内部的特定关系上——一种把富人和穷人联系在一起的互助且彼此依赖的关系。实际上，此处基于义务的关系可能更明确具体。黄震继续阐发他的观点：

> 何况凡仰籴之人，非其宗族则其亲戚，非其亲戚则其故旧，非其故旧则其奴佃，非其奴佃则其乡邻。彼其平日敬我仰我者，果为何赖？

富户被卷入社会关系网中，这些社会关系束缚着他，并迫使他采取行动：在这种情况下，富户必须以某种方式向某些人处置他的存粮。而横亘在这张义务网之上并威胁要撕毁它的是富户追求个人"利"的动力，只有舍"利"取义，才能缓解其乡曲面临的饥荒。

这一点不足为奇。黄震采取"劝分"策略——地方官劝告私人家庭将他们剩余的粮食给予或（在宋代更经常）出售给那些粮食短缺的人，所以救荒至少部分依靠私人的努力。"劝分"有着悠久的历史，在宋代也是司空见惯的。[1] 更广泛地说，社会是彼此相互依赖且具有义务关系的网络，这种说法在中国由来已久，它在朱熹的新儒家思想（黄震继承了这一思想）中得到了强有力的发展。朱熹及其追随者认为，重构、加强并尊重这种关系是社会改革的关键。这个论点是朱熹本人提出的两种新的社会机制——社仓和乡约的基础。[2] 看到朱熹的追随者使用同样的方式来处理荒年如何养活人民（或者更准

---

[1] 关于"劝分"，参见王德毅《宋代灾荒的救济政策》，台北，1969，第147—153页。

[2] 关于社仓，见本书第5篇文章。关于乡约，see Monika Übelhör, "The Community Compact of the Sung," in *Neo-Confucian Education: The Formative Stage*, ed. Wm. Theodore de Bary and John Chaffee (Berkeley: University of California Press, 1989), pp. 371-388.

确地说，如何说服一些人来养活其他人）的问题，这并不令人感到奇怪。

不过，这些并非唯一可用的策略，而且"劝分"也并非没有争议。七十多年前，在进呈给皇帝的《救荒活民书》（该书经皇帝批准分发到南宋各路）中，董煟提出了截然不同的方法来解决救荒问题及其与私人经济的关系。在本文中，我试图将董煟的著作置于南宋关于救荒的论述中，并将其与朱熹和黄震截然不同的救荒方法进行对比。[①]

董煟，江东路饶州德兴县人，1193 年中进士第，曾在多地为官，1217 年去世。[②] 关于董煟的生平、仕宦或其思想，现存资料严重不足，董煟身后留下的几部著作中，只有《救荒活民书》保存至今。董煟曾师从新儒家学者程迥（1163 年进士）。正如董煟的墓志铭所述，程迥的学术渊源可以追溯到杨时（1053—1135）乃至二程（新儒学的创始人）。[③] 程迥写过关于《易经》、《春秋》（及其注解）、《论语》、《孟子》的著作——这些都是二程新儒家学派中常见的各种著作。有些出人意料的是，程迥还写过关于医学、人口、土地制度和赋税方面的著作，以及（也许是很重要的）关于乾道年间（1165—1173）

① 关于董煟的著作，see Yoshida Tora, "*Kyuko katsumin sho* to Sodai no kyuko seitaku," in *Aoyama Hakushi koki kinen Sodaishi ronso* (Tokyo: Seishin Shobo, 1974), pp. 447-475。王德毅《宋代灾荒的救济政策》中也多次引用《救荒活民书》。

② 关于董煟的生平和事业，我主要依据他的墓志铭记载，见程珌《洺水集》（四库全书珍本第三辑）卷 10《董知县墓志铭》，1a-5b。在董煟的墓志铭中，董煟的去世时间是年份不详的"十年"。在此之前提到的最后一个年份是丁卯年，董煟 1193 年中进士，这个年份应该是 1207 年。1207 年之后，唯一一个长达十年的时期（直到 13 世纪 50 年代，已经太晚了）是嘉定时期，它的第十年是 1217 年。《宋元学案补遗》（卷 25，106b）一篇关于董煟的文章中，引用了《饶州府志》董煟的简略传记，里面关于董煟生活中的某些事件似乎杂乱无章，此外，《宋元学案补遗》中董煟的传记只局限于墓志铭的摘抄。

③ 程珌《洺水集》卷 10《董知县墓志铭》，4a。根据《宋元学案》，我们可以通过四个阶段的传承，把董煟和二程联系起来：董煟跟随程迥学习，程迥跟随喻樗（卒于 1180 年）学习，喻樗跟随杨时学习，杨时跟随二程学习。见《宋元学案》卷 25《龟山学案》，22b（关于程迥）；16a（关于喻樗）。

救荒政策的论述。①

董煟的学术渊源究竟是来自程迥，还是实际上来自杨时和二程，情况不详：董煟的著作太过零散，无法将其思想作为一个整体放在他本人所处时代的脉络中。② 我们了解到，在担任鄞州文学期间（不晚于 1207 年），董煟教授朱熹的《大学章句》和《中庸章句》，并评注《论语》和《孟子》。③ 选择"四书"文本尤其是注解，表明董煟不仅自觉地将自己置于继承二程的知识脉络中，而且至少在某些方面似乎与朱熹有了密切的联系。因此，董煟在知识上和学术上似乎并没有脱离发展中的道学（尤其是他所处时代的程朱理学）的学术网络。

董煟《救荒活民书》的写作源起相对比较清楚。根据董煟进呈给皇帝的《救荒活民书》序的记载，他年轻时读过富弼（1004—1083）救活河朔数十万饥民的故事，这个故事给董煟留下了深刻的印象，"困处间阎，熟睹民间利病，与夫州县施行之善否"。董煟发誓要找机会来实现其"活民"的雄心壮志，于是编纂了《救荒活民书》。这一切似乎都发生在董煟 1193 年中进士第之前。中进士第后，人到中年，董煟担心自己年老体衰，无法实现昔日的雄心壮志，于是将《救荒活民书》钞本进呈给皇帝御览，希望皇帝如果发现这本书中有

①　关于程迥著作的列举，参见其传记，见于《宋史》卷 437《儒林七·程迥传》。大部分同样的著作，见于《宋元学案》卷 25，22b。最后被提到的两部著作是《户口田制贡赋书》和《乾道振济录》。（据《宋史·程迥传》，他的著作有《古易考》《古易章句》《古占法》《易传外编》《春秋传显微例目》《论语传》《孟子章句》《文史评》《经史说诸论辨》《太玄补赞》《户口田制贡赋书》《乾道振济录》《医经正本书》《条具乾道新书》《度量权三器图义》《四声韵》《淳熙杂志》《南斋小集》。——译者注）

②　比如，董煟何时跟随程迥学习，或者跟随程迥学习了多久，情况不详。这可能是程迥在担任董煟故乡德兴县知县期间发生的事情。董煟娶了程迥的女儿后，两人之间的关系可能得到了强化。参见程宓《洺水集》卷 10《董知县墓志铭》，4b。

③　程宓《洺水集》卷 10《董知县墓志铭》，3a。

值得采纳的思想，就在整个国家范围内将该书颁布施行。①

董煟的《救荒活民书》序未注明日期，皇帝未具名。从董煟的墓志铭和其他证据来看，我们认为这部书在 1207 年之前不久，很可能是在宋宁宗朝嘉泰年间（1201—1204）进呈给皇帝的。②根据董煟的墓志铭记载，董煟结束在四川的任期时，一场旱灾使他相信自己的书对朝廷有直接用处。董煟急忙赶到都城，进呈了《救荒活民书》。执政批准发行《救荒活民书》，并将该书送往都城的漕司，在南宋所有路刊发。

我们无法确定支持董煟的执政是谁③，显而易见的是，《救荒活民书》的进呈和颁布刊发该书的命令，正处于外戚韩侂胄（卒于 1207）主政的时期——韩侂胄是包括朱熹在内的道学思想家和政治家们的敌人以及迫害者。④考虑到董煟本人的学术渊源与二程相距甚远，他与朱熹的思想和内容有着明显的个人关联，我们想知道的是，1202 年 2 月之前，在道学（迫害者称之为"伪学"）著作和道学人士仍然遭受官方禁令和迫害的情况下，《救荒活民书》是否得到皇帝的许可在宋朝境内发行。不幸的是，由于资料不足，无论是知识上还是政治上，我们都很难确定董煟与韩侂胄的关系，就像董煟与朱熹的关

————————

① 董煟《救荒活民书》（丛书集成初编本）序。

② 本书进呈的叙述，见于程珌《洺水集》卷 10《董知县墓志铭》，3a。此举直接使董煟任德安府应城令，其任期结束于 1207 年金人入侵时。

③ 假设该书是在嘉泰年间进呈的，那么在 1201—1204 年间担任参知政事（"执政"是其通常不那么正式的术语）的 6 人中，任何一人或多人都可能是董煟墓志铭中所提到的"执政"。这 6 人是陈自强、张岩、许及之、袁说友、费士寅、张孝伯。

④ See Conrad Schirokauer, "Neo-Confucians Under Attack: The Condemnation of *Wei-hsueh*," in *Crisis and Prosperity in Sung China*, ed. John Winthrop Haeger (Tucson, 1975), pp. 163-198.

系一样。^①不管正式禁令是否仍然有效，在朱熹的新儒家学派在朝廷上的声誉和影响，以及更大范围的二程的知识传承仍处于低谷的时期，中央朝廷赞助董煟的著作，这是引人注意的，其重要性尚待评估。董煟的救荒方式与朱熹或朱熹的直系后学弟子黄震的救荒方式截然不同，董煟的政治和知识背景不详，也可能相当复杂。我们现在考虑董煟的地位，只限于从其书中了解到的内容。

《救荒兴民书》是一部借鉴并总结古今救荒经验的方法手册，全书共 3 卷。上卷按时间顺序选取了历史上的饥荒事例和救荒政策，材料取自"经"，始于圣君舜，终于宋朝，包括古典时期的周朝，还有汉、唐。在《救荒兴民书》的序中，董煟告诉我们，本卷"考古以证今"。此处"古"的范围很广：74 个历史事例中，31 个来自宋朝，最后一个例子发生在 1182 年，也就是《救荒活民书》颁行前 20 年左右。中卷放弃了历史框架，逐一列举、讨论并评价了董煟自己所处时代的主要救荒制度和实践，用董煟的话说，就是"条陈今日救荒之策"。下卷列出了四十多个宋朝救荒的事例，重新采用了历史个案的方法，但没有像上卷按照时间顺序介绍，也没有很明显的顺序。

第一次阅读《救荒活民书》的时候，这种章节安排令人感到费解。特别是下卷，通过部分恢复上卷的编排方式，提出了每一种救荒方法在整个荒政中所处的位置问题。下卷与上卷的不同不仅在于放弃了时间顺序，叙述限于宋朝，而且除了极少数情况外，几乎全都省略了注释，只是简单地引用这些

---

① 董煟 1193 年中进士，也就是在庆元党禁前三年，时间上非常的不合适，我们无法推断出他知识上或政治上的联系，也无法推断出当时人们对这些联系的看法。然而，我们应该注意的是，根据其墓志铭的记载，董煟在郧州讲授朱熹的注疏，是在 1207 年稍晚，也就是在韩侂胄死后不久，很有可能就是在废除"伪学"之后的一段时间。当然有可能他之前曾讲过它们，但是，不能排除他对朱熹著作的好感是比较晚发展起来的，也许与韩侂胄身死以及对他的政策的全面贬斥后，道学公众地位的普遍改善有关。这仍然可能是在程迥的指导下，董煟的学习以更普遍的方式将其与道学圈联系起来。

事例，没有表明董煟的态度，这与上卷形成了鲜明的对比。在上卷中，董煟对每个事例的评论往往超过了所引用的材料本身。此外，我们在阅读下卷时，有时会出现一些与前两卷中董煟观点相左的政策或行动。回顾董煟在序中对下卷的描述，可以理解这种印象的意义："备述本朝名臣贤士之所议论施行可鉴、**可戒**、可为矜式者，以备缓急观览"（粗体强调乃我所加）。安排随意，评论缺失，下卷包含的材料与董煟在其他地方提出的善政不一致。董煟的描述支持了结论：下卷是一个仅供参考的松散的材料纲要。① 想象中的读者在阅读《救荒活民书》前两卷时，大概已经足够了解董煟的救荒方法，能够在下卷中判断救荒时应该"戒"什么，什么救荒方法值得效仿。在《救荒活民书》前两卷中，我们应该清楚地看到董煟的救荒原则。②

"原则"在这里是合适的。人们不能指望其像董煟的书那样，围绕一个单一的主导思想紧密地组织起来，形成严密的体系。董煟对救荒各个方面、行政管理的细节和指导思想都很感兴趣。他论述了大量的实践行动和政策，但并非所有的实践行动和政策之间都有必然的联系。董煟对救荒领域的全部兴趣不亚于构建救荒论点的兴趣——他确实提出了如何救荒的观点。还有一些原则：并非统一的原则，而是重复出现和持续性的主题，普遍的态度，或者更好的**讨论问题的方式**。就是这些原则（或者其中一两个原则），是我在本文中主要考虑的内容。因此，我在讨论中，不仅摘录了大量细节，而且摘录了

① 我在前文将《救荒活民书》序中的"备述"一词英译为 recounts in full，可以将其理解为"通过附录或补充叙述"。我们经常发现"备"的这种用法，例如，在附有参考资料的奏议中。如果这里的解读是正确的，它将确定我所提交的文章的特征。

② 这部作品有一个附录，作为补充或"拾遗"（字面意思是"将遗漏的东西收集起来"）明确呈现出来。附录列举了更多的历史个案，大部分都附有评论，是对董煟"劝分"（见下文）的补充讨论，或其他各种注释和评论，以及相当一部分与朱熹的社仓有关的转载文件。董煟认同社仓计划，但在正文中并没有讨论社仓。

大量的实质性材料——董煟本人对这些材料非常感兴趣。我相信这个过程是合理的：通过聚焦特定的主题，并将它们与其所处的时代进行对比，人们可以揭示出《救荒活民书》的中心思想。如果关注点不同，特别是把董煟的论点与另一套当时的救荒讨论对立起来，可能会出现其他"中心点"。本文并非对董煟《救荒活民书》的详尽研究。

我曾指出，黄震对抚州富人的劝诫，是把社会看作建立在责任和道德义务的基础上的；我还提出，董煟的著作提供了另一种救荒解释。这并不是说道德义务在董煟的观点中没有作用。我宁愿认为，在《救荒活民书》中，两种截然不同的社会行动或互动方式的态度并存（或者，交替出现更佳）。一方面，这恰恰说明了道德义务和职责驱使行为，这是行动者期望和（隐含地）要求的。另一方面，把某些社会现象描述为自动或自我调节的过程，如果理解正确，这些过程可以被引导或允许其以有益的方式发展。

我在此处使用"叙述"和"描述"这两个词，它们既与语言有关，也与想法息息相关，它们有意识地替代了像"模型"这样的词，在某些方面也可能同样适用。我这样做有两个原因：首先，因为我在董煟《救荒活民书》中找到的两种方法，都与特定词语的选择紧密相关，或者实际上几乎完全以特定词组的选择为特征，并且首要选择的词组很大程度上暗示了所选择的特定问题，而这些问题被认为是适当的或合适的，以便针对特定情况或其中的角色进行提问。也就是说，通过观察他的词汇，我们可以看到董煟在救荒的重要方面从一种方法转向另一种方法；其次，在比较董煟和黄震时，我感兴趣的中心点是两个不同的词汇或其派生形式——按照波考克的术语，属于两种不同的政治"语言"，但使用的比例不同，适用于不同的情况。实际上，两个不同的词汇，表达了关于整个社会如何运作或应该如何运作的两种截然不同的概念或模型。

让我们先来看看董煟所说的"道义责任"。我们发现了几个关键词——义、愧、德——以及某些不能简化为单个词的更普遍的说法:"愧"是由于行动者对某些行为应负的责任;他所处的位置或参与的关系,要求他采取的某种行为或思考方式;某些行为方式是出于人性或同情心的感受,而另一些则是由于缺乏这种情感。以此类推。在《救荒活民书》上卷第 2 条中,董煟引用了商朝开国之君圣王汤在旱灾中的祈祷:

汤旱而祷曰:"政不节欤?使民疾欤?何以不雨而至斯极也?宫室崇欤?妇谒盛欤?何以不雨而至斯极也?苞苴行欤?谗夫昌欤?何以不雨而至斯极也?"

董煟对此评论道:

大抵天变如父母之震怒,为人子者知其虽非,在己亦当恐惧敬事,以得父母之欢心。成汤圣人,平时岂有此六事?然必一一以为言者,所以见其敬天之至也。况未至成汤者,可不自责哉?[①]

君主可能会因为失德应对旱灾和饥荒负责:如果法纪紊乱和贪污腐败破坏了其统治,上天可能会降下灾难来表达愤怒。因此,君主应该效仿圣王汤,愧而"自责"——这个例子来自《荀子》。董煟在宋朝第四任皇帝仁宗(1023—1063 年在位)朝找到了时间更近的例子:

庆历七年,以旱避正殿,诏中外臣僚指陈当世切务,又下诏曰:"咎自朕

---

① 董煟在此处引用的史料片段出自《荀子·大略篇第二十七》,参见《子书二十八种》,台北,1975,第 1099 页。我的英文翻译是依据书中给出的标准评注。

致，民实何怨？与其降咎于人，不若降灾于朕。"辛丑，祈雨炎日，却盖不御。①

时间更近的例子来自神宗（1067—1085 年在位）朝：

熙宁间，京师久旱，下求直言之诏，其略曰："朕之听纳有不得于理欤？狱讼非其情欤？赋敛失其节欤？忠谋谠言郁于上闻而阿谀壅蔽以成其私者众欤？"诏出，人情大悦，是日乃雨。②

这句话的意思是，如果暴政导致了旱灾，那么君主反躬自省就能带来降雨，董煟对此持同样的看法。无论如何，灾难发生时，皇帝对其子民所遭受的荣辱负有道德责任。在董煟的《救荒活民书》中，皇帝对其责任义不容辞。董煟以《孟子》为例：

梁惠王曰："寡人之于国也，尽心焉耳矣。河内凶则移其民于河东，移其粟于河内；河东凶亦然。察邻国之政，无如寡人之用心者。邻国之民不加少，寡人之民不加多，何也？"孟子乃以王政告之曰："今狗彘食人食，而不知检；途有饿莩，而不知发。人死则曰：'非我也，岁也。'王无罪岁，斯天下之民至焉。"③

---

① 《救荒活民书》卷上，17。我们可以肯定，董煟赞同皇帝的言论，因为在他对下一篇文章的评论中，董煟把宋仁宗列为宋朝的"祖宗"之一，他多次把宋仁宗的行为作为其继任者的榜样，并把宋仁宗称为"圣主"。

② 《救荒活民书》卷上，18。董煟的评论把这个法令的颁布归功于知制诰韩维，韩维注意到皇帝为了应对饥荒而减膳避殿，并且批准了这些行为，但是韩维呼吁宋神宗注意具体的政策，他认为青苗法是加剧旱灾造成的情况。

③ 《救荒活民书》卷上，5。董煟在此处删减了《孟子》卷1《梁惠王上》第3章。

董煟对这篇著名的文章做了部分删节，并做了自己的评价：

> 人君平居无事，横征暴敛，不能使民养生，丧死而无憾。一遇水旱，虽移民移粟，孟子以为不知本。

看起来，最根本的是"使民养生，丧死而无憾"。毫无疑问，董煟和孟子都认为这是君主的道德义务。因为君主与子民有着特殊的关系。董煟赞赏了南宋开国皇帝高宗（1127—1162 年在位）的行为——宋高宗说："为王者以天下为家。"[①] 宋仁宗则更进一步。1029 年，面对从契丹地区涌来的大批难民，宋仁宗曾对辅臣们说："虽境外之民，皆是朕之赤子也。"宋仁宗采取措施，为难民提供土地。[②] 我们看到，宋仁宗希望灾难降临到他身上，而不是使其子民遭受灾难。董煟讲述了唐太宗（626—649 年在位）的故事，这个故事与宋仁宗的故事属于同一主题：

> 畿内有蝗，上入苑中见蝗，掇数枚，祝之曰："民以谷为命而汝食之，宁食吾之肺肝！"举手欲食之，左右谏曰："恶物，或成疾。"上曰："朕为民受灾，何疾之避？"遂吞之。是岁蝗不为灾。[③]

董煟首先把道德义务的语言应用到皇帝的行为和情感上，因为他是皇帝，要对人民的福祉负责，所以皇帝应该把人民的福祉看得比自己的福祉更重要。这种语言及其表达的模型，有着更广泛的应用。董煟告诉我们，1124 年洪皓在秀州采取的抗旱措施。洪皓得知当时的浙东转运使正准备将四万斛大米用

---

① 《救荒活民书》卷上，21。
② 《救荒活民书》卷上，16。
③ 《救荒活民书》卷上，11。

船运往本路提举常平司（有人猜测），运米船只会经过秀州。洪皓下令拦截这些大米，建议知州和廉访使扣留这些大米，并将其出售，以缓解饥荒：

> 守禁不肯，曰："此御笔所起也，罪死不赦。"皓曰："民仰哺，当至麦熟，今腊犹未尽，中道而止，则如勿救，宁以一身易十万人命。"[①]

对于普通官僚来说，有义务把人民的生命看得比自己的生命更重要。这一点尤其引人注意，因为董煟在其他地方告诫地方官员，不要干涉私人领域的粮食流通：官员的道德义务与私人粮食的道德义务是不同的。董煟在这里没有发表任何评论，但在其他地方，董煟敦促地方官员在需要的时候采取特别的行动，而不是等待皇帝的授权，我们可以认为他认同洪皓的观点。董煟赞同唐代宗在 767 年表达的观点：

> 秋霖损稼，渭南令刘澡称县境苗独不损。上曰："霖雨溥博，岂渭南独无？"更命御史朱敖视之，损三千余顷。上叹曰："县令字民之官，**不损犹应言损，乃不仁如是乎？**"贬澡南浦尉。[②]（粗体强调乃我所加）

董煟告诉我们："代宗斯言，真得人君之体。"他接着为自己所处时代的地方官开脱，主要是说唐代宗在刘澡身上发现"然今之县令，孰无爱民之心？"并将他们未尽到责任归咎于上级强加给他们的沉重负担。不过，对于长官应该承担的道德责任（无论在灾难中还是其他时候），董煟都是一视同仁。对董煟来说，就像对唐代宗一样，这是一个关于是否有"爱民之心"的问题，关

---

① 《救荒活民书》卷下，75。（史料原文："会浙东纲常平米斛四万过城下"，此处作者理解史料似乎有误。——译者注）
② 《救荒活民书》卷上，12。

于是否人道的问题。

尤其是在救荒领域，董煟发现自己所处时代的地方行政官员没有尽到他们的道德责任，他们偏袒自己的辖区而罔顾他人。在这一点上，这些官员甚至不如春秋时代那些自私自利、争强好胜的诸侯：

隐六年，京师来告饥，公为之请籴于宋、卫、齐、郑，礼也。庄二十八年冬饥，臧孙辰告籴于齐，礼也。①

董煟评论道：

春秋之时，诸侯窃地专封，然同盟之国，犹有救患分灾之义，未尝遏籴也。今之郡县，不知本原，但不容米下河出界，回视春秋列国为有愧矣。

董煟的这番话把国家之间在荒年出售粮食变成一种"礼"。董煟称，对于当前的郡县长官与之前的诸侯来说，这属于"义"并令人生"愧"。这一点对董煟来说同样重要。为了支持这一观点，董煟提供了春秋时期的其他几个事例。② 他在《救荒活民书》卷中用了整整一节来阐述他所处时代的官员们在州县间"遏籴"的不良行为，重申了这一问题的道德本质：

今邻郡以吾境内丰稔而来告籴，义所当恤此。③

---

① 《救荒活民书》卷上，3。史料是所引的《左传》的年份，参见《十三经注疏》第 6 册，台北，1980，第 91 页和第 178 页。

② 参见随后的三篇文章，继续引用前文的《国语》和《左传》，见于《救荒活民书》卷上，3-4。

③ 《救荒活民书》卷中，32。这是关于"遏籴"文章的第二部分。在第一部分中，董煟引用了 1059 年吴及进呈的奏议，再次引用了春秋诸侯国的先例，而董煟在前文引用的段落中，有一些自己的语言就是从这里面引申出来的。

我们现在要讨论救荒的具体政策问题（稍后我会继续讨论这个问题），有一个更广泛的中心观点：董煟使地方官员在面对饥荒时采取的行动和情绪，成为道德义务的问题，就像皇帝一样。

在这些条件下行动，基本上排除了考虑利润或私人利益或部分利益，甚至排除了考虑整个政府，更不用说个别官员。董煟明确表示了这一点。他将常平仓的起源追溯到战国时期，并评论自己所处的时代：

> 今之和籴者，**务求小利以为功殊，忘敛散所以为民之意**。[①]（粗体强调乃我所加）

在谈到宋高宗准备减税时，董煟赞许地评论道："王者以天下为家，**不以私藏为意也**。"（粗体强调乃我所加）在关于常平仓及其功能的一般性讨论中，董煟认为：

> 盖官司措置，惟欲救民之病，财用非所较，**若以私家理财规式处之，则失所以为常平之意矣**。[②]（粗体强调乃我所加）

这一切都不令人感到惊讶。董煟在这里看上去就像二程的后学子弟。谈到皇帝及其官员时，董煟使用的字眼很像黄震用来劝诫抚州富户时说的那些话。从道德责任的角度来看，黄震肯定不会对董煟的观点提出异议。董煟的不同之处在于，他把这个论点以及其中有关愧、义、责备和放弃利益与私利的语言，**几乎完全用在了官员身上**。特别是与富户（像黄震遇到的那些）打交道时，董煟采用了不同的方式。或许，连接叙述与叙述之间的枢纽是"策"

---

① 《救荒活民书》卷上，5。
② 《救荒活民书》卷中，25。

或"术"的概念，这些似乎是皇帝或官员（如果要履行其道德义务）必须具备的。董煟在《救荒活民书》的序中告诉我们：

> 臣闻水旱霜蝗之变，何世无之，**然救荒无术**，则民有流离饿莩转死沟壑之患。①

董煟的《救荒活民书》中有一些暗示，掌握"策"和"术"本身可能就是官员的道德义务——至少"愧"的语言是适用的。在《救荒活民书》卷上的第三篇文章中，董煟列举了当时地方官员的无计可施：

> 非不识古人活民之意，顾亦迫于诸司之征榷，有所不暇计虑耳。然以生民社稷为念者，**恚无策以处之**。②

然而，拥有正确的"策"和"术"，也是一个人的知识、洞察力和意识广度的问题。董煟经常告诉我们，选择错误"策"的官员，他们的"规模"是"浅陋"的，或者只是"犹滞于一隅情"，如果他们知道问题所在，就会采取不同的行动。③这仍未澄清与道德责任之间的关系，也许真正一心为民的官员，会把学习所需要的知识当作其工作。也许他的"规模"和知识面一定会比其他官员要广。官员能够既"仁"又"不知"吗？无论答案是什么，我们不断使用"知""规模""术"和"策"这些词汇，已经超出了道德责任的范围。

---

① 《救荒活民书》序。

② 《救荒活民书》卷上，2。

③ 例如，请参阅第一篇文章的评论，见于《救荒活民书》卷上，1。第2部分见于《救荒活民书》卷中《禁遏籴》，32。关于"不知"，参见"不抑价"最后一条的例子，见于《救荒活民书》卷中《不抑价》，34。关于作为病根的"无策"的例子，参见《救荒活民书》卷中《劝分》，30。

面对饥荒，官员必须具备哪些"术"？董煟对官员有何期望？其中的主题似乎特别重要：至高无上的地位、自然行动模式，以及私人商业在粮食方面的有益能力。以局外人的眼光来看，这一主要取向最明显的可能是严重歪曲了董煟对历史文本的解读。董煟《救荒活民书》中的第一篇文章是《书经》中两段文字的整合：

帝曰：弃，黎民阻饥，汝后稷，播时百谷。

禹曰：洪水滔天，浩浩怀山襄陵，下民昏垫，予乘四载，随山刊木，暨益奏庶鲜食。予决九川，距四海；浚畎浍，距川。暨稷播，奏庶艰食鲜食。懋迁有无，化居。烝民乃粒，万邦作乂。[①]

关于这一点，董煟评论道：

唐虞之时，国用尚简，上之人取于民者甚少。凡山泽之利尽在于民，故当阻饥之际，特使通融有无而已。今世民困财竭，则通融有无[②]，须上之人有以考之。然规模浅陋者，犹滞于一隅，殊失唐虞懋迁之意。

如果把虞舜的行动作为政府反饥荒的榜样，我们在这篇文章中看到了一个实干主义的政府：以公卿的名义，控制洪水，建造水利系统，种植庄稼并教导人们如何去做，最后鼓励贸易。然而，在董煟的解读中，只有最后一句

---

① 《救荒活民书》卷上，1。我在大多数方面的英译都遵循 Clae Waltham, *Shu Ching: Book of History* (London, 1972), pp. 15 and 31。

② 董煟在其他一些地方也用到了"通融有无"这个词，通常指的是通过商业机制，促进粮食供应从一个地方到另一个地方的流动和均衡。我在翻译时试图保留原文的一些字面意义，而不是简单地将其英译为 promote exchange，显然它的意义适用于这篇文章。

出现了"特使通融有无而已",也就是说,"通融有无"——"而已"。

董煟强调商业,强调政府进一步的行动,鼓励(或通过)政府发挥作用,显然,背后更偏爱"赈粜",或为了增加粮食供应和降低价格,以略低于市场的价格,向有需要的家庭出售国有粮食。这超越了在他所处时代常见的两种其他"术":"赈济"(国家向在籍并证明有需要的贫困家庭直接提供粮食)以及"赈贷"(政府向穷人提供贷款,穷人在经济好转时偿还)。在这一点上,董煟一定程度上体现了苏轼的热情。正如董煟告诉我们的那样,苏轼曾声称,赈粜是缓解饥荒的唯一方法,政府只需要通过市场来运作。[①]董煟认为,不同的方法适用于不同的地方,有几种方法可以把国家的粮食送到那些需要的人手中。[②]董煟只是简单认可苏轼的救荒立场,在整个救荒工作中,董煟都将赈粜作为政府救荒最重要的形式。我们也可以从他的建议中感受到董煟偏爱商业解决方案。董煟建议官员们采用直接拨款的方法时,考虑至少发放部分资金拨款,受助人可能会将部分资金用于购买粮食以外的食品。

董煟对商业的信心,最明显地体现在他对官员可用的三种"术"的讨论中,但董煟拒绝了全部或部分"术"。这些"术"包括官员降低或固定私人粮食价格("抑价"),前文已经提到过的禁止将大米运出自己辖区的商业流通("遏粜"),"劝分"的策略。正是在这一点上,董煟与黄震的救荒政策存在天壤之别,也与朱熹(黄震的知识源头)的救荒政策相距甚远。在讨论政府利

---

① 《救荒活民书》卷上,15。在这一点上,董煟赞同苏轼的观点,只是说这个方法需要修改一下,把它的范围扩大到农村,因为苏轼提出要依靠的常平仓只在城市里。在《救荒活民书》(卷中,26)中,董煟再次讨论了苏轼的立场,并详细阐述了城乡问题。他接着指出,当然还有义仓作为救荒的资源,可以与苏轼提议的赈粜同时进行,没有任何不当之处。

② 参见关于三种救荒形式讨论的序,见《救荒活民书》卷中,42。但在"劝分"下也进行了比较,见《救荒活民书》卷中,30。似乎认为主要或仅在"山路不通舟楫处",即与正常谷物贸易隔离的偏远地区,需要登记人口和直接发放救济金是适当的。

用市场救荒时，董煟把我所说的经济核算看作是自动的或自我调节的过程。下面我将详细引用董煟的观点，然后从整体上进行讨论。

让我们先来看看官方对粮食价格的规定，董煟在《救荒活民书》卷中《不抑价》的标题下讨论了这个问题。也就是说，不控制粮食价格本身是一种技巧：

常平令文，诸粜籴不得抑勒。谓之不得抑勒，则米价随时低昂，官司不得禁抑可知也。比年为政者不明立法之意，谓民间无钱，须当籍定其价，不知官抑其价，则客米不来，若他处腾涌而此间之价独低，则谁肯兴贩？兴贩不至，则境内乏食，上户之民有蓄积者愈不敢出矣。饥民手持其钱，终日皇皇，无告籴之所，其不肯甘心就死者，必起而为乱，人情易于扇摇，此莫大之患，[何]者？饥荒之年，人虽卖妻鬻产以延旦夕之命，亦所不顾，若客贩不来，上户闭粜，有饥死而已耳，有劫掠而已耳，可不思所以救之哉？惟不抑价，非惟舟车辐凑，而上户亦恐后时，争先发廪，而米价亦自低矣。①

董煟进一步说道：

臣在村落，尝见蓄积之家不肯粜米与土居百姓，而外县牙人在乡村收籴，其数颇多。既是邻邑救荒，官司自不敢辄加禁过。止缘上司指挥不得妄增米价，本欲少抑兼并，存恤细民，不知四境之外，米价差高，小民欲增钱籴于上户，辄为小人胁持。独牙侩乃平立文字，私加钱于粜主，谓之"暗点"，人之趋利如水就下，是以牙侩可籴而土民阙食。今若不抑其价……安忍专粜于外邑人哉？②

---

① 《救荒活民书》卷中，33。
② 《救荒活民书》卷中，34。

只有通过让粮食价格上涨，而不是通过禁止在个人辖区以外的地区进行粮食贸易，才能使地方的粮食供应保持在高位，价格保持在适中的水平。按照董煟的话来说，作为官员，其道义责任是不能强迫禁止其辖区内的粮食输入其他地区，而应该：

> 宜物色上流丰熟去处，劝诱大姓或本州发钱，差人转籴，循环粜贩，非惟可活吾境内之民，又且可活邻郡邻路之饥民……脱使此间之米不许出吾界，他处之米亦不许入吾界，一有饥馑，环视壁立，无告籴之所，则饥民必起而作乱，以延旦夕之命。此祸乱之尤速者也。①

董煟关于压低粮价、阻碍粮食贸易的立场是态度鲜明的。至于"劝分"——官方劝诫富户以适当的价格，把他们的粮食卖给那些缺粮的人（类似于现在所谓的"劝诫"），董煟的观点更加复杂。正如我们所见，董煟对"劝分"（1271 年黄震在抚州采取的救荒策略）这个词避而不谈，其实这个词及其所涵盖的各种实践，在宋朝很常见。在《救荒活民书》卷下的开头，董煟将"劝分"列入了地方行政人员应该使用的基本技巧。但是，董煟在卷中的大量讨论和其他地方的参考文献表明，他有一些相当特别的想法：

> 民户有米得价粜钱，何待官司之劝？只缘官司以户等高下一例科配，且不测到场检点，故人户忧恐借以为名，闭籴深藏，以备不测……人之常情，劝之出米则愈不出，惟以不劝劝之，则其米自出。臣谓：今莫若劝诱上户及富商巨贾，俾之出钱，官差牙吏于丰熟去处，贩米豆各归乡里，以济小民，结局日以本钱还之。村落无巨贾处，许十余家率钱共贩，或乡人不愿以钱输

---

① 《救荒活民书》卷中《禁遏籴》，32。

官而愿自粜贩者听，官不抑价，利之所在，自然乐趋。富室亦恐后时，争先发廪，则米不期而自出矣。此劝分之要术。①

董煟倾向于劝说，但劝说主要针对的是商人，他们寻求临时贷款，到别处购买粮食，并采取董煟在其他地方提出的以市场为媒介的策略。这并不是宋朝"劝分"通常的真正含义：不确定粮食的销售限额，不固定粮食价格。董煟似乎忽略了黄震面对的是富裕的非商人家庭，他们大概是"富室"，稍后会争先恐后地出售其存粮（关于特殊的，确实带有歧视性的针对商人的关注，见下文）。此外，董煟确实暗示，也可能会"劝"这些人，但"劝"的条件相当具体：

凶年粜粟以活百姓，可谓惠而不费，况所及者皆乡曲邻里，可以结恩惠，可以积阴德，可以感召和气而驯致丰稔，可以使盗贼不作而长保富赡，其于大姓亦有补矣。倘使小民转死沟壑，流移他所，大姓占田何暇自耕？土地荒芜必有所损……此为县令者所宜知，而以此意晓谕可也。②

这让人想起黄震强调富户与乡曲成员之间的道德义务关系。我认为，真正的意义是截然不同的。董煟的每句话都在提出，如果出售粮食，可能会给"富室"带来好处；如果不出售粮食，可能会损害"富室"。"阴德"一词听起来比较突兀，但实际上并非如此。这个词经常被用在对宋人行为的记载中：虽然他们这一代没有得到回报，但必然会给子孙后代带来好处。当然，这种信念的基础是道德——上天奖励那些这样做的人，但董煟呼吁人们关注的是利益、回报，而不是义务本身："驯致丰稔"和"长保富赡"。"阴德"属于利

①《救荒活民书》卷中《劝分》，30。
②《救荒活民书》卷中《劝分》，31-32。

己主义词汇，"可谓惠而不费"，这是管理者应该以利益和损失为依据来进行说服的方式。正如我们所见，这是激励人们的动力。

这一策略完全符合董煟关于荒年私人家庭处境的宏观描述。董煟向我们展现了一个世界，在这个世界里，只要好心的官员们不设法加以阻止或强迫，粮食便会从一个地方运送到另一个地方，从那些囤粮者运给那些缺粮者，这一切都自然而然地发生着。这个过程的动力是人们对"利"的渴望，这种渴望就像水向下流动一样自然而不可改变。如果要说服这一过程中的行动者朝某些方向前进，就必须通过唤起这一愿望来说服他们：向他们表明，可能他们最初没有看到"长保富赡"和"驯致丰稔"的物质利益。

将粮食贸易过程以及参与者在其中扮演的角色称为"自然"或"自动"，并非董煟所言。如果说董煟关于道德责任的论述（适用于官员）带有"义""愧"等字眼以及相关概念，那么他对粮食贸易的论述则充斥着不同的关键词："自然""自""人之常情"等。"米价亦自低矣"；"人之常情，劝之出米则愈不出"；"惟以不劝劝之，则其米自出"；"利之所在，自然乐趋"；"则米不期而自出矣"。其他地方："亦使蓄积之家知不久官米豆至，自然趁时出卖。"① 这个过程本身（如果顺其自然结束）是自我调节的：粮食短缺会抬高粮价，使外部的商船"辐辏"，当地的稻农自然竞相出售粮食，粮价便会降至正常水平。

按照董煟的描述，官员面对的世界只是以某种方式运行，官员自己行事时，也会以某种方式行动，而不考虑其意图。"富民有米，本欲粜钱，官司迫之，愈见藏匿"②，"官抑其价，则客米不来……上户之民有蓄积者愈不敢出

---

① 《救荒活民书》卷下《苏轼乞粜官米》，54。（此段引文颇为混乱，其中"米价亦自低矣"出自《救荒活民书》卷中《不抑价》；"亦使蓄积之家知不久官米豆至，自然趁时出卖"，出自同书卷下《苏轼乞粜官米》；其余引文出自同书卷中《劝分》。——译者注）

② 《救荒活民书》卷上，16。

矣"①。这一连串意想不到的后果最终导致了混乱，这一过程再次受到人性一贯特征的调节："人情易于扇摇。"在这些所有问题中，道德责任的问题——是富人将粮食卖给乡曲的穷人，还是穷人不起来反对富人（两者都是黄震积极推动的）——根本不存在。实际上，与黄震不同，董煟从不把官员面对的不当官的富人当作积极的道德主体——像官员一样必须在"义"和"愧"之间做出选择。相反，富人是官员知识和理解的**对象**。人们会以某种方式行事，官员的工作是了解这种方式。

在这一切中，"利"所起的作用非常重要。"水之就下"这一比喻，会让所有受过教育的宋人脑海中浮现出两段权威或接近权威的著作②，其中一段文字来自伟大的汉朝历史学家司马迁：

各劝其业，乐其事，若水之趋下，日夜无休时，不召而自来，不求而民出之。③

另一段文字来自孟子，见于他与告子关于人性的辩论中：

孟子曰："水信无分于东西。无分子上下乎？人性之善也，犹水之就下也。人无有不善，水无有不下。"④

---

① 见前文"不抑价"条。

② See Robert Hymes, *Statesmen and Gentlemen: The Elite of Fu-chou, Chiang-hsi, in Northern and Southern Sung* (Cambridge: Cambridge University Press, 1986), chapter 6. 我在写这篇文章的时候，已经不像以前那样认为董煟是有意要注意并重视孟子的关系。

③ See Burton Watson, trans., *Records of the Historian: Chapters from the Shih Chi of Ssu-ma Ch'ien* (New York, 1969), p. 334.（此段文字出自《史记》卷 129《货殖列传第六十九》。——译者注）

④ See D.C. Lau, trans., *Mencius* (Harmondsworth, Baltimore, and Victoria, 1970), p. 160.（此段文字出自《孟子》卷 11 上《告子章句上》。——译者注）

把董煟的利益观与孟子的性善论扯上关系，未免太过牵强附会，也许这个比喻只来自司马迁。尽管如此，将关于私人粮食贸易的利润，与关于君臣处理利润的行为进行对比是令人吃惊的。董煟并未告诉我们，逐"利"是目标——虽然他也没有告诉我们不值得逐"利"。董煟使用的是一种（显然是故意的）避免明确道德评价的说话方式。在更大范围的汉语中（董煟必然很熟悉），像"自然"这样的词很难说完全没有积极的含义，董煟确实明确表示过"利"是自然动机。还有其他迹象表明，"利"至少是合法的，这些恰恰见于我们已经引用过一段话中，在这段话中，董煟拒绝为官员谋利：

> 盖官司措置，惟欲救民之病，财用非所较，若以私家理财规式处之，则失所以为常平之意矣。

考虑到董煟的著作是一个整体，似乎不可避免的是在排除了对常平司经济上的考量之后，董煟暗示"利"对于私人业主是合法的。对董煟来说，在这个世界上，个人逐"利"是事实。人们并未直接重视"利"的道德地位，但其功能就是通过始终追求商业的最佳价格来为整个宋帝国提供粮食，这是有益的。

董煟并未在这一点上走太远，在谈到私人经济时，他并没有完全放弃道德责任的字眼。我们已经看到，在关于"劝分"的讨论中，董煟提议让行商大贾成为被说服的主要对象。董煟不建议强制，他所寻求的资金在使用后会返还给捐赠者。但比起其他类型的富人，董煟更愿意向商人施压，这种感觉是非常强烈的，而且从他对商业本身普遍持坚定的正面看法来看，也是令人吃惊的。这种歧视是真实的，也是有意识的。在同一节中，董煟为了证明这一点，又脱离了主题。为了做到这一点，董煟非常清楚地回到道德责任的论点，在这个论点中，"利"再次被污名化：

天下有有田而富之民，有无田而富之民。有田而富者，每岁输官，固藉苗利。一遇饥馑，自能出其余以济佃客。至于无田而富者，平时射利浸渔百姓，缓急之际，可不出力斡旋以救饥民，为异时根本之地哉？汉家重困商贾，盖为此耳。今饥馑之年劝诱此曹，使出钱粜贩，初非重困，又况救荒乃暂时之役，彼亦安得而辞？[①]

或许，"利"的道德地位甚至在平民中也可能因逐"利"之人的不同而不同。在董煟的书中，有一种明显的重农主义倾向，他把赞赏商业（尤其是粮食）与贬低商人结合在一起。一方面，董煟运用了他对自动过程的叙述，商人是商业中必不可或缺的行动者；另一方面，这种叙述放弃了道德判断，并非针对商人，而是针对卖粮给他们的人户。反过来，这些人的特权地位，至少在一定程度上源于他们作为纳税人和其佃户的潜在捐助者的社会角色得到了好评。这有一点虚伪。董煟当然知道，在他所处的那个时代，商人承担了南宋财政负担中相当大的份额，包括对其货物征收过路税和其他税，董煟还主张免除这些税，以加快向饥荒地区运输粮食的速度。[②]

这两种说话方式并没有完全分开，"自动过程"词汇的应用也并未完全一致。尽管如此，要解读董煟关于官员和皇帝的责任，以及对私人商业参与者角色的看法，就好像是在探讨两种不同的话语（董煟当然并不这么认为）。前者"义"和"愧"是核心，而后者在自我调节的过程中，受"利"的驱使。这对"策"的影响是巨大的。董煟反对登记私人手中的粮食并配售，反对中

---

① 《救荒活民书》卷中，31。提到对饥荒佃户的支持是很奇怪的，似乎只是为了董煟在这里描绘出来的特色而被拉进来的。他在其他任何地方都没有提到它，也没有建议任何"术"去观察它的发生，也没有把它作为其"劝分""术"的一部分。这与黄震和其他人形成了鲜明的对比，他们以最强硬的措辞直接推动该计划，并以胁迫性威胁作为后盾。

② 《救荒活民书》卷中《弛禁》，37。

断政区间的粮食运输，对"劝分"形式提供有节制的支持——在这种形式中，"劝"意味着向富人指出他们出售粮食的物质利益。董煟更愿意集中精力说服商家放贷，以便政府能够进入私人市场。董煟对强制售粮的态度是有症候的：董煟引用之前的诏令来支持他的一些立场，并明显倾向于惩罚那些反对这些诏令的官员，但他没有给出任何暗示——强制售粮可能合法地适用于私人粮食持有者和销售商。

需要指出的是，董煟并不反对政府干预经济，恰恰相反，他赞成政府干预经济。纯粹形式的自由放任立场，在董煟所处的时代似乎是不存在的。董煟的干预总会涉及政府作为参与者（由道德责任而非利润驱动的独特参与者）利用自己的重要资源进入私人经济，而不是试图站在私人经济以外，通过非经济手段控制商品的流动。类似于自由放任主义的修辞——利润是自然而然的，商业可以完成政府善政不能完成的工作，通过允许人们追求他们的利益来实现更大的好处——目的是证明，并非不作为，而是行动总由市场来调节。

黄震的例子已经表明，并不是每个人都认同董煟"劝分"的方法。我们可能会预料到黄震与董煟在救荒政策上的不同之处如此之多、如此之尖锐。但我们有理由怀疑，在南宋救荒问题上，有比这两个例子更系统的观点分歧。我们再次强调，朱熹与弟子黄震相距一个世纪远。在董煟的《救荒活民书》颁行全国之前的几十年里，朱熹亲自参与了大量的救荒工作。朱熹的仕宦记录，再次显示了与董煟截然不同的救荒原则。

本文没有详述朱熹的救荒政策。知南康军期间，朱熹向上级请求免除各种赋税，并请求拨付官粮救荒[①]（正如董煟所建议的、黄震在抚州所做的那样），朱熹把"劝分"作为他地方改革计划的中心内容，"劝分"采取了一种相当系统化和官僚化的形式。朱熹让手下调查农村家庭的粮食储备，并确定何人拥

① 朱熹《晦庵先生朱文公文集》（四部丛刊初编本）卷17，15b-20a。

有充足的粮食可以向那些缺粮的家庭售粮救荒。[①]一些囤粮者被说服"承认"出售一定数量的粮。[②] 在敦促富人粜粮（以及发放赈贷等）的公告中，朱熹唤起他们的仁爱之心："上户接济佃火之外，所有余米，**即须各发公平广大仁爱之心，莫增价。**"[③]（粗体强调乃我所加）

朱熹并未长篇大论，这些段落的文字都很简短。我们确实看到黄震在针对抚州富户的文字中，详细阐述关于"仁义"的假设。这些假设同样体现在朱熹担任不同的地方官时，对农业行为和适当的社会行为的一般性论述中。我们看到构成农村社会的相互关系："佃户不可侵犯田主，田主不可挠虐佃户。"[④] 社会上的特殊地位带来了特殊的义务："劝谕官户：既称仕宦之家，即与凡民有异，尤当安分循理，务在克己利人。又况乡邻，无非亲旧，岂可恃强凌弱，以富吞贫，盛衰循环，所宜深念。"[⑤]

这种描述道德关系的方式，一旦应用到救荒上，就产生了"劝分"的方法，这与董煟的方式截然不同。朱熹把他富有说服力的注意力集中在富裕的囤粮者身上，并非集中在商人身上。朱熹不仅调查了囤粮者的情况，预先确定了粮食出售的数额[⑥]，他还明确要求以当前价格出售粮食，并禁止卖方再次提价。此外，在"说服"卖家售粮时，朱熹使用了胁迫性口吻："如有故违不肯粜米之人，即仰下户经县陈诉，从官司究实。"朱熹坚持要求囤粮者兑现售粮承诺，

---

① 朱熹《晦庵先生朱文公文集》别集卷9，8a-9a。（疑作卷6《谕上户承认赈粜米数目》。——译者注）

② 同上。

③ 朱熹《晦庵先生朱文公文集》卷99《劝谕救荒》，10a-11a；别集卷9，20a-b。

④ 朱熹《晦庵先生朱文公文集》卷100《劝农文》，11a。

⑤ 朱熹《晦庵先生朱文公文集》卷100《劝谕榜》，6a-8a。

⑥ 当然，这是通过说服或协商的过程，而不是根据五等户随意分配，这是董煟特别抱怨的。但关于朱熹的说服方式，见下文。

并保证会向上级报告任何未能完成配额的人。[①] 在所有这些问题上，朱熹都与董煟后来的主张背道而驰。

我们如果因此得出救荒的"朱熹学派"，则未免有些夸大。然而，从朱熹到黄震，有一条清晰的知识脉络。黄震本人十分熟悉朱熹文集中有关救荒的记载[②]，在对抚州富人提出忠告时，黄震特别提到了朱熹的先例[③]。在其他地方，黄震还提到了黄榦的先例，这个例子更具地方特色。黄榦任抚州知州时，遭遇了 13 世纪初的荒年。[④] 作为朱熹生前的主要弟子，黄榦作为救荒治理人的表现几乎没有留下任何内容，也没有任何救荒的知识基础或明确的理由。我们从黄震的参考资料及其著作中得知，黄榦不仅采取了直接的管制行动，迫使富有的囤粮者开仓，还采取了行动，禁止用于商业销售的稻米运出州城。[⑤] 正如我们看到的那样，这一行动过程是董煟所厌恶反对的。黄震本人追随黄榦和朱熹的脚步，从一开始就把注意力放在了富有的囤粮者身上，坚持要求他们马上按照现价售粮；禁止从抚州运出粮食；后来又核查农村售粮者的价格，并试图通过说服、威胁等手段降低粮价；最后派遣下属强制开仓售粮，管理储粮的销售。[⑥] 有人认为，董煟看到这些做法会暴跳如雷，死不瞑目。

我已经指出，朱熹在"劝分"时主张的赈粜的道德基础，与黄震的公告相比，言简意赅，内容也不那么详尽。事实上，黄震反复在上天面前从"义"

---

① 朱熹《晦庵先生朱文公文集》卷 99《劝谕救荒》，11a；以及别集卷 10，8a。

② 黄震在其《黄氏日抄》中，在两个地方提到了南康救荒文件：朱熹向上级政府的请愿书，见黄震《黄氏日抄》卷 34《读本朝诸儒理学书二 · 晦庵先生文集一》，11b-12a；朱熹告南康人民通知，见《黄氏日抄》卷 36《读本朝诸儒理学书二 · 晦庵先生文集三》，35b-36a。

③ 黄震《黄氏日抄》卷 78《四月初十日入抚州界再晓谕贫富升降榜》，7a。

④ 黄震《黄氏日抄》卷 78《四月二十五日委临川周知县（滂）出郊发廪榜》，19b-21b。

⑤ 关于后者，参见黄榦《勉斋集》（四库全书珍本）卷 29《临川申提举司住行赈粜》，6b-8b。关于前者，参见前一条注释。

⑥ 关于所有这一点，参见黄震《黄氏日抄》卷 78；cf. Hymes, *Statesmen and Gentlemen*, chap. 6.

和"愧"的角度，详细地论证了这一论点。如果不从黄震文集中将关于抚州救荒的全部内容抄录出来，不可能传达出这种效果。最后一个例子至少可以让黄震的语气更清楚一些。到达抚州后不久，黄震当向当地居民发布了新公告，公告的大部分内容是黄震的独白，即建议富有的囤粮者应该做什么：

富室若曰："不抑价者，太守待我厚也；官不我抑而我自抑之者，我自待厚也。均此人也，小民终岁勤动以有此粟，我何修何为，乃安坐而奄有此粟？静言思之，愧也。平时而奄有此粟已不免愧，今勤动而有此粟者，反不得食此粟而死矣，我安坐而奄有此粟者，犹忍靳此粟而不之发，又宜何如其愧也！

蚕方浴而桑生，儿方产而乳生，人民遍育于天下而五谷生。五谷为民设也，民生饥死矣，而五谷尚忍为我私，是犹夺之桑而不以饲蚕，夺之乳而不以哺儿，其有愧于天何如也。

生吾乡而长于我者，吾父吾兄行也；生吾乡而幼于我者，吾子吾孙比也。鸡犬相闻，守望相助，疾病相扶持，少长聚嬉戏，平居谰谰笑语，一家均也。一旦艰食，不思分己以予之，而反腾价以困之，平日之情何在？乡党之义何取？其有愧于人何如也！

自古治日常少，乱日常多。生于乱者，性命之不保，又何富之可安？自我艺祖以仁立国，吾侪小人世世得生长于春风和气中。己未之变，亦几岌岌，赖我先皇帝及元老大臣再安宇宙，我亦遂得再土此土，宅此宅，田此田，日积月累以有此富。是我性命，朝廷所生也；土田，朝廷所保也，而富，亦拜朝廷赐也。生杀予夺，皆在朝廷。虽贷我粟，赋我财，或甚而夺我富，其何不可？今朝廷遣官厚以待我，而我犹忍于自私，其有愧于朝廷又何如也！"

愧于天，愧于人，愧于朝廷。富室而兴言及此，恐亦涕泗交横，如太守之愧发于中心而不能自己也。然则富室而必欲为太守雪此愧，不过自出仁心，自抑米价，自惠乡井则可，愧者立变而为可荣可贺之盛事也。①

　　黄震在救荒问题上远超朱熹。在语言和观念上，与董煟对粮食贸易的处理有着天壤之别。然而，这位知州关于"不抑价"，提出了一个耐人寻味的观点。黄震从一开始就明确表示他不会做某些事情。首先，黄震强调，他选择的**不是**"劝分"而是"劝粜"，这是对富户的一种恩惠，他希望他们做出回应。②

　　这种说法非常奇怪。在宋朝，"劝分"一词最传统、最普遍的含义恰恰是敦促、说服或以其他方式诱使富户出售他们的粮食。黄震提出这一主张，并勾画出这一不同寻常的界限，黄震选择不采用的"劝分"，似乎是指一种传统上被列为"劝分"的特定策略，而且他更明确地表明态度：他不会"置场"或"拘数"。这里的意思很清楚。这些措施包括建立官方粮食销售站，在国家监督下让私人囤粮者出售粮食，以及分配或预先安排特定家庭的粮食销售配额，这些都是董煟反对而朱熹采纳的措施。事实上，尽管黄震敦促富人出售粮食，并最终在某些情况下试图监督强制销售粮食，但他从未建立一个系统的粮食分配配额或官方管理的销售点，在这一点上，他与导师朱熹的做法背道而驰。黄震说，他也不会再次"抑价"（这是董煟的大忌讳）。在这一点上，黄震的立场要弱得多：他一到任就敦促家庭按照当前的价格粜粮，调查农村的粮价，然后再试图通过交易以及强迫一些家庭按照他认为的合理价格售粮，来敦促或威胁他们降价。黄震当然竭尽全力阻止粮食价格"自然"上涨（采用董煟的术语）。不过事实上，他从未宣布永久性的官方粮食价格标准。我们

---

① 黄震《黄氏日抄》卷78《四月十三日到州请上户后再谕上户榜》，10a-12b。
② 黄震《黄氏日抄》卷78《四月十三日到州请上户后再谕上户榜》，10a。黄震在《黄氏日抄》卷78《咸淳七年三月二十八日中途先发上户劝粜公札》（5a-b）的第一份抚州通知中，将不再采用的策略列表中也包括"劝分"。其他的则是"抑价""置场"和"拘数"。

似乎可以看到，黄震在行动时，用董煟的方式来呈现其行动内容的细节，事实上，也采用了更像黄榦或朱熹的更广泛的富有说服力的言辞。

我只能推测。我们看到，矛盾的是，**无论**从黄震对道德责任主题的坚持、近乎痴迷的阐述，**还是**从他对自己策略的描述（严格来说，部分是正确的，但其含义大部分是错误的）来看，似乎都与董煟相呼应。在黄震所处的时代，董煟的思想对他产生了影响。在黄震看来，道德责任的论证或许需要详细阐述和重申，因为另一种解释或与之相关并由此衍生出来的政策，在朱熹采取救荒行动和董煟《救荒活民书》写作的年代里已经获得了真正的力量。我们不应只把功劳归于董煟，甚至主要归于董煟一人；也许进一步的研究将表明，董煟的《救荒活民书》只是董煟倡导的一场更大的官员和精英思想运动的一部分。朱熹、董煟和黄震三人一起构成的事例，不足以得出明确的结论。但我想提出一个假设，以供进一步探讨，即在南宋的后半段，救荒争论的条件已经发生了变化，其影响黄震不能忽视。

但事情远不止如此。黄震誓言放弃"抑价"或"拘数"的做法，实际上借用了（或许接受了）董煟的一部分语言和观点（这些语言和论点在黄震所处的时代被视为共同的资源），将其应用于在董煟看来不合适的做法上。也许黄震真的认为他所做的事情可以被称为"不抑价"，或者他借用了这句话是因为就像政治词汇一样，除了实际行动之外，这些词汇本身已经具有说服力。证据不足以让我们做出判断。语言也在另一个方向上得到共享。因为，正如我们所见，董煟关于"义"和"愧"的词汇，及其放弃私"利"的词汇，在很大程度上是道学在他所处时代使用的道德词汇，其实，那就是黄震用来对付抚州富户所使用的语言。如果我们很难知道黄震是出于天真还是有策略地使用了董煟的一些话，那么我们就没有理由怀疑董煟使用像黄震这样的道德语言是完全真诚的。正如我们所看到的那样，董煟只是把这些词汇应用到一个更有限的范围内。对黄震来说，无论在社会上的任何地方，以及在任何情况下，询问任何一个行动者他承担的责任所在都是合适的，如果他选择另辟蹊径，他就会感到羞愧。董煟只向官僚（包括皇帝）提出这一要求，并希望他们放弃私利，以整体利益为重。

正如我们所知，这种分析成为定位董煟在郢州与道学圈关系的一种解决问题的办法——董煟的导师和他教授的知识文本都来自道学圈，也就是说，董煟接受道学关于人的道德责任的教导，但主要应用于那些统治者。对他来说，通过这种解读，新儒学的核心经典必定主要教会了他如何成为一名公仆。尽管它可能不是正确的，这实际上并不是对《孟子》或《论语》难以置信的阅读（更不用说许多经典了）。于是，董煟的脑海中浮现出一幅画面：在相对较小的范围内，"德""愧"和"义"都是或者应该是积极的原则，存在于社会的共同利益中，并专门为这个社会更大的共同利益服务；而这个社会的行动由另一种利益来管理，也许是完全可以接受的。但是这幅画面让人很容易想起司马光（见本书第3篇文章），他设想了一个专门用来治理周围社会的国家，这个国家或多或少的合法化"公"和"私"。我们看到董煟把类似道学的词汇和道德论证的风格，灌输到整个社会概念的模子里，这更像是司马光的做法，也是很有道理的。

这反过来又暗示了道学在这个时期可获得的立场和意义的灵活性。诚然，没有明确的宋代史料把董煟与道学联系起来，但是曾经跟随程迥学习，并在为官期间教授四书和朱熹的注疏，这两种做法都表明董煟与这场道学运动有着某种联系。师生关系本身会让其他人这样认为。这样一个人可以把道学的道德词汇用于与通常不同的用途，可以在其帮助下构建论点：其处理救荒和经济的方法，如此不同于朱熹或黄震，并且对于政府和社会的看法，显然与司马光的观点非常相似。这表明道学的语言不是牢笼，有许多敞开的门进出，还有许多相近的语言可供使用。相比于我们认为的何为道学的兴起及其含义，我们或许必须更仔细地加以考虑。如果像李心传①和董煟这样的人能够在道学运动中占有一席之地，或者就董煟的情况而言，能够在道学运动的边缘占有一席之地，那么，这就是一个比人们有时所说的更为多样化和更广泛的运动。

可以肯定的是，南宋流传着关于救荒的两种（如果不是更多的话）明显不同的看法，或许一般来说，对于经济行动及其在社会中的地位以及与道德的关系也有不同的看法。尽管迄今为止我们已经证明或争论了一切，但它们的分歧不应被夸大。董煟和朱熹／黄震与其同时代的大多数官员一样，采取了一系列策略：减税、控制已经征收的用于销售或分配的粮食、提供国家颁发的奖励（如颁发度牒）以换取粮食销售、组织公共工程项目雇用穷人，从而为他们提供粮食或购买粮食的钱。所有这些策略都与他们的两种方法中的任何一种相一致。尽管有人怀疑董煟是否会对朱熹的乡约持同样友好的看法，但他复制了朱熹的社仓，并敦促人们采用这一做法。朱熹和黄震从物质利益和道德义务的角度来说服富人粜粮，目的是说服人们履行自己的义务，而说服的方式可能各不相同。然而，正是在这一点上，出现了显著差异。对朱熹和之后的黄震来说，救荒问题如同一般的社会行动一样，是要使男人和女人按照道德行事，履行他们的义务，履行他们与其他男人和女人之间富有约束力的互惠关系。对董煟来说，问题在于允许商业去做它最终会做的事情，或者进入商业以加速同样的结果。对于官员或皇帝来说，知道这一点并采取相应的行动，正是道德责任所在。

---

① 见本书第8篇文章。李心传建构了一种版本的道学世系，这个世系在很大程度上是基于政治原因，将司马光作为道学实际上的重要人物包括在内。

作为批评者的历史学家：李心传与南宋治国之道的困境

贾志扬（John W. Chaffee）

晚清时，已失传六百多年的李心传（1166—1243）撰写的关于南宋初历史的《建炎以来系年要录》被人们重新发现并首度出版。刊者在该书序言中写道，《建炎以来系年要录》除了作为宋朝史料的价值之外，"尤有裨于经世之学"[①]。这一评价很引人注目，因为李心传通常不被认为是"经世"思想家，就我所知，他也从来没有使用"经世"一词来描述自己的研究。然而这并不奇怪，因为李心传是对南宋历史和政府问题兴趣浓厚的历史学家，这对清朝的经世思想家来说可能具有吸引力。

---

* 鸣谢：感谢国家人文基金会的支持，为我写作本文提供了夏季奖学金。

[①] 王德毅《李心传著述考》，附于李心传《建炎以来系年要录》200卷，台北：文海出版社，1968，第6775—6776页。刊者是四川仁寿的萧藩，我还没有找到关于他的其他信息。值得注意的是，萧藩用了两种版本的《要录》来制作他的《要录》：一个版本来自新繁（也在四川）严氏藏书楼本，抄自上海俞氏家藏本；另一个版本是购自已故清朝改革家张之洞的手抄本。

与许多同时代人不同，李心传对绘画、艺术、哲学话语甚至长期仕宦都不感兴趣。像司马光的《资治通鉴》或朱熹说教性的新儒家著作《资治通鉴纲目》（虽然并非出自朱熹之手）这样的综合性史学巨著[①]，对李心传几乎没有吸引力。前朝历史对李心传也不具有吸引力。相反，李心传关心宋朝，特别是标志着南宋开始的"南渡"以来的时代，以及南宋政治史和制度史，并尽可能准确地描述历史细节。

李心传并不是唯一一个痴迷近代史的宋人。是因为唐、五代的正史早已完成，还是印刷术的发达和学术的蓬勃发展使得史料丰富多彩，增加了写作当时历史的难度？许多关于宋朝的最优秀的历史著作都撰写于 12、13 世纪，例如由李焘（1115—1184）、王称（大约卒于 1200）、真德秀（1178—1235）和徐梦莘（1126—1207）等人撰写的那些历史著作。[②] 这些人当中，除了李焘之外，没有一个人在志向明确和成就大小上堪与李心传比肩。

和李焘一样，李心传也是四川人。1167 年，李心传出生在陇州（位于四川盆地西部，产盐）井研县。从父亲李舜臣（卒于 1182）开始，李心传家族在官场上的地位日益显赫。[③]1166 年，李舜臣中进士第，在四川当地为官，政绩优异。1179 年，李舜臣在都城任职，三年后去世。[④] 作为广受好评的《易

① 参见吴德明编《宋代书录》，第 75—76 页。

② 这些著作是 520 卷《续资治通鉴长编》、130 卷《东都事略》、30 卷《皇朝编年纲目备要》和 250 卷《三朝北盟会编》。（《皇朝编年纲目备要》作者是宋人陈均，疑英文版正文中的"真德秀"应为"陈均"。——译者注）

③ 关于李舜臣的传记，参见脱脱编《宋史》卷 404《李舜臣传》，台北：艺文出版社，1962，7b-8b；楼钥《攻愧集》（丛书集成初编本）卷 60《李氏思终亭记》，第 812—813 页；以及王德毅《李秀岩先生年谱》，附于《建炎以来系年要录》，第 6700—6710 页。关于李家更早的历史，我们只知道李心传祖父和曾祖父的名字：李发、李锡。

④ 《李秀岩先生年谱》，第 6707 页。这是任斡办行在诸司审计司一职。他还在 1180 年任点阅试卷官；1181 年，任宗正寺主簿。《李秀岩先生年谱》，第 6708—6709 页。

本传》①的作者，人们认为李舜臣也是激情澎湃的爱国者②。李舜臣在都城履职时，李心传与李道传和李性传（李舜臣的两个小儿子）侍奉左右，李心传对历史的热爱就是在那里开始的：

> 心传年十四五时，侍先君子官行都，颇得窃窥玉牒所藏，金匮石室之副。③退而过庭，则获剽闻名卿才大夫之议论。每念渡江以来，纪载未备，使明君良臣、名儒猛将之行事犹郁而未彰，至于七十年间兵戎财赋之源流，礼乐制度之因革，有司之传往往失坠，甚可惜也。④

李心传以改变这种状况为使命，除了 1196 年短暂参加科举考试（结果落第）之外，在接下来的三十年里，他一直从事私人学术研究。李心传的两个弟弟都中进士第，多年以来被认为地位超过了他。关于更年轻的李性传，我们所知甚少。13 世纪初，李道传仕途通达，以忠义为人所熟知，此外，他还以支持道学而知名。李道传整理的《朱子语录》，成为后来《朱子语类》的雏

---

① 《易本传》（30 卷）。楼钥对该书的高度评价，参见《攻愧集》卷 60《李氏思终亭记》，第 812 页。

② 这主要归因于李舜臣写于 1162 年的进呈给继位的宋孝宗的长篇大论的奏疏，在奏疏中，通过《江东胜后之鉴》（10 篇），李舜臣讨论了恢复大计；以及在 1166 年的科举考试策问中，李舜臣慷慨激昂地谴责了朝廷与金朝的和议，以至于他的科举名次被降低了。见《宋史》卷 404《李舜臣传》，7b；《李秀岩先生年谱》，第 6701 页。

③ 这可能因为他的父亲李舜臣任宗正寺主簿。参见《攻愧集》卷 60《李氏思终亭记》，第 812 页。

④ 李心传《建炎以来朝野杂记》20 卷（丛书集成初编本）序。他在 1202 年一直在写作。

形。①

李心传在 1225 年入仕为官，这并没有影响他的学术研究：现在李心传是以官方史学家而不是非官方史学家的身份从事学术研究。李心传的作品令人印象深刻，这些作品包括 11 部历史著作（其中 9 部专门与南宋有关）、4 部经学著作，还有一些短篇论著。② 李心传保存至今的著作有 4 部，分别为：200卷的《建炎以来系年要录》（前文提到过的关于南宋前三十七年的权威历史著作）、两集（每集 20 卷）《建炎以来朝野杂记》③（对南宋制度与历史的研究著作）、4 卷《旧闻证误》④（对北宋和南宋初杂记的订正），以及《道命录》⑤（道学运动史），该书涵盖了 140 年的历史，从程颐被任命为侍讲，到宋理宗下诏褒扬道学。这些作品的价值在于，它们可能是我们研究南宋初历史最重要的史料。

我们应该记住，书写历史不仅仅是一种学术行为，还是一种政治行为。历史学家描述并评判过去，认为它可以为现在所借鉴，就像李心传所做的那

① 李道传在 1204 年已经在政事上发声，他出版了《江东十考》，该书与其父的奏疏相吻合（见前页注释②），但该书并没有分析知名的战役，而是讨论了恢复北方所需的军事和财政准备。在地方任职后，李道传被升迁为太学教授，部分原因在于认可他在 1206 年吴曦叛乱中直言不讳的忠心耿耿。1211 年，李道传上书倡导新儒家对历史的诠释，并建议在太学中讲授朱熹的《四书集注》，见《道命录》（知不足斋丛书本）卷 8，6b-9a；亦见《李秀岩先生年谱》，第 6720—6721 页。朝廷部分接受了他的建议，李道传进而任江南东路提举常平茶盐公事，在任上因罪遭到弹劾。李道传在 1266 年赴新职途中去世。关于李道传生平最完整的叙述，见于黄榦《勉斋集》（四库全书本）卷 38《知果州李兵部墓志铭》，24b-33a；亦见《宋史》卷 436《儒林传六·李道传传》，17a-19b；以及《李秀岩先生年谱》，特别是第 6728—6732 页。

② 参见王德毅《李心传著述考》，第 6771—6788 页。

③ 参见第 348 页注释④。甲集、乙集两部分的日期分别是 1202 年和 1216 年。据说李心传还完成了丙集、丁集，但它们现在已经遗失了。参见吴明德《宋代书录》，第 179—180 页。

④ 写于 1244 年。所有现存的版本都来自《永乐大典》。

⑤ 该书写于 1239 年。元朝时，第 10 卷补充了 11 条。除了这三部著作，李心传 22 卷的《孝宗要略初草》尚现存 3 卷。参见王德毅《李心传著述考》，第 6780 页。

样。当人们谈论刚刚过去的事情时，历史上的借鉴可以很容易成为审视当前问题的透镜。这有其危险性，尤其对于那些并非官方史学家的人来说。1205年，熟人警告李心传说，有权有势的大臣们往往对"私史"怀有敌意，李心传非常震惊，中断了为《建炎以来朝野杂记》乙集收集资料的工作，直到两年后，大权独揽的平章军国事韩侂胄亡故。[①] 总的来说，李心传一直坚持不懈，他认为最近发生的许多事情是"未闻与未知者"[②]，是其同代人需要理解的事件。

大多数李心传的同时代人都能够接受他。[③]1212年，潼川路安抚使徐奕（卒于1219）在上奏中进呈《建炎以来系年要录》请皇帝御览。徐奕热情洋溢地赞扬了李心传的研究纲目详备、词义严整，并指出李心传很久以前就放弃了科举考试，没有政治野心。[④] 更多的赞美来自楼钥。[⑤] 随后，皇帝认可了李心传的工作，身居高位朋友们的大力推荐，最终使李心传成为官方史学家，这个身份从1226年开始，一直持续到李心传去世前不久。[⑥]

---

① 《建炎以来朝野杂记》序（1216）。关于李心传本人对于南宋禁私史的叙述，参见《建炎以来朝野杂记》甲集卷6《嘉泰禁私史》，第88—89页。

② 《建炎以来朝野杂记》序。

③ 李心传的传记，见于元朝人编修的《宋史》，提供了对他更复杂的评价，既称赞他有史才，通故实，又批评他"重川蜀，而薄东南之士"。见《宋史》卷438《儒林传八·李心传传》，11a。

④ 《建炎以来朝野杂记》卷首，第1—2页。

⑤ 楼钥写道，虽然他从未与李心传谋面，但他通读过李心传的《建炎以来系年要录》，"然后知天之报施本无差忒"（换言之，历史判断中的错误）。参见《攻愧集》卷60《李氏思终亭记》，第812页。关于李心传同时代人对其工作的赞扬，参见王德毅《李心传著述考》，第6779页。

⑥ 《勉斋集》卷35;《李秀岩先生年谱》，第6731页。李心传同时代人对其史学著作的赞扬，参见王德毅《李心传著述考》，第6779页。

　　虽然我们对李心传的生活了解不多[1]，有两个方面值得我们注意。首先，父亲和弟弟在知识上对李心传影响深远。李心传的父亲可能激发了李心传对历史和《易经》的兴趣，以及李心传对金人威胁的担忧。李道传为李心传树立了南宋忠心耿耿的榜样，同时也与道学运动产生了联系——李心传晚年也越来越多地与道学运动联系在一起。楼钥认为李心传的学术是李氏家学的一部分[2]，这是有道理的。其次，既然李心传的生活从四川地方精英社会转向更高层次的杭州社会圈子，他的作品往往集中展现都城的官场和朝廷或者四川当地的情况。李心传在国史馆的工作，以及在朝廷上的诸多个人接触，使他主要从内部人士的角度来看待政府事务。四川又是特殊的，以至于《宋史·李心传传》的元代作者指出："盖其志常重川蜀，而薄东南之士云。"[3]

　　我不同意这种指责的实质内容，不过李心传内容最详细、最富价值的著作，大部分都是关于西南地区的历史。此外，即使李心传住在杭州的时候，四川同胞似乎已经形成了他关系中的重要核心[4]（尽管并非唯一），李心传最终被任命为官，众多举荐人几乎都是来自四川的官员[5]。因此，家人帮助李心传形成了知识关注点，而长期居住在四川和都城，为李心传的大部分著作提供

---

　　① 在 14 年的仕宦生涯中，李心传先后在四川（1226—1231 年，1233—1238 年）和都城（1231—1233 年，1238—1240 年）任职，并升为秘书监。李心传实际上在 1243 年正式致仕，在提举宫观三年之后。见《李秀岩先生年谱》，第 6738—6765 页。

　　② 《攻愧集》卷 60《李氏思终亭记》，第 812 页。关于对楼钥文章的更早提及，参见第 351 页注释⑤。

　　③ 《宋史》卷 438《儒林传八·李心传传》，11a。（《宋史·李心传传》中"其志常重川蜀"，英文原书误将"志"理解为 annals。——译者注）

　　④ 例如，1182 年，李舜臣死于临安，四川士人们齐心协力帮助李家，把李氏兄弟连同他们父亲的遗体送回了四川。见《李秀岩先生年谱》，第 6709 页。

　　⑤ 《崔清献公言行录》中提到的 26 人中的 18 人（引自《李秀岩先生年谱》，第 6738—6740 页）有词条见于昌彼得编《宋人传记资料索引》（台北：鼎文书局，1974—1976），他们中 14 人来自四川，其他人在四川为官。

了研究焦点。诸如 1206 年韩侂胄发动的灾难性战争，同样在李心传的作品和思想上留下痕迹，这场战争动摇了人们先前要求收复北方的共识。早些时候，李心传还看到作为"伪学"的道学在 1195 年至 1205 年间遭到禁止，后来又眼见它在宋理宗（1224—1264 年在位）朝受到国家尊崇。

李心传是他那个时代为数不多的作品被人们广泛阅读和具有影响力的历史学家之一。但他究竟有何影响，他又希望施加什么影响？事实上，关于李心传所处时代的政府问题，他说了什么？李心传的作品与当时的学术和政治生活，尤其是与道学运动有什么关系？根据李心传撰写的不同的序、一篇现存的上书（出自 1238 年）、《道命录》以及《建炎以来朝野杂记》，特别是其中有关朝廷、政事、政府和军事的解读，我试图找寻这些问题的答案。

新儒学史学家？

李心传晚年一直准备他的新儒学运动史《道命录》，在李心传自己和其他人看来，他是承担这项任务的最佳人选。年轻的李心传至少远远地目睹了道学运动遭遇的肃杀时期，早在 1202 年，李心传就在《建炎以来朝野杂记》的甲集中写到了道学运动。作为秘书监和史馆校勘，李心传可以随意查阅秘书省的所有相关文件。作为李道传的兄弟和已故黄榦的朋友及合作者，李心传与道学运动的核心成员有着密切的联系。[1] 最后，李心传政治上的恩主还有诸如游似、洪咨夔，尤其是魏了翁，他们在 13 世纪 30 年代初郑清之当政时崛起，当时，新儒学在朝廷的影响力达到顶峰。[2] 虽然李心传在秘书省的晋升稍

---

[1] 李心传和黄榦在 1219 年已经编辑了朱熹的《周易本义》和李道传的《朱子语录》，参见《李秀岩先生年谱》，第 6733—6734 页。此外，李性传在 1238 年撰写了《朱子语录续后序》41 章，《李秀岩先生年谱》，第 6757 页。

[2] 《李秀岩先生年谱》，第 6751 页。

晚，但他很明显与这些新儒家大臣有关系。

然而，李心传的思想是否属于新儒学，仍然是一个问题。李心传肯定是狂热的儒士，他经常攻击佛教。在《建炎以来朝野杂记》中，他很明显地提到了史浩反对宋孝宗调和儒释道的观点：宋孝宗认为佛家养心、道家修身、儒家治国，史浩回答道，这三个都是儒学的领域，格物致知从而平天下。[①] 在讨论 1188 年林栗（1142 年进士）攻击朱熹的著名事件时，李心传将林栗反对道学的历史追溯到 1170 年：当时有人指责大臣公开（因此不恰当地）哀悼已故的从兄弟——一名僧侣，林栗则支持这位被指责的公卿大臣。[②] 李心传攻击佛寺，因为它们占有大量土地，损害人民。[③] 最能说明问题的是 1234 年李心传撰写的一篇文章，讽刺的是，这篇文章是写给湖州一佛寺的。李心传勉为其难地撰文，并利用这个机会谴责佛教以及劝说他撰写这篇记文的宗伟和尚。有一次，李心传对宗伟说："国家立郡县之学，以明人伦，此儒者所当务也，则庠序之设，反弗若僧庐之盛，何哉？"[④]

毫无疑问，李心传在政治上同情道学，个人认同道学。这一点在 1202 年（"伪学"禁令尚未正式解除）已经体现得很明显了。在通篇语气消沉的《道学兴废》文章中，李心传称赞周必大（1126—1204）"为集贤相，四方学者，

---

① 《建炎以来朝野杂记》乙集卷 3《原道辨易名三教论》，第 379—380 页。宋孝宗不情愿地将其文章名字从《原道辨》改作《三教论》。

② 这位公卿大臣是左丞相陈俊卿，指责他的是虞允文。参见《建炎以来朝野杂记》乙集卷 7《叶正则论林黄中袭伪道学之目以废正人》，第 432—434 页。王德毅指出，该条的最后一句，可以明确追溯禁止道学这一错误开始，不见于《建炎以来朝野杂记》最早的版本中，见《朝野杂记》乙集"校勘记"，附于《建炎以来朝野杂记》，第 636 页。然而，林栗在 1188 年上书中附上陈俊卿的轶事，显然是用来帮助解释林栗反对道学的原因。

③ 《建炎以来朝野杂记》甲集卷 16《僧寺常住田》，第 231 页。

④ 《安吉州乌程县南林报国寺记》，《湖州府志·金石志》，引自《李秀岩先生年谱》，第 6752—6753 页。

稍立于朝"①——周必大1188年至1189年任左相。在其他文章中，李心传也始终如一地为那些受到攻击的人辩护，称他们是"道学"的支持者，并批评那些攻击他们的人。②

人们在李心传的著作中寻找新儒学写作的许多特征——强调自我修养和追求成圣，关注跨越历史的"道"的历史，以及在历史和整个宇宙中寻找原则（或连贯性）——看起来是徒劳地。尽管偏爱南宋政务和四川发生的事件，李心传的兴趣非常广泛，通常不会将他的发现纳入某种先入为主的模式中。李心传多次表达对历史记录（不管这些记录看起来多么微不足道）亡佚的担忧。甚至在《道命录》的序言中，李心传将引用收集材料的绝对重要性看作是写作此书的原因之一。③李心传总是关心细节。也许"真正的"道学人士甚至可以把程颢对谢良佐（1050—1103）的批评用在李心传身上："某从洛中学，时录古人善行，别作一册。明道先生见之，曰是玩物丧志。"④

除了共享一定的思想和兴趣范围外，南宋初的道学追随者们还共同参加公共活动。李道传1211年的奏议（见李心传的《道命录》）传达了道学追随者们议题的美意。如果把这个奏议和李心传的《道命录》序比较一下，我们就会发现这鲜明地表现出李心传的知识分子立场产生的特殊政治影响。⑤我们可以先看一下奏议，李道传在奏议开篇就断言"天下治忽，系乎人材之盛衰"，

---

① 《建炎以来朝野杂记》甲集卷6《道学兴废》，第79—80页。

② 参见《建炎以来朝野杂记》甲集卷6《学党五十九人姓名》，第80—81页；甲集卷6《御笔禁言旧事》，第81—82页；乙集卷7《叶正则论林黄中袭伪道学之目以废正人》，第432—434页；以及乙集卷8《晦庵先生非素隐》，第444—448页。最后一条为朱熹频繁地拒绝接受任命辩护。

③ 《道命录》序，1a。

④ 朱熹、吕祖谦《近思录》，Wing-tsit Chan, trans. (New York: Columbia University Press, 1967), p. 52。（此段引文出自《近思录》卷2。——译者注）

⑤ 《道命录》卷8《李仲贯乞下除学禁之诏颁朱先生四书定周邵程张五先生从祀》，6b-9a。其中大部分亦见于《李秀岩先生年谱》第6720—6721页引文。

因此反过来也与学习的明确性有关。但在孔孟之后，儒学开始衰落，只有到了宋朝，儒学才得以复兴，河南和洛阳的大儒家再次向世人昭示了孔、孟学问的意义。然而，蓬勃发展的人才和好政府最近却被扼杀了："权臣顾以此学为禁，十数年间，士气日衰，士论日卑，士风日坏。"[1]

那该怎么办？李道传提出三个建议。首先，皇帝应该正式公开废除"伪学"禁令，并宣布禁令是错误的，以消除延长禁令的任何可能。其次，应将朱熹的《四书集注》分发给太学，作为课程参考书。为什么是朱熹的注疏？通过一连串的推理过程，李道传认为，最伟大的学问形式是达到至善，这最好通过阅读书籍来完成；在书籍中没有比圣人的经典更优秀的了，而经典中的第一部就是"四书"；最后，这些经典最好的解释是朱熹的注释，如果不仅在太学，而且在所有的士人间使用朱熹的注疏，将会大大改善教育。第三，应在孔庙内祭祀周敦颐、邵雍、二程、张载等人，以"以彰显圣朝崇儒正学之意"。李道传向皇帝保证，如果他采取这些变化措施，"当见天下之才日盛一日，天下之治岁加一岁"。

除了将朱熹对《论语》和《孟子》的评注作为教育课程的一部分之外，李道传的建议没有被皇帝采纳，显然是因为反对新儒学的势力在朝廷上继续施加影响。[2]但值得注意的是他们制定了新儒学计划，并最终得以实现（虽然不完全在宋代实现）。该计划主要是关于教育和礼，而不是具体的政治措施。1239年，李心传为《道命录》写序时，南宋朝廷已经变得更接纳新儒学，而且正是沿着教育和礼的路线发展。宋理宗登基后，在1224年发布的诏书中赞扬了二程和新儒学，推崇新儒学领军学者，这一切都使新儒学成为新的正统，

---

① 《道命录》卷8《李仲贯乞下除学禁之诏颁朱先生四书定周邵程张五先生从祀》，7a。

② 这至少是王德毅的解释，见《李秀岩先生年谱》，第6721页。关于评注，参见《道命录》卷8，10a，以及第351页注释①。

不过这种正统观念对政策是否具有影响力值得怀疑。① 这个问题本身指向了李心传面临的悖论：虽然新儒学已经获得了礼制认可和知识分子的认同——李心传 1202 年写作的《道学兴废》，成为其 1239 年《道命录》序言中的"道学兴废"②——这并没有改善国家的治理。相反，正如李心传在 1238 年上书中所指出的那样，宋帝国面临着空前严重的问题。

那么，李心传如何解决这个矛盾？他通过一直致力于道学来这样做，但在几个重要的细节上，不同于李道传和其他程朱学派的追随者们。首先，像李道传一样，李心传求助于先圣哲人的权威，他的论点随后发生了变化：

> 程子曰："周公殁，圣人之道不行；孟轲死，圣人之学不传。"夫道即学，学即道，而程子异言之，何也？盖行义以达其道者，圣贤在上者之事也；学以致其道者，圣贤在下者之事也。舍道则非学，舍学则非道。故"学道爱人"，圣师以为训，倡明道学，先贤以自任，未尝歧为二焉。③

这样，李心传就以道学的名字来形容"道"与"学"的二分统一体。据我所知，这种统一体并没有出现在其他新儒家的著作中。在接下来的段落中，李心传不仅仅针对哲学，他对道学的支持者和反对者都予以批评："自数十年，不幸憸邪谗谄之小人立为'道学'之目，以废君子，而号为君子之徒者，亦未尝深知所谓道、所谓学也。"④

其次，李心传认为，要正确理解历史，就必须认识到"命"（或者说"天

---

① See James T. C. Liu, "How Did a Neo-Confucian School Become the State Orthodoxy?" *Philosophy East and West* 23 (1973): 501-503.

② 《建炎以来朝野杂记》甲集卷 6《道学兴废》，第 79—80 页；《道命录》序，1a。

③ 《道命录》序，1a-b。

④ 《道命录》序，1b。

命"）和人的能动性所起的作用。他引用了儒家的格言："道之将行也与，命也；道之将废也与，命也。"他随后进行了阐述："盖以天下安危、国家隆替之所关系者，天实为之，而非惇、京、桧、侂之徒所能与也。虽然，抑又有感焉。"①

这里提到三个奸相（李心传看来），揭开了李心传心中宋代道学历史的序幕：

> 元祐道学之兴废，系乎司马文正之存亡；绍兴道学之兴废，系乎赵忠简之用舍；庆元道学之兴废，系乎赵忠定之去留。彼一时也，圣贤之道学，其为厄已甚矣，而义理之在人心者，讫不可得而泯也。孟子曰："圣人之于天道也，命也，有性焉，君子不谓命也。"② 故由孔子之言，则有天下国家者可以知所戒，由孟子之言，则修身守道者可以知所任。③

李心传的论点是，虽然"命"（或"天"）决定了历史和"道"的一般进程，但人可以做出不同的选择，不能让宿命论压制他们的道德责任感。事实上，在《道命录》序的结尾，李心传对伪善和机会主义发出振聋发聩的呼吁：

> 至若近世诸公，或先附后畔，或始疑终信。视其所以，则先附后畔，皆出于一时利害之私，而始疑终信，则由夫动心忍性，增益其所不能而致此也。④

李心传贬低那些为了个人利益向同时代人溜须拍马的人，他说"见善明，

① 《道命录》序，2a。

② 这出自《孟子》VII.B:24.2；D. C. Lau, trans., *Mencius* (London: Penguin Books, 1970), pp. 198-199。《道命录》序，1b。

③ 《道命录》序，2a。

④ 《道命录》序，2a-b。

用心刚，而卓然不惑于死生祸福之际"的理想，最好通过道学来实现。

回到李心传的悖论，如何调和新儒学显然成功的崛起与当时存在的发人深省的问题，我认为李心传的回答是对新儒学这种崛起的持久性提出质疑。相对于李道传"道"史的线性特征，即"伪学"禁令阻碍了人们重新发现"道"，不过"道"必然可以实现[①]，李心传描述了道学兴衰的偶发过程，其成功的结局并不确定。对李心传来说，这个过程的核心不在于哲学家和乡野士人，而在于那些身居朝廷的统治者，因此他提到了政治领袖司马光、赵鼎和赵汝愚。[②]

可以肯定的是，要让道学取得成功，学问以及（积极的、政治的）"道"是必不可少的。在整个《道命录》中，我们看到了许多学者追求学问经常处于压抑和痛苦之中的生动画面：程颐被禁止教书之后，弟子尹焞在北宋灭亡时努力保护程氏一家；朱熹在"伪学"迫害达到顶点时遭到学生遗弃；以及朱熹临终时对道学的始终不渝。[③]政客们对他们进行丑化污蔑。黄宗羲17世纪的《宋元学案》对后世诠释宋代新儒学产生了重大影响，这部著作聚焦于主要的宋代思想家及其后学弟子，与之形成鲜明对比的是，《道命录》依据宋朝廷内外新儒家的官方文献写就。即使撇开资料来源不谈，我们也有充分的证据支持这样的结论，即在学问和（制定）"道"之间的逻辑论证中，李心传的最大兴趣和赞同在于后者。虽然他的《道命录》一书中包括了新儒学

---

① 同样，元代史学家在解释宋理宗的个人缺点时，把他对新儒学的认可描述为建立新儒学国家的关键一步（即使是片面的一步）。参见《宋史》卷45《理宗本纪》，19b。引自 Liu, "State Orthodoxy," p504。

② 人们甚至可以推测，李心传在这些典故中暗指的是始于1236年的新儒家大臣的罢黜，包括他的朋友和恩主魏了翁。魏了翁被迫辞去督视江淮京湖军马之职，不久就去世了。参见《李秀岩先生年谱》，第6755—6757页。关于13世纪30年代末新儒家命运的逆转，see Liu, "State Orthodoxy," *TML*, Preface 2a-b。

③ 《道命录》卷2，5a-7a；卷3，16b-18a；卷7下，3b-4a；卷7下，22b-24a。

的知识谱系，以及对新儒学运动的地理分析 ①，其余的评论，以及他在《建炎以来朝野杂记》中对道学的描述，都集中在朝廷的政治和政策而不是思想上。甚至李心传对朱熹的态度也很能说明问题，因为他不厌其烦地解释朱熹为何一再不愿出任官职，并为朱熹在政治上没有取得成功而感到惋惜。② 在叙述1200 年朱熹去世之后，李心传写道：

> 五十年间，历事四朝，仕于外者仅九考，立于朝者四十日，道之难行也如此。然绍道统，立人极，为万世宗师，则不以用舍为加损。③

把《道命录》或者李心传的其他作品简单解释为行动号召，会产生误导（但它们在一定程度上就是如此）。很明显，李心传认为政治领域是第一位的。在政治领域内，他当然站在道学一边，但即使在道学范围内，这种支持也是有限度的，因为李心传不相信标签。正如韩侂胄这样的人，会给对手贴上错误的标签，并歪曲事实一样，人们也可以自称学习过"道"的学问，但后来却背弃了"道"，甚至带着愤世嫉俗和自私的意图宣扬"道"。我们将在下一节中看到，李心传和许多南宋思想家一样，也不相信王安石巨大影响下的政府改革的宏伟计划——尽管往往并非具体的改革。制度、结构和历史固然重要，而且往往有助于决定事业的成败；然而，最重要的是人才、学问，尤其是个人的正义感，无论是处理地方行政、财政、军事，还是朝廷事务以及道学，都是如此。

---

① 参见《道命录》卷 5，2a-3a；以及卷 7 下，20a。

② 特别参见《建炎以来朝野杂记》乙集卷 8《晦庵先生非素隐》，第 444—448 页。

③ 《道命录》卷 7b，24a。

对政府的看法

在《建炎以来朝野杂记》乙集中，李心传记述了 1177 年夏宋孝宗与王淮（1126—1189）和赵雄（1129—1194）两位枢密院官员之间一段颇有深意的交谈。[①] 对话开始时，双方交流了有关当前农业状况的信息：淮北发生了蝗灾；桑蚕和小麦大丰收，拉低了丝绸和谷物的价格。王淮和赵雄提到孟子的说法，即王道始于民众不挨饿不挨冻[②]，这引起了皇帝对当时士大夫的抱怨："近世士大夫多耻言农事。农事乃国之根本，士大夫好为高论而不务实，却耻言之。"当大臣们引用孟子的观点，同意农业的重要性时[③]，宋孝宗详细阐述了他的批评意见：

今士大夫微有西晋风，作王衍阿堵等语。岂知《周礼》言理财，《易》言理财。周公、孔子未尝不以理财为务？

王淮和赵雄坚称虽然以前也有过这种情况，在宋孝宗的皇恩浩荡下，情况已经有所改善：

然近年亦稍变然，犹未尽……士大夫讳言恢复，不知其家有田百亩，内五十亩为人所强占……士大夫于家事则人人甚理会，得至于国事则讳言之。……卿等见士大夫，可与道朕此语。

宋孝宗将南宋比作西晋引人注意，因为南宋最明显且常见的类比是南朝

---

① 《建炎以来朝野杂记》乙集卷 3《孝宗论士大夫微有西晋风》，第 378—379 页。

② 《孟子》I.i:3；Lau translation, p. 51。

③ 特别是他对一个井然有序的社会的规划——在这个社会中，每家种 5 亩桑树和 100 亩田地。《孟子》I.I:3；Lau translation, p. 51。

的第一个政权东晋。^①虽然宋孝宗在一定程度上是想要巩固士大夫复国的决心，但通过将南宋比作西晋，他提出如果士大夫不愿意改革，南宋王朝可能会灭亡。此外，宋孝宗还提到了王衍（256—311）——才华横溢的新道家"清谈"信徒和"竹林七贤"之一，人们严厉指责他导致了西晋的灭亡^②。这种尖锐的批评，不仅针对那些持泛泛之论的公卿大臣们，也可能是针对那些持空泛之论的新儒家，似乎还针对某些原则和"道"。

无论如何，李心传和宋孝宗一样，不喜欢"高论"，或者至少在李心传的历史著作中，不喜欢哲学思辨。与许多中国历史学家一样，李心传本质上是研究政府的学者，他的著作中充满了制度细节和用于说明目的的轶事。《建炎以来朝野杂记》与其说是"朝野杂记"，不如说是治国手册。尽管该书的甲集、乙集两部分在具体主题的篇幅上有所不同，但每个部分都由 20 卷组成，以形成一个有序的主题递进：上德、郊庙、典礼、制作、朝事、时事、杂事、故事、官制、取士、财赋、兵马和边防。贯穿始终的是对朝廷、皇宫、官僚机构和军队职能及其结构和程序的根本关切。作为南宋政治学家，李心传探索决策如何做出、政策如何执行，以及信息如何在官僚机构和帝国中传播。例如，在关于临安和四川之间邮政通讯的文章中，李心传描述了政府试图维持用于发布皇帝赦令、紧急军事信息等的邮政系统。从杭州到成都的邮件本来应该是十八天到达，但由于耽搁和常见的低效率，实际上耗费了两个月的时间。12 世纪 90 年代，一位富有事业心的四川官员建立了"摆铺"，即利用 40 名"健步"组成的中转系统，提供每月两次的服务，在一个月内便完成从成都到杭州的行程。李心传明显以称赞的口吻来叙述这一结果：这是赚钱的尝

---

① 例如，前文提到的李舜臣所著的《江东胜后之鉴》，就是建立在南北框架基础之上的，他所举的几个例子都来自东晋。

② 关于王衍的罪责问题，见萧公权《中国政治思想史》第 1 册《先秦至六朝》，trans. F. W. Mote (Princeton: Princeton University Press, 1979), pp. 646-647。

试，也提高了朝廷对四川事务的了解。①

李心传还非常喜欢统计学。因此我们看到他毫无目的地详细叙述有多少家庭产生两名或两名以上宰相，或者优秀进士的仕途模式。②在我们这个重视统计的时代，对学者来说，李心传提供的资料往往是无价的，不见于其他记载，例如，李心传按入仕的方法分门别类排列，提供了1213年文武官的细目。③同样地，李心传关于税收和财政的章节，提供了主题广泛的大量经济数据。④

李心传对南宋政府的整体看法如何？他是否认为尽管存在问题，但政府基本上是健康的，或者还是像一些现代学者一样，认为政府处于一种系统性衰退的状态，官吏过多、官僚和士人的士气日益低落、军事形势日益恶化？不幸的是，这些问题没有简单的答案。问题是，李心传对秦桧、韩侂胄长期担任宰相有一种强烈的反感，所以很难知道他的批评在多大程度上是针对他们的，在多大程度上反映了普遍的挫败感。李心传还避免做宏大的概括，并对那些经常会对概括造成不良影响的复杂性很敏感。李心传乐于对个人及其行为做出积极的评价，因此赢得了人们的赞誉。⑤

---

① 《建炎以来朝野杂记》乙集卷9《金字牌》，第455页。我们是否可以从《建炎以来朝野杂记》的材料中推断出李心传本人的观点与态度，这是在宋朝经世会议上提出的方法论问题，因为此书并非像《道命录》那样进行说教。然而，正如之前提到的那样，对李心传来说，《建炎以来朝野杂记》是有教育目的的，关注的是在近代史中指导同时代人。李心传经常将自己的评论附加到条目上，从而表明自己的立场，但是即使他没有这样做，多数条目也有其特殊之处。因此，我认为我们可以假定，因为《建炎以来朝野杂记》中已经包含了这些条目，它们具有指导意义。例如，在这种情况下，政府邮政系统的效率低下与"摆铺"的速度和效率形成鲜明对比。

② 例如，参见《建炎以来朝野杂记》甲集卷9《故事》和乙集卷11《故事》。亦见山内正博（Yamauchi Masahiro）对李心传偶尔的统计问题的批评，收入吴德明《宋代书录》，第179页。

③ 《建炎以来朝野杂记》乙集卷14《官制二·嘉定四选总数》，第528页。

④ 参见《建炎以来朝野杂记》甲集卷14《财赋一》至卷17《财赋七》；乙集卷16《财赋》。

⑤ 参见《李秀岩先生年谱》，第6699页。

然而，李心传在写作关于诸如地方政府和人事管理等关键问题时，主要持批评态度。他对地方政府的描述大多集中在财政问题上，几乎无一例外详述了改革失败的尝试。两项改革中，其中一项是经界法[①]，目的是通过全面的地籍调查来加强并平衡农业税基础；另一项改革是处州义役[②]，目的是通过创建义庄来为服役融资。皇帝批准了这两项改革，但是试图实施改革提案的努力，都受到地方精英的抵制，至少经界法遭到来自官僚内部的反对。李心传还介绍了两项行政创新的实施情况：一是1162年由宋孝宗创立的通过"臧否"考核地方官员[③]，二是1156年开始实施、12世纪80年代末又恢复实施的"便民五事"制度[④]。后者被证明无关紧要，而且"臧否"的规定导致了评估者滥用职权。正如一位被弹劾的长官对皇帝所说："臣得罪于监司，不得罪于百姓。"[⑤]

其他作家往往详细关注政府教育、地方司法、农业状况[⑥]，以及诸如朱熹

---

① 《建炎以来朝野杂记》甲集卷5《经界法》，第69—70页。《建炎以来朝野杂记》甲集卷5《福建经界》，第74—75页，描述了12世纪八九十年代南方福建长官（包括朱熹）推行经界法不成功的尝试。经界法始于12世纪40年代。

② 《建炎以来朝野杂记》甲集卷7《处州义役》，第92—93页。关于这一制度的讨论，see Brian McKnight, *Village and Bureaucracy in Southern Sung China* (Chicago: University of Chicago Press, 1971), pp. 168ff。关于义庄整体意义上的讨论，参见本书第6篇文章。

③ 见于《建炎以来朝野杂记》3个条目，甲集卷5《淳熙臧否郡守》，第75—76页；甲集卷6《庆元罢臧否》，第82页；甲集卷6《庆元臧否县令》，第82页。

④ 《建炎以来朝野杂记》甲集卷6《便民五事》，第84页。

⑤ 《建炎以来朝野杂记》甲集卷5《淳熙臧否郡守》76。（被弹劾之人为知忠州蒲杲。——译者注）

⑥ 一个例外是《建炎以来朝野杂记》甲集卷8《陈子长筑绍熙堰》（第101—102页）。其中描述了淮南的农业实践，并叙述了当地两个强人的行为：其中一人拒绝向入侵的女真人提供有关南宋情况的信息，被斩断了双腿；另一人则建造了几百里的堤防，大大提高了该地区的农业能力。

创立的书院、乡约、社仓[①]、先贤祠等志愿团体[②]，李心传在《建炎以来朝野杂记》中对地方政府的处理明显缺少了这些话题。由于大多数关于这些制度的讨论都是来自东南，而李心传把重点放在了四川，他的阙而不书可能部分反映了地区差异。然而，李心传一定知道弟弟李道传任蓬州州学教授的经历，也知道李道传于 1215 年在江西任职时，仿照朱熹建立的社仓[③]。相反，这表明，由于李心传主要关注政府及其运作，所以他的书中根本没有包括与之没有直接关系的材料。《建炎以来朝野杂记》中对国家所作所为的主要关注，并不仅仅是李心传此时写作的偶然结果：正如我们所见，这些内容似乎遍及李心传的其他著作中，包括《道命录》——由于该书主题的性质，人们可能最不容易想到此书。

李心传尤其关注财赋，《建炎以来朝野杂记》甲集中有 4 卷、乙集中有 1 卷关于财赋。[④]财赋的第一个条目总结了从宋朝开始到 1194 年的税收收入，李心传描述了不断增长的苛捐杂税，北方的沦陷使增税趋势戛然而止，他接着讨论了各种不规范税收的增加。李心传的结论是，这些税收"宜民力之困矣"[⑤]。其他条目涵盖了许多主题，并没有一个统一的主题。李心传务实地评估了个别制度，并根据制度自身的优点提出改革措施。李心传通常谈论结构，但在一个有趣的事例中，他转向了程序，并同意对征收上供钱进行改革：热

---

① 在"义仓"条中简要提及朱熹对社仓的支持，但这是在叙述政府仓廪制度的末尾提及，见《建炎以来朝野杂记》甲集卷 15《义仓》，第 206—207 页。关于义仓，参见本书第 5 篇文章。

② These are discussed by Robert P. Hymes in "Lu Chiu-yüan, Academies, and the Problem of the Local Community," in Wm. Theodore de Bary and John W. Chaffee, eds., *Neo-Confucian Education: The Formative State* (Berkeley: University of California Press, 1989), pp. 432-456.

③ 《李秀岩先生年谱》，第 6716 页；第 6725 页。

④ 《建炎以来朝野杂记》甲集卷 14《财赋一》至卷 17《财赋七》；乙集卷 16《财赋》。

⑤ 《建炎以来朝野杂记》甲集卷 14《国初至绍熙天下岁收数》，第 187 页。李心传讨论的不定期征税中，有经制钱、总制钱和合买。

心的官员孙大雅（因揭露不法活动而声名远扬）提交了上供钱改革法案，该法案将遵循汉人的先例，按月而不是按年收税，但该法案遭到否决，否决的理由是偏远地方很难收税，因此这种方法不公平。[①]《建炎以来朝野杂记》中这些章节的基调是悲观失望的，李心传反复表达了对那些已经或将要"扰民"政策的担忧，抱怨政府的浪费和效率低下，观察到人民正在遭受政府和势家的压迫。

李心传在人事选拔和管理方面的观点同样悲观：官僚机构臃肿的特点，很容易导致权力滥用。在《朝事》和《取士》卷中，李心传经常提到官员人数太多。[②]李心传一般不责备定期考试，他也不认为通过荫补、荐举、滥授进士头衔等方式选任官员令人反感，但他会谴责过度使用这些方法。由此产生的官员过剩流动导致了官员待阙的时间过长（东南地区的州府职位待阙五到六年），而且有权有势的人控制了理想的职位。[③]李心传还描述了官员们中饱私囊的方式：官员离任时带走一笔公款[④]，州府长官和转运使向途经其辖区的高官们赠送贵重的礼物[⑤]，等等。

在李心传关于中央政府的文章中，也出现了许多类似的主题。李心传对制度程序感兴趣，明显见于他对"转对"制度的处理中——转对制度要求都

---

① 《建炎以来朝野杂记》乙集卷 16《孙大雅献拘催上供钱物格》，第 557—558 页。

② 以及吏数量太多。然而，李心传仅仅简要提及吏的问题。见《建炎以来朝野杂记》甲集卷 12《州县吏额》，第 160—161 页。

③ 《建炎以来朝野杂记》甲集卷 6《近岁堂部用阙》，第 88 页。四川的梓州、随州州官职位都留给执政的门人弟子。参见《建炎以来朝野杂记》乙集卷 8《赵善誉察州风采》，第 449—450 页。（"第 88 页"，英文版误作"第 58 页"。——译者注）

④ 《建炎以来朝野杂记》甲集卷 6《监司郡守至官交割库金》，第 85 页。

⑤ 《建炎以来朝野杂记》乙集卷 12《御笔严监司互送之禁》，第 486 页。尽管皇帝在 1203 年试图禁止这一做法，但李心传估计，这种礼物的平均价值在 380 贯钱，而成都府达到 3400 贯钱，建康府则是其一倍。

城官员轮流参加朝会。① 李心传说，"垂意人才"的宋孝宗尤其重视官员转对，"朝士抱才气者"很欢迎轮对制度，这样他们才有机会被皇帝注意到，而那些"碌碌"之人以及竭力避免抛头露面的士大夫则态度相反。李心传讲述了有关政治领袖的大量趣闻轶事：谴责秦桧出卖了前宋朝官员宇文虚中——宇文虚中在金朝为官，却是宋朝的卧底；② 一则有趣的叙述，讲述了年轻的赵雄为刺探金朝的情报，对金朝使节百般试探；③ 身为宰相的赵雄，面对来自宋孝宗的批评，顽强地为自己已故的导师虞允文（1110—1174）辩护，为他赢得了身后的荣誉。④ 李心传用更为忧郁的笔调，描绘了深受偏见困扰的官场，无论是在推荐为官的人选上，还是对贪官表现出过分的宽大，以及在对详细规定的举荐人对其举荐之人不当行为所负责任的处罚条款的宽松执行上。⑤ 至少在韩侂胄掌权时期，极大削弱了对官场的学术探究。⑥

李心传的解决方案是什么？这个问题很难回答，因为他的语言通常是描述性的，很少是说教性的。然而，从李心传对选拔和举荐官员的强调中，我相信我们可以推断出，他的答案在很大程度上取决于古代儒家的格言：用君子。李心传赞扬了宋孝宗为减少官僚机构规模所做的努力⑦，他高度赞扬像战

---

① 《建炎以来朝野杂记》甲集卷9《百官转对》，第103—104页。
② 《建炎以来朝野杂记》甲集卷8《宇文肃愍死事》，第95页。
③ 《建炎以来朝野杂记》乙集卷8《赵温叔探赜敌情》，第440—442页。
④ 《建炎以来朝野杂记》乙集卷8《张虞二丞相赐谥本末》，第439—440页。死前不久，作为四川宣抚使，虞允文以宋军准备不足为由，拒绝出兵金朝，此举激起了宋孝宗的极大不满。这一描述见于《建炎以来朝野杂记》乙集卷8《孝宗促虞丞相出师恢复》，第443页。
⑤ 《建炎以来朝野杂记》甲集卷6《绍熙许荐士嘉泰罢泛举》，第82—83页；《建炎以来朝野杂记》甲集卷6《建炎至嘉泰申严赃吏之禁》，第86—88页；《建炎以来朝野杂记》甲集卷8《保任京官连坐》，第99—100页。
⑥ 这极为明显地体现在李心传关于禁伪学的文章中，尤其是《建炎以来朝野杂记》甲集卷6《学党五十九人姓名》，第80—81页，但也出现在前文注释他对韩侂胄企图控制私史的描述中。
⑦ 《建炎以来朝野杂记》甲集卷5《孝宗革冗官》，第71—72页。

争英雄张浚这样的人，李心传认为他善于推荐人才。[①] 李心传在《道命录》中以稍显不同的方式，指出秦桧死后，秦氏朋党的持续影响使得大臣们无法正确讨论国家问题，只有在"山林之士"中，才有比较好的知识氛围。[②] 正直之人不被使用。

1238 年，在其漫长的人生即将走到尽头之际，李心传进呈了一份关于现状的上书，这是我们从他那里得到的最全面的政治声明。[③] 李心传在写这篇文章的时候，东南地区正遭受旱灾，经济上出现困难——一定程度上是南宋首次与蒙古人开战的结果[④]。李心传的语气带着警示：

> 臣闻"大兵之后，必有凶年"。盖其杀戮之多，赋敛之重，使斯民怨怒之气，上干阴阳之和，至于此极也。陛下所宜与诸大臣扫除乱政，与民更始，以为消恶运、迎善祥之计。而法弊未尝更张，民劳不加振德，既无能改于其旧，而殆有甚焉。[⑤]

李心传继续说道，旱灾的原因，是各种形式的错误管理：不断增加的"和籴"（强迫），不把（因战争而）散居各处的人和财产归还原主，不加管制地征税、囤积商品，以及军队的贪得无厌。《建炎以来朝野杂记》中隐含的问题——国家贪得无厌——被明确地引用作为造成当前不幸的原因。然而，李

---

① 《建炎以来朝野杂记》甲集卷 8《张魏公荐士》，第 98 页。

② 《道命录》卷 5《晦庵先生辞免进职奏状》，41-42。

③ 《宋史》卷 438《儒林传八·李心传传》，10a-11a。李心传的上书全文也见于《李秀岩先生年谱》，第 6698—6699 页和第 6759 页。

④ See Charles A. Peterson, "Old Illusions and New Realities: Sung Foreign Policy, 1217-1234," in Morris Rossabi, ed., *China Among Equals: The Middle Kingdom and Its Neighbors, 10th-14th Centuries* (Berkeley: University of California Press, 1983), pp. 204-239.

⑤ 《宋史》卷 438《儒林传八·李心传传》，10a。

心传以商朝的圣王成汤（同样面临七年旱灾）为例，把对国家的讨论转到皇帝身上。成汤在桑林献祭，承担了朝廷上六件事情的责任，从而结束了旱灾。[①]同样，李心传建议皇帝应该为朝廷面临的六个问题做出牺牲并承担责任：法令朝令夕改、对人民索求无厌、大建宫殿劳民伤财、女谒女冠人数众多、贿赂猖獗和溜须拍马盛行。只要纠正其中一个问题就足以结束干旱，纠正这六种错误会使上天之心恢复正常。

皇帝接受了李心传的上书，但没有证据表明他改变了行为方式或宋帝国的运行方式，因为宋理宗相当无原则。[②] 我们感兴趣的是，尽管李心传对社会和政治问题有自己深刻的认识，他却将个人德行作为解决任何问题的基本出发点。无论这是因为许多南宋思想家都反对王安石式的制度解决方案，还是因为秦桧和韩侂胄的例子证明了君主德行（或其缺乏这种德行）重要性的不言而喻，我认为，这种观点不仅奠定了李心传对政府问题的态度，而且还指向了他那个时代的另一个重大议题：北方问题。

北方问题

日本学者山内正博在对《建炎以来朝野杂记》做注解时，将李心传的写作日的描述为"忠实记录他所在地方政府组织的真实情况，无惧于任何高压，利用这些事实来批评政府屈服于金政权"[③]。考虑到这部作品涉及的题材广泛，

---

① 《淮南子》卷9《主术训》3，4a："汤之时，七年旱，以身祷于桑林之际，而四海之云凑，千里之雨至。抱质效诚，感动天地。" Cited by Roger Ames, *The Art of Rulership: A Study in Ancient Chinese Political Thought* (Honolulu: University of Hawaii Press, 1983), p. 173.

② See Liu, "State Orthodoxy," p. 503, and more recently, Richard L. Davis, *Court and Family in Sung China, 960-1279: Bureaucratic Success and Kinship Fortunes for the Shih of Ming-chou* (Durham: Duke University Press, 1986), pp. 131-135.

③ 吴德明《宋代书录》，第 179 页。

这种说法可能有些夸大，但毋庸置疑的是，李心传不仅高度重视四川事务，也重视金朝的挑战。正如我们所看到的那样，李心传出身于有着强烈民族统一主义传统的家庭，在他的其他著作中，多次出现了收复北方的愿望。

李心传关于金朝、和战、军事等著作，尤其揭示了他所处的那个时代的动荡不安、时常令人沮丧。我们可以看到李心传思想上的变化过程：从 1202 年的《建炎以来朝野杂记》甲集开始，到 1216 年乙集写完，最后在 1238 年的上书中达到高潮。李心传在 42 年和平时期临近结束时撰写了《建炎以来朝野杂记》的甲集，这段和平时期将第二次和第三次宋、金战争分隔开。当时，韩侂胄大权在握，"伪学"禁令的阴影才刚刚开始消散。李心传在写作《建炎以来朝野杂记》甲集时的选择非常多样化——与乙集相比，甲集有更多的章节专门讨论制度和财赋问题。[1] 事实上，李心传对地方政府的讨论，大多来自《建炎以来朝野杂记》的甲集。李心传谈到金朝问题时，通常是军事方面：分析陆军、水军的资金和部署，以及两场针对金朝的战役和战斗。[2] 李心传讨论了结束两场战争的和议，痛斥了和议倡导者（将领张浚两次都得到了明显的赞扬）。[3] 李心传的态度绝非无的放矢，因为他证明了南宋无法保证稳定的马匹供应[4]，以及扩大军事机构对人民造成的财政负担[5]。李心传对 1164 年隆兴和

---

① 《建炎以来朝野杂记》甲集包含 3 卷关于政府机构和 4 卷关于税收和财政的内容；乙集分别有 2 卷和 1 卷。

② 尤其见《建炎以来朝野杂记》卷 18，关于军事；以及卷 19—20，关于"边事"。

③ 参见《建炎以来朝野杂记》甲集卷 5《隆兴和战》，第 71 页；《建炎以来朝野杂记》甲集卷 19《靖康建炎绍兴大臣和战守避说》，第 289 页；《建炎以来朝野杂记》甲集卷 20《癸未甲申和战本末》，第 299—306 页。（张浚是文官，并非武将。——译者注）

④ 《建炎以来朝野杂记》甲集卷 18《川秦买马》，第 278—279 页。近期对此问题的清晰分析，see Paul J. Smith, "Taxing Heaven's Storehouse: The Szechwan Tea Monopoly and the Tsinghai Horse Trade, 1074-1224" (Ph.D, diss., University of Pennsylvania, 1983), 特别是第 3 章。

⑤ 《建炎以来朝野杂记》甲集卷 18《乾道内外大军数》，第 262—263 页。

议的批评，不能掩盖他对宋孝宗及其统治的赞赏。

《建炎以来朝野杂记》的乙集有很大的不同。到了1216年，韩侂胄早已下台，史弥远作为宰相大权在握，李心传可能认为情况有所改善——只是可能，因为他很少花时间研究史弥远或嘉定朝（1208—1224）。[①] 相反，李心传专注于1206—1208年南宋与金朝的战争及其对四川的波及，这场战争就像阴影一样一直笼罩着李心传的作品。或许是因为一方面，这场战争以南宋失败告终，由于金朝对南宋进攻北方的反击，迫使南宋军队在长江下游长达一年进退维谷，直到韩侂胄被暗杀（金朝接受了韩侂胄的首级），才使得和议成为可能，这使得态势大致回到了原来的状态。最令人痛心的是，这是南宋选择的战争：受到北方躁动不安的金国人即将造反的报告的鼓舞，韩侂胄的战争政策吸引了相当多的高官和学者的支持，包括叶适——1195年，朝廷罢黜了59名支持"伪学"的官员，叶适是其中之一。事实上，南宋宣布战争的公告使用了一种相当新儒学特色的语言："天道好还，中国有必伸之理；人心效顺，匹夫无不报之仇。"[②] 此外，为了强调这场冲突的民族大义，在开战前夕，南宋朝廷剥夺了秦桧的王爵。[③]

到底哪里出了问题？在接下来的几年里，这个问题显然困扰着李心传，他给出了几个答案。金朝出人意料的军事力量和他们成功通过间谍提前得知南宋政权的计划，被认为是原因。在李心传看来，更重要的是宋军的糟糕领导和韩侂胄的恶行。在关于战争缘起的文章中，李心传描述了某些官员怯懦

---

① 政治上的谨慎也可能在这里发挥了作用。有意思的是，虽然《道命录》包含日期晚至1230年的文献，但李心传对道学相关事件政治背景的叙述，实质上直到韩侂胄身亡之时。

② 引自《李秀岩先生年谱》，第6717页。

③ 《建炎以来朝野杂记》乙集卷18《丙寅淮汉蜀口用兵事目吴曦之变附》，第577页。

地不愿接受任命或留在淮南的重要指挥所。① 然而，据李心传所言，韩侂胄才是最大的责任人，因为在韩侂胄掌权的漫长岁月里，他挥霍了南宋帝国的资源，战争期间，韩侂胄不顾一切地把部队投入战斗，没有撤兵的应急计划，也没有为人民谋福利。② 和秦桧一样，韩侂胄也被描绘成害怕有能力的将领，他在战争中罢免了李心传最尊敬的丘崈（1135—1208）。③ 初秋的早晨，韩侂胄在上朝的途中，在玉津园里被刺杀身亡，成为其高官同僚（明显是韩侂胄的接替者）和皇帝的牺牲品。他们的解释是"去凶"。④ 这让人不禁联想起当年尤利乌斯·恺撒被刺杀时的场景。

像战争一样糟糕的是，在李心传家乡的陇州，吴曦的叛乱更直接，也更具威胁性。吴曦是战略要地兴州的知州，兼任四川安抚副使，统帅汉江和北川的宋军，负责南宋的西部边防。与宋朝的惯例相反，这一职位几乎是世袭的，因为吴曦的父亲吴挺从1175年到1194年去世，担任这一职位长达19年。南宋朝廷后来任命了能干的杨虞仲担任这一职位，根据李心传的说法，杨虞仲比吴挺更忠诚，在镇压盗贼活动方面也更成功，但由于宋光宗怀疑文官的

---

① 李心传特别批评了郑挺和许深甫，前者最初是襄阳的指挥官，后者拒绝在金陵（靠近建康府）指挥。《建炎以来朝野杂记》乙集卷9《嘉泰开边事始》，第456页。

② 《建炎以来朝野杂记》乙集卷7《开禧去凶和敌日记》，第434—437页。

③ 《建炎以来朝野杂记》乙集卷9《李季章论丘宗卿不当罢督府》，第456页。（丘崈并非将领。——译者注）

④ 《建炎以来朝野杂记》乙集卷9《李季章论丘宗卿不当罢督府》，第456页。关于暗杀的讨论，see Davis, *Court and Family*, pp. 89-92。关于开禧北伐战争的整体性讨论，see Kinugawa Tsuyoshi, " 'Kaishi yohei' o megutte," *Toyoshi kenkyu* 36, no. 3 (1977): 128-151。

军事能力，杨虞仲很快就被吴曦取代了。① 在战前的讨论中，吴曦是进攻金朝的支持者，他认为其军队可以夺回陕西。② 但在 1206 年 4 月，也就是战争开始前两个月，吴曦派遣使者到金朝廷，要求金朝封他为蜀王，以换取他的支持，并割让四个州府。③ 协议达成后，同年 12 月 20 日，吴曦收到了金朝的诏书和印绶，一周后他宣布自己为蜀王，成为金朝手下四川的合法统治者。④

吴曦的叛乱被证明是彻头彻尾的失败。韩侂胄一听到这个消息，立即许以茅土之封。⑤ 吴曦从他在兴州指挥部派来的攻打夔州和成都的两支远征军，轻而易举就被南宋军队击败。叛乱开始三个月后，吴曦被部下安丙所杀——安丙从吴挺时便为吴氏效力，但他无法容忍吴曦的叛变。⑥

吴曦叛乱严重考验了四川官员和士人的勇气，因为在叛乱平定之前，宣布自己支持或反对叛乱都要冒生命危险。有些人（如李道传）拒不接受吴曦的权威，辞官不做，官员杨震仲愤而自杀（李心传在描写这些人物时，对那

---

① 这些细节来自一条有关吴氏世袭命令危险性的内容：《建炎以来朝野杂记》乙集卷 9《赵子直丘宗卿杨嗣勋不欲吴氏世袭》，第 453 页。对吴曦的生平、导致叛乱的军事条件以及对其后果的分析，see Ihara Hiroshi's articles: "Nan So Shisen ni okeru Goshi no seiryoko; Go Sei no ran zenshi," in *Aoyama hakushi koki kinen Sodai shi ronso* (Tokyo: Seishin, 1974), pp. 1-33; "Nan So Shisen ni okeru Go Sei no rango no seiji doko," *Chuo daigaku bungakubu kiyo shigaku* 5 (1980): 105-128.

② 《建炎以来朝野杂记》乙集卷 18《丙寅淮汉蜀口用兵事目》，第 575 页。

③ 《建炎以来朝野杂记》乙集卷 18《丙寅淮汉蜀口用兵事目》，第 576 页。吴曦传记中提到割让四个州府，见《宋史》卷 475《叛臣上·吴曦传》，24a。

④ 《宋史》卷 475《叛臣上·吴曦传》，24a；《建炎以来朝野杂记》乙集卷 18《丙寅淮汉蜀口用兵事目》，第 579 页。

⑤ 《建炎以来朝野杂记》乙集卷 18《丙寅淮汉蜀口用兵事目》，第 580 页。

⑥ 《建炎以来朝野杂记》乙集卷 18《丙寅淮汉蜀口用兵事目》，第 579—580 页；《宋史》卷 475《叛臣上·吴曦传》，25a-b。安丙刺杀吴曦的描述，见于《建炎以来朝野杂记》乙集卷 9《安观文诛曦势顺》，第 457—458 页。

些值得称赞的人作了相当具体的评价）①。但是有一些人背叛了南宋，许多人首鼠两端。李心传叙述了曾公开反对叛乱的成都官员杨巨源的忠义反应，李心传注意到，只有成都保留了南宋开禧的年号。②

尽管吴曦叛乱很快失败，它对四川的影响是巨大的。这一地区的财政储备已被掏空，尽管总领四川财赋的陈逢孺在削减军费方面取得了一些成功，沉重的军费问题继续存在。③与此同时，以李心传为代表的四川士人，也创作了大量关于叛乱的记述和史书。李心传提到自己撰写巨著《西陲泰定录》时用过 19 种著作。④

我们很难自信满满地说，1207—1208 年的战争和叛乱如何改变了李心传对南宋外交政策和军事的看法。很显然《建炎以来朝野杂记》乙集的条目较为狭隘。例如，在《边防》卷（18—20）中，大多数条目都是关于中国西南地区非汉族群体的暴乱，尽管这可能主要反映了李心传长期居住在那里，但更重要的是对复国理想的明显压抑，因为宋、金战争开始时，人们对恢复北方抱有很高的希望，结果战争不仅以巨大的代价告终，而且至少在四川，引发了对南宋王朝崩溃的恐惧。李心传似乎也重新认识到了控制军队的重要性，在他看来，军队的领导层经常腐败无能，而且很容易受到金人阴谋诡计的影响。⑤一个恰当的例子，如上所述，是李心传提到了宋孝宗将南宋士大夫与那

① 特别参见《建炎以来朝野杂记》乙集卷 9《蜀士立功立节次第》，第 458—459 页，以及《宋史》卷 475《叛臣上·吴曦传》，25b。

② 《建炎以来朝野杂记》乙集卷 9《董镇言杨侍郎未肯通情》，第 457 页。

③ 《建炎以来朝野杂记》乙集卷 16《四川宣总司抗衡》，第 562 页。

④ 《建炎以来朝野杂记》乙集卷 9《董镇言杨侍郎未肯通情》，第 457 页。

⑤ 相关例子，参见《建炎以来朝野杂记》乙集卷 9《赵子直丘宗卿杨嗣勋不欲吴氏世袭》，第 453 页；乙集卷 16《四川宣总司抗衡》，第 562 页。除了吴曦勾结金朝，李心传还控诉了荆鄂都统制王大才。王大才处死了大批属下，这些人参与了 1214 年初密谋夺取在金朝领土内的秦州。参见《建炎以来朝野杂记》乙集卷 10《四川大制司结局》，第 467 页。

些西晋的士大夫们相比较。毫无疑问，李心传的目标至少在一定程度上是那些造成南宋帝国在夷狄面前不堪一击的同时代人。面对这样的恐惧，李心传的复国希望一定已经退居其次了。

李心传在 1216 年以后的著述，流传下来的少之又少，我们无法确定他在晚年是否还保持着这种更悲观的观点。正如查尔斯·彼得森所表明的那样，尽管在某种程度上受到了压制，1208 年之后，民族大义仍然具有强大的生命力，在 1217—1224 年与金朝的长期战争中，以及在 1233—1234 年注定要遭报应的最后一次北向进军时支撑着南宋士大夫们——这次北伐导致了金朝的灭亡，也使得南宋独自面对蒙古人。[1] 毫无疑问，李心传对这些事件的看法是复杂多样的。但值得注意的是，在前文讨论过的 1238 年的上书中，李心传的语气愈发悲观，他关注的是政府不断增加的苛捐杂税和人民的不满，而不是加强军事力量和重新收复北方的战略。事实上，李心传对军队提出了一些极为尖锐的批评：“凡此皆起于大兵之后，而势未有以消之，故愈积而愈极也。”[2]

李心传是在 1236 年蒙古人向淮河以南挺进以及随之而来的激烈战斗之后写下这篇上书的[3]，这无疑加深了他的不祥预感。然而，李心传在这篇上书中的悲观主义和在《建炎以来朝野杂记》乙集中的并没有什么不同，因为在这两部分中，李心传对南宋帝国内部健康的关心超越了复国。只是这篇上书里有一种更大的紧迫感——虽然李心传没有这么说——蒙古人的威胁已经让人对南宋的生存产生了怀疑。

---

① "First Sung Reactions to the Mongol Invasion of the North, 1211-1217," in John Winthrop Haeger, ed., *Crisis and Prosperity in Sung China* (Tucson: University of Arizona Press, 1975), pp. 215-252, and "Old Illusions and New Realities," in *China Among Equals*, pp. 204-239.

② 《宋史》卷 438《儒林传八·李心传传》，10b。

③ Richard Davis in "Ventures Foiled and Opportunities Missed: The Times of Li-tsung," draft chapter for the Sung volume of *The Cambridge History of China*，详细论述了这些事情。

　　有鉴于此，让我们简要回到李心传当时编撰《道命录》的主题上来。现在，这部作品不仅可以被看作是一部有关"道学"的历史，而且还可以被看作是一次先说服皇帝再说服朝廷官员的尝试，不仅仅是口头上的奉承。虽然李心传可能不是道学思想家，但他致力于道学以解决当时的问题。这并不意味着仅仅接受道学作为当时的正统学说就足够了，因为在过去三十年里，这种情况偶尔发生。① 相反，"先圣先贤"必须通过正义的行动来实现"道"。这与李心传在早期的《建炎以来朝野杂记》等著作中所表达的思想是一致的。然而，在李心传后期的著作中，也许受事件的推动，也许由于他被提拔为高官，历史学家采取了牧师的腔调，批评者则成了倡导者。

---

① 参见《道命录》卷 8—10。

9

魏了翁治国之道思想的受挫

刘子健（James T. C. Liu）

　　13 世纪，宋朝丧失了之前展现出来的那种政治革新力。代天子理政的宰相们，每一位都对朝廷和官场产生了深远的影响[①]，而大多数官员则例行公事且经常贪污受贿，对国家政策没有任何影响力。有些理想主义者，政治上长

---

　　① 南宋毫无畏惧他人夺权，有 4 个这样的宰相：秦桧、韩侂胄、史弥远和贾似道。最近关于秦桧的总结性谴责，参见曾琼碧《千古罪人秦桧》，郑州：河南人民出版社，1984。一个修正性观点，尽管未被人们广泛接受，see Kinugawa Tsuyoshi, "Factional Reaction to Ch'in Kuei's Policy" (in Japanese), *Tohogaku* 45 (1973): 245-294。中文领域，缺乏专门的研究，参见陈登原《国史旧闻》第 2 册，北京：中华书局，1962，第 491—496 页。关于史弥远，see Richard Davis, *Court and Family in Sung China, 960-1279: Bureaucratic Success and Kinship Fortunes for the Shih of Ming-chou* (Durham, N.C, 1986)。关于贾似道，see Herbert Franke, "Chia Ssu-tao, a Bad Last Minister?" in A. F. Wright and D. Twitchett, eds., *Confucian Personalities* (Stanford, 1962), pp. 217-234; also Miyazaki Ichisada in *Toyoshi kenkyu* 6 (1941): 54-73。

期失意，对积极参政心灰意冷，试图通过致力于教育、慈善①、亲属福祉等活动来为社会做些力所能及的事情。很少有人研究治国之道，甚至在理论上也极少讨论。②

1200 年，伟大的朱熹去世，其门人弟子或后来的追随者很少有人仿效朱熹参与政治活动和政治斗争。同样，不属于朱子学派的知识分子中，也存在"内转"的趋势。一个突出的例外是叶适——他是经常被称为功利主义者的制度主义者。虽然叶适很有声望，人们却忽视了他的治国思想。③

在南宋末年的惨淡时期，出现了两个伟大的人物：真德秀和魏了翁。他们被誉为优秀的学者和正直的官员，甚至赢得了政敌的尊敬。为了及时将新儒家思想灌输给无能的朝廷和堕落的官场，以应对迫在眉睫的蒙古人的威胁，两人都饱尝艰辛的政治斗争。他们并未成功，但赢得了后人的尊敬。关于治国之道的不朽著作《历代名臣奏议》（编撰于明中期）中收录了真德秀和魏了翁的一些奏议④，人们因而推崇两人。二人之中，真德秀具有更广泛、更持久

① 宋代的慈善事迹和慈善事业仍未得到充分研究。参见王德毅《宋代灾荒的救济政策》，台北，1970；James T. C. Liu, "Liu Tsai: His Philanthropy and Neo-Confucian Limitations," *Oriens Extremus* 25 (1978): 1-29，中文本亦见于《北京大学学报》1979 年第 3 期，第 53—61 页，第 4 期，第 41—55 页，以及日文缩写本 Umehara Kaoru in *Toho gakuho* (Kyoto) 37 (1978): 86-119。

② 值得注意的是，当时很少有学者对郑樵的《通志》或其他对经世研究不可或缺的参考著作感兴趣。马端临的《文献通考》也被同时代的人所忽视。

③ Winston W. Lo, *The Life and Thought of Yeh Shih* (Gainesville, Fla., 1974) 和萧公权《中国政治思想史》第 2 册，上海，商务印书馆，1945，第 156—160 页。魏了翁对叶适很敬重，并请他为自己的学斋题词。两人都对"经"中与"礼"有关的事情感兴趣。亦见魏了翁给叶适的信，《鹤山先生大全文集》（四部丛刊初编本）卷 32《上建康留守叶侍郎》，第 276—277 页；亦见《鹤山先生大全文集》卷 41，第 349 页，以及《太极书学》（朱子学大系）10（东京，1976），第 10 页，第 118—119 页。

④ 参见黄淮、杨士奇编《历代名臣奏议》，台北重印本，1964。

的影响力。①

然而，在对魏了翁的历史评价中，出现了一些耐人寻味的分歧。许多同时代人都尊称魏了翁是朱熹、张栻和吕祖谦等新儒学传统的主要继承者。有人认为魏了翁对新儒学理论的贡献虽然不大，却具有原创性。②魏了翁死后，传说他的精魂和朱熹的精魂在武夷山上比肩而立。③

从否定的角度来看，因为魏了翁在仕途的巅峰时无法在政府中实现任何真正意义上的改变，人们贬低他。甚至有人假装醉酒躺着一动不动嘲笑他："说甚《中庸》《大学》，吃了许多酒食，一动也动不得！"是不是某个政敌暗中策划了这次诋毁？有人提出指控，不过没有证据，知府只是杖责了那些犯错的演员。这一事件并未影响到正史中魏了翁的正面形象，但在晚明，一些评论家指责魏了翁只是空谈，尤其是谢肇淛在广为人们引用的著作《五杂组》中。④

有必要重新评价魏了翁。虽然魏了翁没有成为儒家有效或成功的治国典范，但他确实说明了那些在困难环境下实施儒家治国思想的人所面临的艰难斗争。魏了翁的哲学和学术观念与其道学思想吻合。受朱熹弟子辅广的影响，魏了翁强调"性理""义理""良知""良能"。他坚持"躬行"要以"诚""敬"

---

① 关于真德秀、魏了翁的政治生涯，参见陈邦瞻《宋史纪事本末》卷 95《真魏诸贤用罢》，北京：中华书局，标点本，1977，第 1059—1066 页。关于真德秀在明朝的巨大影响力，see Hung-lam Chu, "Ch'iu Chun and the *Ta-hsüeh yen-i pu*: Statecraft Thought in Fifteenth-century China" (Ph.D diss., Princeton University, 1984), 以及本书第 10 篇文章。关于魏了翁，参见《宋史·理宗纪》卷 41—45，北京：中华书局，点校本，1977，第 783—890 页；以及卷 196《魏了翁传》，第 12965—12971 页。(《宋史纪事本末》"卷 95"，英文原书误作"卷 3"。——译者注)

② 黄宗羲、全祖望《宋元学案》(万有文库本) 序录，15，以及王梓材、冯云濠《宋元学案补遗》卷 80，台北，1962，第 4—6 页。

③ 褚人获《坚瓠秘集》(笔记小说大观本)，台北，1974，第 6125 页。

④ 罗大经《鹤林玉露》丙编卷 3《圣贤豪杰》，北京：中华书局，点校本，1983，第 378 页，第 294 页；谢肇淛《五杂组》(笔记小说大观本)，第 1122—1123 页。

为本。魏了翁在道德哲学上似乎并无创新，他的道德立场却十分明确。魏了翁是经学领军人物，尤其精于礼学①，王安石将《周礼》作为古典制度的重要权威，魏了翁却对《周礼》持保留态度。南宋初的一些研究成果认为，《周礼》的文本中已经混入类似伪书的秦汉材料②，以此补充经典，魏了翁同意这种观点。魏了翁继承了欧阳修的观点，主张不考虑此类书籍。③魏了翁更偏重文本，但他在哲学上并不严格，甚至对道教和佛教也持开放态度。④

魏了翁对道教有兴趣，这与他研究《易经》有关——人到中年的魏了翁因研究《易经》尤为知名。程颢、程颐重视三传，魏了翁则重视十六卦⑤，并以十六卦之义来解释从政治到围棋的各种活动。然而，魏了翁并没有使用《易经》来解释自然灾害，理性主义人生观也使他没有采纳邵雍（1011—1077）提出的数术理论。⑥

魏了翁信奉新儒学，推动了新儒家学派的发展，魏了翁奏请朝廷为周敦颐（1017—1073）、张载（1020—1077）以及二程立祠——朱熹挑选出这四位

---

① 《宋元学案》卷 80《鹤山学案》，第 77 页。关于辅广的资料，参见昌彼得、王德毅编《宋人传记资料索引》第 4 册，台北，1975，第 3606 页；《宋元学案补遗》卷 80，第 20 页，冯云濠编辑评语；《鹤山先生大全文集》卷 54，第 460 页。柳存仁（Liu Ts'un-yan）讨论了魏了翁的《仪礼要义》，见吴德明编《宋代书录》。第 34—35 页。

② 《宋元学案》卷 11《濂溪学案上》，第 40 页，以及《宋元学案补遗》卷 42，第 8 页。

③ James T. C. Liu, *Ou-yang Hsiu* (Stanford, 1967), pp. 87-92；《宋元学案》卷 20《元城学案》，第 78 页，和《宋元学案补遗》卷 80，第 19—20 页。然而，《宋元学案补遗》夸大其词，声称魏了翁的努力，使得伪经绝迹。关于这些图书的简单考察，参见陈登原《国史旧闻》第 1 册，第 423—431 页。

④ Hok-lam Chan and Wm. Theodore de Bary, eds. *Yuan Thought: Chinese Thought and Religion under the Mongols* (New York, 1982), pp. 13 and 22.

⑤ 《宋元学案补遗》序，第 49—51 页；卷 80，第 80 页，第 84 页，第 95 页。

⑥ 《鹤山先生大全文集》卷 17，第 161 页；卷 54，第 460 页。《宋元学案补遗》卷 80，第 15—18 页。《历代名臣奏议》卷 61，11-15；卷 313，21。

思想家作为"道"传播的代表人物。① 然而，魏了翁并不认为这些宣传措施有效，因为他注意到尽管各地都有祠堂，新儒学书籍也在传播，儒家的"道"仍未盛行。

魏了翁在文官选任制度下的教育腐败中找到了这一问题的原因：参加科举考试的学生专注写诗而不是获取知识，专注死记硬背而不是理解，专注模仿甚至剽窃知识而不是独立思考——他们参加科举考试的基本动机是错误的，不是为了学问而是谋求官职和随之而来的俸禄②，他们如何能成为好官？

根据魏了翁的说法，政府部门通常认为儒士的建议书生气十足且不切实际。由于官僚政治缺乏包容直言和正言，虚与委蛇盛行，官员们常常表面一套，暗地里一套。阿谀奉承成为习惯，人们普遍效仿卑鄙堕落的行为。③

那些学习如何为官和已经入仕之人，朝廷政治是他们灵感的来源，而朝廷政治中罕见规箴，忽视学问的价值。④ 正如魏了翁弟子牟子才（生卒年不详）所述，政治状况每况愈下。一开始，君子会攻击小人，然后君子会互相攻击，小人假意与君子交好时，君子甚至求助奸邪之人。⑤

最后，皇帝本人发挥了至关重要的作用。这就是为何魏了翁像早期的朱熹一样（也像当时的真德秀一样），对皇帝的角色颇费思虑。像许多新儒家一样，魏了翁强调心灵作为人的"太极"的宇宙重要性和人的重要性，因为人

---

① 《鹤山先生大全文集》卷15，第138—141页。《历代名臣奏议》卷115，1-2；卷274，21-22。亦见《宋史纪事本末》卷80《道学崇黜》，第879页。

② 《宋元学案》卷80《鹤山学案》，第84—89页，第93—94页。

③ 《鹤山先生大全文集》卷16，第135页，第151—154页；以及《宋元学案》卷80《鹤山学案》，第93—94页。

④ 《鹤山先生大全文集》卷16，第153页；《宋史》卷437《儒林七·真德秀传》，第12967页。

⑤ 《宋元学案补遗》卷80，第28—29页。

的心灵是"天地之太极"。① 除此之外，没有天地"神明"。同样，"帝心"是人类幸福的关键，"帝心"也是每个人的心："陛下之心，与亿兆之人心，义理所安，是谓之天。不愧于人，是不愧于天也。不畏于人，是不畏于天也。"② 根据魏了翁的说法，皇帝应该注意时势变化，践行天命，尊重治国理政，严格执法。③

饱读诗书的士大夫有何重要作用？根据魏了翁的说法，最重要的是他们应该"格"君。他们应该在一切事情上辅佐君主，即在君主一切日常活动甚至休息的时候，而这一切都需要学问。④ 魏了翁否认"体"和"用"之间普遍存在区别，认为这既不见于儒家经典记载又过于微妙。⑤ "义理"是绝对的，它掌管着所有圣君的"经世之学"——这些学问由圣贤们传授给人民，期间朱熹将其发扬光大。⑥

饱读诗书的士大夫们应该畅所欲言，因为如何能断定君主就不会接受自己的意见呢？⑦ 即使出于某种原因，官员被派到地方任职，皇帝仍然可能对其意见言听计从，这优于在缺乏信任感的朝廷任职。⑧

正如魏了翁所指出的那样，一种普遍的误解造成了伤害：饱读诗书的士大夫们落后于时代，不了解实际情况，在文字表达上书生气十足，在行政事

---

① 关于"终极"的思想，参见邵雍《皇极经世书》卷 8 下，第 251—261 页；Wing-tsit Chan, *A Source Book in Chinese Philosophy* (Princeton, 1963), p. 493。

② 《鹤山先生大全文集》卷 16《乙酉上殿札子三·论人主之心义理所安是之谓天》，第 152 页；《宋元学案》卷 20《元城学案》，第 93 页；《宋史》卷 437《儒林七·真德秀传》，第 12967 页。

③ 《宋史》卷 437《儒林七·真德秀传》，第 12967 页。

④ 《宋元学案》卷 80《鹤山学案》，第 93 页。

⑤ 《宋元学案》卷 80《鹤山学案》，第 77 页。

⑥ 《鹤山先生大全文集》卷 54，第 460 页。

⑦ 《宋元学案》卷 20《元城学案》，第 82 页。

⑧ 《宋元学案补遗》卷 40，第 14 页。

务上无所作为。魏了翁宣称，相反，士大夫们最懂得如何治理国家。[①] 皇帝喜欢文学作品和书法，魏了翁提醒皇帝这些与政务无关，也并非真正的学问。[②]

魏了翁非常谨慎地把自己的想法写下来，正如他所解释的那样："益觉今是昨非，安知数年后不又非今也？以此多惧，未易轻有着述。"[③] 魏了翁称这是在讲经学研究，但也可以解释他在撰写政治理论时的沉默。然而，在魏了翁的著作（比如奏疏）中，其哲学思想和政治关注显而易见。当我们结合魏了翁的仕宦生涯和当时的政治环境来考察这些奏疏时，这一点就变得很清楚了。

在儒学盛行的国家，意识形态权威与王权和官僚权威的共生关系使魏了翁陷入了困境：学术声望和社会声望是魏了翁的政治资产，使他有资格在朝廷立足，而朝廷的动机仅仅是利用魏了翁的声望来改善自己的形象。魏了翁被委以重任，在决策过程中却没有多少发言权。魏了翁的政见经常遭到实际批评或坚决反对，或两者兼而有之。如果魏了翁的一些提议太过理想化而不可行[④]，他的其他建议便会遭到同样的反对，因为他的建议影响到既得利益者，甚至威胁到权力结构。通过将魏了翁调到地方政府任职或指派到军事前线的方式，政敌们将他排挤出朝廷。[⑤] 魏了翁与皇权关系并不密切，也没有得到上层官僚的重要支持，政敌们很轻易地便可以达到目的。

魏了翁在地方政府任职要比在中央政府更舒心，因为在地方政府，只要魏了翁的措施没有引起公卿大臣们的直接关注，他就可以自由地实施自己的

---

① 《鹤山先生大全文集》卷 17，第 160 页；《宋元学案》卷 80《鹤山学案》，第 92 页。

② 《鹤山先生大全文集》卷 16，第 154 页；《宋元学案》卷 80《鹤山学案》，第 92 页。

③ 《宋元学案》卷 80，第 81—82 页。

④ 陈登原《国史旧闻》第 1 册，第 417—418 页。Cf. *Encylopedia Britannica* (15th ed., 1974), "China, History of," pp. 336-337.

⑤ 魏了翁传记，见《宋史》卷 437《列传一九六·儒林七》和《宋元学案补遗》卷 80，第 28—29 页。

计划——官僚政治很少干涉地方。[①] 因此，在地方官署，魏了翁非常积极。[②]魏了翁试图通过频繁的书面呼吁和乡曲敬老仪式来促进合乎道德的社会关系与和谐的乡曲感情，用典型的新儒家的视角来治愈诸如地方好讼这样的弊病。当然，在这方面，魏了翁是在追随朱熹和其他许多人的做法。与此同时，魏了翁建立了各种地方机构或推动了它们的发展，这些机构似乎也将他作为管理者置于特殊的新儒家的脉络中。其中之一是"义舍"——为无家可归的残疾人提供的养老院，还有社仓。无论是魏了翁的仕宦记录，还是为其他人的项目留下的记文，都反映了他对建立机构的兴趣——这些机构存在于地方乡曲与最低层官僚之间，致力于社会福利，或者像他自己的鹤山学院一样致力于教育。[③]

为了证明这种制度的合理性，魏了翁有时采取经学家立场。他认为，由于没有了古老的土地分配制度，无法保证耕者有其田或每块田地都有人耕作，因此有必要建立价格调控的粮仓。这是更大衰落过程的一部分，在这个过程中，"上失其为主之道"，"而鲜有以（六经）施诸政"[④]——很显然，其中隐约提到当时的皇帝和政治家。虽然他在地方上的声望不及好友真德秀，但魏了

---

① 大量新儒家学者，尽管在朝廷上受挫，却在地方或区域管理方面做得很好。例如朱熹在南康和浙东，范成大在楚州，真德秀在福州。南宋第一任皇帝高宗曾经想知道，为什么他的一个在地方行政方面做得很好的大臣在朝廷上却完全失败了，但是皇帝没有得到诚实的回答。参见李心传《建炎以来系年要录》（国学基本丛书本）卷81，第1333页。在南宋晚期，有官员在地方任职，并不在朝廷上为官。拒绝在朝廷上任职的赵葵称："宁得罪以过岭，难违训以入朝。"参见周密《齐东野语》卷18，北京：中华书局，点校本，1983，第338页。

② 接下来的讨论，是基于魏了翁在《宋史》中的传记：《宋史》卷437《列传一九六·儒林七》，第12966—12968页；《宋元学案拾遗》卷80，第12页。对地方机构的记文考察，见《鹤山先生大全文集》卷43—50，特别是卷43，5b-7b，7b-9b；卷44，13a-15b，23a-24b；卷45，5b-9a，9a-11b；卷48，第4b-6a，12b-15a。

③ 关于鹤山书院，参见《鹤山先生大全文集》卷47《靖州鹤山书院记》，1a-2b。

④ 《鹤山先生大全文集》卷48《潭州外十县惠民仓记》，第5b。

翁对地方事务有着浓厚的兴趣^①，并且在地方事务上创下了时人认为的佳绩。魏了翁的讨论带有更广泛的新儒学概念，他将地方改革置于一个潜在实现的语境中，因为传统上，地方改革由掌握了合适的"道"的皇帝和政治家，经由整个国家来实现。虽然朝廷认为应该再次召见魏了翁入朝任职，但他从未有机会在整个宋帝国应用自己的思想。魏了翁声名显赫，却缺乏坚实的政治根基，权力变小时他无法施展才华。新儒家的治国之道与强权政治简直是水火不容。

那么，是什么阻碍了儒家"道"的发展？根据魏了翁的说法，天子应该关心天地之事，也就是他的臣民。^②根据道德原则，天子应该在法律中体现儒家的"道"。^③不幸的是，事情并非如此。正如魏了翁所说的那样，皇帝只征求两三个人的意见便做出决定，其他人无法接近皇帝向其进谏。^④大多数官员没有得到皇帝信任，只是照章办事，并试图维护政府的虚假形象。北宋晚期以来禁止"谤讪"，大多数官员也可以根据朝廷的这项规定来避免发声。在都城，特别针对官学生，"谤讪"可以扩大化，以便任何批评都可以被误解为"谤讪"，在此指控下他们被迫保持缄默不语。

在魏了翁看来，朝廷的混乱主要是由于皇帝对官员缺乏尊重。魏了翁以历史为例，将这一缺陷的根源追溯到北宋初。^⑤那么，理想主义的官员能做些什么？魏了翁的回答是辞职求退。魏了翁本人没有详细说明这一点，辞职抗

---

① 罗大经《鹤林玉露》，第192—193页，提到真德秀在世时，当地民众曾供奉他的生祠。魏了翁没有这样的荣誉记录。

② 《鹤山先生大全文集》卷15，第141—142页；卷16，第152—153页。《历代名臣奏议》卷5，第5—9页。魏了翁还建议皇帝不要放纵自我，见《历代名臣奏议》卷195，第13—14页。

③ 《宋元学案拾遗》卷80，第9页；《历代名臣奏议》卷214，第18—20页。

④ 《宋元学案》卷80《鹤山学案》，第82页。

⑤ 魏了翁《鹤山笔录》（百部丛书本），第3755页。

议等于战略上的退让，目的是为了增强官员的自尊并提高他在其他人（甚至可能包括皇帝）眼中的威望。随着时间的推移，朝廷可能会发生变化，召回辞职者，并让他官居高位来表达自己的观点。参政后他仍然可以坚持自己的观点。

辞职策略和儒学思想一样古老，因此，各种各样的理想主义者都接受这种策略（朱熹采用这种策略）。魏了翁的好友真德秀一针见血：调和的伪善政治盛行时，政府选任有名望的士大夫，只是为了粉饰自己的形象。真德秀对此表示反对，他对朋友说："吾徒须急引去，使庙堂如世亦有不肯为从官之人。"①

然而，魏了翁没有办法对付皇帝身边的人。最佳的例子是史弥远（1164—1233），他担任了26年的宰相（宋朝历史上任期最长的宰相），代天子理政。②魏了翁与史弥远有一次讨论提拔贤士，史弥远对此持保留态度，认为这将会引发朋党。"朋党"一词，在北宋政治改革和反对改革之后具有极为负面的内涵。然而，魏了翁回答说，君子、小人往往会陷入不同的"朋党"（但他没有做任何理论讨论，如欧阳修著名的《朋党论》那样）。史弥远承认了这一点，魏了翁接着质问他："不知谁认作小人？"史弥远没有进一步评论，气氛明显尴尬。③

在朝廷官员的一次聚会上，主人说参政就像参加宴会一样，应邀赴宴的客人不应该违反礼节，不应因为这样或那样的错误批评善意的主人。无人吭声，魏了翁却声称，涉及不合理的、违背人感情的事情时，客人不应该对主人委曲求全。史弥远听说了这次谈话，意识到无法说服魏了翁，便罢黜了

---

① 《宋史》卷 437《儒林七·真德秀传》，第 12959 页。（真德秀的这位朋友是刘爚。——译者注）

② Davis, *Court and Family*, p. 93.

③ 《宋元学案》卷 80《鹤山学案》，第 95 页。

他。[①]

魏了翁没有办法从其他官僚那里获得支持。正如他所观察到的那样，大多数官员消磨了正直感，道德涣散。"调和"已成为固定的从政风格，随波逐流成为值得炫耀的模式，为官就是遵循先例。口是心非、口蜜腹剑、自吹自擂、误批别人，使事情变得更糟，礼节只是为了掩盖自私的动机，快速晋升才是重中之重。[②]事实上，虽然受过儒学教育，官僚们根本不是真正的儒家官员。这种残酷的现实对新儒家思想是致命的。像魏了翁这样的理想主义者不可能从这样一群堕落、口是心非、言行不一的官员那里获得支持，这些人从不对公益讨论感兴趣，更不用说协调一致的政治行动了。纠正错误的动力必须直接来自皇帝。

从理论上讲，宋代中央政府有四大选择[③]：（1）通过教育和劝诫进行道德整顿——至少在名义上屡屡尝试但没有结果。（2）严格奖惩的行政纪律——很少执行，官员们狼狈为奸，阻碍了行政纪律的实施。（3）大力改革整个制度——在王安石富有争议的改革被指责为北宋灭亡的罪魁祸首之后，没有人提倡这样做。（4）补救主义，即通过渐进式改进来实行渐进式改革。魏了翁选择了补救主义——这就是史弥远死后，当朝廷征求所有官员的意见时，魏了翁提交的著名奏议的基本主题。[④]魏了翁的十条建议如下：

---

① 《宋史》卷437《儒林七·魏了翁传》，第12968页；亦见《鹤山先生大全文集》卷19，第180—185页。

② 《宋元学案》卷80《鹤山学案》，第84—89页，第93—94页。

③ Harry Harding, *Organizing China: The Problem of Bureaucracy* (Stanford: Stanford University Press, 1982), ch. 2 and 3.

④ 《鹤山先生大全文集》卷18《应诏封事》，第166—179页；《宋元学案补遗》卷80，第12—13页。正如第380页注释⑤中所讨论的例子，《宋元学案补遗》在这里再次夸大其词，声称由于魏了翁的奏议，所有旧的朝廷制度都得到了恢复。相比之下，《历代名臣奏议》可能由于其奏议篇幅过大，没有选择将它们收录在内。

一曰复三省旧典，以重六卿。

二曰复二府旧典，以集众思。

三曰复都堂旧典，以重省府。

通过这三种措施，魏了翁试图阻止宰相再次独揽大权，成为实际上的代理皇帝。奏议继续写道：

四曰复侍从旧典，以求忠告。

五曰复经筵旧典，以熙圣学。[①]

重点应放在最有意义的东西上，即古代圣王和君子宣扬的内容。皇帝修身养性以及意识到背离善制的做法过去如何损害国家，这同样重要。

为了支持这一点，魏了翁引用了一些新儒家前辈的观点，并以朱熹和张栻作结。的确，这是他在这个奏议中最接近对其新儒家哲学精髓的总结。魏了翁接着又说道：

六曰复台谏旧典，以公黜陟。

七曰复制诰旧典，以谨命令。

魏了翁的以上四项提议，是想在君权周围安放各种各样的官员，发挥他们的作用以支持皇帝，从而形成现代意义上的多元动力。

---

① 《宋元学案》卷 80《鹤山学案》，第 95 页。

八日复听言旧典，以通下情。

魏了翁有力争辩道，皇帝应该参与国家事务。"盖无一日而不可对，无一人而不可言。所以同人心而观己德，共天命而救时几也。"[1] 这样的机会应该扩大到太学学生，他们的观点有时是强有力的，不容忽视。魏了翁再次呼吁更多的相互作用，更多的多元化活力。

奏议的其余部分关于军队：

九日复三衙旧典，以强本朝。
十日复制阃旧典，以黜私意。

魏了翁修补的建议与补救主义差别不大，如果说魏了翁的奏议仅仅是陈词滥调，便严重低估了其价值。在当时的政治环境下，魏了翁无法让奏议的语言更激烈，他也不能将其降至最低标准以下。此外，对后人来说陈词滥调的做法，在当时的情况下却是完全合适的。通过指出朝廷的缺失，攻击建制派的错误，魏了翁显露了自己的反击。这就是为什么他在其十个要点中一直使用"恢复"这个词。在宋王朝运行良好时，魏了翁呼吁回归旧制，并援引祖宗不可侵犯性，为自己的言论制造了保护伞。这一高明的策略为魏了翁赢得了许多推荐和巨大声誉，因此，皇帝觉得应该把他召回朝廷。

但是，这并不意味着朝廷准备执行魏了翁的意见。在六个月的时间里，魏了翁又就财政、货币、经济、行政、人事、政治、军事等方面的具体问题，分别进呈了二十多份奏议，包括具体的建议甚至技术上的修改。如果说魏了翁没有提出任何制度或大规模改革的方案，那是因为他没有权力这样做，

[1] 亦见《历代名臣奏议》卷98，第11—19页。

时机也不合适。事实上，魏了翁的具体建议虽然算不上激烈，却没有得到实施。①

魏了翁对外部危机的态度以及战争、和平、外交等外交政策的选择也是温和的。在"清议"的共识下，在蒙古人即将打败金朝的时候，魏了翁对金朝采取了强硬态度，但他并未主张与蒙古人结成反金联盟。金朝灭亡后，魏了翁反对与蒙古人缔结友好盟约，他的核心思想是准备好自我防御，任何其他政策，无论和、战都是虚幻的，也是危险的。②朝廷再次无视了魏了翁的想法。

魏了翁虽然没有取得任何进展，政敌仍然视其为威胁，施展诡计将他排挤出朝廷。首先，朝廷借口魏了翁熟悉军事，突然任命他督视京湖军马。③长江下游战区出现其他职位空缺时，魏了翁同时兼任那里的指挥官。几名官员和许多太学生们抗议，他们要求将魏了翁留在朝廷，但他们的抗议没有任何效果。意识到这是针对他的阴谋诡计，魏了翁五次拒绝了军职任命，但朝廷始终不同意。就像他过去那样，魏了翁本可以坚持辞职以示抗议，但他觉得自己或许有机会取得佳绩，于是就赴任了。④

更多的麻烦随之而来。在拨款、人员组织、制定计划、授予自由裁量权、发布命令以及在江州（今九江）设立总部等方面，魏了翁遭遇重重困难。魏了翁突然接到命令，要求他在到任仅三周后，以督视的身份向朝廷报告。魏了翁被弄得十分狼狈。冷嘲热讽确实是打击声望的强有力武器。意识到自己一败涂地，魏了翁以患病为理由上书辞职。为了安抚他，朝廷别有用心地让

---

① 《鹤山先生大全文集》卷 15，第 145—150 页；卷 19，第 185—190 页；卷 20，第 194—195 页；卷 22，第 208—210 页。《宋史》卷 437《儒林七·魏了翁传》，第 12969 页。

② 魏了翁的观点，充分见于黄宽重《晚宋朝臣对国是的争议》，台北，1978。

③ 《历代名臣奏议》卷 225，第 13—15 页；卷 260，第 24—26 页。

④ 《鹤山先生大全文集》卷 26，第 236—242 页；卷 27，第 243—254 页；卷 29，第 255 页。

他担任地方安抚使，先是湖南潭州，不久又改为两浙绍兴，最后是福建福州 ①——魏了翁死在那里。尽管魏了翁是四川人，朝廷赏赐其家人苏州（这个城市在经济和文化上都与都城杭州齐名）的宅邸。

在其仕宦生涯中，魏了翁的治国之道屡屡受挫。要想在强权政治的游戏中取胜，光靠学识、名望、知识、道德的热诚和雄辩的推理是不够的，但作为理想主义者，魏了翁不能或不屑于使用必要的政治技巧。历朝历代的许多理想主义者，只是站在赌桌边焦急地搓着双手，魏了翁则顽强地挣扎着，收集筹码，想出策略，上朝廷试试手气。批评魏了翁的明代人不明就里，不知道在地方政府为官的成功不能转移到朝廷政治上，官僚政治复杂化的、渐进式的再调和主义是解决专制主义问题唯一可行的改进途径。在倡导恢复宋初实践的过程中，魏了翁尽可能采取了最佳策略。对魏了翁的批判，来自冠冕堂皇的治国理论，而忽视了实际的政治环境，是毫无意义且不公平的。

---

① 《鹤山先生大全文集》卷 25，第 230—234 页；《宋史》卷 437《儒林七·魏了翁传》，第 12970 页。

真德秀与治国之道

狄培理（Theodore de Bary）

朱熹、真德秀与治国之道

一直到最近，在讨论新儒家政治哲学时，有一种倾向，认为它是一种几乎完全以"政治教化"为目的的思想体系。这种道德"理想主义"，与更为功利性的"现实主义"形成了鲜明的对比，后者更重视制约人类行为的历史环境，尤其是影响政府实际行为的权力因素。如果后一种更具"现实意义"的方法被认为是"治国之道"的实践，那么以程朱学派为代表的新儒学似乎与之相左。

我们可以参考富有影响力的现代历史学家对这种流行观点的两种表述。首先，是费正清（J.K. Fairbank）的说法：

在政治上，理学家认为君王必须了解真正的治国之道，并通过道德上自我修养成为圣人。在实践上，正统理学主要强调人在道德上的提高。通过研读经书和考试制度，它变成灌输儒家忠孝等原则的愈来愈有效的工具。[1]

另一种说法强调了类似的道德方法，但并没有认定它是行之有效的社会控制工具，而是喋喋不休地称其无力处理实际问题。在描述明朝廷任何理性处理国家事务的尝试都是徒劳的时候，黄仁宇感叹道：

即使是技术上的问题送交御前请求决定，也要翻译成为道德问题，以至善或极恶的名义作出断语。在这种具体情况下，只有使全部文官按照"四书"的教导，以忠厚之道待人接物，约束自己的私心，尊重别人的利益，大事化小，小事化无，朝廷才能上下一心，和衷共济。[2]

这种以"政治道德化"为主要内容的朱子观，如果没有实质内容的话，是不会得到人们广泛认同的。明朝余祐[3]（1465—1528）将朱熹的政治学说编纂成书，冠名《文公先生经世大训》[4]。此书开篇引用了朱熹1188年上书中的一句话——我在《理学与心学》（*Neo-Confucian Orthodoxy and the Learning of the Mind-and-Heart*）中引用过它，将其作为朱熹进谏宋孝宗的精髓——这句话出自朱熹题为《人主心术》的六篇文章中的第一篇：

---

[1] J. K. Fairbank, *The United States and China* (Cambridge: Harvard University Press, 1948), pp. 71-72.

[2] Ray Huang, *1587: A Year of No Significance* (New Haven: Yale University Press, 1981), p. 79.

[3] 余祐（1465—1528），胡居仁的弟子，也是王阳明的批评者。See Goodwich and Fang, eds., *Dictionary of Ming Biography (DMB)*, 1624-1626;《明史》卷282《儒林一》，北京：中华书局，点校本，1974，第7233页；黄宗羲《明儒学案》卷3《崇仁学案三·侍郎余讱斋先生祐》，36-37。

[4] 完成于1514年，由湖广布政司出版于嘉庆五年（1526），载于《学海类编》子部儒家类。

臣之辄以陛下之心为天下之大本者，何也？天下之事千变万化，其端无穷而无一不本于人主之心者，此自然之理也。故人主之心正，则天下之事无一不出于正；人主之心不正，则天下之事无一得由于正。[①]

正因为这个原因，朱熹接着说，圣王舜告诫君主在判断和坚持中庸之道时，要做到心态极简且专一。这和之前朱熹在 1162 年奏议中传达出的信息是一样的，他认为这是圣人们"口授心传"的基本信息。朱熹也将其与《大学》的教导联系起来。[②] 在重要的《中庸》序言中，朱熹进一步提到了从圣人传下来的"道统"核心同样是关于精练和专一的思想。由于这些思想在朱熹对皇帝的讲经时也有突出的地位[③]，我们有充分理由接受它们作为朱熹政治学说的一贯核心，通过直接针对在位君主的经筵讲义来加以传播。

也许后世没有注意到的是，朱熹特别在他的奏议中针对这一概括性的建议，对当前政事给出了更具体的意见。其中许多意见可以划归实用的治国之道范围。在刚才提到的奏议中，包括改革内宫、选拔大臣、整顿吏治、整顿税制、加强军事管理，等等。朱熹奏议的具体内容，谢康伦在其有关朱熹政治生涯的文章中已经做了论述[④]，此处不再赘述。由于奏议涉及的朝廷事务，往往不是朱熹本人可以积极参与的，而且奏议是就历史上特定时间的问题而言的，其具体内容对后代来说可能意义不大，没有太多紧迫感，因为后代并未在相同的情况下遇到这些问题（刚才提到的那些内容在明版《文公先生经

---

① 朱熹《晦庵先生朱文公文集》卷 11《戊申封事》，21b，京都，中文出版社，1977，第 677 页。

② 朱熹《晦庵先生朱文公文集》卷 11《壬午应诏封事》，3b-4a，第 644—645 页。

③ 朱熹《晦庵先生朱文公文集》卷 15《经筵讲义》，1a-21b，第 849—888 页。

④ Conrad Schirokauer, "Chu Hsi's Political Career: A Study in Ambivalence," in A. Wright and D. Twitchett (eds.), *Confucian Personalities* (Stanford University Press, 1962), pp. 162-188.

世大训》中实际上被删除了，该版本只是将朱熹更为笼统的说法串联起来）①。从这个观点来看，处理越具体的问题，就越需要了解历史环境，才能把握其意义；建议越普遍，就越有可能被后来的新儒家奉为圭臬。

的确，在时间和地点上距离朱熹越远，这一点就显得越真实。朱熹关于治术及其责任的言论，如果浓缩在他的《四书章句集注》或《近思录》（大多数有文化的人都熟悉这些内容）几个精心选择的词语中，比它出现在相对不那么容易理解的、提及往事的奏议中，更有可能引起人们的注意。朱熹《大学章句》中的精辟语录，很容易成为其教义的核心，真德秀后来在他的《心经》中选录的语录②也是如此。不难理解，这些内容如何又被伟大的朝鲜学者李退溪奉为朱熹学说的精髓，纳入其《圣学十图》中。③这构成了李退溪对朝鲜国王指导的核心部分，作为帝学的主要工具，延续了经筵的传统。

正如前文对余祐的描述，使用这种新儒家"经世"传统，我们可以通过君主的自我修养，特别是自我精神控制，从而确定一种政治教化的学说。余祐称，朱熹所称的"心术"或"心法"，在《尚书》16字训诫中有所表述，敦促"惟精惟一"和"允持厥中"。正如朱熹在经筵讲学中所解释的那样，"心术"还与《大学》中的自我修养方法相同④，也同样见于朱熹《中庸序》中。"心术"直接与其对人心与道心的区分有关，前者容易自私自利，容易犯错，后者则无私奉公。⑤心灵的"术"，代表了个人在做出这种区分和相应地自我处理上的技能。这是一门人文艺术，不是机械科学。

---

① 余祐《文公先生经世大训》卷1，1a。

② 真德秀《心经》，台北图书馆藏明朝初年版。*See Neo-Confucian Orthodoxy, p. 228, n.2.*

③ 李退溪《圣学十图》，收入《李退溪全集》，东京：李退溪研究院，1975，第2册，第260—261页。

④ 朱熹《晦庵先生朱文公文集》15，17a，第881页。

⑤ 朱熹《中庸章句》，收入《四书章句集注》（中国子学名著集成本），台北，1978，第37—40页。

在"帝学"（"帝王之学"的缩写）中提出的这种"政治道德化"（见于经筵讲义、真德秀的《心经》和李退溪的《圣学十图》中），首先指向君主的良知，或者说是号召为政府服务的"君子"的高尚责任感。它基于这样一种假设，即政治教化是通过君主的模范行为来实现的，在个人行为和行使权力时须要求自己遵守最严格的道德责任。

传统上，这一原则被称为"教化"。朱熹关于君主正心产生重要影响的语言（朱熹在其奏章中引用，真德秀在《心经》中重复，余祐亦重复）来自汉儒董仲舒①。朱熹是这种道德教化的倡导者，这并非偶然。在经筵讲义中，朱熹对当时教化的实践持保留态度，他更倾向于说"新民"②，正如朱熹在《大学》开篇注疏中所做的那样③。朱熹所谓的"新民"，就是要帮助人们回归最初的道德本性，即回归"道心"。在《大学》注疏中，朱熹还使用了"修己治人"④（或"修身治国"）这个词，意思是通过自律来治人或治国。朱熹认为帮助人们实现修己的过程，这本质上是"新民"，因此他坚持认为，君主不会向人民灌输他们尚未掌握的内容。⑤换句话说，这种教化实际上并不是教化的过程，而是一种唯意志论的复兴过程。

---

① 董仲舒《董子文集》（畿辅丛书本）卷 1，5b；*Neo-Confucian Orthodoxy, p. 115*。

② 朱熹《晦庵先生朱文公文集》卷 15《经筵讲义》，15a，第 877 页；17a，第 881 页。

③ 《四书章节集注》，7-8，12。

④ 《大学章句》序；亦见关于"平天下"的注疏（10，32）。"修己治人"是朱熹最喜欢的表达方式，显然是他的原创，see Morohashi Tetsuji, *Daikanwa jiten* (Tokyo 1960), 721-104。它通过个人榜样转变的力量，传达了人类社会的秩序。"治人"可以这样理解，不是作为独立的活动，如统治或控制他人，而是被视为个人和社会的自治过程。根据 *Ni Teizensho sakuin*, Kyushu daigaku Chugoku tetsugaku kenkyushitsu, 1974。这一表达并不见于《二程全书》。

⑤ 在他的《孟子章句》（卷 5《滕文公章句上》，7）中，关于那些先觉者或开悟者的作用，以及他们协助人民开悟的义务，朱熹明显地赞同程颐的观点，即认为领袖只是唤醒人们已经拥有的东西，他们的固有本性，而不是与他们分享或传授他独有的东西。"皆彼自有此理，我但能觉之而已"。见《四书章句集注·孟子章句》卷 9《万章章句上》，93，第 744 页。

后来，朱熹的《四书章句集注》成为传统中国教育最基本的文本——实际上东亚教育普遍使用此书——但这并不能保证人们普遍遵守朱熹的道德哲学，或尊重其本质上的唯意志主义精神。相反，这些理想主义原则天生就容易被人们滥用，无论是狂热的情感、陈词滥调的背诵，还是生吞活剥的使用。然而，如果新儒家在后来的时代继续遵循这些原则，就像他们一直坚持到 19 世纪那样，我们不能认为这只是说说而已。在对清初程朱学派的讨论中，卫德明（Hellmut Wilhelm）承认程朱学派领军人物始终不渝地坚持这些理想。[①] 因此，我们更有理由怀疑，卫德明对"修己治人"这一基本概念的表述，是否充分传达了其含义。[②] 卫德明将帝学解释为"帝王学"（emperorology），他说这个术语是由现代日本理学家创造的，这加剧了我们的怀疑。[③] 虽然这证明了卫德明作为学者谨慎地承认其信息的大概来源，但这并不能使我们确信他熟悉这一概念在其早期新儒家构想中的核心重要性。

真德秀在其《心经》结尾的赞中，以这样一句话开头："舜禹授受，十有六言，万世心学。"接下来是真德秀对圣人心学的简明阐述，充满了人类思维的危机感，这种危险感来自人的心灵，如果私欲不受道心控制，那么这种危险感就会压倒人在感知和保持道心方面的困难感。因此，做出精确的道德判

---

① See Hellmut Wilhelm, "Chinese Confucianism on the Eve of the Great Encounter," in M. Jansen (ed.), *Changing Japanese Attitudes to Modernization* (Princeton: Princeton University Press, 1962), p. 284. 尽管卫德明倾向于强调儒家学说对国家和王朝的适应性，他也承认一些重要的例外。

② 卫德明引用了 1735 年雍正皇帝征引的文字。皇帝本人并非不是按照卫德明的解释来理解"修己治人"意思的，但是如果将其视为对朱熹语录的征引，那么朱熹本来的意思和雍正自己的解释是可以区分的。See Wilhelm, p. 285.

③ See Wilhelm p 391, 其注释 43 为"'帝王学'，这个词是麓保孝（Fumoto Yasutaka）创造的"。接着是对麓保孝文章的引用，in *Toyo Gakuho* 32, no. 1（1948 年 9 月）。实际上，除了其在宋代的用法以外（我在《道学与心学》，第 29—30 页，第 93—98 页讨论过），该术语的现代用法，源自麓保孝的老师诸桥辙次（Morohashi Tetsuji），这是麓保孝本人向我承认的。

断需要有技巧，需要有辩证思维的技巧（相比之下，佛家思想在真理较高层次上不辨是非，在较低层次上不加区分地盲目适应）。我们需要时刻保持警惕，以防止感官欲望和自私野心的微妙诱惑。真德秀敦促君主要一心一意地压制欲望，毫不留情地攻击欲望这一敌人，并压制哪怕最轻微的偏离礼仪的思想。[①]

我曾在前文提到真德秀《心经》的特殊严谨性。谈到压抑私欲和克己时，它接近西方清教主义的宗教强度。[②]这也许反映了周敦颐对真德秀的特殊影响，周敦颐曾说过圣人完全“无欲”，这与孟子只是“寡欲”的温和学说有些不同。在讨论“道统”时，真德秀详述了敬畏在这一点上的重要性：

> 志于道者，其将奚所用力乎？缅观往昔，百圣相传，敬之一言……气之决骤，轶于奔驷，敬则其衔辔也；情之横放，甚于溃川，敬则其堤防也。[③]

真德秀再一次强调其重要性：

> 夫私意横生，理蔽于欲，然后流而不仁尔。然则求仁之方，其孰有先于克己者乎？……克者何？战胜攻取之谓也。私意方萌，本心未泯，则理与欲对，正两军交绥鏖垒之时也。直者胜则曲者负矣，理为主则欲为客矣。兵凶战危，夫人而知之私欲之害，惨于镆邪而烈于燎原之火，非知道者不能察也，是则志道必贵于求仁，而求仁莫先乎克己。[④]

---

① 《心经》，21b-23a。

② *See Neo-Confucian Orthodoxy, pp. 78-81, 124.*

③ 《西山先生真文忠公文集》（国学基本丛书本）卷26《南雄州学四先生祠堂记》，第448—449页。

④ 《西山先生真文忠公文集》卷33《志道字说》，第583—584页。

真德秀在其他地方肯定了人性本善，而且像朱熹一样，他不承认世界上有终极的恶——重要的是记住真德秀讲话的语境：他主要是在对君主讲话。真德秀如此猛烈抨击的人性弱点未必具有典型性：他们是历朝历代的君主，推而广之，是辅佐君主的统治阶级，其弱点与其拥有的权力成正比。受过教育的精英们可能会以这种特性来认同自我，并根据历史和文化环境，对如此崇高的服务理想的挑战做出回应。另一方面，为这样一个精英领导阶层制定的道德准则也有其自身局限性。如果它被一般化并在那些无法看到自己处于同样角色的人，或者未能在自身上找到弱点的人，或者未能一开始就如此严苛要求的人之间加以规定，人们可能会预料到紧张和排斥的迹象。①

刘子健提请人们注意魏了翁思想中的类似品质。② 和真德秀一样，魏了翁的政治经历饱受与昏庸君主打交道的挫折，君主无能，还伴随着放纵无度和自甘堕落。真德秀、魏了翁是 13 世纪初道学的同道领袖，彼此有着深厚的情感共鸣。③ 因此，我们有理由相信，在一场近乎摩尼教式的光明与邪恶斗争中，真德秀并非孤军作战。这并非真德秀独有的特点，而是其他新儒家理想主义者所共有的特点，他们试图"教化政治"的努力并非失败于反叛的臣民手中，而是最终受挫于乖谬的君主。

然而，就像黄仁宇所说的那样，这里可能有更多的因素在起作用，而不仅仅是中国人长期以来根深蒂固的倾向，即在善与恶、英雄与恶棍之间选择一方。1232 年，真德秀知泉州，在他发表的公告中，在谈到孝的美德时，新儒家的道德理想主义接近中世纪的宗教狂热。真德秀列举了一些特别值得称赞的例子，以体现"孝"非同凡响的自我牺牲精神，例子的夸张接近了大众

---

① *See Neo-Confucian Orthodoxy, p. 124.*

② 参见本书第 9 篇文章。

③ *Neo-Confucian Orthodoxy, pp. 17, 87, 150.*

佛教中菩萨的极端利他主义和自我牺牲精神。真德秀最敬佩的是两个年轻人，他们（如果可信的话）割肝为药，给生病的父母吃。另一个年轻人（让人想起著名的《二十四孝》），割股为羹给父母吃。真德秀在府衙设宴款待了这个年轻人，并用旗鼓送他回家。类似的，进士的女儿割股为药，给生病的父母吃，这促使真德秀特意撰文称赞她的美德。[1]

诸如此类的例子可能会引起现代历史学家的怀疑，事实上，真德秀所处时代里更理性的儒学意识可能也会对此表示怀疑。我的记忆中，在朱熹本人的生活和著作中，从未赞成过这种近乎自残的行为。尽管要证明这一点最终需要对朱熹的大量著作进行更多的研究（今日之人认为不值得这样做），但可以肯定地说，朱熹可能认为这些做法实际上违背了儒家经典中所说的"身体发肤，受之父母，不敢毁伤"，还会认为这些行为走向极端。

以上所述，足以证明真德秀确实相信这种非凡的道德英雄主义的可能性。这为真德秀量身定做了一种理想主义和严谨性，他希望在自己的《心经》中颂扬这种精神。从这个角度来看，我们当然可以相信，政治教化在真德秀所处时代的新儒家思想中是强有力的组成部分。

当然，人们可能会想，除此之外是否还有其他原因。真德秀《心经》中所表达的观点，很大程度上借鉴了《中庸》和朱熹的《中庸章句序》。然而，对真德秀来说，心学与《大学》是同等重要的。而事实上，在"四书"中，朱熹将《大学》放在首位。在帝学中，尤其是在为君主经筵讲经的时候，是真德秀的《大学衍义》而不是《心经》在朝廷上发挥着如此重要的作用，成为真德秀关于政府观点在后世的体现。那么，接下来的问题是，在真德秀的这部主要著作中，我们是否会发现对君主的建议在语气上不那么说教，在内

---

[1] 真德秀《政经》（1242年明版），386-389a。（承信郎周宗强割股以疗亲疾；"进士吕洙女良子刲腹救父，随即痊愈，亦立懿孝坊，自为之记"。——译者注）

容上更有利于现实的"治国之道"。

真德秀与《大学衍义》

在之前的论著中，我已经指出了真德秀的《大学衍义》对元明时期经筵中教授皇帝新儒家学说的重要性。[1] 对这个问题的另一种观点，来自伟大的朝鲜士大夫郑道传（1342—1398）。李朝建立时，郑道传通过借鉴北宋的模式和教训（包括那些与王安石有关的），在朝鲜李朝初期进行制度改革，显示了他对新儒家治国思想更广泛的认识。[2] 毫无疑问，郑道传也清楚朱熹本人对王安石存在的问题和改革纲领的开明理解，并不认为这种治国思想是朱熹思想中的外来之物。与此同时，在朝鲜宫廷举行经筵时，郑道传明确将真德秀的《大学衍义》作为主要文本。[3] 在后一种情况下，郑道传一定认为真德秀的著作是最适合君主的指南，而在前一种情况下，郑道传概述了一个宏大的国家改革计划，这个计划将由大臣们执行（郑道传实际上对分离王和宰相的职能已经有相当明确的意见）。[4]

在 1234 年进呈《大学衍义》给皇帝的奏议中，真德秀非常简明扼要地介绍了自己的意图与其话语的基本术语：

> 臣闻圣人之道，有体有用。本之一身者，体也；达之天下者，用也。尧

---

[1] *Neo-Confucian Orthodoxy*, pp. 124-126, 152-185.

[2] See Chong Tochon, *Sambong jip* (Seoul, 1971), esp. ch. 6 Kyongje mongam (1395), pp. 128-203; and ch. 7 Choson kyongguk chon (1394), pp. 204-252; also Chai-sik Chung, "Chong Tochon, Architect of Yi Dynasty Government and Ideology," in W. T. de Bary and JaHyun Kim Haboush (eds.), *The Rise of Neo-Confucianism in Korea* (New York: Columbia University Press, 1985), pp. 59-88.

[3] Chong Tochon, *Sambong jip*, pp. 204-208.

[4] Chong, *Sambong jip*, pp. 161-162; Chung, "Chong Tochon," p. 67.

舜三王之为治，六经、《语》《孟》之为教，不出乎此，而《大学》一书，由体而用，本末先后尤明且备。故先儒谓于今得见古人为学次第者，独赖此篇之存，而《论》《孟》次之。盖其所谓格物致知、诚意正心、修身者，体也；其所谓齐家、治国、平天下者，用也。人主之学，必以此为据依，然后体用之全，可以默识矣。①

我们现在面临的问题是，真德秀的作品是否以及如何以不同于他在《心经》中浓重的说教方式来实现这些意图。这可能来自更多关注自我修养的知识和认知方面（与道德纪律相反），或者来自更具体地处理政府机制／职能方面。因为真德秀认为物质与功能、学习与实践是密不可分的，如果我们不首先认识到要处理的是重点和程度上的差异，而不是本质上的差异，那么在学习和实践之间划一条界线，可能会让我们对问题产生偏见。正如真德秀在《大学衍义》序中所言，儒家的治国之道"本之身而达之天下者"②。这意味着对待政府就像对待人一样，要采取整体的态度。一个真正人道的政府，将在其目标和职能中充分反映人类的各种个性需求和潜力。

从这个角度来看，《大学衍义》的结构富有启发性。第1卷致力于人类统治的目的和优先考虑。接下来的3卷，处理学问的目的和优先事项（这里主要指君主应该学习什么）。第5—27卷是该书的主要部分，题为"格物致知之要"。在这个标题下，细分为两个主要部分，第一部分解释"道术"，第二部分解释"辨人才"，也就是说，如何承认并评价那些选择分担君主责任的人的才能、美德和能力。这种"学问"大多涉及道德判断，很难被认为是没有价值的考察。尽管如此，除了引用"经"中的基本原则外，真德秀提供的大部

① 《西山先生真文忠公文集·大学衍义》；《大学衍义札子》，7b-8a。（此段引文又见于《西山先生真文忠公文集》卷13《召除户书内引札子四》。——译者注）
② 《西山先生真文忠公文集》卷29《大学衍义序》，台北，1968，第516页。

分文献本质上是"史"，甚至考虑到儒学历史学家常年的道德关注，它仍然代表了大量的信息，真德秀希望君臣能够掌握这些知识，以培养他们做出政治判断的知情能力。

《大学衍义》的下一个主要部分，显然是与《大学》中直接涉及道德纪律的八项或八步中的"立心"和"正气"两项有关。与之前 22 卷专门讨论知识发展的内容相比，《大学衍义》只有 7 卷专门讨论道德修养本身，而且这些卷的篇幅相对较小。它们详述"敬"的基本美德，即"敬"的严肃性，这不是学问的第一步，而是一种基本的心态，一种对生命的尊重，这种尊重应该成为所有学问和行为的基础与动力。更具体的主题见于"戒逸欲"的标题下。真德秀在《大学衍义》序中总结道："沉湎之戒、荒淫之戒、盘游之戒、奢侈之戒。"①正如我在《理学与心学》中总结的那样：

> "戒逸欲"勾勒出帝国堕落和放荡的可悲记录：沉湎酒色、荒淫无道、盘游无度、奢侈无度等——儒家公卿大臣们都要痛心疾首地陪同着，他们受到了不敬且不专心的君主的漠视。②

从真德秀所举的例子和由之得出的结论中，我们可以知道这些都是朝廷的恶习，社会上对这些恶习并不陌生。真德秀在此处关心的主要是君主的行为对他人的影响及其为整个社会建立的道德基调。同样的道理也适用于"修身"这一卷。这一卷从狭义上理解为个人的行为举止如何影响他人，也就是说，这些行为举止是否为人们树立了有教育意义的榜样。

同样地，在该书的结尾部分——名为"齐家"的 7 卷，真德秀并没有像

① 真德秀《西山先生真文忠公文集》卷 29《大学衍义序》，第 516 页。
② 《大学衍义补》（1559）卷 31—34；de Bary, *Neo-Confucian Orthodoxy*, p. 123。

朱熹在《大学》《孝学》《近思录》或《朱子家礼》中讨论同一主题时那样，以一般人的角度来表述这个问题，相反，他再次相当具体地集中在君主家庭的问题上——皇帝治家。所引用的这些事例，说明了不限制后宫妻妾、内臣的数量和权力，会带来的危险后果，尤其是那些利用君主的弱点并导致灭国的阴谋的危险后果。这些话语更积极的一面是正确选择贤妻良母，保护合法妻子的权利，安排合法继承权，保护合法继承权不被颠覆，并为皇室成员提供教育。[①]

从对《大学衍义》的简短描述中，我认为在《理学与心学》中提供的更全面的总结[②]可以证明这一点，我们可以看到真德秀的大量编撰是如何始终集中于君主、朝廷及皇室。也就是说，只有在对人的能力进行评判这一环节——换句话说，选择公卿大臣上——作为政治沟通和协商的问题，真德秀进入对更大范围的政府程序的谈论。在这里，我们可以简单地了解到真德秀对朝廷上公开讨论重要性的看法，以及维持一种鼓励所有问题和要求公开讨论的氛围的看法。这样一来，就会暴露出阿谀奉承、诽谤、拉帮结派和侵吞挪用公款等行为。腐败见不得公开讨论的光，皇帝会看到浮出水面的真相。[③]

尽管这个特例意义重大，它并没有实质性地改变《大学衍义》对与皇帝密切相关之人和皇室的普遍关注。早前真德秀曾说过，格物、致知、诚意、正心是“道”的本质，而治家、齐国、平天下是“道”的功能。后来，丘浚观察到，真德秀只谈“治家”，没有处理“道”的其他两个方面的功能。这就构成了丘浚补充《大学衍义》的依据，甚至丘浚又编撰了另一部更大篇幅的著作，致力于“治国、平天下”。[④]

---

① 《大学衍义补》（1559）卷 36—43。

② *Neo-Confucian Orthodoxy*, pp. 106-123.

③ 《大学衍义》卷 27《格物致知之要四·察民情》，25a。（此处为意译。——译者注）

④ *Neo-Confucian Orthodoxy*, pp. 181-182.

　　然而，真德秀在其《大学衍义》序的结尾已经说过，在四个子标题（"重妃匹""严内治""定国本"和"严戚属"）下讨论了皇室的规定之后，"四者之道得，则治国、平天下在其中矣"①。虽然真德秀可能指的是"四者"，即四种主要的自我修养方法，而不是简单地讨论"齐家"下的四个问题，但令人吃惊的是，他对"体"或"用"的处理仅限于这些内部的、几乎都是治家的问题上。

　　对于那些被认为是"体"的问题，人们可以得出这样的结论：真德秀的著作主要关注的是"体"而不是"用"，但真德秀和丘浚都不这样认为。真德秀认为，通过解决当前皇室存在的问题，他已经充分处理了"用"，这大概基于这样的假设，即治家是治国的模型。②丘浚并没有对此提出质疑，只是从自己在中央政府管理方面更丰富的经验中"补充"了这一点。虽然丘浚的这种主张是适中的（这是儒家学者正常的低姿态），但他对经世的文学做出了自己的重大贡献。

　　然而，这里的重点不是丘浚的贡献，而是真德秀的贡献。除非我们考虑到真德秀在更早的帝学中出现的治国思想家中的相对地位，否则真德秀的著作在范围和内容上似乎都比丘浚的著作更为适中。我的意思并不是说17、19世纪的治国思想，将帝学作为其唯一甚至是主要的来源。我的意思是，从帝学的流派，以及朝廷上经筵讲义，真德秀和丘浚，到后代与其他新儒家学派混合的治国之道思想，有一条清晰的脉络。

---

　　① 《西山先生真文忠公文集》卷29《大学衍义序》，第516页。（"卷29"，原文误作"卷22"。——译者注）

　　② 朱熹在《近思录》中关于"治国平天下"那一卷的第一条，引用了周敦颐的一句话："治天下有本，身之谓也。治天下有则，家之谓也……家难而天下易，家亲而天下疏……是治天下观于家，治家观身而已矣。"见《近思录集注》卷8《治体》，1a-2a, trans. Chan, p. 202。朱熹对《通书》中这段文字的评注强调了这一点（Chan, p. 203）。

从这个角度来看，与真德秀著作相关的比较，首先是时间更早的范祖禹的《帝学》①和朱熹的经筵讲义。范祖禹主要是历史学家，如果他并非政治思想家，我们就很难理解，为什么程颐会把范祖禹的《唐鉴》称为自三代以来最伟大的作品。②另一方面，朱熹主要被视为哲学家，但他有很强的历史感。在这两者之间，已经开创了先例：阐述从经中提取的原则，然后用从史中提取的例子加以说明。在朱熹身上，最能说明这一点的见于他的《小学》，该书的每一主要部分都是引文，分别来自经和史。然而，虽然范祖禹和朱熹都提到了统治的问题，而且都是基于《大学》的标准，在我看来，他们都没有提供大量的历史文献，特别是关于早期王朝君主统治的实际行为，就像真德秀在《大学衍义》中做的那样。

朱熹（和真德秀）承认"经"是应用于"史"研究的原则性史料，也承认"史"相对于"经"模型的主张。一方面，朱熹否认王朝统治神圣不可侵犯；另一方面，他接受中央集权统治的历史演变事实，并怀疑在宋朝截然不同的情况下，重建封建制或井田是否可能。③这些经典模式可以作为衡量宋朝制度不足的标准，在此基础上，朱熹甚至大胆地说，宋朝的祖宗之法（即宋代的"宪法"）可能会被搁置一边，以应对当今时代不可接受的弊病。④

然而，历史是不可逆转的，除非出现纯圣，朱熹并未鼓吹全面复兴上古三代封建制，而是寄希望于修改现有的制度并改善行为。古典原则的权威性

---

① See *Neo-Confucian Orthodoxy*, pp. 93-98.

② 参见朱熹《近思录集注》（四库全书珍本）卷3，茅星来撰，台北：艺文书局。

③ 《朱子语类》卷97《程子之书三》，14b，第3964页；卷98《张子之书一》，21a，第4021页；卷108《朱子五·论治道》，1b-2b，第4260—4262页。Chan, *Reflections*, p. 235-237. 亦参见本书第4篇文章。

④ 朱熹《晦庵先生朱文公文集》卷70《读两陈谏议遗墨》，9a，第1279页；Ishida Hajime, "Shushi no kinei zengo kan," *Gumma daigaku kyoikubu kiyo: Jimbun-shakai kagakuhen*, no. 30 (1980): 67-68.

不容置疑，但鉴于历史变化不可抗拒的力量，古典模式可能被认为不切实际。因此，天命不仅通过人性中的道德要求（"心学"）得以彰显，而且通过天意决定的人的良知在特定环境下必须采取的历史要求得以体现。

在这方面，真德秀对治国之道思想的贡献（因为它与宋帝国的统治有关）具有三重意义。首先，显著提高了对皇朝统治的历史文献的关注度。虽然不应过分夸大，这种对比适用于前文提到的朱熹关于君权讨论的任何作品，也同样适用于范祖禹更具有历史意义的《帝学》。尽管真德秀的大量研究主要涉及儒家道德问题，但它仍然对历史学术研究和"格物"具有重要的价值，并将此作为其作品的主要关注点。因此，即使是真德秀对"物"的论述，也把认知学习放在首位，把"致知"作为"政治教化"的重要前提。

其次，真德秀在如此多历史事件中确立起君主统治的记录历史悠久且内容详细，从某种意义上说，人们可能希望它是具有教化意义的范例。相反，把它看作是对君主的启迪，就需要人们相信，王朝统治漫长且充满遗憾的历史，只有极少数值得敬仰的君主或者立下赫赫功劳的大臣的榜样，才可能具有某种震撼人心的价值。对于皇帝以外的读者来说，这一定是对一个又一个王朝悲观景象相当阴郁的叙述。的确，人们想知道它是否对皇帝本人产生了这样的影响。

第三，如果我上述的观点是正确的，我不认为它不会对丘浚本人对这个问题的看法产生影响。在我看来，即使与朱熹和真德秀同样关注统治方式的"全体大用"，丘浚从真德秀著作中汲取的教训，以及从他本人对明朝统治不断衰落的观察中，也极有可能促使他将《大学衍义》扩展到那些朱熹和真德秀没有涉及的政府管理领域。在这方面，丘浚可以实现他们的基本意图，同时也对那些问题做出更彻底、更"现实"的评估，而这些问题根深蒂固，远非仅仅通过补救措施可以解决。最后——在这个阶段，它只是试探性的假设，正如前面的第三点一样——在我看来，张居正对前面提到过的《大学衍义》的解读同样应该是清醒的，并且应该从丘浚那里得到启发，以更加现实的方法来实际解决此类问题。

真德秀与《政经》

在他们的仕途生涯中，真德秀在朝廷上的实际任职时间并不比朱熹长多少。对他们两人来说，个人的地方管理经验可能更重要。由于后来的经世思想本身往往涉及地方一级的具体问题，因此，朱熹和真德秀有关地方行政管理的著述，可以被认为是密切相关的。事实上，朱熹的独特贡献之一，很可能是他在地方层面上明确了自己的目标，并保留了有关地方问题的著述。这些都被收录在朱熹的文集中，在某种程度上，这是以前领导性学者没有做过的事情。[1] 这些作品后来被朱熹的追随者们引用，并连同其更富哲学性的著作，作为朱熹关于"道的整体与伟大功能"思想的一个组成部分。

真德秀在这方面的努力也是如此。有一本名为《政经》的书，被认为是真德秀的著作，在早期版本中，该书作为《心经》姊妹篇出版。[2]《政经》与《心经》的选择内容相似，但不同之处在于，它包含了真德秀作为地方官员的许多声明、指示、戒律和劝诫。清朝《钦定四库目录》的编辑引用这些文字作为证据，证明《政经》不可能是真德秀自己编辑的，因为他不可能冒昧地称自己的作品是经。[3] 尽管如此，我们没有理由怀疑这些内容实际上代表了真德秀的思想，也没有理由怀疑这些内容的实际意义：在真德秀看来，儒家价

---

[1] See Ron-guey Chu, "Chu Hsi and Public Instruction," in *Neo-Confucian Education: The Formative Stage*, ed. Wm. Theodore de Bary and John W. Chaffee (Berkeley: University of California Press, 1989), pp. 252-273.

[2] *Neo-Confucian Orthodoxy*, pp. 88-90.

[3] 《四库全书总目提要》卷92，上海：商务印书馆，1933，第1914页。

值观在政府管理中的实际运用，只是对他更为道德化的《心经》的必要补充。

《政经》在结构上主要分为两大部分：（1）取于经、史的材料；（2）关于宋朝行政管理和真德秀自己参与其中的材料。[1] "经"的部分篇幅相对简短，它由《书经》《周官》《论语》《孟子》《大学》《左传》等组成。虽然这些书本身也带有强烈的说教色彩，但在此主要引用它们涉及治理的实际过程，其次涉及辅助政府的内容。因此，它们与《心经》的内容有很大的区别，《心经》讲的是修身养性，尤其是意与心的训练。

为了保持这种重点上的差异，在所谓的"四书"选本中，那些来自孔子著作的摘录，多于《大学》《中庸》和《孟子》的摘录。《大学》第四章中的一段名言，与息讼有关，被认为来自孔子；《政经》没有引用更形而上学的《中庸》；孟子因其关于思想和人性的学说而在《心经》中被大量引用，这里只引用与治理直接相关的事项：例如，关于教导优于管制的说法（《孟子》卷7上《离娄章句上》，14，这里的"政""治"，被轻蔑地理解为主要依靠武力和决心获得人民的财富）——多少有些平衡化，因为它说"寡助之至，亲戚畔之"（《孟子》卷4上《公孙丑章句下》，1）。

《政经》多次引用《论语》（总共27句），其中最具代表性的是这部著作前面的一些名言，以及结束语：

道千乘之国，敬事而信，节用而爱人，使民以时。[2]（《论语》卷1《学而》，5）

道之以政，齐之以刑，民免而无耻，道之以德，齐之以礼，有耻且格。[3]

---

① 此处提到的《政经》版本是1242年明代重印宋本，藏于台北图书馆。参见《台湾图书馆善本书目》，台北，1967，第439页；吴德明编《宋代书录》，第172页。

② 《政经》，4a。

③ 《政经》，4a。

（《论语》卷 2《为政》, 3）

上好礼，则民莫敢不敬；上好义，则民莫敢不服；上好信，则民莫敢不用情。夫如是，是四方之民襁负其子而至矣。[1]（《论语》卷 13《子路》, 4）

以下是对与治理或行政有关的《春秋》内容的节选。第一个是出自《左传》襄公二十五年，然明关于"为政"向子产提出的建议：

"视民如子。见不仁者诛之，如鹰鹯之逐鸟雀也。"子大叔问政于子产。子产曰："政如农功，日夜思之，思其始而成其终，朝夕而行之。行无越思，如农之有畔，其过鲜矣。"[2]

来自汉代的例子是齐国的曹参，他在征求学者和人民的意见后，采取了自由放任、不干涉人民活动的休养生息政策，人民自我约束，齐国享有和平与安宁。[3]

其他汉朝的例子如下：由于四川是"蛮族"较多的地方，四川太守宽以待人，在教育方面做了很多的努力。太守在治所成都设置学官，在各县设置下级官吏，其结果是大大提高了社会公德，减少了内乱和纷争。[4]

在颖州[5]，太守黄霸特别努力地通过道德教化来改变人们。此外，尽管年事已高，身体欠佳，因为他特别了解腐败行为，能够预防或发现腐败行为，黄霸仍然担任高级官员。相应地，黄霸减少地方政府对百姓的盘剥，改善行

---

[1] 《政经》, 7a。

[2] 《政经》, 9a。英文翻译采用 James Legge, *The Chinese Classics*, 2nd ed., v. 5, 9:517。

[3] 《政经》, 10a。

[4] 《政经》, 10b-11a。

[5] 位于荆西北。See Hope Wright, *Geographical Names in Sung China* (Paris: Ecole Pratique des Hautes Etudes, 1956), pp. 147, 183.

政管理，提高了当地的整体发展水平并增加了人口。①

汉宣帝时，在爆发饥荒和盗贼横行的地区，龚遂采取了宽大的政策，以招安盗贼，安抚百姓，鼓励农牧养蚕和植树造林。②

其他例子，包括有位太守大规模兴修水利工程，使更多的土地得到耕种；建立解决水权纠纷的程序（包括将规则刻在石头上，并将其放置在有争议的稻田区域）；督促郡、县下属官吏节约；并亲自调查官吏不当行为。这些努力大大促进了农业发展，使人们重新定居，增加了人口，减少了盗匪活动和诉讼。通过这种方式，这位太守赢得了人民的爱戴，人们亲切地尊称他为父亲。③

在真德秀引用的十几个太守的历史事例中，不变的道德原则在处理具体地方问题时得到了特定的应用。我们熟悉的例子是那些善良的官员对待人民就像对待自己的孩子一样，鼓励官员和人民之间产生一种爱和信任的感觉，同时这些官员还采取具体措施，简化行政，精简法律条文，减少惩罚数目。还有一些人积极努力说服诉讼当事人通过协商的方式来解决他们的分歧，友好地解决家庭纠纷；他们采取行动修整道路，以促进交通和货物交换；他们通过修建和修复学校来推动教育；他们提倡家庭生活的价值，鼓励达到结婚年龄的男女完婚，即使有些费用是由公费支付的，而不是让男女随便同居（朱熹也发现这种现象在他那个时代很普遍）。④

到目前为止的讨论，涉及《政经》中所包含材料的前三分之一，但从正式意义上讲，它代表了构成《政经》的内容。剩下的三分之二涉及宋代的管理，被认为是对《政经》本身的补充。

---

① 《政经》，11ab。

② 《政经》，11b-12b。

③ 《政经》，13ab。

④ 《政经》，13b-18a。

首先是南宋时期颁布的一系列法令，其中许多都与征税有关。例如，以徽州歙县 ① 为例，该县因征税困难而名声不佳，直到有知县设计出一种方法，在不同地方定期征税，而不是试图在整个县一次性征税。这样就减轻了有关吏的收税工作，并使得保存更准确的记录成为可能。②

隆兴丰城 ③ 利用中间人收税，为各种弊端打开了大门。为了解决这个问题，负责的官员设计了一种新型的税务登记簿，详细记录了所有参与收税的人的名字和每个人在这一过程中所起作用的细节。④ 类似地，在潭州（现代长沙），使用税收中介机构为腐败行为创造了机会。部分解决方案是建立中间人簿记，按照规定的格式逐行记录他们的交易记录。⑤

其他事例表明，在实现官方目的方面，可能有效的手段多种多样。其中之一是通过社交活动安抚当地的保长，让他们了解官员的善意，在欢乐的觥筹交错之间传达合作的意向，减少不满。⑥ 在另一个事例中，官员解决贿赂猖獗的办法，是发布特定证书的收费标准。⑦ 最后，在其他手段无效之后，可以合法地诉诸法律和区别使用法律。

文末是真德秀本人的简短评论。在评论中，真德秀对这些做法普遍表示赞同，特别赞扬了歙县使用的税务登记簿的规格编制得如此详细。⑧ 保持准确的记录，是善政的关键之一。"省律令"可能是儒家（和真德秀）认为的政府的首要目标之一，这主要适用于刑法，而当民事管理事务中需要更高的法律

---

① 歙是江南徽州的属县，Wright, p. 56。

② 《政经》，19ab。

③ 丰城位于江南洪州，Wright, p. 44。

④ 《政经》，19b-20a。

⑤ 《政经》，20a。

⑥ 《政经》，20ab。

⑦ 《政经》，20b。

⑧ 《政经》，21ab。

精确度和细节方面的要求时，真德秀觉得没有这种顾虑。

《政经》的第四部分，也是最后一部分，同样是篇幅最长的部分，专门叙述真德秀自己的公开声明，包括以下内容：

1.《帅长沙咨目呈两通判及职曹官》（1222），会集十二县知县议事以诗送

2.《谕俗榜文》（1222，潭州）

3.《知泉州军事公告》（1232）

4.《劝谕文》（泉州，1232）

5.《谕州县官僚》（泉州，1232）

6.《劝谕事件于后》（钦州，1232）

7.《帅福建晓谕文》（福州，1233）

8.《帅长沙劝民置义仓文》（长沙，1222—1225）

虽然这些文件占了该书一半以上的篇幅，但我们在这里必须以选择和总结的方式处理它们的内容。① 以节略形式呈现的三条中，我引用了第一条（《帅长沙咨目呈两通判及职曹官》，1222），其中提到"四事"要"自勉"，地方官员要去"十害"。真德秀经常重复这些内容，并且在后代被人们广泛引用作为官员行为的标准戒律。

四事（自勉）

1. 律己以廉

2. 抚民以仁

3. 存心以公

_____

① 我在这里所讨论的，仅限于真德秀在后世广为流传和备受人们推崇的那些作品的内容。他的文集（《真西山先生文集》）中包含了许多关于真德秀政治思想和政治实践的附加信息。然而，总的来说，这里的观点可以通过他的其他著作中的证据得到证实。哥伦比亚大学的朱荣贵（Ron-guey Chu）正在对真德秀的作品进行更全面的研究。与他讨论这些问题，并看到他的一些初步研究成果，使我受益匪浅。

4. 为政以勤

十害

1. 断狱不公

2. 听讼不审

3. 淹延囚系

4. 惨酷用刑

5. 泛滥追呼

6. 招引告讦

7. 重叠催税

8. 科罚取财

9. 纵吏下乡

10. 低价买物

真德秀的其他声明中，在泉州[①]发布的"文告"（前文"公开声明"中的第 5 条），在范围和种类上是最全面的。[②]该篇的开始段落是对上述"四事"的评论。真德秀的这篇文章可以改述和总结如下：

廉。泉州是著名的外贸中心，异国情调的物品和奢侈品随处可见。有权势的家庭经常将其用作贿赂官员的礼物。要保持清廉，必须专注于德行，而人们往往认识不到这一点。即使官员有其他美德，如果他容易收受贿赂，他就像某个不管有多漂亮都可以被买卖的女人。因此，当一个人独处时，他必

---

① 真德秀在 1216—1219 年知泉州军州事，1232—1233 年再知泉州。

② 真德秀的文集《西山先生真文忠公文集》（四部丛刊本）卷 40《潭州谕同官咨目》，22a-25b，包含这一指令的精简版，其中删除了标题为"鼓励和说明事项"内容末尾的大部分。类似情况也见于《谕僚属文》（四部丛刊初编本），这是真德秀政治著作的简短汇编（编者、日期均不详）。然而，彭韶编辑的明代选本《西山政训》是未删节版。彭韶还编辑了一本《朱文公政训》。两书以《政训》为名，合并在一卷中印刷出版（序的日期是 1476 年）。

须注意自己的诚实正直。①

仁。正如朱熹所说，即使是地位低下的士人，如果有一颗爱人之心，也能造福人民。对那些簿尉来说，情况也是如此，而那些身处更高职位的人更是如此。其行动对他人的影响越大，他们就越需要对人民的苦难保持敏感，特别是在对他们施加酷刑和惩罚的时候。②

> 己欲安居，则不当扰民之居；己欲丰财，则不当朘民之财。故曰：己所不欲，勿施于人。其在圣门，名之曰"恕强勉而行可以致仁"。③

因此，廉是基于互惠和人性的原则。

公。真德秀认为，"公"是建立在天理的基础之上的，天理是固定的，不受私欲和偏袒的操纵。那些认为他们可以为了自己的目的而歪曲原则的人：

> 殊不思是非之不可易者，天理也；轻重之不可逾者，国法也。以是为非，以非为是，则逆乎天理矣；以轻为重，以重为轻，则违乎国法矣。居官临民，而逆天理违国法，于心安乎？④

勤（艰苦的工作）。根据真德秀"四事"的第四条原则，支持"勤"适用于所有社会阶层的职业道德。人类每一次努力的成功，都依赖"勤"。农民永远需要"勤"，依靠农民"血肉"的官员，也负有同甘共苦的义务。真德秀特别直言不讳地谴责官员酗酒、聚会和赌博的堕落趋势。官员们应该每天从早

---

① 《政经》，35b。
② 《政经》，36a。
③ 《政经》，36b。
④ 《政经》，57a。

到晚都要为人民服务，只有法定节假日才能娱乐。[①]

在这篇文章总结要注意的"四事"时，真德秀敦促同事们检点他们的良知并进行改革，用新儒家的术语来说，就是要"洗心"和"自新"。如果他们不这样做，公众对他们的批评就会接踵而来，真德秀自己也认为这些批评不会被压制。[②]

崇风教

接下来的文献，处理的是涉及指导和鼓励人民的事项。它首先需要处理的是改善道德和教育，其中最优先的是促进孝道和兄友弟恭。官员们被要求报告其治下的模范行为，这样他们就可以得到荣誉和奖励。正是基于这一点，真德秀报告了之前提到的一些非同一般的自我牺牲的例子（将自己的肉喂给父母吃等）。应该谴责那些不孝或不忠的人，在极端情况下，对这些人应该当众用棍棒惩戒或判处劳役，但应当首先予以劝诫和挽救，惩罚措施将是最后的手段。

在这方面，真德秀还讨论了族人之间的诉讼。真德秀说，在处理这类诉讼时，他的一贯做法是通过说服来寻求和解。在家庭财产分配的纠纷中，真德秀试图说服父母或长辈公平分配，只有当双方争执不下时，他才会介入解决。他要求下属遵循这种做法。

接下来，真德秀谈到了教育问题，主要是正规教育。尽管这应该是最优先考虑的，真德秀认为许多地方官员忽视了这一点：

访闻诸县有不以教养为意者，赡学之田或为豪民占据，或为公吏侵渔，甚至移作他用，未尝养士。其间虽名养士，又或容其居家日请钱米，未尝在

---

① 《政经》，37b。

② 《政经》，37b。

学习读。或虽在学，未尝供课。或虽供课，而所习不过举业，未尝诵习经史。凡此皆有失国家育才待用之本意。①

朱熹（以及其他新儒家学者）尤为重视维持正确的学校制度，真德秀的这些观察是实现这一新儒家主要目标屡次失败的原因的重要证据。真德秀的解决办法是通过以下方式"整顿"学校管理：

1. 究心措置学田所入，严加钩考，毋令渗漏。
2. 计其所入，专以养士。
3. 仍请主学官立定课程。
4. 每旬一再讲书，许士子问难。
5. 再讲之日，各令覆说前讲者。
6. 举业之外，更各课以经史，使之绸绎义理，讲明世务。②

根据真德秀的说法，在受过教育的人当中，泉州人以其学问水平精湛和德行高尚而享有盛名。真德秀上任时，他收到了许多当地人的来信，他们在信中以知情人的方式讨论了当前的问题。一定还有其他这样的人，但真德秀到目前为止对他们还一无所知，尤其是那些为人正直的人，他们宁肯甘于贫困，也不愿为了追求权力或地位而做出妥协。应该以最尊重的方式邀请这些人到学校任教，并为年轻人树立榜样。③

---

① 《政经》，40a。
② 《政经》，40ab。
③ 《政经》，40b。

清狱犴

监禁涉及宝贵的人命。除非通过法定程序，否则任何人都不应被监禁，地方法官应亲自监督这一点，不应将调查和审讯交给吏——吏经常强迫被告认罪，在这个过程中经常使用酷刑，并利用这些逼供向被告家属勒索钱财。囚犯没有足够的食物、衣服和遮盖物，经常饿死或因寒冷冻死。那些被关在囚笼里的人，脖子上会起水泡，然后溃烂。监狱的情况是拥挤不堪和污秽肮脏的。真德秀详细讲述了这些弊端。但即便如此，他说这还远远不够。地方官应珍视人的生命，并确保停止这些虐待行为，要亲自检查监狱的条件，惩罚违法者。

真德秀认识到地方长官职责繁重，因此他们允许助手处理审讯，并批准任命单独的司法官员。然而，这在某些情况下导致了权力完全下放和玩忽职守，真德秀现在希望纠正这种情况。①

平赋税

在这一节中，真德秀表达了他关注税收中普遍存在的滥征现象并有意制止这一现象。这些滥征现象包括：要求在正式缴税日期之前缴纳税款；使用超出纳税人应该承担的税款以外的非常规缴税措施；责令保甲头目负责补缴税款；没有正确记录征收的税款，或没有向缴纳人发出经核证的收据；以各种不合理的借口征收附加费。真德秀的政策反映了对公平、人道待遇和严格合法性的关注。对于那些基本上不熟悉税务的人来说，他们似乎也对了解和处理实际情况表现出了兴趣，但真德秀是否有任何特殊能力，要由那些比我更了解宋财政问题的人来判断。②

---

① 《政经》，41b。

② 《政经》，43b-45a。

禁苛扰

真德秀的政策，是让当地下级官员通过"保司"与村民打交道，而不是差人下乡——像"诸色公吏"，往往骚扰百姓。在发现越来越多的违法事情后，他希望重申并强化这项政策。尊重地方自治是基本原则，州府不干涉属县的事务，后者应该也不干涉乡村事务。

真德秀还禁止非自愿捐赠，或以低于市场价格来购买商品，例如在皇帝的生日、灯节等场合。真德秀请那些被剥削的人提起诉讼，以惩治侵害他们的官员。类似的贪赃枉法现象，也见于为水军造船厂和市政建筑以低于市场价格采购材料或从寺庙道观获取捐款方面。真德秀希望通过事先规划和公开程序，使此类采购合法化。真德秀特别关切骚扰寺庙道观的行为，他认为这些寺庙道观是有益于社会的机构，应受到政府的保护。[①] 这似乎与真德秀在其他著作中表达出来的新儒家排佛态度相矛盾，但即使是对佛道的容忍度不及真德秀的朱熹，也能区别应该反对的错误的宗教教义与应该尊重的个人或社会美德。

真德秀禁止用罚款代替法定惩罚，因为它让富人规避惩罚，而且对穷人有不公平的歧视，他现在重申这一立场。真德秀还发现，允许家庭按照自己的意愿分家的命令遇到阻力。一些县设立了特别办事处，以强制下级地区登记并对同样的事情收取非法费用。另一种权力滥用，是不断加重保正长的责任，使他们难以忍受。[②] 同情和公平对待保正长，是这一系列公共政策宣言的主题。

---

① 《政经》，47b。他称这些寺庙是"良民之保障"。

② 《政经》，46a-47b。

长沙义仓（1222—1225）

真德秀意识到，虽然地方上有放粮的粮仓，但这些粮食只贷给那些地主。他希望建立一个让富裕阶层通过常平仓制度捐献粮食的计划，这样，通过公、私的共同努力，可以向无地的农民提供贷粮。

真德秀强调，这是一个原则性和实践性并重的问题。在原则上，真德秀借鉴了张载的"西铭"及其"天人合一"的教义，即人们都由相同物质和情感敏感性组成的身体，人类应该为天地心意而行动，而它对所有人一视同仁。此外，义仓将通过改善无地者的命运，缓解他们的痛苦，避免冲突，并确保社会和平。由于真德秀的提议是完全自愿捐赠，而且该系统将由当地人操作，没有官方的干预，它避免了强制性和适得其反，而这些很可能破坏了早期的义仓。真德秀排除了这些负面因素，即官方根据对家庭生产的评估确定摊派和以固定低价出售粮食。不会有人试图控制市场价格，整个过程将是自愿的，没有任何官方监督。在这方面，真德秀的规定甚至比朱熹关于通过社仓救荒的粮食建议更为宽松。由于这些计划与董煟 1201—1204 年《救荒活民书》中的条款相似，真德秀可能会遵循这个先例，尽管他的计划一般是针对富裕家庭（而不是像董煟那样针对商人）。并且真德秀提出这个计划时，似乎是在直接回应当地需求和条件。①

结 语

真德秀的《政经》与他的其他著作一样，都关注经典儒家学说的原则、其历史例证及其当代应用。后者的兴趣尤其体现在《政经》这本关于地方治理的著作中，因为它包含了实际管理的文件，这些文件在面对现存弊端时，

---

① 《政经》，52a-55a。

比真德秀在《大学衍义》中讨论君权时更直接、明确和坦率。

在这方面，我们可以注意到，对《政经》内容的分类显示，《政经》包括出自儒家经典的 8 页（双页）引文，出自汉唐时期历史著作的 10 页引文，4 页宋代引文，以及根据真德秀自己在 1222—1233 年间治国经历写成的总共 33 页文字。虽然我们不能确定这部作品的构成在多大程度上反映了真德秀有意识的设计，但这种经、史和对当时兴趣的结合确实代表了真德秀的思想，我认为这样想并不过分。同样，真德秀在宋帝国统治和地方治理方面的兴趣，也体现在作为整体的他的著作中。相对来说，欠缺的是中央行政，这正是丘浚后来寻求填补的《大学衍义》的缺口。

关于真德秀工作的理论基础，值得注意的是，他在论证他所倡导的改革时，借鉴了新儒家思想家的具体概念和学说。程朱理学以天道、人性、物为基础，提出适用于法律的正义与平等概念的普世原则，而张载的同胞兄弟姐妹都是天地父母所生的学说，是真德秀提出的社会福利建议的理论基础。

这种对新儒家原则明显的改动运用，与流行的现代观点形成了对比。这种现代观点认为，新儒家哲学的原则本质上是专制保守和安于现状。当然，从现代革命的观点来看，甚至连改良主义基本上也被认为是保守的，因为它只是改良，而不是从根本上纠正旧秩序。但是在看到 20 世纪革命理想本身所具有的保守目的之后，我们可能要问，革命主张是否可以作为一种适当的评价标准？

从这个角度来看，我认为真德秀对新儒家政治思想的发展做出了多方面的贡献。他将“政治的道德化”带入政府的特定领域，在这些领域（皇权统治和地方治理的实际行为）中，事实知识可以在他的道德关切上发挥作用。

真德秀对皇权的关注，集中在与皇帝个人和日常生活最直接相关的制度上：皇室的组织。虽然真德秀没有在《大学衍义》中对文官制度予以同样的关注——这是个错误——但在我看来，真德秀似乎没有认识到在王朝体系中处理帝国统治的个人方面的实际重要性，这甚至是当务之急。除非君主齐家，否则在这样的体系中几乎无法实现这一点，这不仅仅是不言而喻的事实。在许多方面，真德秀是在延续朱熹对君权的关注，但真德秀似乎超越了朱熹，将注意力集中在影响君主道德和政治生活的系统问题上。在我看来，这足以证明真德秀这位政治道德家根据个人观察和历史研究，强调了制度改革的重要性，并将其作为朱熹在《大学》中所强调的政治教化的必要"延伸"。

至于真德秀对地方治理的贡献，我不敢说他对朱熹有什么特别具体的超越。真德秀在《政经》中提到的很多内容，你可以在朱熹的生活和著作中找到先例。尽管如此，真德秀在阐述与当地问题相关的具体新儒家原则的方式时，还是有一些值得我们注意的地方。即使朱熹也只能间接地做到这一点，因为在朱熹所处的时代，人们还不熟悉新儒家学说中的这些原则，朱熹往往不得不求助于更简单的古典概念。

真德秀著作中关于地方治理方面的另一个值得注意的特点，是他坦率地承认法律的必要性。与朱熹一样，真德秀主要依靠教育和道德劝说，并避免将法律作为一种带有强制力量的威胁手段。相反，他经常积极地说国家法律体现了普遍原则，提供了对基本人权的保护，特别是保护司法和刑事程序。这与传统的儒家思想大相径庭，儒家认为法律本质上是惩罚性的，或者勉强接受法律只是对反抗者的最后手段。

当我在这里谈到"人权"的时候，它不可能有我们这个时代完全相同的含义，但是真德秀限制行使官方权力被视为植根于固定的原则，也就是说，要求尊重人的本性，把它作为天人合一的原则。尽管真德秀没有用"权利"或"应享权利"来表述这些词在现代西方具有的法律内涵，真德秀的语言确实断言君主有义务尊重体现在人身上的天道，而且由于天被视为宇宙中的创造力和所有权力的源泉，因此真德秀所表达的观点几乎断言，"所有人都被他们的创造者"赋予了某种"基本权"。

在深入研究明朝治国之道思想（真德秀涉及过的方面）之前，我们很难评估真德秀的影响力或贡献的意义（考察朝鲜治国之道思想的进一步发展，也必须提出同样的附加条件，因为真德秀的著作在朝鲜受到了异常严肃的对待）。然而，不需要进一步的研究就可以证明，新儒家试图制造明朝圣君的努力失败了。事实上，他们忽略了如此大的回旋余地，以至于道德理想与有缺陷的现实之间的差距，即使对最虔诚的儒家学者来说，也必然变得越来越明显。由于他们对"忠"的概念包括了大量的自我批评、直言进谏朝廷，以及对历史记录秉笔直书，人们不禁要问，晚明治国之道研究的更密集发展，是否并没有反映人们对作为个人的君臣能够找到简单的说教来解决问题的信心的削弱，以及越来越意识到需要处理的王朝统治的制度局限性。

如果不是如此坚持以英明政府的高标准来衡量君权的实际行为，也许这种认识本身就不会发生。当我们想到明代士大夫张居正（1525—1582）高度重视真德秀时 ①，我们就会想到这种可能性：张居正的情况和观点有很多方面与前文引用过的朝鲜人郑道传相同。在明朝，张居正经常被人们认为是实干经世的典范——一个强势的大学士决心弥补明朝统治的弱点，他甚至被称为儒学法家。② 然而，张居正在推荐用于仕宦和选任学者的文本时，包括了真德秀的《大学衍义》和《文章正宗》、明初的大诰、朱熹的《通鉴纲目》，以及杨士奇的《历代名臣奏议》③。虽然不能说这些作品中的任何一部代表了张居正本人的经世思想，但他所推荐的六部作品中包含真德秀的两部作品，至少反

---

① 关于张居正，see *DMB*, pp. 53-61, 以及接下来的注释。

② See Robert M. Crawford, "Chang Chü-cheng's Confucian Legalism," in W. T. de Bary, ed., *Self and Society in Ming Thought* (New York: Columbia University Press, 1970), pp. 367-413.

③ 关于杨士奇和《历代名臣奏议》，see *DMB*, p. 1537.

映了这位明朝最著名的实学政治家对真德秀的崇敬之情。[①]

张居正的前辈丘浚（1420—1495），活跃在张居正一百年前的明朝廷，其作为政治家的重要性不如作为经世之才的学者。丘浚是正统程朱学派的追随者，在《朱子学记》中极佳地总结了朱熹学问的基本目标，同时还为真德秀的《大学衍义》编写了不朽的补编《大学衍义补》。后者是否可与 17 世纪主要的"经世致用"学者的著作相提并论，是一个值得进一步研究的问题。甚至《明代名人录》中对丘浚的《大学衍义补》的简述，也说明了丘浚研究制度及其实际操作的严肃性和广泛性。《大学衍义补》的特点是"一本综合性的公共管理手册，涉及政府职能的各个方面，包括军事防御、公共财政、人事管理、交通、水利等。在每一项的历史背景下，对每个问题的不同解决方法进行了讨论，作者的意见是阐发性的，并在可能的情况下，附录了大量的数字数据。除了实际用途，这部作品还以其背后的艰苦研究和历史价值而闻名。这本书被人们广泛阅读，对明代学术产生了真正的影响"[②]。

丘浚的《大学衍义补》与真德秀早期的作品在侧重点上差异极大（我们在此不再赘述）。在我看来，丘浚把他的努力看作是真德秀作品的延伸而不是完全不同的规则，这一点很重要。毕竟，这是丘浚自己的选择，他认同真德秀，看到自己的事业实际上是与真德秀相同的，并延续了与朱熹和真德秀一样的传统。

丘浚的著作连同主流新儒家学者著作，如被陈仁锡（1581—1636）的《经济八编类纂》（1626）收录的冯应京（1555—1606）的《皇明经世实用编》（1604）、章潢（1527—1608）的《图书编》（1613）和冯琦（1559—1603）的

---

① 参见《张文忠集·奏疏》4，王云五《明清教学思想》，台北：商务印书馆，1971，第128—129 页引用。

② Wu Chi-hua and Ray Huang in *DMB*, pp. 250-251.

《经济类编》等，论证了明初的"天下秩序"思想与明末的治国之道学问之间的联系。此外，冯应京的著作以明朝开国皇帝太祖的七篇文章（内容是关于应用于统治的"心法"）为开篇之首，论述了治国之道与政治教化之间的联系。①

对这一传统的全面评价，需要对 12 至 17 世纪的新儒家学术进行更深入的研究。现在它们的话语及其进行的对话已经很清楚了。据我所知，最早认识到这一点的学者是楠本正继（1896—1963），他的早期研究详细描述了朱熹的实践活动，并以朱熹关于人性的"全体大用"的概念来表达。随后，楠本正继将这一概念的讨论追溯到诸如真德秀、丘浚等这样的思想家后面的几个世纪。② 在这一过程中，楠本正继强调了概念思维的连续性，即使只是为现代读者建立新儒家话语的基本术语的概念，这在当时也是必要的步骤。如果我们要超越这一点，寻找更多的累积发展，就需要比楠本正继更多地考虑这一传统的不连续和累积的因素。

因此，这是我重新讨论真德秀的原因：考虑他对"全体大用"的理解和使用，特别是在功能或实践方面，是否可以作为朱熹和 17 世纪经世思想家之间的重要联系。直到现在，后者主要被视为从新儒学中分离出来的"现实主义者"或"法家"。以真德秀的贡献为背景，进一步研究明初和明中期的经世思想，我们可能会发现，明朝与过去有更大的延续性，也有更大的发展，而不仅仅是对过去的反动。如果这被证明是正确的，它可能意味着新儒家的政治道德化最终达到了某种程度，尽管其形式是宋朝的学者们才开始意识到需要的。

---

① See Wolfgang Franke, *Introduction to the Sources of Ming History* (Singapore: University of Malaya Press, 1968), p. 195, no. 6.6.6; *DMB*, pp. 161-163, 1141；《四库提要》卷 78，第 1741 页。

② Kusumoto Masatsugu, *Chugoku tetsugaku kenkyu* (Tokyo: Bungensha, 1975), pp. 327-505（研究最初于 1937 年和 1953 年发表）。

引用书目

文献缩写

SKCS	*Ssu-k'u ch'üan-shu* 四库全书（文渊阁本）
SKCSCP	*Ssu-k'u ch'üan-shu chen-pen* . 四库全书珍本
SPPY	*Ssu-pu pei-yao* . 四部备要
SPTK	*Ssu-pu ts'ung-k'an* . 四部丛刊
SYTFCTS	*Sung-Yuan ti-fang-chih ts'ung-shu* . 宋元方志丛刊
TSCC	*Ts'ung-shu chi-ch'eng* . 丛书集成
TSCCCP	*Ts'ung-shu chi-ch'eng ch'u-pien* . 丛书集成初编
TSCCHP	*Ts'ung-shu chi-ch'eng hsu-pien* . 丛书集成续编

Achenbaum, W. Andrew. "Public History's Past, Present, and Prospects."*American Historical Review* 92, no. 5 (1987): 1162-1174.

Ackrill, J. L. *Aristotle the Philosopher*. New York: Oxford University Press,1981.

---

* "引用书目"基本保留英文原书原貌，括号内的中文为译者所加。

Adler, Joseph Alan. "Divination and Philosophy: Chu Hsi's Understanding of the I-Ching." Ph.D. diss., University of California, Santa Barbara, 1984.

Ames, Roger. *The Art of Rulership: A Study in Ancient Chinese Political Thought*. Honolulu: University of Hawaii Press, 1983.

Ando Tomonobu 安藤智信 . "O Anseki to Bukkyo—Shozan yinseiki o chushin to shite 王安石与佛教——以隐居钟山时期为中心 ," *Toho Shukyo* 东方宗教 28 (1966): 20-34.

Atwell, William. "The Seventeenth-Century Crisis in China and Japan." *Journal of Asian Studies* 45, no. 2 (1986): 223-244.

Bartlett, Beatrice. *Monarchs and Ministers: The Grand Council of Mid-Ch'ing China, 1723-1820*. Berkeley and Los Angeles: University of California Press, 1991.（白彬菊《君主与大臣：清中期的军机处，1723—1820》，董建中译，北京：中国人民大学出版社，2017）

Bastid, Marianne. "The Structure of the Financial Institutions of the State in the Late Qing." In *The Scope of State Power in China*, edited by Stuart Schram, pp. 51-79. New York: St. Martin's Press, 1985.

Beattie, Hilary. *Land and Lineage in China: A Study of T'ung-ch'eng County, Anhwei, in the Ming and Ch'ing Dynasties*. Cambridge: Cambridge University Press, 1979.

Birdwhistell, Anne D. *Transition to Neo-Confucianism: Shao Yung on Knowledge and Symbols of Reality*. Stanford: Stanford University Press, 1989.

Bol, Peter K. "Culture and the Way in Eleventh-Century China." Ph.D. diss., Princeton University, 1982.

——. "Wang An-shih's Theory of the Activist State." Paper presented at the 36th Annual Meeting of the Association for Asian Studies, Washington, D.C., March 1984.

——. "Ch'eng I and Cultural Tradition." Paper presented at the Regional Seminar on Neo-Confucianism, Columbia University, February 5, 1988.

——. "Chu Hsi's Redefinition of Literati Learning." In *Neo-Confucian Education: The Formative Stage*, edited by Wm. Theodore de Bary and John W. Chaffee (Berkeley: University of California Press, 1989), pp. 151-185.

——. "1086 and 1986: Reversing the Verdict?" Unpublished manuscript.

Bray, Francesca. *Agriculture*. Joseph Needham, gen. ed., *Science and Civilisation in China*, vol. 6, part 2. Cambridge: Cambridge University Press, 1985.

Broman, Sven. "Studies on the *Chou Li*." *Bulletin of the Museum of Far Eastern Antiquities* 33 (1961): 1-88.

Chaffee, John W. *The Thorny Gates of Learning in Sung China: A Social History of the Examinations*. Cambridge: Cambridge University Press, 1985.

Ch'ai Te-keng 柴德赓 . *Tzu-chih t'ung-chien chieh-shao* 资治通鉴介绍 . Peking: Ch'iu-shih ch'u-pan-she, 1981.

——. *Shih-hsueh ts'ung-k'ao* 史学丛考 . Peking: Chung-hua shu-chü, 1982.

Chan, Ming K. "The Historiography of the *Tzu-chih t'ung-chien*: A Survey." *Monumenta Serica* 31 (1974-1975): 1-38.

Chan, Wellington K. K. *Merchants, Mandarins, and Modern Enterprise in Late Ch'ing China*. Cambridge: Harvard University Press, 1977.

Chan, Wing-tsit（陈荣捷）. *A Source Book in Chinese Philosophy*（中国哲学文献选编）.Princeton: Princeton University Press, 1963.

——, trans. *Reflections on Things at Hand: The Neo-Confucian Anthology Compiled by Chu Hsi and Lü Tsu-ch'ien*. New York: Columbia University Press, 1967.

——. "Chu Hsi's Completion of Neo-Confucianism." In *Etudes Song: Sung Studies in Memoriam Etienne Balazs* ser. II, no. 1, 1973. Reprinted in Wing-tsit Chan, *Chu Hsi: Life and Thought* (Hong Kong: Chinese University Press, 1987).

——, trans. *Neo-Confucian Terms Explained (The Pei-hsi tzu-i by Ch'en Ch'un, 1159-1223)*. New York: Columbia University Press, 1986.

——[writing as Ch'en Jung-chieh 陈荣捷]. *Chu tzu men-jen* 朱子门人 . Taipei: Tai-wan hsueh-sheng shu-chü, 1982.

Chang Chiu-ch'eng 张九成 . *Heng-p'u jih-hsin* 横浦日新 .

Chang Fang-p'ing 张方平 . *Lo-ch'üan chi* 乐全集 . *SKCS* ed.

Chang Hao 张灏 ."Sung Ming i-lai ju-chia ching-shih ssu-hsiang 宋明以来儒家经世思想 ." In *Chin-shih Chung-kuo ching-shih ssu-hsiang yen-chiu t'ao-lun wen-chi* 近世中国经世思想研究讨论文集 . Taipei, 1984.

Chang Hsien-chueh 张先觉 . *Wang An-shih chih chiao-yü ssu-hsiang* 王安石之教育思想 . Taipei: Wen shih che, 1982.

Chang Pu 张溥 , comp. *Li-tai ming-ch'en tsou-i* 历代名臣奏议 . 1635 ed.

Chang Shih 张栻 . *Nan-hsien hsien-sheng wen-chi* 南轩先生文集 . 1185 ed.

Chang T'ing-yü 张廷玉 et al. *Ming shih* 明史 .

Chang Tsai 张载 . *Chang Tsai chi* 张载集 . Peking: Chung-hua, 1978.

Ch'ang Pi-te 昌彼得 et al. *Sung-jen chuan-chi tzu-liao so-yin* 宋人传记资料索引 . 7 vols.

Taipei: Ting-wen shu-chü, 1974-1976.

Chao Chi-hui 赵吉惠. "P'ing Ssu-ma Kuang ti che-hsueh ssu-hsiang 评司马光的哲学思想." *Chin-yang hsueh-k'an* 晋阳学刊, 1986, no. 4:56-59.

Ch'ao Kung-wu 晁公武. *Chün-chai tu shu chih* 郡斋读书志. Reprint. Taipei: Commercial Press, 1968.

Chen Te-hsiu 真德秀. *Hsi-shan hsien-sheng Chen Wen-chung kung wen-chi* 西山先生真文忠公文集. *SPTK* ed.

——. *Chen Hsi-shan wen-chi* 真西山文集. Kuo-hsueh chi-pen ts'ung-shu ed（国学基本丛书）.

——. *Hsi-shan hsien-sheng Chen Wen-chung kung ch'yan-chi* 西山先生真文忠公全集. 1865 ed. of Chao Fu-t'ung.

——. *Cheng ching* 政经. Ming reprint of Sung 1242 ed. in National Central Library, Taipei.

——. *Hsin ching* 心经. Early Ming ed. in National Central Library, Taipei.

——. *Ta-hsueh yen-i* 大学衍义. Imperial ed. of 1559.

Ch'en Ch'i 陈起. *Chiang-hu hsiao chi* 江湖小集. *SKCS* ed.

Ch'en Kao 陈高. *Pu-hsi chou-yü chi* 不系舟渔集. Ching-hsiang lou ts'ung-shu ed（敬乡楼丛书）.

Ch'en Kuang-ch'ung 陈光崇. "Ssu-ma Kuang yü Ou-yang Hsiu 司马光与欧阳修." *Shih-hsueh chi-k'an* 史学集刊, 1985, no. 1:11-18.

Ch'en Tsao 陈造. *Chiang-hu chang-weng chi* 江湖长翁集. *SKCS* ed.

Cheng Yao 郑瑶 and Fang Jen-jung 方仁荣. *(Ching-ting) Yen-chou hsu-chih*（景定）严州续志. *TSCCCP* ed.

Ch'eng Chü-fu 程钜夫. *Ch'u-kuo Wen-hsien-kung hsueh-lou hsien-sheng wen-chi* 楚国文宪公雪楼先生文集. Hung-wu ed.

Ch'eng I 程颐. *Ho-nan Ch'eng-shih i-shu* 河南程氏遗书. In *Erh Ch'eng chi* 二程集. Peking: Chung-hua shu-chü, 1981.

Ch'eng Kuang-yü 程光裕. "Wang An-shih chih Yin shih chih chih-chi yü fo-yuan 王安石知鄞时之治绩与佛缘." In *Chi-nien Ssu-ma Kuang Wang An-shih*, pp. 141-166.

Ch'eng Min-sheng 程民生. "Lun Pei-Sung ts'ai-cheng ti t'e-tien yü ch'eng-p'in ti chia-hsiang 论北宋财政的特点与称贫的假象." *Chung-kuo-shih yen-chiu* 中国史研究, 1984, no. 3:27-40.

Ch'eng Pi 程珌. *Ming-shui chi* 洺水集. *SKCSCP* ed.

Ch'eng Yang-chih 程仰之 . "Wang An-shih yü Ssu-ma Kuang 王安石与司马光 ." *Wen shih tsa-chih* 文史杂志 2, no. 1 (1942): 1-17.

Chi-nien Ssu-ma Kuang Wang An-shih shih-shih chiu-pai chou-nien hsueh-shu yen-t'ao lun-wen chi 纪念司马光王安石逝世九百周年学术研讨论文集 . Taipei: Wen shih che, 1986.

Ch'i Hsia 漆侠 . *Wang An-shih pien-fa* 王安石变法 . 2d ed. Shanghai, 1979.

Chia-t'ai Wu-hsing chih 嘉泰吴兴志 . Wu-hsing ts'ung-shu（吴兴丛书）ed.

Chiang Shao-yu 江少虞 . *Huang-ch'ao lei-yuan* 皇朝类苑 . 1911 ed.

Ch'ien I-chi 钱仪吉 , ed. *Ching yuan* 经苑 .

Ch'ien Mu 钱穆 . *Chu tzu hsin hsueh-an* 朱子新学案 . Taipei: San-min shu-chü, 1971.

——. *Chung-kuo shih-hsueh ming-chu* 中国史学名著 . Taipei: San-min shu-chü, 1973.

——. *Sung Ming li-hsueh kai shu* 宋明理学概述 . Taipei: Hsueh-sheng, 1977.

Chih-shun Chen-chiang chih 至顺镇江志 . Ch'ing ed.

Chikusa Masaaki 竺沙雅章 . *Chugoku bukkyo shakaishi kenkyu* 中国佛教社会史研究 . Kyoto: Dohosha, 1982.

——. "Ssu-ma Kuang Wang An-shih yü fo-chiao. 司马光王安石与佛教 " In *Chi-nien Ssu-ma Kuang Wang An-shih shih-shih chiu-pai chou-nien hsueh-shu yen-t'ao lun-wen chi* 纪念司马光王安石逝世九百周年学术研讨论文集 , pp. 477-487. Taipei: Wen shih che, 1986.

Ching, Julia. "Neo-Confucian Utopian Theories and Political Ethics." *Monumenta Serica* 30 (1972-1973):1-56.

Ch'iu Han-sheng 邱汉生 . "Lun Chu Hsi 'hui-kuei i-li' ti li-shih che-hsueh 论朱熹'会归一理'的历史哲学 ." *Che-hsueh yen-chiu* 哲学研究 6 (1982): 51-57.

Chong Tochon 郑道传 . *Sambong jip* 三峰集 . Seoul, 1971.

Chou Liang-hsiao 周良霄 . "Wang An-shih pien-fa tsung-t'an 王安石变法总谈 ." *Shih-hsueh chi-k'an* 史学集刊 , 1985, no. 1:19-37, and no. 2:9-17.

Chou Mi 周密 . *Ch'i-tung yeh-yü* 齐东野语 . TSCC ed.

Chou Pao-chu 周宝珠 et al. *Chien-ming Sung-shih* 简明宋史 . Peking: Jen-min ch'u-pan she, 1985.

Chou Pi-ta 周必大 . *Wen-chung chi* 文忠集 . SKCS ed.

Chou Po-ti 周伯棣 . *Chung-kuo ts'ai-cheng shih* 中国财政史 . Shanghai, 1981.

——. *Chung-kuo ts'ai-cheng ssu-hsiang-shih kao* 中国财政思想史稿 . Fukien, 1984.

Chou-hsien t'i-kang 州县提纲 . TSCC ed.

Chou Ying-ho 周应合 . *(Ching-ting) Chien-k'ang chih* (景定) 建康志 . SYTFCTS ed.

Chu Hsi 朱熹 . *Chu tzu ta-ch'üan* 朱子大全 . *SPPY* ed.

——. *Chu tzu yü-lei* 朱子语类 . Taipei: Chung-cheng reprint, 1962.

——. *Chu tzu yü-lei* 朱子语类 . 1970 reprint of 1473 ed.

——. *Chu tzu yü-lei* 朱子语类 . Peking: Chung-hua shu-chü, 1986.

——. *Chu Wen-kung wen-chi* 朱文公文集 . *SPTK* ed.

——. *Hui-an hsien-sheng Chu Wen-kung wen-chi* 晦庵先生朱文公文集 . *SPTK* ed.

——. *Hui-an hsien-sheng Chu Wen-kung wen-chi* 晦庵先生朱文公文集 . Kyoto: Chubun shuppansha.

——. *Ssu shu chi-chu* 四书集注 . Chung-kuo tzu-hsueh ming-chu chi-cheng ed. Taipei, 1978

Chu Hsi and Lü Tsu-ch'ien 吕祖谦 , comps. *Chin-ssu-lu chi-chu* 近思录集注 . Ssu-k'u ch'üan-shu chen-pen ed.

——. *Reflections on Things at Hand*（近思录）. Translated by Wing-tsit Chan. New York: Columbia University Press, 1967.

Chu, Hung-lam （朱鸿林）. "Ch'iu Chün's *Ta-hsueh yen-i pu* and Its Influence in the Sixteenth and Seventeenth Centuries（丘浚的《大学洐义补》及其在 16、17 世纪的影响）." *Ming Studies* 22 (1986): 1-32.

Chu, Ron-guey. "Chen Te-hsiu and the Classic on Governance: The Coming of Age of Neo-Confucian Statecraft." Ph.D. diss., Columbia University, 1988.

——. "Chu Hsi and Public Instruction." In *Neo-Confucian Education: The Formative Stage*, edited by Wm. Theodore de Bary and John W. Chaffee, pp. 252-273. Berkeley and Los Angeles: University of California Press, 1989.

Chung-yang t'u-shu kuan shan-pen shu-mu 台湾图书馆善本书目 .Taipei,1967.

Ch'ü, T'ung-tsu. *Han Social Structure*. Seattle: University of Washington Press, 1972.（瞿同祖《汉代社会结构》，邱立波译，上海：上海人民出版社，2007）

Ch'üan Han-sheng 全汉昇 . *Chung-kuo ching-chi shih lun-ts'ung* 中国经济史论丛 . 2 vols. Hong Kong: New Asia Research Center, 1972.

——. *Chung-kuo ching-chi shih yen-chiu* 中国经济史研究 . 3 vols. Hong Kong: New Asia Research Center, 1976.

——. "Sung tai kuan-li chih ssu-ying shang-yeh 宋代官吏之私营商业 ." In his *Chung-kuo ching-chi shih yen-chiu* 中国经济史研究 . Vol. 2, pp. 1-74.

——. "T'ang Sung cheng-fu sui-ju yü huo-pi ching-chi te kuan-hsi 唐宋政府岁入与货币经

济的关系 ." In his *Chung-kuo ching-chi shih yen-chiu* 中国经济史研究 , vol. 1, pp. 209-264.

Ch'üan Tsu-wang 全祖望 . *Chieh-ch'i t'ing chi* 鲒埼亭集 . *SPTK* ed.

Crawford, Robert. "Chang Chü-cheng's Confucian Legalism." In *Self and Society in Ming Thought*, edited by Wm. Theodore de Bary, pp. 367-414. New York: Columbia University Press, 1970.

Cua, Anthony S. "Paradigmatic Individuals in Confucius." In *Invitation to Chinese Philosophy*, edited by Arne Naess and Alastair Hamnay, pp. 49-53. Oslo: Universitetsforlaget, 1972.

Dardess, John W. "Confucianism, Local Reform, and Centralization in Late Yuan Chekiang, 1342-1359." In *Yuan Thought: Chinese Thought and Religion under the Mongols*, edited by Hok-lam Chan and Wm. Theodore de Bary, pp. 327-374. New York: Columbia University Press, 1982.

——. *Confucianism and Autocracy: Professional Elites in the Founding of the Ming Dynasty*. Berkeley and Los Angeles: University of California Press, 1983.

Dauenhauer, Bernhard P. *At the Nexus of Philosophy and History*. Athens: University of Georgia Press, 1987.

Davis, Richard. *Court and Family in Sung China, 960-1279: Bureaucratic Success and Kinship Fortunes for the Shih of Ming-chou*. Durham: Duke University Press, 1986. (戴仁柱《丞相世家：南宋四明史氏家族研究》，刘广丰、惠冬译，北京：中华书局，2014)

——. "Political Success and the Growth of Descent Groups: The Shih of Ming-chou during the Sung." In *Kinship Organization in Late Imperial China*, edited by Patricia Buckley Ebrey and James L. Watson, pp. 62-94. Berkeley and Los Angeles: University of California Press, 1986.

——. "Ventures Foiled and Opportunities Missed: The Times of Li-tsung." Draft chapter for the Sung volume of the *Cambridge History of China*.

de Bary, Wm. Theodore. "A Reappraisal of Neo-Confucianism." In *Studies in Chinese Thought*, edited by Arthur F. Wright, pp. 81-111. Chicago: University of Chicago Press, 1953.

——. *Neo-Confucian Orthodoxy and the Learning of the Mind-and-Heart*. New York: Columbia University Press, 1981.

——. *The Liberal Tradition in China*. New York: Columbia University Press, 1983. (狄百瑞《中国的自由传统》，李弘祺译，北京：中华书局，2016)

——. *The Message of the Mind in Neo-Confucianism*. New York: Columbia University Press, 1989.

de Bary, Wm. Theodore, and JaHyun Kim Haboush, eds. *The Rise of Neo-Confucianism in*

Korea. New York: Columbia University Press, 1985.

de Bary, Wm. Theodore, Wing-tsit Chan, Burton Watson, and Chester Tan, eds. *Sources of Chinese Tradition*. New York: Columbia University Press, 1960.

Dennerline, Jerry. "Marriage, Adoption, and Charity in the Development of Lineages in Wu-hsi from Sung to Ch'ing." In *Kinship Organization in Late Imperial China*, edited by Patricia Buckley Ebrey and James L. Watson, pp. 170-209. Berkeley and Los Angeles: University of California Press, 1986.

Ebrey, Patricia Buckley. *Family and Property in Sung China; Yuan Ts'ai's "Precepts for Social Life."* Princeton: Princeton University Press, 1984.

——. "The Early Stages in the Development of Descent Group Organization." In *Kinship Organization in Late Imperial China*, pp. 16-61.

——. "Education through Ritual: Efforts to Formulate Family Rituals during the Sung Period." In *Neo-Confucian Education: The Formative Stage*, edited by Wm. Theodore de Bary and John W. Chaffee, pp. 277-306. Berkeley and Los Angeles: University of California Press, 1989.

Ebrey, Patricia Buckley, and James L. Watson, eds. *Kinship Organization in Late Imperial China*. Berkeley and Los Angeles: University of California Press, 1986.

Egan, Ronald. *The Literary Works of Ou-yang Hsiu (1007-1072)*. Cambridge: Cambridge University Press, 1984.

Elvin, Mark. "The Last Thousand Years of Chinese History: Changing Patterns in Land Tenure." *Modern Asian Studies* 4, no. 2 (1970): 97-114.

——. *The Pattern of the Chinese Past*. Stanford: Stanford University Press, 1973.

Enoki Kazuo 榎一雄. "O Sei no Kasei keiryaku ni tsuite 王韶与熙河经略." *Moko gakuho* 1 (1940): 87-168.

Fairbank, J. K. *The United States and China*. Cambridge: Harvard University Press, 1948. (费正清《美国与中国》，张理京译，北京：商务印书馆，1999)

Feuerwerker, Albert. *State and Society in Eighteenth-Century China: The Ch'ing Empire in Its Glory*. Ann Arbor: University of Michigan Center for Chinese Studies, 1976.

——. "The State and the Economy in Later Imperial China." *Theory and Society* 13 (1984): 297-326.

Franke, Herbert（傅海波）. "Die Agrarreformen des Chia Ssu-tao（贾似道公田法研究）." *Saeculum* 9 (1958): 345-369.

——. "Chia Ssu-tao: A 'Bad Last Minister'." In *Confucian Personalities*, edited by Arthur F. Wright and Denis Twitchett, pp. 217-234. Stanford: Stanford University Press, 1962.

——, ed. *Sung Biographies*. Wiesbaden, 1976.

Franke, Otto（福兰阁）. *Studien zur Geschichte des Konfuzianischen Dogmas*（儒学史）. Hamburg, 1920.

——. "Das *Tse tschi t'ung-kien* und das *T'ung kien kang mu*: ihr Wesen, ihr Verhältnis zueinander, und ihr Quellenwert《资治通鉴》和《通鉴纲目》：其本质、相互关系及资料价值." *Sitzungsberichte der Preussischen Akademie der Wissenschaften*, Phil. Hist. Kl., 1930, 103-144.

Franke, Wolfgang（傅吾康）. "Die staatspolitischen Reformversuche K'ang Yu-weis und seiner Schule（韩愈的政府改革计划）." *Mitteilungen des Seminars für Orientalische Sprachen an der Friedrich-Wilhelms-Universität zu Berlin* 38 (1935), no. 3.

——. *Introduction to the Sources of Ming History*. Singapore: University of Malaya Press, 1968.

Freeman, Michael. "Die Entstehung der historischen Kritik (*Shih-p'ing*) und die 'neue Geschichte' der nördlichen Sung." *Saeculum* 23, no. 4 (1973): 351-373.

——. "Lo-yang and the Opposition to Wang An-shih: The Rise of Confucian Conservatism." Ph.D. diss., Yale University, 1974.

Fu Tseng-hsiang 傅增湘. *Sung-tai Shu-wen chi-ts'un* 宋代蜀文辑存. Taipei, 1974. Reprint of the 1943 edition.

Fukuda Ritsuko（福田立子）. "Sodai gisho kokoMinshu Roshi o chushin to shite 宋代义庄——以明州楼氏为中心." *Shiso* 13 (1972): 72-115. Reprinted in *Chugoku kankei ronsetsu shiryo* 14, no. 3 (1972), *ge* : 188-206.

Fumoto Yasutaka 麓保孝. "Shiba Onko no gakugyo ni tsuite 司马文公的学业及其他." *Boei daigakko kiyo* 11 (1965): 1-79.

Gadamer, Hans Georg. *Truth and Method*. New York: Crossroad, 1985.

——, ed. *Truth and History/Verité et Historicité: Entretien de Heidelberg 12-16 Sept. 1969.*

Gardner, Daniel. *Chu Hsi and the Ta-hsueh: Neo-Confucian Reflections on the Confucian Canon*. Cambridge: Harvard University Press, 1986.

Gernet, Jacques. *Les aspects économiques du Bouddhisme dans la société chinoise du Ve au Xe siècle.*Saigon: Ecole Française d'Extrême-Orient, 1956.（谢和耐《中国 5—10 世纪寺院经济》，耿昇译，上海：上海古籍出版社，2004）

Golas, Peter J. "The Sung Wine Monopoly." Ph.D. diss., Harvard University, 1972.

——. "Rural China in the Song." *Journal of Asian Studies* 39, no. 2 (1980): 291-325.

——. "The Mining Policies of the Sung Government." Paper presented at the Conference on Sung Statecraft in Thought and Action, Scottsdale, Arizona, January 1986.

——. "The Sung Financial Administration." Draft chapter for *The Cambridge History of China*, vol. 5, ed. Denis Twitchett, forthcoming from Cambridge University Press.

——. "Financial Statecraft in Sung: The Case of the Government Monopolies." Unpublished paper.

Goodrich, L. Carrington, and Chaoying Fang, eds. *Dictionary of Ming Biography*. New York: Columbia University Press, 1976.

Graham, A. C., trans. *Chuang Tzu*. London: George Allen and Unwin, 1981.

Graham, A. C. *Disputers of the Tao: Philosophical Argument in Ancient China*. La Salle, Ill.: Open Court, 1989. （葛瑞汉《论道者：中国古代哲学论辩》，张海晏译，北京：中国社会科学出版社，2003）

Haeger, John Winthrop, ed. *Crisis and Prosperity in Sung China*. Tucson: University of Arizona Press, 1975.

Hall, David L, and Roger T. Ames. *Thinking Through Confucius*. Albany: State University of New York Press, 1987. （郝大维、安乐哲《孔子哲学思微》，蒋弋为、李志林译，南京：江苏人民出版社，1996）

Han Yü 韩愈. *Han Ch'ang-li chi* 韩昌黎集. Taipei: Ho-lo, 1975.

Hansen, Chad. "Chinese Language, Chinese Philosophy, and 'Truth.'" *Journal of Asian Studies* 44, no. 3 (May 1985): 491-519.

Hartman, Charles. *Han Yü and the T'ang Search for Unity*. Princeton: Princeton University Press, 1986.

Hartwell, Robert. "A Revolution in the Iron and Coal Industries During the Northern Sung." *Journal of Asian Studies* 21 (Feb. 1962): 153-162.

——. "Financial Expertise, Examinations, and the Formulation of Economic Policy in Northern Sung China." *Journal of Asian Studies* 30, no. 2 (Feb. 1971): 281-314.

——. "Historical Analogism, Public Policy, and Social Science in Eleventh- and Twelfth-Century China." *American Historical Review* 76, no. 3 (June 1971): 690-727.

——. "Demographic, Political, and Social Transformations of China, 750-1550." *Harvard Journal of Asiatic Studies* 42, no. 2 (1982): 354-442.

——. "Government Finance and the Regional Economies of China ca. 750-1200." Paper prepared for the PARSS Seminar on Historical Data and Theories of Rational Choice, University of Pennsylvania, 1987.

He Ch'ang-ling 贺长龄, ed. *Huang-ch'ao ching-shih wen-pien* 皇朝经世文编. Reprint of 1826 edition.

Hervouet, Yves（吴德明）, ed. *A Sung Bibliography (Bibliographie des Song)*（宋代书录）. Hong Kong: Chinese University of Hong Kong Press, 1978.

Higashi Ichio 东一夫. *O Anseki shimpo no kenkyu* 王安石新法研究. Tokyo: Kazama shobo, 1970.

——. *O Anseki jiten* 王安石辞典. Tokyo: Kokusho kankokai, 1980.

——. *O Anseki to Shiba Ko* 王安石与司马光. Tokyo: Chusekisha, 1980.

Hino Kaisaburo 日野开三郎. "Zei, zaisei 税·财政." In *Sekai rekishi taikei* 世界历史大系 (Tokyo, 1934), vol. 6, pp. 245-263.

——. "So 宋." In *Toyo rekishi dai jiten* 东洋历史大辞典 (Tokyo, 1939), vol. 5, pp. 289-307.

Ho Chi-p'eng 何寄澎. "Ssu-ma Kuang ti wen-hsueh kuan chi ch'i hsiang-kuan wen-t'i 司马光的文学观及其相关问题." In *Chi-nien Ssu-ma Kuang Wang An-shih*, pp. 339-360.

Ho, Ping-ti. *The Ladder of Success in Imperial China*. New York: John Wiley, 1964.（何炳棣《明清社会史论》，徐泓译，中华书局，2019）

Hou Wai-lu 侯外庐 et al. *Chung-kuo ssu-hsiang t'ung-shih* 中国思想通史. Peking: Jen-min, 1959.

Hou Wai-lu, Ch'iu Han-sheng 邱汉生, Chang Ch'i-chih 张岂之 et al. *Sung Ming li-hsueh shih* 宋明理学史. Peking, 1984.

Hsia Chang-pu 夏长朴. "Wang An-shih ssu-hsiang yü Meng-tzu ti kuan-hsi 王安石思想与孟子的关系." In *Chi-nien Ssu-ma Kuang Wang An-shih*, pp. 279-294.

Hsiao Kung-ch'üan 萧公权. *Chung-kuo cheng-chih ssu-hsiang shih* 中国政治思想史. Taipei: Chung-hua wen-hua, 1954.

——. *Chung-kuo cheng-chih ssu-hsiang shih* 中国政治思想史. 6 vols. Taipei: Chung-hua wen-hua ch'u-pan shih-yeh wei-yuan hui, 1965.

——. *A History of Chinese Political Thought*. Vol. 1, *From the Beginnings to the Sixth Century A.D.* Translated by Fritz Mote. Princeton: Princeton University Press, 1979.

Hsu Shih-chu 徐世钜. *Li-tai li-ts'ai jen-wu hsuan-chi, hsu-chi* 历代理财人物选记续集. Peking (?): Chung-kuo ts'ai-cheng ching-chi ch'u-pan-she, 1985.

Hsu tzu-chih ch'ang-pien: shih-i 续资治通鉴长编拾补. Compiled by Huang I-chou（黄以周）et al. In Li T'ao 李焘, *Hsu tzu-chih t'ung-chien ch'ang-pien* 续资治通鉴长编. Reprint. Taipei: Shih-chieh, 1964.

Hsu Yuan-shu 徐元杰. *Mou-chu chi* 梅野集. *SKCS* ed.

Hsun Tzu 荀子. In *Tzu-shu erh-shih-pa chung* 子书二十八种. Taipei, 1975.

Hu Chu 胡助. *Ch'un-po chai lei-kao* 纯白斋类稿. *TSCCHP* ed.

Hu Yin 胡寅. *Pei-jan chi* 斐然集. *SKCS* ed.

Hua Shan 华山. "Nan-Sung Shao-ting Tuan-p'ing chien ti Chiang, Min, Guang nung-min ta ch'i-i 南宋绍定端平间的江闽广农民大起义." *Wen shih che* 文史哲, 1957, no. 3:41-48.

———. *Sung-shih lun-chi* 宋史论集. Chi-nan: Chi-nan shu-she, 1982

Huang Chen 黄震. *Tzu-hsi Huang-shih jih-ch'ao* 慈溪黄氏日钞. Tzu-hsi Feng-shih ching-yu-lou ed.

———. *Huang-shih jih-ch'ao* 黄氏日钞. *SKCSCP* ed.

Huang Chin 黄溍. *Huang Wen-hsien kung chi* 黄文献公集. *TSCCHP* ed.

Huang, Chün-chieh（黄俊杰）. "Chu Hsi as a Teacher of History（作为历史老师的朱熹）." Paper presented at the Conference on Neo-Confucian Education: The Formative Stage, Princeton, September 1984.

Huang Kan 黄榦. *Mien-chai hsien-sheng Huang Wen-su-kung wen-chi* 勉斋先生黄文肃公文集. Sung ed.

———. *Mien-chai chi* 勉斋集. *SKCSCP* ed.

Huang Sung chung-hsing liang-ch'ao sheng-cheng 皇宋中兴两朝圣政. Wan-wei pieh-ts'ang ed（宛委别藏本）.

Huang, Ray（黄仁宇）. "Administrative Statistics in *Ming T'ai-tsung Shih-lu*: An Illustration of Chinese Bureaucratism as Criticized by Dr. Needham（《明太祖实录》中的行政统计——李约瑟博士所称中国官僚主义的一个例证）." *Ming Studies* (Spring 1983): 41-66. [Chinese version in Li Kuo-hao 李国豪 et al., eds., *Explorations in the History of Science and Technology in China* 中国科技史探索 (Shanghai: Shanghai Chinese Classics Publishing House, 1982), pp. 115-131.]

———. "Fiscal Administration during the Ming Dynasty." In *Chinese Government in Ming Times: Seven Studies*, edited by Charles O. Hucker, pp. 73-128. New York: Columbia University Press, 1969.

———. *Taxation and Government Finance in Sixteenth-Century Ming China*. Cambridge:

Cambridge University Press, 1974.（黄仁宇《十六世纪明代中国之财政与税收》，阿风、许文继、倪玉平、徐卫东译，北京：生活·读书·新知三联书店，2001）

———. *1587: A Year of No Significance*. New Haven: Yale University Press, 1981.（黄仁宇《万历十五年》，北京：中华书局，1982）

Huang Tsung-hsi 黄宗羲. *Ming-ju hsueh an* 明儒学案.

Huang Tsung-hsi et al. *Sung-Yuan hsueh-an* 宋元学案. *SPPY* ed.

Huo Ch'un-ying 霍春英. "Chin-nien lai Ssu-ma Kuang yen-chiu chien-lun 近年来司马光研究简论." *Chin-yang hsueh-k'an* 晋阳学刊, 1986, no. 3:81-83.

Hymes, Robert P. "Power and Prominence in Sung China: The Local Elite of Fuchou, Chiang-hsi." Ph.D. diss. University of Pennsylvania, 1979.

———. *Statesmen and Gentlemen: The Elite of Fu-chou, Chiang-hsi, in Northern and Southern Sung*. Cambridge: Cambridge University Press, 1986.

———. "Marriage, Descent Groups, and the Localist Strategy in Sung and Yuan Fu-chou." In *Kinship Organization in Late Imperial China*, edited by Patricia Buckley Ebrey and James L. Watson, pp. 95-136. Berkeley and Los Angeles: University of California Press, 1986.

———. "Lu Chiu-yuan, Academies, and the Problem of the Local Community." In *Neo-Confucian Education: The Formative Stage*, edited by Wm. Theodore de Bary and John W. Chaffee, pp. 432-456. Berkeley and Los Angeles: University of California Press, 1989.

Ihara Hiroshi 伊原弘. "NanSo Shisen ni okeru Go Sei no rango no seiji doko 南宋四川吴曦乱后的政治动向." *Shigaku* 史学 25 (1980): 105-128.

———. "NanSo Shisen ni okeru Goshi no seiryoku: Go Sei no ran zenshi 南宋四川吴氏势力——吴曦叛乱前史." In *Aoyama hakushi koki kinen Sodai shi ronso* 青山博士古稀纪念宋代史论丛 (Tokyo: Seishin, 1974), pp. 1-33.

Imahori Seiji 今崛诚二. "Sodai ni okeru eiji hogo jigyo ni tsuite 宋代的婴儿保护事业." *Hiroshima daigaku bungakubu kiyo* 广岛大学文学部纪要 8 (1955): 127-151.

Inoue Akira 井上章. "Sodai iko ni okeru sozoku no tokushitsu no zai kento 宋代以降宗族特质再讨论." *Nagoya daigaku toyoshi kenkyu hokoku* 名古屋大学东洋史研究报告 12 (1987): 59-99.

Jao Tsung-i 饶宗颐. *Chung-kuo shih-hsueh shang chih cheng-t'ung lun* 中国史学上之正统论. Hong Kong: Lung-men, 1977.

Jung Chao-tsu 容肇祖. *Wang An-shih Lao tzu chu chi-pen* 王安石老子注辑本. Peking: Chung-hua, 1979.

Kao Ming（高明）. "Chu Hsi's Discipline of Propriety（朱子家礼）." In *Chu Hsi and Neo-Confucianism*, edited by Wing-tsit Chan (Honolulu: University of Hawaii Press, 1986).

Kato, Shigeru 加藤繁. "On the Hang or the Associations of Merchants in China（中国的行会）." *Memoirs of the Research Department of the Toyo Bunko* 8 (1936): 45-83.

Kinugawa Tsuyoshi 衣川强. "'Kaishi yohei' o megutte 开禧用兵研究." *Toyoshi kenkyu* 36, no. 3 (1977): 128-151.

Kondo Kazunari 近藤一成. "Nan-So shoki no O Anseki hyoka ni tsuite 南宋初期的王安石评价." *Toyoshi kenkyu* 38 (1979-1980): 26-51.

K'o Chang-i 柯昌颐. *Wang An-shih p'ing chuan* 王安石评传. Shanghai: Commercial Press, 1933.

Krieger, Leonard. *Time's Reasons: Philosophies of History Old and New*.Chicago: University of Chicago Press, 1989.

Ku Ch'üan-fang 顾全芳. "Ssu-ma Kuang yü Wang An-shih pien-fa 司马光与王安石变法." *Chin-yang hsueh-k'an* 晋阳学刊, 1984, no. 2:67-74.

Ku Tung-kao 顾栋高. *Ssu-ma t'ai-shih Wen-kuo Wen-cheng kung nien-p'u* 司马太师温国文正公年谱. 1917.

Kuhn, Philip, and Susan Mann Jones. "Dynastic Decline and the Roots of Rebellion." In *The Cambridge History of China*, edited by John K. Fairbank, vol. 10, *Late Ch'ing, 1800-1911*, part 1, pp. 107-162. Cambridge University Press, 1978.

Kusano Yasushi 草野靖. "So no tsuhan to zaisei 宋代的通判与财政." *Toyo shigaku* 23 (1961): 41-57.

Kusumoto Masatsugu 楠本正继. *SoMin jidai jugaku shiso no kenkyu* 宋明时代儒学思想研究. Tokyo: Hiroike gakuen shuppankai, 1962.

——. *Chugoku tetsugaku kenkyu* 中国哲学研究. Tokyo: Bungensha, 1975.

La Capra, Dominick. *Rethinking Intellectual History: Texts, Contexts, Language*.Ithaca: Cornell University Press, 1983.

Langlois, John D., Jr. "Political Thought in Chin-hua under Mongol Rule." In *China under Mongol Rule*, edited by John D. Langlois, Jr., pp. 137-185. Princeton: Princeton University Press, 1981.

——. "Law, Statecraft, and the Spring and Autumn Annals in Yuan Political Thought." In *Yuan Thought*, edited by Hok-lam Chan and Wm. Theodore de Bary, pp. 89-152. New York: Columbia University Press, 1982.

Lao Nap-yin. "The Absolutist Reign of Sung Hsiao-tsung (r. 1163-1189)." Ph.D. diss., Princeton University, 1986.

Lau, D.C., trans. *Confucius: The Analects*. Harmondsworth: Penguin Books, 1979.

——, trans. *Mencius*. Harmondsworth, Baltimore, and Victoria: Penguin Books, 1970.

Lee, James. "State and Economy in Southwest China, 1400 to 1800." Manuscript.

Lee, Thomas H. C 李弘祺. "Chu Hsi, Academies, and the Tradition of Private *Chianghsueh* （朱熹、书院与私人讲学传统）." *Chinese Studies 2*, no. 1 (1984): 301-329.

——. *Government, Education, and Examinations in Sung China*. Hong Kong: Chinese University Press, 1985.

Legge, James（理雅格）. *The Shoo-King*（书经）. Reprint. Taipei, n.d.

Levering, Miriam. "Ch'an Enlightenment for Laymen: Ta-hui and the New Religious Culture of the Sung." Ph.D. diss., Harvard University, 1978.

——. "Ta Hui and Lay Buddhists: Ch'an Sermons on Death." In *Buddhist and Taoist Practices in Medieval Chinese Society: Buddhist and Taoist Studies II*, edited by David W. Chappell, pp. 181-207. Honolulu: University of Hawaii Press, 1987.

Lewis, Eugene. *Public Entrepreneurship: Toward a Theory of Bureaucratic Political Power*. Bloomington: Indiana University Press, 1980.

Li Hsin-ch'uan 李心传. *Chien-yen i-lai ch'ao-yeh tsa-chi* 建炎以来朝野杂记. Vol. 1, 20 ch.; vol. 2, 20 ch. Ts'ung-shu chi-ch'eng ed.

——. *Chien-yen i-lai hsi-nien yao-lu* 建炎以来系年要录. Taipei: Wen-hai ch'u-pan she, 1968.

——. *Tao-ming lu* 道命录. Chih-pu-tsai ts'ung-shu ed.

Li Lü 李吕. *Tan-hsien chi* 澹轩集. Ssu-k'u ch'üan-shu chen-pen ed.

Li T'ao 李焘. *Hsu tzu-chih t'ung-chien ch'ang-pien* 续资治通鉴长编. Taipei, 1961.

——. *Hsu tzu-chih t'ung-chien ch'ang-pien* 续资治通鉴长编. Taipei: Shih-chieh shu-chü, 1964.

——. *Hsu tzu-chih t'ung-chien ch'ang-pien* 续资治通鉴长编. Peking: Chung-hua shu-chü, 1986.

Li Yu-wu 李幼武. *(Huang-ch'ao) Ming-ch'en yen-hsing lu*（皇朝）名臣言行录.

Liang Keng-yao 梁庚尧. "Review of Shiba 1968." *Shih-yuan* 史原 4 (1973): 205-211.

——. *Nan-Sung ti nung-ts'un ching-chi* 南宋的农村经济. Taipei: Lian-ching Publishing Company, 1985.

Liang, Zhihong. "Conceptions of and Practices in Eleventh-Century Chinese Government: Based on the Case Study of Chang Fang-p'ing." M.A. thesis, University of Hawaii, 1988.

Lin Hsi-i 林希逸. *Chu-hsi chüan-chai shih-i kao hsu-chi* 竹溪鬳斋十一稿续集. MS. ed. in Seikado Library, Tokyo.

———. *Chu-hsi chüan-chai shih-i kao hsu-chi* 竹溪鬳斋十一稿续集. *SKCS* ed.

Lin Jui-han 林瑞翰. "Ssu-ma Kuang chih shih-hsueh chi ch'i cheng-shu 司马光之史学及其政术." Reprinted in *Sung-shih yen-chiu chi* 宋史研究集, vol. 8 (Taipei, 1974), pp. 59-60.

Lin Piao-min 林表民. *Ch'ih-ch'eng chi* 赤城集. *SKCSCP* ed.

Liu Ch'en-weng 刘辰翁. *Hsu-hsi chi* 须溪集. *SKCSCP* ed.

Liu Ch'ung-jih 刘重日. "Huo-tien hsin-t'an 火佃新探." *Li-shih yen-chiu* 历史研究, 1982, no. 2:113-25.

Liu Chüan 刘隽. "Sung Yuan kuan chuan-mai yin-fa te ch'uang-li yü wan-ch'eng 宋元官禁榷引法创立与完成." *She-hui ching-chi shih chi-k'an* 社会经济史集刊 6, no. 2 (Dec. 1939): 217-266.

Liu I-chih 刘一止. *T'iao-ch'i chi* 苕溪集. *SKCS* ed.

Liu, James T. C. "An Early Sung Reformer: Fan Chung-yen." In *Chinese Thought and Institutions*, edited by J. K. Fairbank, pp. 105-131. Chicago: University of Chicago Press, 1957.

———. *Reform in Sung China: Wang An-shih (1021-1086) and His New Policies*. Cambridge: Harvard University Press, 1959. (《宋代中国变法》，张珏翰译，上海：上海人民出版社，2021)

———. "Sung Roots of Chinese Political Conservatism: the Administrative Problems." *Journal of Asian Studies* 26 (May 1967): 457-463.

———. "The Sung Views on the Control of Government Clerks." *Journal of the Economic and Social History of the Orient* 10, nos. 2-3 (Dec. 1967): 317-344.

———. *Ou-yang Hsiu*. Stanford: Stanford University Press, 1967.

———. "How Did a Neo-Confucian School Become the State Orthodoxy?" *Philosophy East and West* 23 (1973): 483-505.

———. "Liu Tsai (1165-1238): His Philanthropy and Neo-Confucian Limitations." *Oriens Extremus* 25, no. 1 (1978): 1-29.

———. *China Turning Inward: Intellectual-Political Changes in the Early Twelfth Century*. Cambridge: Harvard University Press, 1988. (刘子健《中国转向内在：两宋之际的文化转向》，赵冬梅译，南京：江苏人民出版社，2002)

Liu K'o-chuang 刘克庄 . *Hou-ts'un hsien-sheng ta-ch'üan chi* 后村先生大全集 . *SPTK* ed.

Liu K'un-t'ai 刘坤太 . "Wang An-shih 'Chou kuan hsin i' ch'ien-chih 王安石《周官新义》浅识 ." *Ho-nan ta-hsueh hsueh-pao* 河南大学学报 , 1985, no. 4:87-92.

Liu Shao-fu 刘绍辅 . *Chung-kuo ching-chi ssu-hsiang shih* 中国经济思想史 . Taichung: Min-yu she, 1960.

Liu Tsai 刘宰 . *Man-t'ang wen-chi* 漫塘文集 . Chia-yeh-t'ang ed.

——. *Man-t'ang wen-chi* 漫塘文集 . *SKCS* ed.

Liu Tsung-yuan 柳宗元 . *Liu Ho-tung chi* 柳河东集 . Shanghai: Commercial Press, 1958.

Liu Tzu-chien 刘子健 . *Ou-yang Hsiu ti cheng-chih-hsueh yü ts'ung-cheng* 欧阳修的政治学与从政 . Hong Kong: Hsin-ya, 1963.

Liu Yueh 刘燽 . *Yun-chuang Liu Wen-chien kung wen-chi* 云庄刘文简公文集 . Ming Hung-chih/Chia-ching revised woodblock ed.

Lo, Winston W. *The Life and Thought of Yeh Shih*. Gainesville: University Presses of Florida, 1974.

——. "Circuits and Circuit Intendants in the Territorial Administration of Sung China." *Monumenta Serica* 31 (1974-1975): 39-107.

——. "Wang An-shih and the Confucian Ideal of Inner Sageliness." *Philosophy East and West* 26, no. 1 (1976): 41-53.

——. "A New Perspective on the Sung Civil Service." *Journal of Asian History* 17 (1983): 121-135.

Lou Yueh 楼钥 . *Kung-k'uei chi* 攻愧集 . *TSCCCP* ed.

Lowenthal, David. *The Past Is a Foreign Country*. New York: Cambridge University Press, 1985.

Löwith, K（洛维特）. "Wahrheit und Geschichtlichkeit（时代与历史）." In *Truth and History*, edited by Hans-George Gadamer.

Lu Chen 卢镇 . *(Ch'ung-hsiu) Ch'in-ch'uan chih*（重修）琴川志 . Yuan-wei pieh-ts'ang ed.

Lu Chiu-yuan 陆九渊 . *Hsiang-shan hsien-sheng wen-chi* 象山先生文集 . Taipei: Shih-chieh shu-chü, 1979.

——. Lu Chiu-yuan chi 陆九渊集 .Peking:Chung-hua, 1980.

Lu Tien 陆佃 . *T'ao shan chi* 陶山集 . *TSCC* ed.

Lu Yu 陆游 . *Wei-nan wen-chi* 渭南文集 . Wan-yu wen-k'u ed（万有文库本）.

Lü T'ao 吕陶 . *Ching-te-chi* 净德集 . *SKCS* ed.

Lynn, Richard John. "Chu Hsi as Literary Theorist and Critic." In *Chu Hsi and Neo-Confucianism*, edited by Wing-tsit Chan. Honolulu: University of Hawaii Press, 1986.

Ma Chen-to 马振铎. *Cheng-chih kai-ke-chia Wang An-shih te che-hsueh ssu-hsiang* 政治改革家王安石的哲学思想. Wuhan: Hupei Jen-min, 1984.

Ma Tuan-lin 马端临. *Wen-hsien t'ung-k'ao* 文献通考. Kuo-hsueh chi-pen ts'ung-shu ed.

——. *Wen-hsien t'ung-k'ao* 文献通考. Taipei: Reprint of the *Shih-t'ung* ed., 1963.

Ma Yung-ch'ing 马永卿. *Yuan-ch'eng yü-lu* 元城语录. *TSCC* ed.

McKnight, Brian E. *Village and Bureaucracy in Southern Sung China*. Chicago: University of Chicago Press, 1971.

McMullen, David. *State and Scholars in T'ang China*. Cambridge: Cambridge University Press, 1988.（麦大维《唐代中国的国家与学者》，张达志、蔡明琼译，北京：中国社会科学出版社，2019）

McNeil, William H. *The Pursuit of Power: Technology, Armed Force, and Society since A.D. 1000*. Chicago: University of Chicago Press, 1982.

Mann, Susan. *Local Merchants and the Chinese Bureaucracy 1750-1950*. Stanford: Stanford University Press, 1987.

Maruyama, Masao（丸山正雄）. *Studies in the Intellectual History of Tokugawa Japan*. Translated by Mikiso Hane. Princeton: Princeton University Press, 1974.

Mash, Roy. "How Important for Philosophers Is the History of Philosophy?" *History and Theory* 26, no. 3:287-299.

Meskill, John, ed. *Wang An-shih: Practical Reformer*? D.C. Heath and Co., 1963.

——. *Academies in Ming China: An Historical Essay*. Tucson: University of Arizona Press, 1982.

Metzger, Thomas A. "The State and Commerce in Imperial China." *Asian and African Studies* 6 (1970): 23-46.

——. *The Internal Organization of Ch'ing Bureaucracy: Legal, Normative, and Communication Aspects*. Cambridge: Harvard University Press, 1973.

Ming-kung shu-p'an ch'ing-ming chi 名公书判清明集. Peking: Zhonghua shuju, 1987.

Miyazaki Ichisada 宫崎市定. *Ajia shi kenkyu* 亚洲史研究. Vol. 1. Kyoto: Toyoshi kenkyukai, 1957.

——. "Sodai shuken seido no yurai to sono tokushoku—toku ni gazen no hensen ni tsuite 宋代州县制度的由来与特色——以衙前变迁为中心." In *Ajia shi kenkyu* 亚洲史研究, vol. 4

(Kyoto: Toyoshi kenkyukai, 1964), pp. 53-86.

——. "Seika no koki to seihakuen mondai 西夏的兴起与青白盐问题 ." In *Ajia shi kenkyu* 亚洲史研究 , vol. 1, pp. 293-310.

——. "O Anseki no rishigo issakusoho o chushin to shite 王安石的吏士合一策——以创法为中心 ." In *Ajia shi kenkyu* 亚洲史研究 , vol. 1, pp. 311-364.

Momigliano, Arnaldo. *Essays in Ancient and Modern Historiography.* Oxford: Blackwell, 1977.

Moore, Barrington. *Social Origins of Dictatorship and Democracy*. Boston: Beacon Press, 1966.（巴林顿·摩尔《专制与民主的社会起源》，王茁、顾洁译，上海：上海译文出版社，2012）

Moulder, Frances V. *Japan, China and the Modern World Economy*. Cambridge: Cambridge University Press, 1977.

Munro, Donald, ed. *Individualism and Holism: Studies in Confucian and Taoist Values.* Ann Arbor: Michigan Monographs in Chinese Studies no. 52, 1985.

——. *Images of Human Nature: A Sung Portrait.* Princeton: Princeton University Press, 1988.

Naito Torajiro. *Shina shigaku shi*. Tokyo: Komeisha, 1966.（内藤湖南《中国史学史》，马彪译，上海：上海古籍出版社，2008）

Nakai, Kate（中井凯特）. "Tokugawa Confucian Historiography: The Hayashi, Early Mito School and Arai Hakuseki（德川儒学史：江户早期学校与荒井白木）." In *Confucianism and Tokugawa Culture*, edited by Peter Nosco. Princeton: Princeton University Press, 1984.

Needham, Joseph. *Science and Civilization in China.* Vol. 3, *Mathematics and the Sciences of the Heavens and the Earth*. Cambridge: Cambridge University Press, 1959.

Neustadt, Richard, and Ernest R. May. *Thinking in Time: The Uses of History for Decision Makers*. New York: Free Press, 1986.

Niida Noboru 仁井田升 . *Chugoku hoseishi kenkyu* 中国法制史研究 . Tokyo: Iwanami, 1949.

Nivison, David S. *The Life and Thought of Chang Hsueh-ch'eng (1738-1801).* Stanford: Stanford University Press, 1966.（倪德卫《章学诚的生平及其思想》，杨立华译，南京：江苏人民出版社，2007）

——. "Introduction." In *Confucianism in Action*, edited by David S. Nivison and Arthur F. Wright, pp. 3-24. Stanford: Stanford University Press, 1959.

"Ho-shen and His Accusers." In *Confucianism in Action*, pp. 209-243.

Olsson, Carl F. "The Structure of Power under the Third Emperor of Sung China: The Shifting Balance after the Peace of Shang-yuan." Ph.D. diss., University of Chicago, 1974.

Ou-yang Hsiu 欧阳修. *Hsin wu tai shih* 新五代史. Peking: Chung-hua, 1974.

——. *Ou-yang wen-chung kung chi* 欧阳文忠公集. Kuo-hsueh chi-pen ts'ung-shu ed.

——. *Ou-yang Hsiu ch'üan chi* 欧阳修全集. Hong Kong: Kuang-chih shu-chü, n.d.

Ou-yang Hsiu et al. *Hsin T'ang shu* 新唐书.

Ou-yang Hsuan 欧阳玄 et al. *Sung shih* 宋史. Peking ed.

Owen, Stephen. *Remembrances: The Experience of the Past in Chinese Literature*. Cambridge: Harvard University Press, 1986. (宇文所安《追忆：中国古典文学中的往事再现》, 郑学勤译, 北京：三联书店, 2004)

Pa-min t'ung-chih 八闽通志. 1491.

P'eng Shao 彭韶, comp. *Hsi-shan cheng-hsun* 西山政训. In *Cheng-hsun* 政训. Ming 1476 ed.

P'eng Kuei-nien 彭龟年. *Chih-t'ang chi* 止堂集. Wu-ying-tien ed.

Perkins,Dwight. "Government as an Obstacle to Industrialization: The Case of Nineteenth-Century China." *Journal of Economic History* 27, no. 4 (1967): 478-492.

Peterson, Charles A. "First Sung Reactions to the Mongol Invasion of the North, 1211-1217." In *Crisis and Prosperity in Sung China*, edited by John Winthrop Haeger, pp. 215-252. Tucson: University of Arizona Press, 1975.

——. "Old Illusions and New Realities: Sung Foreign Policy, 1217-1234." In *China Among Equals*, edited by Morris Rossabi, pp. 204-239. Berkeley and Los Angeles: University of California Press, 1983.

Pien Shih 边实. *Yü-feng hsu-chih: ming-kuan p'ien* 玉峰续志：名官篇. Yuan-wei pieh-ts'ang ed.

P'ing Kuan-tung 平观澜. *Lu-ling hsien chih* 庐陵县志. 1781 ed.

Plaks, Andrew. *The Four Masterworks of the Ming Novel*. Princeton: Princeton University Press, 1987. (浦安迪《明代小说四大奇书》, 沈亨寿, 北京：中国和平出版社, 1993)

Pocock, J. G. A. *Politics, Language, and Time*. New York: Atheneum, 1972.

——. "The Concept of Language and the *métier d'historien*: Some Considerations on Practice." In *The Languages of Political Theory in Early Modern Europe*, edited by Anthony Pagden, p. 27. Cambridge: Cambridge University Press, 1987.

Pulleyblank, Edwin G. "Neo-Confucianism and Neo-Legalism in T'ang Intellectual Life, 755-805." In *The Confucian Persuasion*, edited by Arthur F. Wright, pp. 77-114. Stanford: Stanford University Press, 1960.

Rankin, Mary. *Elite Activism and Political Transformation in China: Zhejiang Province, 1865-1911*. Stanford: Stanford University Press, 1986.

Reding, Jean-Paul. "Analogical Reasoning in Early Chinese Philosophy." *Asiatische Studien (Etudes Asiatiques)* 40, no. 1 (1986): 40-56.

Rossabi, Morris, ed. *China Among Equals: The Middle Kingdom and Its Neighbors, 10th-14th Centuries*. Berkeley and Los Angeles: University of California Press, 1983.

Rowe, William T. *Hankow: Commerce and Society in a Chinese City, 1796-1889*.Stanford: Stanford University Press, 1984. （《汉口：一个中国城市的商业和社会》，江溶、鲁西奇译，北京：中国人民大学出版社，2005）

Rueschemeyer, Dietrich, and Peter B. Evans. "The State and Economic Transformation: Toward an Analysis of the Conditions Underlying Effective Intervention." In *Bringing the State Back In*, edited by Peter B. Evans, Dietrich Rueschemeyer, and Theda Skocpol, pp. 44-77. Cambridge: Cambridge University Press, 1985.

Saeki Tomi 佐伯富. *O Anseki* 王安石. 1929.

Sariti, A. W. "The Political Thought of Ssu-ma Kuang: Bureaucratic Absolutism." Ph.D. diss., Georgetown University, 1970.

Sariti, Anthony W. "Monarchy, Bureaucracy, and Absolutism in the Political Thought of Ssu-ma Kuang." *Journal of Asian Studies* 32, no. 1 (1972): 53-76.

Satake Yasuhiko 佐竹靖彦. "Sodai goson seido no keisei katei 宋代乡村制度的形成过程." *Toyoshi kenkyu* 25, no. 3 (1966): 244-274.

Schirokauer, Conrad. "Chu Hsi's Political Career: A Study in Ambivalence." In *Confucian Personalities*, edited by Arthur F. Wright and Denis Twitchett, pp. 127-148. Stanford: Stanford University Press, 1962.

——. "Neo-Confucians under Attack: The Condemnation of *Wei-hsueh*." In *Crisis and Prosperity in Sung China*, edited by John Winthrop Haeger, pp. 163-198. Tucson, 1975.

——. "Chu Hsi's Political Thought." *Journal of Chinese Philosophy* 5 (1978): 127-148.

——. "Hu Hung's Rebuttal of Ssu-ma Kuang's Critique of Mencius." *Proceedings of the International Conference on Sinology*. Taipei: Academica Sinica, 1982.

Schuchman, Paul. *Aristotle and the Problem of Moral Discernment*. Bern: Peter D. Lang,

1980.

Schumpeter, Joseph. *The Theory of Economic Development*. New York: Oxford University Press, 1961.

Shao Yung 邵雍 . *I-ch'uan chi jang chi* 伊川击壤集 . Tokyo: Chugoku koten shinshu 1979.

Sharpe, Kevin, and Steven Zwicker, eds. *Politics of Discourse: The Literature and History of Seventeenth-Century England*.Berkeley and Los Angeles: University of California Press, 1987.

Shiba Yoshinobu 斯波义信 . *Sodai shogyo shi kenkyu* 宋代商业史研究 . Tokyo: Kazama Shobo, 1968.

——. *Commerce and Society in Sung China*.Translated by Mark Elvin. Ann Arbor: University of Michigan Center for Chinese Studies, 1970.

——. *Sodai shi ronshu* 宋代史论集 . Tokyo, 1974.

——. "Sodai shiteki seido no enkaku 宋代市籴制度的沿革 ." In *Sodai shogyo shi kenkyu* 宋代商业史研究 . Tokyo, 1974.

——. "Urbanization and the Development of Markets in the Lower Yangtze Valley." In *Crisis and Prosperity in Sung China*, edited by John Haeger, pp. 13-48. Tucson: University of Arizona Press, 1975.

——. "Sung Foreign Trade: Its Scope and Organization." In *China among Equals*, edited by Morris Rossabi, pp. 89-115. Berkeley and Los Angeles: University of California Press, 1983.

——. "Kosei no chiikishi—Kanyogun (1213-1214) no jirei 荒政的地域史——以汉阳军为例 ." *Toyo gakuho* 东洋学报 66, nos. 1-4 (1985): 289-317.

Shih-san ching chu-shu 十三经注疏 . 8 vols. Taipei: I-wen, 1980.

Shih Su 施宿 . *(Chia-t'ai) K'uai-chi chih* (嘉泰) 会稽志 . *SYTFCTS* ed.

Shimizu Kiyoshi 清水洁 . "O Anseki no shunan shiji ketsu ni tsuite 王安石的周南诗次解 ." In *Toyogaku ronso*, pp. 491-510. Tokyo: Uno Tetsuto Kinenkai, 1969.

Shimizu Morimitsu 清水盛光 . *Chugoku zokusan seido ko* 中国族产制度考 . Tokyo: Iwanami, 1949 and 1962.

Shu Lin 舒璘 . *Shu Wen-ching chi* 舒文靖集 . *SKCSCP* ed.

Skinner, G. William. "Rural Marketing in China: Repression and Revival." *China Quarterly* 103 (Sept. 1985): 393-413.

——. "Sichuan's Population in the Nineteenth Century: Lessons from Disaggregated Data." *Late Imperial China* 7, no. 2 (Dec. 1986): 1-79.

——. *The City in Late Imperial China*. Stanford: Stanford University Press, 1977. （施坚雅

《中华帝国晚期的城市》，叶光庭等译，北京：中华书局，2000）

Skocpol, Theda. "Bringing the State Back In: Strategies of Analysis in Current Research." In *Bringing the State Back In*, edited by Peter Evans, Dietrich Rueschemeyer, and Theda Skocpol, pp. 3-37. Cambridge: Cambridge University Press, 1985.

——. *States and Social Revolutions*. Cambridge: Cambridge University Press, 1979.（西达·斯考切波《国家与社会革命》，何俊志、王学东译，上海：上海人民出版社，2007）

Smith, Paul. "Interest Groups, Ideology, and Economic Policy-making: The Northern Sung Debates over the Southeastern Tea Monopoly." Paper presented at the Regional Conference, Association for Asian Studies on the Pacific Coast, Eugene, Oregon, 1977.

——. *Taxing Heaven's Storehouse: Horses, Bureaucrats, and the Destruction of the Sichuan Tea Industry, 1074-1224*. Cambridge: Harvard University Council on East Asian Studies, 1991.

Sodai shi nenpyo (Hokuso) 宋代史年表（北宋）. Tokyo: Toyo bunko, 1967.

Sogabe Shizuo 曾我部静雄 . *Sodai zaisei shi* 宋代财政史 . Tokyo: Dai'an, 1966.

Ssu-k'u ch'üan-shu tsung-mu t'i-yao 四库全书总目提要 . Shanghai: Commercial Press, 1933.

Ssu-ma Ch'ien 司马迁 . *Shih-chi* 史记 . Peking: Chung-hua shu-chü, 1969.

Ssu-ma Kuang 司马光 . *I shuo* 易说 . SKCS ed.

——. *Li nien t'u* 历年图 . *Chi ku lu* 稽古录 . Hsueh-chin t'ao-yuan ed.

——. *Ssu-ma shih shu i* 司马氏书仪 . TSCC ed.

——. *Ssu-ma wen-kung Wen chi* 司马温公文集 . SPPY ed.

——. *Ssu-ma Wen-cheng kung ch'üan-chia chi* 司马文正公传家集 . Wan-yu wen-k'u ed.

——. *Ssu-ma Wen-cheng-kung ch'üan-chia chi* 司马文正公传家集 . Kuo-hsueh chi-pen ts'ung-shu ed.

——. *Tzu chih t'ung-chien* 资治通鉴 . Peking: Ku-chi ch'u-pan she, 1956.

——. *Wen-kuo wen-cheng Ssu-ma kung wen-chi* 温国文正司马公文集 . SPTK ed.

Su Ch'e 苏辙 . *Luan-ch'eng chi* 栾城集 . SPPY ed.

——. *Luan-ch'eng chi* 栾城集 . SPTK ed.

Su Hsun 苏洵 . *Chia-yu chi* 嘉祐集 . Taipei: Commercial Press reprint, 1968.

Su Yu-lung 苏遇龙 . *Lung-ch'üan hsien chih* 龙泉县志 . 1782 ed.

Sudo Yoshiyuki 周藤吉之 . "Sodai shuken no shokueki to shori no hatten 宋代州县的职役与胥吏的发展 ." In *Sodai keizaishi kenkyu* 宋代经济史研究 , pp. 655-816. Tokyo: Tokyo Daigaku Shuppankai, 1962.

——. *Sodai keizaishi kenkyu* 宋代经济史研究. Tokyo: Tokyo daigaku shuppankai, 1962.

——. *ToSo shakai keizai shi kenkyu* 唐宋社会经济史研究. Tokyo: Tokyo daigaku shup-pankai, 1965.

——. "O Anseki no seibyoho no shiko katei. 王安石青苗法的施行过程." *Tokyo daigaku daigakuin kiyo* 东京大学大学院纪要 8 (1972).

Sun Ti 孙觌. *Hung-ch'ing chü-shih chi* 鸿庆居士集. SKCS ed.

Sung hui-yao chi-kao 宋会要辑稿. 1936 reprint of 1809 MS.

Sung hui-yao chi-kao 宋会要辑稿. Peking, 1957.

Sung hui-yao chi-pen 宋会要辑本. Taipei, 1964.

Swann, Nancy（孙念礼）. *Food and Money in Ancient China*（中国古代食货志）. Princeton: Princeton University Press, 1950.

Tai I-hsuan 戴裔煊. *Sung tai ch'ao-gen chih-tu yen-chiu* 宋代钞盐制度研究. Shanghai: Commercial Press, 1957.

Tanaka Kenji 田中谦二. *Shiji tsuken* 资治通鉴. Tokyo: Asahi, 1974.

T'ang Ch'in-fu 汤勤福. "Chu Hsi ti shih-chu pien-tsuan ssu-hsiang 朱熹的史著编纂思想." *Shang-jao shih-chuan hsueh-pao* 上饶师专学报, 1987, no. 2:95-116.

Tani Mitsutaka 谷光隆. *Mindai basei no kenkyu* 明代马政研究. Kyoto, 1972.

T'ao Hsi-sheng 陶希圣. *Chung-kuo cheng-chih ssu-hsiang shih* 中国政治思想史. 4 vols. Taipei: Shih-huo ch'u-pan she, 1963.

Teng Kuang-ming 邓广铭. "Wang An-shih tui Pei Sung ping-chih te kai-ko ts'o-shih chi she-hsiang 王安石对北宋兵制的改革措施及其设想." In *Sung shih yen-chiu lun-wen chi* 宋史研究论文集, pp. 311-320. Shanghai: Shang-hai ku-chi, 1982.

Teng Wei 邓袚. *(Chia-ching) Ch'ang-shu hsien chih*（嘉靖）常熟县志. Taipei, 1965.

Terada Go 寺田刚. *Sodai kyoikushi kaisetsu* 宋代教育史概说. Tokyo: Hakubunsha, 1965.

Teraji Jun 寺地遵. "Ten-jin sokansetsu yori mira Shiba Ko to O Anseki 司马光与王安石的天人相关学说." *Shigaku zasshi* 史学杂志 76, no. 10 (1967): 34-62.

——. "Oyo Shu ni okeru tenjin sokansetsu e no kaigi 欧阳修对天人相关学说的质疑." *Hiroshima Daigaku bungakubu kiyo* 广岛大学文学部纪要 28, no. 1 (1968): 161-187.

Thompson, James. *Organizations in Action*. New York: McGraw-Hill, 1967.

Tillman, Hoyt C. "The Idea and the Reality of the 'Thing' during the Sung: Philosophical Attitudes toward *Wu*." *Bulletin of Sung and Yuan Studies* 14 (1978): 68-82.

——. *Utilitarian Confucianism: Ch'en Liang's Challenge to Chu Hsi*. Cambridge: Harvard

University Press, 1982. （田浩《功利主义儒家：陈亮对朱熹的挑战》，姜长苏译，南京：江苏人民出版社，1997）

Tomoeda Ryutaro 友枝龙太郎 . *Shushi no shiso keisei* 朱子思想的形成 . Tokyo: Shunju-sha, 1969.

T'o T'o 脱脱 et al. *Sung shih* 宋史 . Peking: Chung-hua shu-chü, 1977.

——. *Sung shih* 宋史 . Taipei: Ting-wen shu-chü.

Ts'ai Shang-hsiang 蔡上翔 . *Wang Wen-kung nien-p'u k'ao-lueh* 王文公年谱考略 . Shanghai: Jen-min, 1959.

Ts'ui Wan-ch'iu 崔万秋 . *T'ung chien yen-chiu* 通鉴研究 . Shanghai: Commercial Press, 1934.

Tu Wei-yun 杜维运 , ed. *Chung-kuo shih-hsueh lun-wen hsuan-chi* 中国史学论文选集 . Taipei: Hua-shih ch'u-pan-she, 1976-1980.

Tung Chung-shu 董仲舒 . *Tung Tzu wen-chi* 董子文集 . Chi-fu ts'ung-shu ed.

Tung Wei 董煟 . *Chiu-huang huo-min shu* 救荒活民书 . In *Chiu-huang pu-i* 救荒补遗 , 1970 reprint of 1869 ed.

——. *Chiu-huang huo-min shu* 救荒活民书 . *TSCC* ed.

Twitchett, Denis. "The Salt Administrators after the Rebellion of An Lu-shan." *Asia Major*, n.s. 4, no. 1 (1954): 60-89.

——. "The T'ang Market System." *Asia Major*, n.s. 12, no. 2 (1966): 202-248.

——. "Merchant, Trade and Government in Late T'ang." *Asia Major*, n.s. 14, no. 1(1968): 63-95.

——. *Financial Administration under the T'ang Dynasty*. Cambridge: Cambridge University Press, 1963.2d ed. 1971. （杜希德《唐代财政》，丁俊译，上海：中西书局，2016）

——. "The Composition of the T'ang Ruling Class: New Evidence From Tunhuang." In *Perspectives on the T'ang*, edited by Arthur F. Wright and Denis Twitchett, pp. 47-86. New Haven: Yale University Press, 1973.

Übelhör, Monika. "The Community Compact of the Sung." In *Neo-Confucian Education: The Formative Stage*, edited by Wm. Theodore de Bary and John Chaffee, pp. 371-388. Berkeley and Los Angeles: University of California Press, 1989.

Ueno Hideto 上野日出刀 , ed. and trans. *I-ch'uan chi-jang chi* 伊川击壤集 . Tokyo: Meitoku, 1978.

Umehara Kaoru 梅原郁 . "Sodai no kodosei o megutte 宋代户等制度研究 ." *Toho gakuho*

东方学报 41 (1970): 375-414.

——. "Shiba Ko to O Anseki 司马光与王安石." *Rekishi to chiri* 历史地理 1973, no. 11:106-119.

——. "Civil and Military Officials in the Sung: The Chi-lu-kuan System." *Acta Asiatica* 1986, 1-30.

von Glahn, Richard. "The Country of Streams and Grottoes: Geography, Settlement, and the Civilizing of China's Southwestern Frontier, 1000-1250." Ph.D. diss., Yale University, 1983.

Wakeman, Frederic E. "China and the Seventeenth-Century Crisis." *Late Imperial China* 7, no. 1 (June 1986): 1-26.

Waltham, Clae, trans. *Shu Ching: Book of History.*London: George Allen & Unwin, 1972.

Walton, Linda. "Education, Social Change, and Neo-Confucianism in Sung-Yuan China: Academies and the Local Elite in Ming Prefecture (Ningpo)." Ph.D. diss, University of Pennsylvania, 1978.

——. "Kinship, Marriage, and Status in Song China: A Study of the Lou Lineage of Ningbo, c. 1050-1250." *Journal of Asian History* 18, no. 1 (1984): 35-77.

Wang An-shih 王安石 . *Chou kuan hsin i* 周官新义 . *SKCS* ed.

——. *Wang Lin-ch'uan ch'üan-chi* 王临川全集 . Peking: Chung-hua shu-chü, 1958.

——. *Lin-ch'uan hsien-sheng wen-chi* 临川先生文集 . Peking and Shanghai: Chung-hua, 1959.

——. *Wang Lin-ch'uan chi* 王临川集 . Taipei: Shih-chieh, 1960.

——. *Wang Lin-ch'uan ch'üan-chi* 王临川全集 . Taipei: Shih-chieh shu-chü ed., 1966.

——. *Wang Wen-kung wen-chi* 王文公文集 . Shanghai: Jen-min, 1974.

Wang Ch'eng 王称 . *Tung-tu shih-lueh* 东都事略 . Reprint. Taipei: Wen-hai, n.d.

Wang Ching-chih 王敬之 . "*Chi ku lu* ch'ien-t'an 稽古录浅探 ." *Chung-hua wen shih lun-ts'ung* 中华文史论丛 , vol. 14 (Shanghai: Shanghai ku-chi, 1980), pp. 121-131.

Wang Gung-wu（王赓武）. "Feng Tao: An Essay on Confucian Loyalty（冯道：论儒家的忠君观念）." In *Confucian Personalities*, edited by Arthur F. Wright and Denis Twitchett, pp. 123-145. Stanford: Stanford University Press, 1962.

Wang Hsiang-chih 王象之 . *Yü-ti chi-sheng* 輿地纪胜 . 1860 ed.

Wang Mou-hung 王懋竑 . *Chu tzu nien-p'u* 朱子年谱 . *TSCC* ed.

Wang Mou-te 王懋德 . *Chin-hua fu chih* 金华府志 . Taipei, 1965.

Wang Po 王柏 . *Lu-chai Wang Wen-hsien kung wen-chi* 鲁斋王文宪公文集 . Hsu Chin-hua ts'ung-shu ed.

Wang Sheng-to 汪圣铎. "Sung tai ts'ai-cheng yü shang-p'in ching-chi fa-chan 宋代财政与商品经济发展." In Teng Kuang-ming 邓广铭, *Sung-shih yen-chiu lun-wen chi* 宋史研究论文集, pp. 32-57. Loyang: Ho-nan jen-min ch'u-pan-she, 1982.

Wang Te-i 王德毅. "Ssu-ma Kuang te shih-hsueh 司马光的史学." In *Chi-nien Ssu-ma Kuang Wang An-shih.*

——. *Sung-tai tsai-huang ti chiu-chi cheng-ts'e* 宋代灾荒的救济政策. Hong Kong: Chung-kuo hsueh-shu cho-tso chiang-chu wei-yuan-hui, 1970.

——. "Li Hsin-ch'uan chu-shu k'ao 李心传著述考." Appended to Li Hsin-ch'uan, *Chien-yen i-lai hsi-nien yao-lu*, pp. 6771-6788.

——. "Li Hsiu-yen hsien-sheng nien-p'u 李秀岩先生年谱." Appended to Li Hsin-ch'uan, *Chien-yen i-lai hsi-nien yao-lu*, pp. 6695-6773.

Wang Tseng-yü 王曾瑜. "Wang An-shih pien-fa chien-lun 王安石变法简论." *Chung-kuo she-hui k'o-hsueh* 中国社会科学, 1980, no. 3:141-154.

Wang Tz'u-ts'ai 王梓材 and Feng Yun-hao 冯云濠. *Sung-Yuan hsueh-an pu-i* 宋元学案补遗. Ssu-ming ts'ung-shu ed.

Wang, Yeh-chien. *Land Taxation in Imperial China, 1750-1911*. Cambridge: Harvard University East Asian Series, 1973.（王业键《清代田赋刍论》，高风等译，北京：人民出版社，2008）

Wang Ying-lin 王应麟. *Yü-hai* 玉海. 1806 ed.

Wang Yuan-hung 王元洪. *(Chih-cheng) Ssu-ming hsu-chih*（至正）四明续志. SYTFCTS ed.

Wang Yü-ch'üan 王毓铨. "Pei-Sung she-hui yü ching-chi cheng-chih 北宋社会与经济政治." *Shih huo yueh-kan* 食货月刊 3, no. 11 (1936): 23-34, and no. 12: 21-43.

Wang Yun-wu 王云五. *Ming-Ch'ing chiao-hsueh ssu-hsiang* 明清教学思想. Taipei: Commercial Press, 1971.

Watanabe Hiroyoshi 渡边纮良. "Junki matsunen no Kenneifushaso gome no konrai to dairyo to 淳熙末年的建宁府——社仓米的昏赖与贷粮," *Nakajima Satoshi sensei koki kinen ronshu* 中岛敏先生古稀纪念论集 II, 195-217. Tokyo: Kumiko, 1981.

Watson, Burton. *Ssu-ma Ch'ien: Grand Historian of China*. New York: Columbia University Press, 1958.

——. *Early Chinese Literature*. New York: Columbia University Press, 1962.

——, trans. *Records of the Grand Historian of China.* 2 vols. New York: Columbia University Press, 1961.

——, trans. *Records of the Historian: Chapters from the Shih Chi of Ssu-ma Ch'ien.* New York: Columbia University Press, 1969.

Wechsler, Howard. *Mirror to the Son of Heaven: Wei Cheng at the Court of T'ang T'ai-tsung.* New Haven: Yale University Press, 1974.

Wei, Cheng-t'ung. "Chu Hsi on the Standard and the Expedient." In *Chu Hsi and Neo-Confucianism*, edited by Wing-tsit Chan, pp. 255-272. Honolulu: University of Hawaii Press, 1986.

Wei Liao-weng 魏了翁. *Ho-shan hsien-sheng wen-chi* 鹤山先生文集.

——. *Ho-shan hsien-sheng ta-ch'üan wen chi* 鹤山先生大全文集. *SPTK* ed.

Weinsheimer, Joel. *Gadamer's Hermeneutics: A Reading of Truth and Method.* New Haven: Yale University Press, 1985.

Wen T'ien-hsiang 文天祥. *Wen-shan hsien-sheng wen-chi* 文山先生文集. Wan-yu wen-k'u ed.

Wiens, Mi Chu. "Lord and Peasant: The Sixteenth to Eighteenth Centuries." *Modern China* 6, no. 1 (1980): 3-40.

Wilhelm, Hellmut. "Chinese Confucianism on the Eve of the Great Encounter." In *Changing Japanese Attitudes to Modernization*, edited by Marius Jansen. Princeton: Princeton University Press, 1962.

Williams, Raymond. *Keywords: A Vocabulary of Culture and Society.* New York: Oxford University Press, 1976.（雷蒙·威廉斯《关键词：文化与社会的词汇》，刘建基译，北京：生活·读书·新知三联书店，2005）

Williamson, H. R. *Wang An-shih, Chinese Statesman and Educationalist of the Sung Dynasty.* 2 vols. London: Arthur Probsthain, 1935-1937.

Wong Hon-chiu. "Government Expenditures in Northern Sung China (960-1127)." Ph.D. diss., University of Pennsylvania, 1975.

Wong, R. Bin, and Peter Perdue. "Famine's Foes in Ch'ing China." *Harvard Journal of Asiatic Studies* 43, no. 1 (1983): 291-332.

Wood, Alan Thomas. "Politics and Morality in Northern Sung China: Early Neo-Confucian Views on Obedience to Authority." Ph.D. diss., University of Washington, 1981.

——. "Views on Authority in Northern Sung Commentaries on the *Spring and Autumn*

Annals." Unpublished paper, 1986.

Worthy, Edmund H. "Regional Control in the Southern Sung Salt Administration." In Haeger, John, *Crisis and Prosperity in Sung China*, pp. 101-141. Tucson: University of Arizona Press, 1975.

Wright, Hope. *Geographical Names in Sung China*. Paris: Ecole Pratique des Hautes Etudes, 1956.

Wu Ch'eng 吴澄 . *Wu Wen-cheng chi* 吴文正集 . *SKCS* ed.

Wu K'o 吴克 . "Pai-hsing tsu, chün shu yü pu tsu—ching-chi ssu-hsiang chung te kuan-chih yü fang-jen 百姓足，君孰与不足——经济思想中的官制与放任 ." In *Li-hsiang yü hsien-shih* 理想与现实 , edited by Huang Chün-chieh 黄俊杰 , PP. 385-432. Taipei: Lien-ching ch'u-pan shih-yeh kung-ssu, 1982.

Wu, Silas（吴秀良）. *Communication and Imperial Control in China: Evolution of the Palace Memorial System, 1693-1735*（通讯与中国皇家统治：宫廷编年史制度之发展）. Cambridge: Harvard University Press, 1970.

Wu Tzu-mu 吴自牧 . *Meng liang lu* 梦粱录 . Hsueh-chin t'ao-yuan ed（学津讨原本）.

Yamane Mitsuyoshi 山根三芳 . *Shushi rinri shiso kenkyu* 朱子伦理思想研究 . Hokkaido University Press, 1983.

Yamashita Ryuji 山下龙二 . "O Anseki to Shiba Ko 王安石与司马光 ."*Tokyo Shina Gakuho* 13 (1967): 135-150.

Yanagida Setsuko 柳田节子 . "Sodai keiseiko no kosei 宋代形势户的构制 ."*Toyoshi kenkyu* 东洋史研究 27, no. 3 (1968): 272-291.

——. "Gosonsei no tenkai 乡村制的展开 ."*Sekai rekishi* 世界历史 9:309-343. Tokyo: Iwanami, 1970.

Yang Chung-liang 杨仲良 . *Tzu-chih t'ung-chien ch'ang-pien chi-shih pen-mo* 续资治通鉴长编纪事本末 . Taipei: Sung-shih tzu-liao ts'ui-pien ed., 1967.

Yang Hsiung 扬雄 . *T'ai hsuan* 太玄 . Ssu-pu pei-yao ed.

Yang Lien-sheng（杨联陞）. "Government Control of Urban Merchants in Traditional China（传统中国政府对城市商人的控制）."*Tsing Hua Journal of Chinese Studies* 4, no. 1 (1972): 186-206.

——. *Money and Credit in China*. Cambridge: Harvard University Press, 1952.（杨联陞《中国货币与信贷简史》，收入《中国现代学术经典：洪业 杨联陞卷》，石家庄：河北教育出版社，1996）

——. *Studies in Chinese Institutional History*. Cambridge: Harvard University Press, 1963. （杨联陞《中国制度史研究》，彭刚、程刚译，南京：江苏人民出版社，2007）

Yang Shih 杨时. *Yang Kuei-shan hsien-sheng ch'üan chi* 杨龟山先生全集.

Yeh Shih 叶适. *Yeh Shih Chi* 叶适集. Peking: Chung-hua Shu-chü, 1961.

Yeh T'an 叶坦. "I-fa tou-cheng chung ti Ssu-ma Kuang 役法斗争中的司马光." *Hsi-nan shih-fan hsueh-yuan hsueh-pao* 西南师范学院学报, 1985, no. 4.

Yi T'oegye 李退溪. *Yi T'oegye chonjip* 李退溪全集. Tokyo: Ri Taikei kenkyukai, 1975.

Yoshida Tora 吉田寅. "HokuSo ni okeru Kahoku kakuen ron ni tsuite—toku ni Keireki, Kinei nenkan o chushin to shite 论北宋河北榷盐——以庆历、熙宁年间为中心." *Toyo shigaku ronshu* 东洋史学论丛 3 (1954): 409-422.

——. "*Kyuko katsumin sho* to Sodai no kyuko seitaku 救荒活民书与宋代救荒政策." In *Aoyama Hakushi koki kinen Sodaishi ronso* 青山博士古稀纪念宋代史论丛, pp. 447-475. Tokyo: Seishin Shobo, 1974.

Yu Chiu-yen 游九言. *Mou-chai i-kao* 默斋遗稿. *SKCS* ed.

Yuan Chueh 袁桷. *(Yen-yu) Ssu-ming chih* (延祐) 四明志. *SYTFCTS* ed.

Yuan Hsieh 袁燮. *Chieh-chai chi* 絜斋集. *SKCSCP* ed.

Yung-le ta-tien 永乐大典. Peking: Chung-hua shu-chü, 1960.

Yü Ta-ch'eng 于大成. "Wang An-shih chu-shu k'ao 王安石著述考." *chung-yang t'u-shu-kuan kuan-k'an* 台湾图书馆馆刊, n.s. 1, no. 3 (1968): 42-46.

Yü Ying-shih. "Morality and Knowledge in Chu Hsi's Philosophical System." In *Chu Hsi and Neo-Confucianism*, edited by Wing-tsit Chan, pp. 228-254. Honolulu: University of Hawaii Press, 1989.

Yü Yu 余祐, *Wen-kung hsien-sheng ching-shih ta-hsun* 文公先生经世大训. Hsueh-hai lei-pien ed.

Zelin, Madeleine. *The Magistrate's Tael*. Berkeley and Los Angeles: University of California Press, 1984. （曾小萍《州县官的银两：18世纪中国的合理化财政改革》，董建中译，北京：中国人民大学出版社，2005）

译后记 · 补记

Ordering the World：*Approaches to State and Society in Sung Dynasty China*
是美国加州大学出版社 1993 年出版的一部会议论文集，该书收录了 10 篇宋
史论文，荟萃了刘子健、韩明士、谢康伦、包弼德、万安玲、贾志扬、狄培
理、万志英等北美著名的汉学家，全方面多角度地探讨了宋代治国之道这一
非常重要的问题，可以看作是 20 世纪北美宋史学界一部带有总结性和探索性
的优秀论著。

我最早知道这部书是在读博期间，但当时忙于毕业论文写作，只是大概
浏览了一下序言，并未通读全书。没想到若干年后，承蒙刘东教授的信任，
让我有幸成为这部论著的译者，使我沉下心来，利用比较长的时间来细读该
书。在此要特别感谢刘东教授，正是在他的无私帮助下，我的第一本译著《权
力关系：宋代中国的家族、地位与国家》（*Powerful Relations：Kinship, Status,
and the State in Sung China*）才得以顺利收入江苏人民出版社的"海外中国研

究丛书",也让我有了继续翻译海外汉学著作的动力。

还要感谢刘东教授的高足范利伟先生、九州出版社的郭荣荣老师,他们为译作的出版费心费力,正是在他们的大力协助下,本书中译本才能顺利与国内读者见面。同门张新炎师弟,热心帮我翻译了本书注释中出现的一些日语作者名字、书名(篇章名),特此表示感谢。

本书是在比较特殊的情况下翻译完成的。2020年春节,我回山东老家过年,除夕晚上,电视里正播放着春晚,忽然听到邻村村委会大喇叭开始广播,由于当时外面鞭炮声此起彼伏,广播的内容听得并不清楚,也没有在意,只是觉得除夕晚上村委会广播这件事情有些怪异。

初一早晨,按照习俗村里人开始出门拜年,手机上已经出现了疫情的各种严峻消息,大家见面除了互致新年问候,就是议论疫情,大家觉得这次疫情似乎出现得很突然,但因为感觉距离自己似乎比较远,所以当时还都挺乐观的。正月初二,按照老家习俗,要"走姑姑家"(即侄子去姑姑家拜年)。早上还没出发,手机上、电视里关于疫情的消息已经铺天盖地传来,接着村委会大喇叭广播疫情严重,要封村,提醒大家不要走亲戚,出门一定要戴口罩。我才恍然大悟,除夕晚上听到邻村的广播应该就是这个事儿。堂弟过来与我商量是否还要"走姑姑家",我们商量了一下,鉴于情况特殊,便取消了行程,赶紧逐一给姑姑们打电话拜年,告诉她们疫情严峻,不去登门拜年了。然后是给其他应该接下来登门拜年却没法去的长辈亲戚一一打电话拜年。不到中午,村里各个路口已经用铁栏杆全部封住了,并有专人看管。一瞬间大家感觉特别紧张。

接下来的日子完全宅在家里,有时候实在无聊了,我会趴在后窗上看外面的街道,有时候一看就是很长时间。昔日络绎不绝的路上冷冷清清,一个人都没有,半天过去,甚至连条狗都看不到,感觉特别萧索。

现在每天除了吃饭、刷手机，就是陪母亲聊天、看电视，不知不觉陪母亲看完了《绝代双骄》《女医明妃传》《芸汐传》《远方的山楂树》等，自己也刷了《明月照我心》《艳骨》《惹不起的殿下大人》《悠长假期》《非自然死亡》等剧。因为闲着无聊追了几集似乎永远也演不完的《名侦探柯南》，胡乱看了《簪中录》《仵作娘子》《吉祥纹莲花楼》等网络推理小说，又看了《雪中悍刀行》《剑来》《缺月梧桐》《且听无常说》《赘婿》等小说。总之，每天的日子都在惶惑不安与故作镇静中度过。

封村的日子里，村委会几乎每天都广播各种防疫通知（甚至有时候上午、下午各广播一次），加重了我心中的恐惧。正月初三开始，省际、省内、市内的客运交通陆续都停运了，彻底断了我返回学校的念头，只能安心待在老家。很快，学校发来通知，让我们在家里准备上网课，我赶紧手忙脚乱地学习如何上网课。

本书的翻译就是在这样一种情况下展开的，由于老家没有任何纸质参考资料，所以书中的所有参考资料，我只能通过网络搜索电子版来进行核对。相比起平日里在学校随手可以使用单位资料室丰富的藏书，现在感觉特别不方便。而本书海外学者们所使用的古籍，往往都是大陆学者并不常用的版本（如四部备要、国学基本丛书本等），还有一些则是援引古籍英译本（如理雅格等翻译的经学著作），甚至转录他人著作中的古籍引文（当然是英文译文），这些都给译者核对史料造成了极大的困难。对于无法找到相同版本的古籍，或者是转引自英文著作（我又无法找到英文原书）中的古籍，我只能根据自己掌握的知识，一点点去翻阅电子版史料，凭着感觉去核查，特别费时费力，有时候半天甚至一连几天都无法查到一条资料。再加上书中所引古籍时常有卷数错误等问题，时常让我感觉欲哭无泪。总之，核对史料的过程让我感觉特别痛苦。

本书中相当多古籍注释并无篇章名称，仅有卷数、页码（而且时常有误），为了方便国内读者使用，我在核对史料后，尽量将引文的古籍篇章名补全，错误的卷数、页码改正。需要说明的是，该书"引用书目"中有不少错误（书名、人名、出版社等不一而足），为了不影响阅读观感，我在翻译中直接予以改正，不出按语。英文著作已有中文译本的，我一般直接使用中译本书名、译文。

译文虽然经过数遍打磨，但由于译者水平有限，加之时间仓促，译文中肯定仍存在若干问题，敬请广大读者不吝赐教，以方便将来再版重印时改正（我的邮箱：liuyunjun1978@126.com）。

最后，还要一如既往地感谢内子艳丽。我原本计划过年后由鲁返冀，没想到因为疫情被迫分隔两地，后来学校要求上网课，内子一人在家，既要照顾女儿日常生活起居，配合女儿学校上网课，自己还得忙着备课，给学生上网课，修改学生毕业论文，等等，每天忙得不可开交，压力很大。而我虽然心里着急，可苦于相隔千里，交通阻断，有心无力，愧疚之情，难以言表。

如今全书译就，眼看疫情也渐趋好转，交通逐渐恢复，返程看来指日可待，心中稍稍安慰，但想到疫情中那么多遭遇不幸的无辜之人，生命永远停留在 2020 年，心中仍然感到很沉重，唯愿疫情早日过去，明天会更好。

2020 年 4 月 1 日
于山东省莱州老家

由于老家返回学校没有直达的火车，多年来我一直是乘坐长途客运来回奔波。此次返校，原本仍然计划乘坐客车，但无奈省级客运迟迟不予开通。此时我又遇到一个新麻烦：寒假回家时我穿着羽绒服，眼见天气日渐转暖，继续在老家待下去，等我返回学校的时候，恐怕路上都没有合适的衣服可以穿了（老家里没有我的衣服了）。无奈之下，我选择先从老家县城乘坐汽车到潍坊，再从潍坊火车站乘坐火车到石家庄，最后再从石家庄乘坐火车到达保定。一路上除了来回倒车的辛苦，还要戴着口罩，心中忐忑不安地与别人保持着距离。

顺利返回学校后，除了继续上网课，我又利用空闲时间对译文进行了修订。原本以为会很快完成修订工作，没想到却拖了很久。译文修订期间，九州出版社的编辑老师付出了大量心血，不仅逐一审定了全部译稿，并细心地指出了译文中的许多错误。对于编辑老师的无私付出，我深表感谢。对于译文的疏误之处，尚祈读者不吝赐正。

2021 年 6 月 24 日

于河北大学宋史研究中心